Se

Quant à moi...

Témoignages des Français et des francophones

Manuel de classe

Instructor's Annotated Edition

Jeannette D. Bragger • Donald B. Rice

The Pennsylvania State University *Hamline University*

HH Heinle & Heinle
Thomson Learning™

United States • Australia • Canada • Denmark • Japan • Mexico • New Zealand • Philippines • Puerto Rico • Singapore • Spain • United Kingdom

The publication of **Quant à moi... , Second Edition,** was directed by the Heinle & Heinle College Foreign Language Publishing Team:

Wendy Nelson, Senior Acquisitions Editor
Stephen Frail, Marketing Manager
Esther Marshall, Senior Production and Development Editor Supervisor
Anne Besco, Developmental Editor

Also participating in the publication of this program were:

Publisher	Vincent P. Duggan
Associate Marketing Manager	Kristen Murphy-LoJacono
Senior Manufacturing Coordinator	Mary Beth Hennebury
Project Manager	Anita Raducanu, A+ Publishing Services
Compositor	A+ Publishing Services
Interior Designer	Cyndy Patrick
Illustrator	Sarah Sloane
Cover Illustrator	Sylvia Stagg-Giuliano
Cover Designer	Jeff Cosloy
Text Printer/Binder	Quebecor/World

Heinle & Heinle Publishers
20 Park Plaza
Boston, MA 02116

web	**www.thomsonrights.com**
fax	1-800-730-2215
phone	1-800-730-2214

UK/EUROPE MIDDLE EAST:
Thomson Learning
Berkshire House
168-173 High Holborn
London, WCIV 7AA, United Kingdom

LATIN AMERICA:
Thomson Learning
Seneca, 53
Colonia Polanco
11560 México D.F. México

JAPAN:
Thomson Learning
Placeside Building, 5F
1-1-1 Hitotsubashi, Chiyoda-ku
Tokyo 100 0003, Japan

AUSTRALIA/NEW ZEALAND:
Nelson/Thomson Learning
102 Dodds Street
South Melbourne
Victoria 3205, Australia

ASIA (excluding Japan):
Thomson Learning
60 Albert Street #15-01
Albert Complex
Singapore 189969

SPAIN:
Thomson Learning
Calle Magallanes
28015-Madrid
España

CANADA:
Nelson/Thomson Learning
1120 Birchmount Road
Scarborough, Ontario
CANADA, MIK 5G4

Library of Congress Cataloging-in-Publication Data

The Library of Congress has assigned the following Library of Congress Catalog Card Number for the student textbook.
99-76608
CIP

Printed in the United States of America

ISBN: 0-8384-0585-1 (student text)
ISBN: 0-8384-0594-0 (instructor's annotated edition)

2 3 4 5 6 7 8 9 03 02 01

TABLE DES MATIÈRES

INSTRUCTOR'S GUIDE

QUANT À MOI... offers students many avenues to explore the richness and diversity of various Francophone cultures through a wide range of audio recordings, video materials, and authentic reading texts. Unique to **QUANT À MOI...** is the program structure: students use the **Manuel de préparation** outside of class to refine grammatical competence, develop writing skills, and work on reading and listening comprehension, thus allowing class time to be devoted to meaningful communicative activities. The self-correcting tests, a systematic approach to discussion and writing in the second half of the book, and the culturally-provocative sources of input are some of the features that make **QUANT À MOI...** adaptable to a range of teaching and learning styles as well as to various course agendas and timeframes.

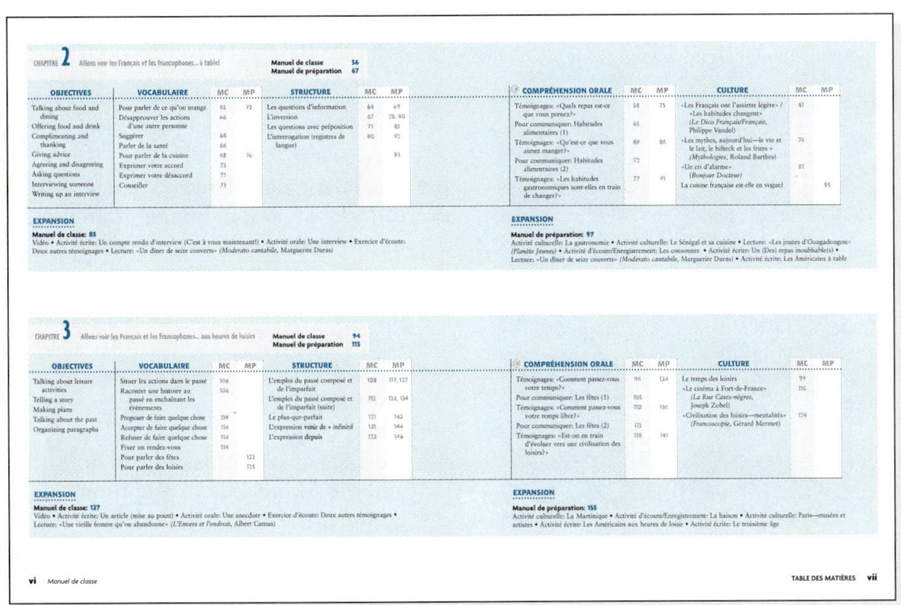

CHAPITRE **2** Allons voir les Français et les francophones... à table!

Manuel de classe 56
Manuel de préparation 67

OBJECTIVES
Talking about food and dining
Offering food and drink
Complimenting and thanking
Giving advice
Agreeing and disagreeing
Asking questions
Interviewing someone
Writing up an interview

VOCABULAIRE	MC	MP
Pour parler de ce qu'on mange	65	73
Désapprouver les actions d'une autre personne	66	
Suggérer	66	
Parler de la santé	66	
Pour parler de la cuisine	68	76
Exprimer votre accord	73	
Exprimer votre désaccord	73	
Conseiller	73	

STRUCTURE	MC	MP
Les questions d'information	64	69
L'inversion	67	78, 80
Les questions avec préposition	71	83
L'interrogation (registres de langue)	80	92
		95

COMPRÉHENSION ORALE	MC	MP
Témoignages: «Quels repas est-ce que vous prenez?»	58	75
Pour communiquer: Habitudes alimentaires (1)	65	
Témoignages: «Qu'est-ce que vous aimez manger?»	69	86
Pour communiquer: Habitudes alimentaires (2)	72	
Témoignages: «Les habitudes gastronomiques sont-elles en train de changer?»	77	91

CULTURE	MC	MP
«Les Français ont l'assiette légère» / «Les habitudes changent» *(Le Dico Français/Français,* Philippe Vandel)	61	
«Les mythes, aujourd'hui—le vin et le lait, le bifteck et les frites» *(Mythologies,* Roland Barthes)	74	
«Un cri d'alarme» *(Bonjour Docteur)*	81	
La cuisine française est-elle en vogue?		95

EXPANSION

Manuel de classe: 85
Vidéo • Activité écrite: Un compte rendu d'interview (C'est à vous maintenant!) • Activité orale: Une interview • Exercice d'écoute: Deux autres témoignages • Lecture: «Un dîner de seize couverts» *(Moderato cantabile,* Marguerite Duras)

EXPANSION

Manuel de préparation: 97
Activité culturelle: La gastronomie • Activité culturelle: Le Sénégal et sa cuisine • Lecture: «Les jeunes d'Ouagadougou» *(Planète Jeunes)* • Activité d'écoute/Enregistrement: Les consonnes • Activité écrite: Un (Des) repas inoubliable(s) • Lecture: «Un dîner de seize couverts» *(Moderato cantabile,* Marguerite Duras) • Activité écrite: Les Américains à table

CHAPITRE **3** Allons voir les Français et les francophones... aux heures de loisirs

Manuel de classe 94
Manuel de préparation 115

OBJECTIVES
Talking about leisure activities
Telling a story
Making plans
Talking about the past
Organizing paragraphs

VOCABULAIRE	MC	MP
Situer les actions dans le passé	106	
Raconter une histoire au passé en enchaînant les événements	106	
Proposer de faire quelque chose	114	
Accepter de faire quelque chose	114	
Refuser de faire quelque chose	114	
Fixer un rendez-vous	114	
Pour parler des fêtes		122
Pour parler des loisirs		125

STRUCTURE	MC	MP
L'emploi du passé composé et de l'imparfait	108	117, 127
L'emploi du passé composé et de l'imparfait (suite)	112	132, 134
Le plus-que-parfait	121	142
L'expression **venir de** + infinitif	121	144
L'expression **depuis**	122	146

COMPRÉHENSION ORALE	MC	MP
Témoignages: «Comment passez-vous votre temps?»	96	124
Pour communiquer: Les fêtes (1)	105	
Témoignages: «Comment passez-vous votre temps libre?»	110	136
Pour communiquer: Les fêtes (2)	113	
Témoignages: «Est-on en train d'évoluer vers une civilisation des loisirs?»	118	141

CULTURE	MC	MP
Le temps des loisirs	99	
«Le cinéma à Fort-de-France» *(La Rue Cases-nègres,* Joseph Zobel)	116	
«Civilisation des loisirs—mentalités» *(Francoscopie,* Gérard Mermet)	124	

EXPANSION

Manuel de classe: 137
Vidéo • Activité écrite: Un article (mise au point) • Activité orale: Une anecdote • Exercice d'écoute: Deux autres témoignages • Lecture: «Une vieille femme qu'on abandonne» *(L'Envers et l'endroit,* Albert Camus)

EXPANSION

Manuel de préparation: 155
Activité culturelle: La Martinique • Activité d'écoute/Enregistrement: La liaison • Activité culturelle: Paris—musées et artistes • Activité écrite: Les Américains aux heures de loisir • Activité écrite: Le troisième âge

vi *Manuel de classe*

TABLE DES MATIÈRES vii

GOALS

The primary goals of the **QUANT À MOI...** program are:

- the enhancement of grammatical competence (review of previously learned structures and acquisition of new structures and uses);
- the refinement of communicative skills in the four skill areas (listening, speaking, reading, writing) and culture;
- the refinement in understanding of French and Francophone cultures;
- the enhancement of strategic competence (communicative strategies).

The program is built around ***Témoignages***, interviews with Francophone speakers of various ages and backgrounds who were interviewed specifically for **QUANT À MOI...** on all the chapter themes. Pedagogically, the program builds on themes, structures, vocabulary, and skills learned in beginning French courses; at the same time, it moves students to a more abstract level of language usage. In so doing, they learn to work with more extended discourse and to deal with the cultural and sociological (as well as practical) aspects of the topics studied.

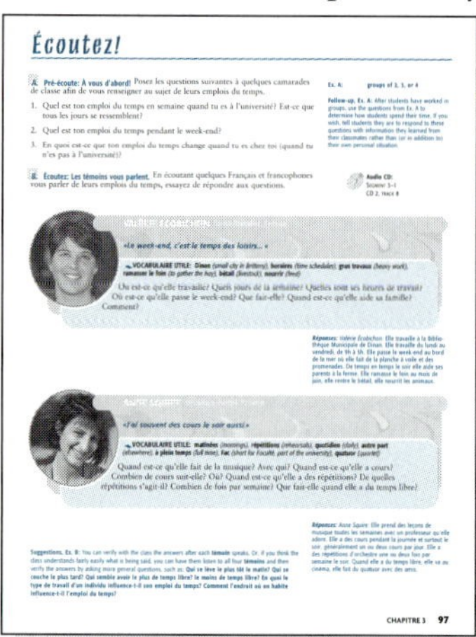
Écoutez!

A. Pré-écoute: À vous d'abord! Posez les questions suivantes à quelques camarades de classe afin de vous renseigner au sujet de leurs emplois du temps.

1. Quel est ton emploi du temps en semaine quand tu es à l'université? Est-ce que tous les jours se ressemblent?
2. Quel est ton emploi du temps pendant le week-end?
3. En quoi est-ce que ton emploi du temps change quand tu es chez toi (quand tu n'es pas à l'université)?

B. Écoutez: Les témoins vous parlent. En écoutant quelques Français et francophones vous parler de leurs emplois du temps, essayez de répondre aux questions.

«Le week-end, c'est le temps des loisirs...»

Où est-ce qu'elle travaille? Quels jours de la semaine? Quelles sont ses heures de travail? Où est-ce qu'elle passe le week-end? Que fait-elle? Quand est-ce qu'elle aide sa famille? Comment?

«J'ai souvent des cours le soir aussi.»

Quand est-ce qu'elle fait de la musique? Avec qui? Quand est-ce qu'elle a cours? Combien de cours suit-elle? Où? Quand est-ce qu'elle a des répétitions? De quelles répétitions s'agit-il? Combien de fois par semaine? Que fait-elle quand elle a du temps libre?

CHAPITRE 3 97

COMPONENTS

The **QUANT À MOI...** program consists of the following set of fully integrated components:

Manuel de classe (Student Edition)

- Divided into a preliminary chapter and seven chapters.
- Content
  — listening comprehension activities (Audio CDs and Video Tape)
  — conversational strategies
  — review and reinforcement of grammar and vocabulary learned outside of class
  — cultural readings and information
  — literary readings
  — systematic development of discussion techniques
  — peer editing activities

- Margin annotations
  — cross-references to the **Manuel de préparation**
  — Audio CDs and Video Tape references
- Appendices
  — literary tenses
  — verb charts
  — glossary of vocabulary from both the **Manuel de classe** and the **Manuel de préparation**
  — grammatical reference index
  — functional vocabulary index
  — thematic vocabulary index
  — maps

Manuel de classe (Instructor's Annotated Edition)

- Includes both student and instructor margin annotations
- Instructor's margin annotations (for each chapter)
  - syllabus for suggested time frame
  - suggested lesson outlines
  - cross references to the **Manuel de préparation**
  - ideas for activity management
  - answers to listening activities
  - references to transparency masters

Manuel de préparation

- Divided into the preliminary chapter and seven chapters; each section is parallel to the corresponding section in the **Manuel de classe.**

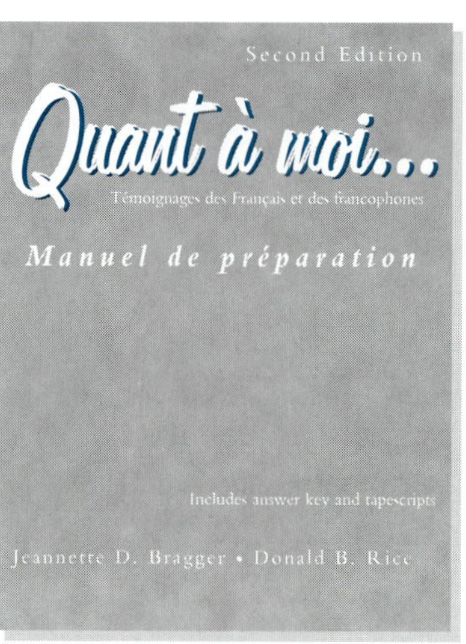

- Content
  - vocabulary lists for theme of chapter
  - activities for diagnostic testing and review of previously learned material
  - preparation and follow-up exercises for grammar, speaking, and reading activities in the **Manuel de classe**
  - systematic writing development program correlated to ***Système-D*** functional, grammatical, and lexical information
- Appendices
  - literary tenses
  - verb charts
  - answer key for self-correcting exercises, diagnostic tests, and retests
  - audio script
  - glossary of vocabulary from both the **Manuel de classe** and the **Manuel de préparation**
  - grammatical reference index
  - functional vocabulary index
  - thematic vocabulary index
  - maps

NEW TO THE SECOND EDITION

Web site

http://quantamoi.heinle.com

With the goal of increasing the flexibility of use of QUANT À MOI... , a specific Web site was developed, with the following features:

- Comprehensive activities integrating the various grammar points in a lesson with the vocabulary of that same lesson. Answers are judged and students are directed to the appropriate pages of the books for review. These activities are intended for student self-testing after each chapter has been completed. Scores can be submitted to instructors electronically.
- Limited sections of the oral interviews available online, with different targeted listening comprehension activities from those in the **Manuel de classe** or **Manuel de préparation.** For instance, parts of the transcripts are provided with blanks for students to fill out, thus making students listen for specific information. Answer-judging in this type of activity is based on whether or not students typed in the right word, as well as on spelling.
- Cultural and writing activities. The web site also provides cultural activities based on links originating from the Francophone countries featured in the books, and following the themes of the chapters of QUANT À MOI... These activities also lead students to writing activities, which students can then submit to their instructors.

Audio CDs

Audio CDs have replaced the audio tapes. This new medium makes locating tracks easier for both students and instructors. It also generally improves the conditions for all listening comprehension activities.

Video

An entirely new video has been created for QUANT À MOI... , Second Edition, with new activities. The video reflects the themes and the language of each chapter, while the new activities are geared towards listening comprehension as well as cultural observation.

Tests

The second edition of QUANT À MOI... is accompanied by a new computerized test bank, conveniently delivered on a dual platform CD-ROM.

Readings

Readings have been updated and new readings have been added to include even more Francophone materials.

Sequence

The sequence of Chapters 5 and 6 has been reversed to reflect a more logical order, with ***Récits et portraits*** now placed before ***Questions sociales.*** Students now will use the language in a more abstract fashion in Chapter 6, following more descriptive use in Chapter 5.

Témoignages:

Some of the ***Témoignages*** have been shortened and made more manageable for students to work on their own outside of class.

PROGRAM ORGANIZATION

The primary components of the QUANT À MOI... program are the **Manuel de classe** and the **Manuel de préparation** (accompanied by the Audio CDs). As its name indicates, the **Manuel de classe** is to be used primarily in class with a focus on listening, speaking, reading, and some writing. **The Manuel de préparation** is designed to prepare students for effective participation in class: they review grammar, learn new grammatical structures, prepare for discussions, and follow up on work done in class. Many of the exercises in the **Manuel de préparation** are self-correcting to facilitate the task of the instructor. The videotape and the Web site provide additional sources of authentic input as well as manipulation of linguistic skills.

The program is divided into two distinct parts. The first part includes a preliminary chapter followed by four chapters; the second part has three chapters.

PREMIÈRE PARTIE

(Preliminary Chapter and Chapters 1–4)

Part I focuses on the review and enhancement of material (grammar, vocabulary, functions, topics) that students have already been exposed to in their previous study of French. The four chapters of the **Première partie** are self-standing and can be covered in any order, depending on the sequence and the pace the instructor wishes to give the class and/or the students' specific needs.

Chapitre préliminaire: La rentrée

The **Chapitre préliminaire** gives students the opportunity to get to know each other while reviewing basic phrases and vocabulary associated with social amenities (greetings, introductions, leave-taking), vacations, course schedules, and their immediate environment. This preliminary chapter serves as a communicative warm-up for the course and does not contain any new grammatical structures.

Chapters 1–4

Each of the first four chapters revolves around a theme (lodging, food, leisure time, work) with points of view represented by people from France and the Francophone world.

Chapters 1–4 have as their point of departure the vocabulary, communicative functions, and grammar treated in typical first-year college French programs (levels 1, 2, 3 in secondary school). Students are therefore spiraling upward, from a review of previously learned material to the enhancement and refinement of that material in contexts and situations that remain, to a large extent, on the practical and everyday levels.

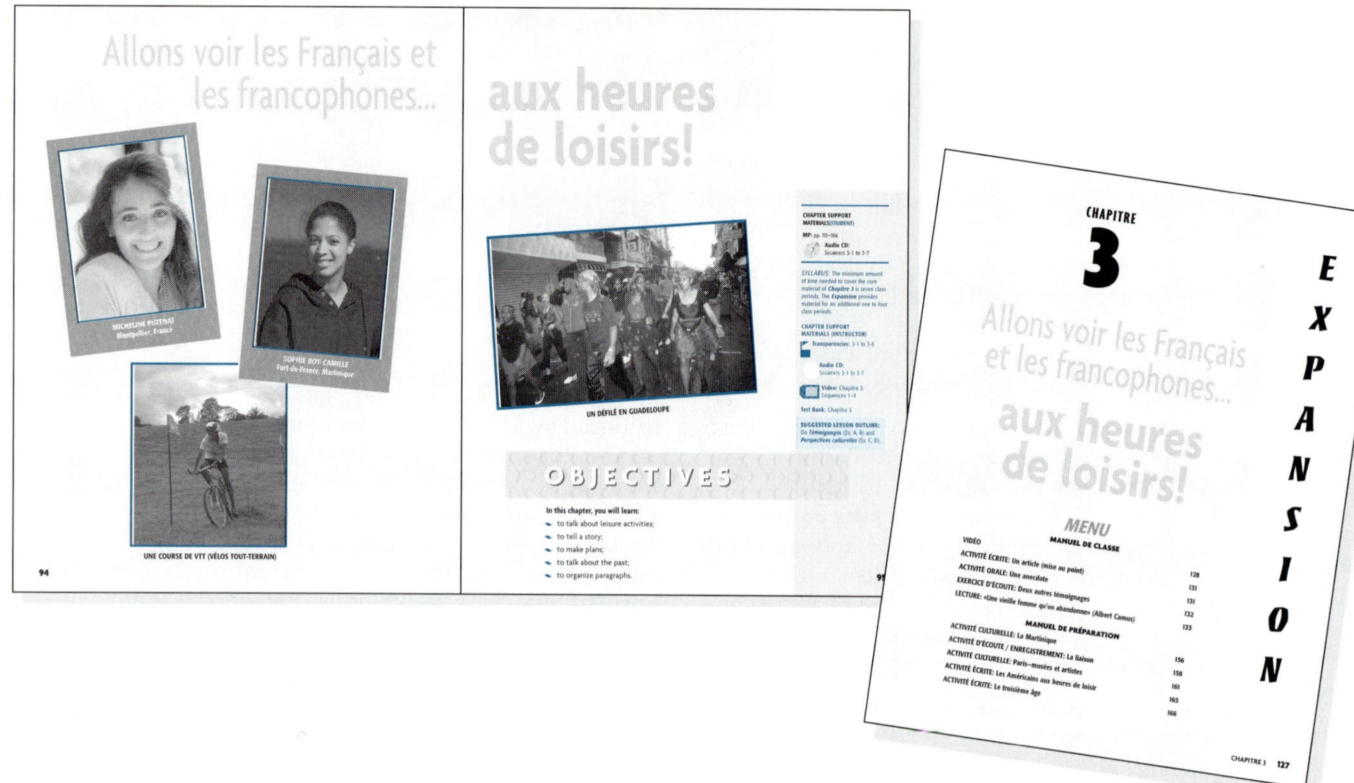

Chapters 1–4 each contain a core and an expansion section. The core includes material and activities for the five skills, review of previously learned grammar, and new grammar. The ***Expansion*** is a menu of cumulative activities in the five skills from which selections can be made according to time availability and student and instructor preferences. In the **Manuel de classe**, the ***Expansion*** sections include literary readings, oral group activities, ***Témoignages*** on CDs, and video activities. In the **Manuel de préparation**, students work with cultural activities about Francophone regions, do written activities, and (in the first four chapters) refine their pronunciation through listening/speaking and the rules for pronunciation. Courses meeting three times per week can therefore cover the core of each chapter with one or two activities from the ***Expansion*** menu. Courses meeting four or five times per week can cover the core and most or all of the activities in the ***Expansion.***

DEUXIÈME PARTIE (Chapters 5–7)

In Part II, the focus shifts to the development of higher-level language skills required in the communication of more abstract ideas through discussion and writing. Since the review of previously learned material was completed in Part I, Part II only introduces new grammar and vocabulary that are integrated with the various topics treated.

Chapters 5–7

Chapter 5 deals with biography and autobiography with the emphasis on the systematic development of writing skills.

Chapter 6 focuses on current social issues (unemployment, environment, crime, role of women, etc.) with an emphasis on the systematic development of discussion skills.

In Chapter 7, students are asked to speculate about the future while integrating and enhancing both discussion and writing skills.

CHAPTER SECTIONS

- **In both Parts I and II, you will find the following sections, all of which are accompanied by oral and written exercises and activities:**

Témoignages (Écoutez!) (Manuel de classe, Manuel de préparation)
This section gives students the points of view of French and Francophone speakers (**les témoins**) on the various chapter topics. These authentic interviews are recorded on the Audio CDs and are accompanied by activities for use both in and out of class.

Pour communiquer (Écoutez!) (Manuel de classe)
This second set of recorded conversations and monologues involves more everyday exchanges based on the practical issues that emerge from the chapter themes. They are also recorded on the audio CDs.

Parlez! (Manuel de classe)
This section may be found either in the ***Témoignages*** or the ***Pour communiquer*** sections. It includes ***Pour mieux vous exprimer*** (communicative expressions) and speaking activities as a follow-up to the materials on the audio CDs.

Perspectives culturelles (Manuel de classe, Manuel de préparation)
This section presents authentic readings, realia, and photos to examine a particular aspect (French or Francophone) of the chapter theme. Prereading and basic comprehension checks occur in the **Manuel de préparation.**

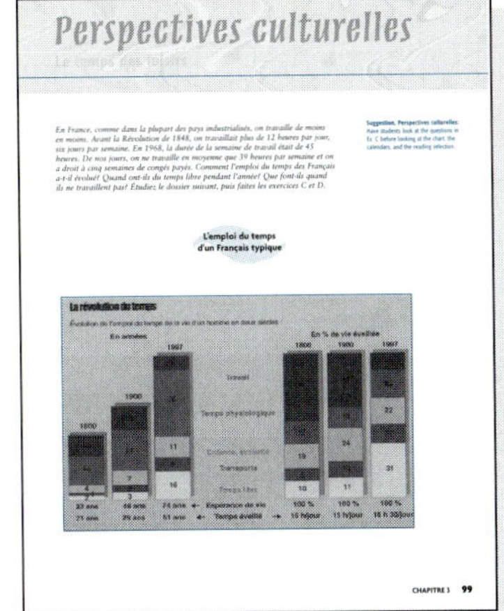
Perspectives culturelles

L'emploi du temps d'un Français typique

La révolution du temps

CHAPITRE 1 99

Lisez! (Manuel de classe, Manuel de préparation)
This section occurs at various points in the chapters. It contains authentic reading texts followed by a discussion activity. Prereading and basic comprehension checks occur in the **Manuel de préparation.**

Écrivez! (Manuel de classe, Manuel de préparation)
This section consists of writing activities that ask students to compose one or more paragraphs on a topic related to the chapter themes. Prewriting occurs in the **Manuel de préparation** and the activities are frequently followed by in-class peer editing (**Manuel de classe**).

Discutez! (Manuel de classe)
The activities in this section encourage students to participate in more in-depth discussions (with multiple-sentence discourse) on topics associated with the chapter themes.

Contrôle des connaissances (Manuel de préparation)
This section (found only in Chapters 1–4) always refers to the review of grammatical structures learned in previous French study. Each section begins with a *Test*, then presents an explanation with exercises, and finally provides a *Repêchage* retest for students to assess their knowledge and use of the structure in question. In class, a communicative activity provides another opportunity to use the structure before continuing on to the new grammar.

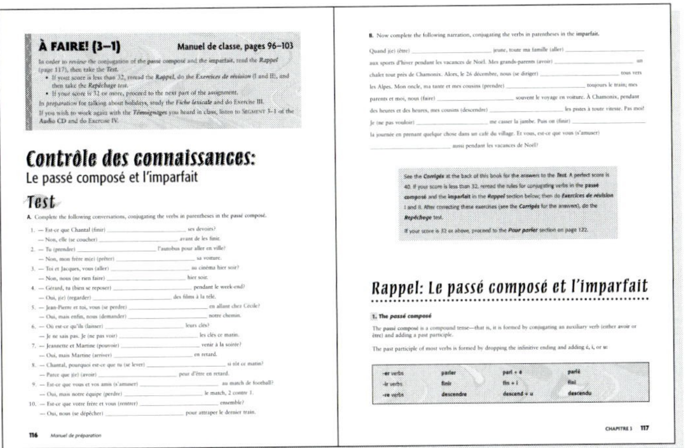
À FAIRE! (3–1) Manuel de classe, pages 96–103

Contrôle des connaissances:
Le passé composé et l'imparfait

Test

Rappel: Le passé composé et l'imparfait

116 Manuel de préparation

CHAPITRE 3 117

Pour parler... (Manuel de classe, Manuel de préparation)
This section consists of a *Fiche lexicale* that presents vocabulary and useful expressions for the various subcategories of the chapter themes. The *Fiche lexicale* is comprehensive in that it contains vocabulary already learned in most beginning language programs. Students therefore have the opportunity to reactivate previously learned vocabulary and learn new vocabulary for any given topic.

Fonction (Manuel de classe, Manuel de préparation)
This heading signals the introduction of a new grammar structure.

Part II (Chapters 5–7) includes a number of additional sections that reflect more abstract topics and an emphasis on discussion and writing skills.

Points de vue (Chapters 6 and 7) Manuel de classe
Through headlines, polls, and other readings, students find out what the French think about particular issues.

Dossier (Chapters 6 and 7) Manuel de classe
Each dossier focuses on one current issue (the environment, homelessness, crime and violence, women's issues). Students read texts and supporting materials as the basis for their discussions.

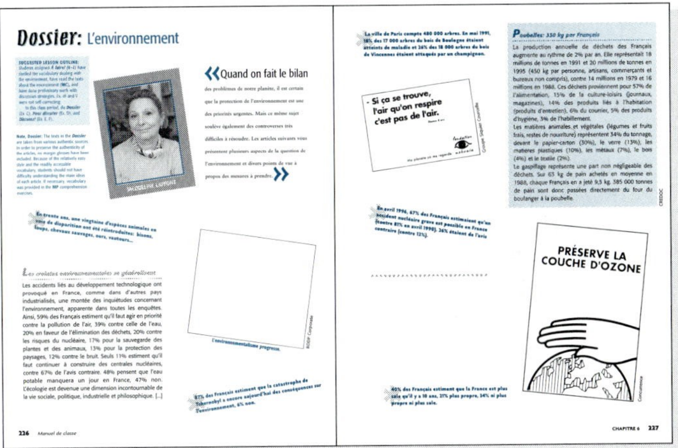
Dossier: L'environnement

«Quand on fait le bilan»

Si ça se trouve, l'air qu'on respire c'est pas de l'air.

PRÉSERVE LA COUCHE D'OZONE

226 Manuel de classe

CHAPITRE 6 227

Pour discuter (Chapters 6 and 7) Manuel de classe
This section signals the systematic development of discussions skills.

Texte-modèle (Chapter 5) Manuel de classe, Manuel de préparation
This section provides a text that serves as the basis, both in content and structure, for student writing.

Pour écrire (Chapters 5 and 7) Manuel de classe
This section signals the systematic development of writing skills.

RATIONALE

The curriculum of intermediate college French courses is traditionally problematic. In preparing **QUANT À MOI...**, we have identified and addressed three of the major challenging areas: articulation, integration, and flexibility.

Articulation

Challenges

- Intermediate classes tend to be heterogeneous, with students coming from a variety of backgrounds, including freshmen entering from high school programs, second-year college students from your school, and transfer students. First exposure to French for these students has been through different textbooks, different teaching styles, and different program emphases.
- Even students who come from the same first-year college program can bring to their intermediate courses widely differing levels of linguistic control and performance.
- There is often a large vertical articulation gap between first-year and second-year college course content and materials as well as a significant horizontal gap among courses taught at the same level by different instructors.

The QUANT À MOI... solutions

1. Assessing the student population

Since accurate assessment of students is difficult, if not impossible, prior to their entry into the intermediate French course, we have devised an on-going, incremental approach to help reduce the impact of differing backgrounds and abilities.

This is done through the ***Contrôle des connaissances*** in the **Manuel de préparation**. Prior to the introduction of new grammar in the preliminary chapter and Chapters 1–4, students are directed to take a self-correcting test on the following structures typically taught (and assumed to be more or less controlled) in beginning French programs:

Chapitre préliminaire	The present tense of regular and irregular verbs
Chapitre 1	Adjective agreement and basic comparatives
Chapitre 2	Information questions
Chapitre 3	**Passé composé** and **imparfait** (forms only)
Chapitre 4	Future tense (forms only)

If students pass this chapter test, they are directed to proceed with the regular exercise sequence. If they do not pass, they review the basic rules associated with the grammar structure, do some self-correcting review exercises, and then take a retest ***(Repêchage)*** before continuing with the regular exercise sequence. The goal of this out-of-class verification is to bring students closer together in terms of their grammatical base before moving on to new or expanded topics. It is hoped that this diagnostic intervention will both facilitate the task of instructors and give students a greater sense of security and continuity as they progress through the intermediate phase of their language learning.

2. Performance outcomes: listening, speaking, reading, writing, culture

Little or no consensus exists in the foreign language profession about the goals and objectives of intermediate courses nor about the performance outcomes that one might reasonably expect at the end of such courses. It is this general absence of goals that adds to the articulation problems from one level of language learning to the next, often putting students in the position of either working at levels too high for them (too great a gap between beginning and intermediate French) or working at levels that neither challenge them nor help them to progress (virtually no difference between materials in beginning and intermediate French). In order to strike a balance between these two extremes, we have used, in part, the **ACTFL Proficiency Guidelines** as well as second/foreign language acquisition research to determine smooth continuity from the beginning to the intermediate level. In terms of the four skills and culture, the progression from first-year college French to the end of **QUANT À MOI...** is as follows:

Listening comprehension

During their beginning language study, students were asked primarily to understand simple conversations with relatively simple sentences in everyday concrete situations. Although **QUANT À MOI...** continues to provide these types of situations ***(Pour communiquer)*** students are also led to understand longer stretches of connected discourse on a number of cultural topics ***(Témoignages)***. They are guided from gist to detail, from surface meaning to simple interpretation.

SPECIFIC MATERIALS FOR THE DEVELOPMENT OF LISTENING COMPREHENSION: The twin cornerstones of the listening program in **QUANT À MOI...** are the program-specific Video Tape and the Audio CDs.

The Video Tape accompanying **QUANT À MOI...** features video segments that go with each chapter of the book. The segments present (1) a cultural overview of the chapter topics and (2) interviews of French and Francophone individuals about the themes presented in the chapters. The new video-based activities are located in the **Expansion** sections of the **Manuel de classe** and take a gradual approach to listening comprehension, with pre-viewing, viewing and post-viewing activities for each video segment.

The Audio CDs contain the ***Témoignages*** and the ***Pour communiquer*** conversations and monologues. The native French speakers recorded on the CDs represent a wide range of ages and backgrounds and thus present various perspectives on the chapters' topics. The speakers come from different parts of the Francophone world, a feature which offers students the opportunity to hear and become familiar with a broad range of accents. Moreover, the selection of individuals on the recordings is wide enough that students do not get bored with always hearing the same speakers. At the same time, because all the speakers reappear periodically throughout the program, students develop an impression of getting to "know" them. These recordings offer students ample practice in listening to native French speakers recorded at their normal rate of speech.

These two components are, of course, reinforced by the recommended use of French by the instructor and students during class time.

Speaking

In their previous language study, students have focused primarily on sentence-level communication on concrete topics that are familiar to them. In **QUANT À MOI...** they learn to expand sentences, to connect sentences with an increased number of cohesive devices, to expand their discourse through the use of supporting statements and examples, to use communicative strategies more effectively, to enhance their ability to speak in connected discourse, and to apply these skills to a range of circumstances and topics.

SPECIFIC MATERIALS FOR THE DEVELOPMENT OF THE SPEAKING SKILL: At the same time that vocabulary building occurs through the thematically organized ***Fiches lexicales*** in the **Manuel de préparation**, the in-class text introduces communicative strategies ***(Pour mieux vous exprimer)*** that enhance students' ability to interact and exchange information in a meaningful manner. This is followed by contextualized activities that range from conversations on practical topics to the discussion of ideas found in reading texts. To facilitate this latter task, Chapter 6 presents a systematic approach to the development of discussion skills ***(Pour discuter)*** that are reinforced in Chapter 7. The final performance measure at the end of the core section of each chapter, as well as in the ***Expansion,*** is a set of discussion topics designed as cumulative activities that bring together the grammar, vocabulary, communicative strategies, and cultural content of that chapter.

In Chapters 1–4, each ***Expansion*** contains an extensive pronunciation section (vowels, consonants, liaison, dropped sounds including the **e caduc**) that allows students to refine the accuracy of their pronunciation. To differing degrees, both the listening and speaking skills are reinforced by these sections.

Reading comprehension

As students continue to develop their ability to understand the gist of simple connected texts that have a clear underlying structure, they also develop the ability to deal increasingly with details of such texts and to discern implications (below-the-surface meaning). They receive incremental exposure to more complex texts that lend themselves to multiple interpretations. Literary and non-literary French and Francophone texts are included in the program.

SPECIFIC MATERIAL FOR THE DEVELOPMENT OF THE READING SKILL: In addition to short factual paragraphs that accompany photos, each chapter contains two to three ***Perspectives culturelles*** that include either literary or non-literary reading texts. In addition, Chapters 1–4 include a number of reading selections in the ***Expansion*** sections; in Chapters 5–7, reading is the basis for discussions and writing.

In addition to these readings, realia pieces (ads, schedules, menus, etc.) are used throughout **QUANT À MOI...** , further adding to the sense of articulation between beginning and intermediate French.

Writing

Students progress from the sentence level to the paragraph to the multiple-paragraph level. This includes the increased ability to use cohesive devices such as time indicators, cause and effect, transitions, etc.

SPECIFIC MATERIAL FOR THE DEVELOPMENT OF THE WRITING SKILL: Most of the writing that students are directed to do is contained in the **Manuel de préparation**. The preparation for a major writing assignment, however, is usually done in class through brainstorming of ideas and vocabulary, through discussions and interviews, and through outlines. Furthermore, although the first draft may be written at home, students are often called upon to have their work scrutinized and corrected by peer editors in class before they write the final draft of their piece. By the time students reach Chapter 5, they will have written enough short texts (interview articles, short compositions, letters, etc.) based on models to proceed to a more systematic examination of writing practices in the ***Pour écrire*** section. This systematic writing program (reinforced in Chapter 7) is structured somewhat like a mini-version of an English composition program. Students are taken from the sentence to the paragraph to the multiple-paragraph levels with the goal of getting them to write a coherent and cohesive composition at the end of the chapter. The topics treated systematically in the writing program are: (1) writing sentences using French sentence structure; (2) organizing paragraphs; (3) brainstorming for ideas; (4) making an outline; (5) revising. Each final chapter composition deals with the main theme of the chapter; by the time students undertake this assignment, they have had considerable work with the vocabulary, grammar, and cultural information required to write on that topic.

An additional feature of many of the writing activities is that they are accompanied by references to the ***Système-D*** computer writing assistant for students who have access to the software. For students not using ***Système-D,*** the references serve as a summary of the functions, vocabulary, and grammar they will need to successfully complete the writing task.

3. Articulation in content

In general, beginning language texts give students an introduction to some key cultural topics dealing with France and, less thoroughly, with the Francophone world. They also identify for students the behavioral and sociolinguistic protocols appropriate to basic survival contexts. One of the goals of **QUANT À MOI...** is to move from this still superficial treatment of culture to cultural input that will make students somewhat more sophisticated participants in French and Francophone cultures. At the very least, it is hoped that students will realize that cultural differences should not be viewed in a judgmental way and that, by extension, they will become more aware of their language behaviors as they interact in their own increasingly diverse environment.

Although some of the major topics and issues on which **QUANT À MOI...** is based — home, food, leisure time, work — are usually treated in beginning French programs, we have tried to take these basic concepts that define daily life and spiral them upward in a way that parallels the upgrading of language skills. In addition, Chapters 5–7 introduce topics that are less likely to appear in beginning French texts (current social issues, speculation about the future, etc.). Students are thus asked to deal with all topics in a more complex and more abstract fashion. The move from practical action to that of sociocultural understanding introduces an intellectual dimension to the study of French.

SPECIFIC MATERIALS WITH CULTURAL CONTENT

- Each chapter highlights its themes from both a French and a Francophone perspective. The **témoins** represent various regions of France (Paris, Paris region, Brittany, Lyon, Dijon, Corsica) as well as Senegal, Morocco, Algeria, Belgium, Quebec, and Guadeloupe.
- The program-specific video, consisting of both descriptive voice-overs and interviews, provides additional information and insight about each of the cultural topics. The activities were developed specifically to develop student awareness of cultural practices.
- The ***Expansion*** sections in Chapters 1–4 of the **Manuel de préparation** contain profiles for additional Francophone regions and countries.
- The Web site contains cultural activities that are open-ended in nature and encourage student to explore various Francophone links. The infinity of Web-based resources helps students get closer to immersion in the target culture than ever before.
- Behavioral and sociolinguistic aspects of the culture continue to occupy an important place in the program in order to further the understanding that students bring with them from their beginning language courses.
- In most cases, readings and oral texts *(Témoignages)* are authentic. Students are asked to deal with ideas as well as with factual information.
- Finally, and importantly, students are asked to work not just with France and the Francophone world but also with their own culture to identify and discuss differences and similarities. There is thus a three-way input that allows students to draw on their own experiences and knowledge to form a bridge to the target cultures.

In QUANT À MOI... , every effort has been made to ensure smooth articulation between beginning and intermediate French courses — between previously acquired knowledge and new acquisitions, between basic and more sophisticated skill levels, between the students' cultures and those about which they will learn.

Integration

Challenges

- Most intermediate programs still tend to group and isolate materials. In many instances, the texts contain long sections (e.g., structures, reading, activities) that instructors are expected to divide into manageable portions. More importantly, it is therefore up to instructors to create their own integration through the syllabus.
- Many intermediate programs concentrate primarily on grammar, with reading, writing, and speaking activities relegated to a subordinate position. Even those that attempt to stress communicative activities often fail to integrate communicative functions with the grammatical structures. In other words, the scope and sequence of the grammar are often not directly tied to the performance skills. The resulting isolation of skills from grammar tends to reinforce in students the belief that grammar is somehow separate from communication.

QUANT À MOI... solutions

In response to this lack of integration, QUANT À MOI... has been carefully constructed to provide constant and systematic interaction among all skills, grammar, and culture as presented in the program components, both those used in class (the **Manuel de classe**, the Video Tape, the Audio CDs, the Web activities) as well as those used outside of class (the **Manuel de préparation**, the audio CDs).

For example, at the end of each chapter, students are asked to discuss and write about ideas associated with the context of that chapter. Each of the days of class activity and each homework assignment leads students to the point where they are able to discuss and write at the level of ideas:

1. The initial input students receive about a topic comes from the ***Témoignages*** section where they listen to the **témoins** talk about their own situations and give their opinions on a variety of issues. This listening material therefore forms the basis for the additional material students learn throughout a chapter and the activities that they engage in.
2. Students then expand this initial exposure to the topic by learning communicative strategies, vocabulary, and grammar applicable to the context.
3. More extensive literary and non-literary readings provide additional information and vocabulary so that students can begin to move the topic beyond the concrete and into a more abstract realm.
4. Out-of-class assignments serve both to prepare students for class and to provide reinforcement (in reading and writing) as a follow-up to class work.
5. Each chapter ends with cumulative activities (discussions and writing) that are often linked: in-class preparation for writing out of class; out-of-class preparation for discussions in class. These cumulative activities may be seen, in one sense, as the performance outcomes that students can reasonably be expected to reach if they have done their work diligently.

The tight integration of skills, materials, and ideas is underlined for both students and instructors via a simple system of cross-referencing.

Student Cross-References

Students are guided through the out-of-class text (**Manuel de préparation**) by a series of ***À faire!*** notes. When they complete a segment in the **Manuel de classe**, they see the following notation:

> ***Do* À faire! (1-1) *on page 20 of the* Manuel de préparation.**

When they turn to that page, they will find the following:

À FAIRE! (1–1) **Manuel de classe, pages 20–26**

In order to *review* adjective agreement and the comparative, read the ***Rappels*** (pages 22 and 23), then take the *Test*.

- If your score is less than 23, reread the ***Rappel***, do the ***Exercices de révision*** (I and II), and then take the *Repêchage test*.
- If your score is 23 or more, proceed to the next part of the assignment.

In *preparation* for talking about your lodging and the surroundings in which you live, study the ***Fiche lexicale*** and do Exercise III.

If you wish to work again with the ***Témoignages*** you heard in class, listen to SEGMENT 1–1 of the **Audio CD** and do Exercise IV.

Students are thus made aware of what to do and of how it relates to what will happen or what happened in class. Exercises marked with an asterisk in the book are self-correcting.

Instructor Cross-References

Among the various other instructor notes (e.g., materials needed for the chapter, minimum amount of time needed to cover the chapter, suggestions for activities, video tape and audio CDs, etc.), a cross-referencing guide is provided in the margin notes found in the **Manuel de classe (Instructor's Annotated Edition)**. Called ***Suggested Lesson Outline***, this note appears at the beginning of every segment or projected class period. First, it explains what students have done for homework and which exercises were not self-correcting (i.e., they should be collected and corrected by the instructor). Second, the note suggests the materials that could be covered in class.

Using *À faire! (1–1)* provided above as an example of what students have done for homework, the ***Suggested Lesson Outline*** for the instructor reads as follows:

SUGGESTED LESSON OUTLINE:
Students assigned ***À faire! (1-1)*** have reviewed basic adjective formation and comparative structures and have worked with vocabulary to describe lodging. Ex. III was not self-correcting.
In this class period, do ***Contrôle des connaissances*** (Ex. E), ***Pour parler...*** (Ex. F), and ***Pour communiquer*** (Ex. G, H).

With this system of cross-referencing, instructors are able to easily move themselves and their students back and forth between the **Manuel de classe** and the **Manuel de préparation.**

Integration Chart

The following charts outline the relationship between the various components of the program as they work together in one chapter of each part of the program. These charts show how the three main components (**MC = Manuel de classe, MP = Manuel de préparation, CD = Audio CD**) integrate the material with which students are asked to work.

In short, we feel that **QUANT À MOI...** is unique among intermediate programs in that it does not compartmentalize skills, grammar, and culture into separate and unrelated parts. As students progress through the program, they come to understand and appreciate the interrelatedness of skills, the importance of grammar to accurate communication, and the differences and similarities between their culture(s) and the target cultures. Furthermore, they learn that their out-of-class work and preparation is important to their successful participation in the in-class activities. We hope that this will help reinforce their sense of responsibility for their own learning.

SAMPLE INTEGRATION CHART / CHAPITRE 1

MANUEL DE CLASSE In class	MANUEL DE PRÉPARATION Out of class
CORE	
Listening comprehension (CD) Cultural reading (MC)	
	À faire! (1–1) Review of known grammatical structure (MP) Vocabulary (MP) Listening comprehension (CD)
Verification of review grammar (MC) Vocabulary reinforcement (MC) Listening comprehension (CD) Additional vocabulary (MC)	
	À faire! (1–2) Writing activities (MP) New grammatical structures (MP)

MANUEL DE CLASSE In class	MANUEL DE PRÉPARATION Out of class
Summary of new grammatical structure (MC) Communicative practice with new grammatical structure (MC) Listening comprehension (CD)	**À faire! (1–3)** Communicative written review of new grammatical structure (MP) Vocabulary (MP) Listening comprehension (CD) New grammatical structure (MP)
Summary of new grammatical structure (MC) Communicative practice with new grammatical structure (MC) Vocabulary reinforcement (MC) Listening comprehension (CD) Conversational strategies (MC)	**À faire! (1–4)** Communicative written review of new grammatical structure (MP) Literary reading (MC/MP)
Analysis of literary reading (MC) Listening comprehension (CD)	**À faire! (1–5)** Listening comprehension (CD) New grammatical structure (MP)
Summary of new grammatical structure (MC) Communicative review of new grammatical structure (MC) Literary reading (MC)	**À faire! (1–6)** Communicative written review of new grammatical structure (MP) Written advance organizer for speaking activity (MP)
Speaking activity: interview (MC)	**À faire! (1–7)** Writing activity: interview article (MP)

EXPANSION

Selection of activities, including: Video Writing Listening comprehension Speaking activity Cultural reading	Selection of activities, including: Cultural reading Literary reading Listening comprehension Writing

SAMPLE INTEGRATION CHART / CHAPITRE 5

MANUEL DE CLASSE In class	MANUEL DE PRÉPARATION Out of class
Listening comprehension (CD) Cultural reading (MC) Writing activity (MC)	**À faire! (5–1)** Cultural reading (MC/MP) Writing strategies (MP) Writing activity (MP)
Cultural readings (MC) Vocabulary (MC)	**À faire! (5–2)** New grammatical structure (MP) Cultural reading (MC/MP)
Summary of new grammatical structure (MC) Communicative review of new grammatical structure (MC) Reading (MC) Writing activity (MC)	**À faire! (5–3)** Writing activity (MP) New grammatical structure (MP)
Summary of new grammatical structure (MC) Communicative review of new grammatical structure (MC) Listening comprehension (CD) Conversational strategies (MC)	**À faire! (5–4)** Cultural reading (MC/MP) Listening comprehension (CD) Writing activity (MP) Writing strategies (MP)
Reading (MC) Peer editing (MC) Listening comprehension (CD) Cultural reading (MC) Conversational strategies (MC)	**À faire! (5–5)** Vocabulary (MP) Writing strategies (MP) Writing activity (MP)
Peer editing (MC) Speaking activity (MC)	**À faire! (5–6)** Cultural reading (MP) Vocabulary (MP)

MANUEL DE CLASSE In class	MANUEL DE PRÉPARATION Out of class
Cultural reading (MC) Brainstorming (MC)	**À faire! (5–7)** Writing strategies (MP) Writing activity (MP)
Peer editing (MC) Cultural reading (MC) Conversational strategies (MC) Brainstorming (MC)	**À faire! (5–8)** Writing strategies (MP) Writing activity (MP)
Peer editing (MC) Cultural readings (MC) Writing strategies (MC)	**À faire! (5–9)** Writing activity: draft of biographical or autobiographical essay
Peer editing (MC)	**À faire! (5–10)** Writing activity: draft of biographical or autobiographical essay

Flexibility

Challenge

Intermediate programs come in all shapes and sizes. Some meet for one semester or two quarters only; others, for two semesters or three quarters. Some meet three times per week; others, four or even five. Courses have different emphases from institution to institution: some are interested mainly in grammar review; others begin tracking by skill (e.g., reading track, speaking track); others are four-skill courses.

QUANT À MOI... solutions

While trying to provide maximum articulation between beginning and intermediate programs and maximum integration within and between chapters, we have at the same time constructed QUANT À MOI... so that material does not have to be used in a lock-step fashion.

Specific Structure of the Program

Première partie
Part I of QUANT À MOI... consists of a preliminary chapter (to be done first as an introduction to the course) and four free-standing chapters that may be presented in any order depending on instructor preferences and needs.

Chapitre préliminaire: La rentrée
Chapitre 1: Allons voir les Français et les francophones... chez eux!
Chapitre 2: Allons voir les Français et les francophones... à table!
Chapitre 3: Allons voir les Français et les francophones... aux heures de loisirs!
Chapitre 4: Allons voir les Français et les francophones... au travail!

Each of the four chapters has a core that covers the material essential to the development of the chapter theme. The *Expansion* menu then provides numerous options that lend flexibility from class to class or student to student.

Deuxième partie
Part II of QUANT À MOI... consists of three chapters. Since Chapter 6 builds on Chapter 5, and Chapter 7 builds on Chapters 5 and 6, it is advisable that these chapters be covered in the order in which they are presented.

Chapitre 5: Récits et portraits
Chapitre 6: Questions sociales
Chapitre 7: Le monde d'aujourd'hui et de demain

Course Outlines

The *Suggested Course Outlines* divide each chapter into segments, each corresponding approximately to one class meeting. These divisions, of course, are only suggestions. Depending on the size and ability of your class as well as the nature of the material included in a given segment, it may require slightly more or less time. The following chart will be useful for planning purposes.

Première partie

Chapitre préliminaire	2–3 class meetings
Chapitre 1 (core)	7 class meetings
Chapitre 1 (expansion)	1–4 class meetings
Chapitre 2 (core)	7 class meetings
Chapitre 2 (expansion)	1–4 class meetings
Chapitre 3 (core)	7 class meetings
Chapitre 3 (expansion)	1–4 class meetings
Chapitre 4 (core)	7 class meetings
Chapitre 4 (expansion)	1–4 class meetings
Total:	34–47 class meetings

Deuxième partie

Chapitre 5	7 class meetings
Chapitre 6	10 class meetings
Chapitre 7	9 class meetings
Total:	26 class meetings

The following are some suggestions for how this structure might fit into the most frequent types of intermediate course calendars.

COLLEGE AND UNIVERSITY COURSES MEETING FOR A FULL YEAR

Four or five times per week

Since these courses have between 104 and 120 class meetings per year, they can easily cover all chapters, including a full use of the expansion sections in the *Première partie.* This schedule would only require 78 class meetings, not taking into account days for in-class testing. Consequently, the instructor would have time to add other readings and/or cultural units.

Three times per week

These courses have between 84 and 90 class meetings per year, depending on the length of the semester. At a minimum, they could do the *Première partie* in the first semester, devoting approximately three days per chapter to expansion activities and to in-class testing. The *Deuxième partie* would then easily fit into the second semester with 16–22 days available for in-class testing as well as other readings and/or cultural units.

ONE-SEMESTER COLLEGE AND UNIVERSITY COURSES

Four times per week

In this case, there would be approximately 56 class meetings during the semester. There would be time to do all of the *Première partie,* including the expansion activities and in-class testing. The remaining chapters (5, 6, 7) could then be used in a succeeding course that concentrates on conversation (discussion) and composition.

Three times per week

In this case, with approximately 42 class meetings available, there would only be time to do the *Première partie,* including 3 days per chapter for expansion activities and in-class testing. The entire *Deuxième partie* could then be used in a subsequent conversation and composition course.

HIGH SCHOOL COURSES MEETING FOR A FULL YEAR

While the number of class meetings per *Suggested Lesson Outline* might vary in a fourth-year high school course, depending on the length of the class period as well as the size of the class, both the *Première partie* and the *Deuxième partie* could no doubt be completed during one year. In some instances, there might also be time for the teacher to add readings and/or cultural units. In any case, the program would serve as a solid basis of preparation for all phases of the Advanced Placement Language Exam.

An alternative plan would be to use QUANT À MOI... over a two-year period. Part One, accompanied by readings and cultural units added by the teacher, could serve as a basis for the fourth-year course, which would emphasize grammar review and practical conversation. Part Two, again accompanied by readings and cultural units added by the teacher, could serve as a basis for the fifth-year course, which would focus on discussion and writing.

In short, due to the great flexibility afforded by the number and types of activities available as well as by the division into two distinct parts, we feel that QUANT À MOI... is an intermediate text that can be easily adapted to a wide variety of time schedules and program goals.

WHAT DO I DO IF...?

The following are a series of questions and answers that may prove useful as you proceed through the QUANT À MOI... program. They are based on situations often encountered in foreign language classes and that require adjustments on the part of the instructor in the management of the material.

What do I do if students don't have books on the first day of class?

Besides taking care of necessary administrative details, it is important for you to show students a complete set of materials (the three major components—the **Manuel de classe,** the **Manuel de préparation,** the **Audio CDs**) and to talk about their functions. Particular stress should be put on the interrelationship of the components, the responsibilities of the students, and the importance of out-of-class preparation. You can then begin the **Chapitre préliminaire,** where the first set of activities depends primarily on listening to the **Audio CD.**

What do I do if students have not done the preparatory work in the Manuel de préparation?

Each segment of the program contains some in-class checks that help students who have neglected to do their assignment in the **Manuel de préparation** catch up. However, in a few cases, you may have to do a somewhat more extensive review of grammar, for example, using the material in the *Rappel* section of the **Manuel de préparation.** This would only occur if coincidentally a large number of students had not done the homework or if a topic proved particularly difficult. (In individual cases, it is probably best to deal with the particular student in your office, rather than holding up the whole class.) In general, however, you will find that the in-class practice as well as the continued recycling of material will allow students to catch up on the grammar and vocabulary as the work is being done in class.

In situations where the assignment involves reading or writing, you may wish to separate those students who have not done the assignment. For example, you could have each one listen in on a group that is doing follow-up activities to the reading or peer editing of written work. While their participation might be minimal (at first), they would at least have the advantage of hearing the other students work through the activity.

In the most extreme case, when failure to do homework is becoming a more regular problem, you may have to check assignments every day by assigning a grade for homework done or not done. This can be accomplished efficiently if students show you their work as they enter the class.

What do I do if I finish a Suggested Lesson Outline early?

If you have time left over at the end of a class period, you can easily return to some segments that you haven't done or have done only superficially in a previous class meeting. The key element in this option is that you carefully mark any activities you choose to keep in reserve so that you can easily find them when the time comes.

A second suggestion is that you have students begin their work in the **Manuel de préparation** for the next class period under your supervision. To do this, it is important that both you and your students always bring both the **Manuel de classe** and the **Manuel de préparation** to class. An occasional 10 or 15 minutes of supervised homework can be extremely useful in solving problems as they occur.

What do I do if I run out of time during a class period?

The most important consideration is to keep students on track with their homework. You therefore have at least three options: (1) assign the next *À faire!* even though you will have to spend a few minutes of the next class period completing, in shortened form, the work from the previous class meeting; (2) if time allows, take an extra class period to complete the work and assign the new *À faire!* at the end of the second class period; (3) have students do the work on their own through the follow-up exercises in the **Manuel de préparation** with a quick verification of their work in the following class period.

If you find that you regularly wish or need to take more than one class period to complete a *Suggested Lesson Outline,* it is important that you look ahead to ensure that students get assigned all (or part) of the next *À faire!* Otherwise you might find yourself in the middle of a class period, ready to begin the next *Suggested Lesson Outline* without the students having been assigned the necessary preparatory work in the **Manuel de préparation.**

What do I do if students don't pass the *Repêchage* test in the *Contrôle des connaissances* sections of the *Première partie?*

Students are notified to indicate to you if this has occurred. You may wish to have a system in which students indicate to you (privately) at the beginning of the class period that they don't have a passing score on the re-test. If a fairly large number are in this situation, we suggest that you do a quick review of the grammar point in question and that you do exercises from the *Rappel* section of the **Manuel de préparation.** If only a small number of students are affected, you may ask to see them during your office hours.

What do I do if students say they don't understand the reading assigned for homework?

You have several options:

- You can summarize the main ideas (in English or French) and have students read the text again silently.
- You can proceed to the exercises in which students are likely to find out that they understand more than they think. Since students often judge their comprehension level by the number of words they do or don't understand, this option makes it clear to them that it's not necessary to understand every word in order to comprehend the gist of the text.
- You can ask the class to summarize the reading by having different students contribute ideas.
- You can move through the reading one paragraph or section at a time while stating the main idea and pointing out key ideas and phrases.

What do I do if students say they can't understand the Audio CDs?

The *Témoignages* and *Pour communiquer* sections of the Audio CDs offer a wide variety of voices belonging to both French and Francophone native speakers. Some speak relatively slowly and articulate quite clearly; others speak rather rapidly and display definite regional accents. We have provided, both in the **Manuel de classe** and the **Manuel de préparation,** vocabulary aids and fairly detailed questions in an effort to guide students as they listen. However, should students still have difficulty in understanding, the script appears at the back of the **Manuel de préparation.**

Second Edition

Quant à moi...

Témoignages des Français et des francophones

Manuel de classe

Jeannette D. Bragger • Donald B. Rice

The Pennsylvania State University *Hamline University*

HH Heinle & Heinle
Thomson Learning™

United States • Australia • Canada • Denmark • Japan • Mexico • New Zealand • Philippines • Puerto Rico • Singapore • Spain • United Kingdom

The publication of **Quant à moi... , Second Edition,** was directed by the Heinle & Heinle College Foreign Language Publishing Team:

Wendy Nelson, Senior Acquisitions Editor
Stephen Frail, Marketing Manager
Esther Marshall, Senior Production and Development Editor Supervisor
Anne Besco, Developmental Editor

Also participating in the publication of this program were:

Publisher	Vincent P. Duggan
Associate Marketing Manager	Kristen Murphy-LoJacono
Senior Manufacturing Coordinator	Mary Beth Hennebury
Project Manager	Anita Raducanu, A+ Publishing Services
Compositor	A+ Publishing Services
Interior Designer	Cyndy Patrick
Illustrator	Sarah Sloane
Cover Illustrator	Sylvia Stagg-Giuliano
Cover Designer	Jeff Cosloy
Text Printer/Binder	Quebecor/World

Heinle & Heinle Publishers
20 Park Plaza
Boston, MA 02116

web	**www.thomsonrights.com**
fax	1-800-730-2215
phone	1-800-730-2214

UK/EUROPE MIDDLE EAST:
Thomson Learning
Berkshire House
168-173 High Holborn
London, WCIV 7AA, United Kingdom

LATIN AMERICA:
Thomson Learning
Seneca, 53
Colonia Polanco
11560 México D.F. México

JAPAN:
Thomson Learning
Placeside Building, 5F
1-1-1 Hitotsubashi, Chiyoda-ku
Tokyo 100 0003, Japan

AUSTRALIA/NEW ZEALAND:
Nelson/Thomson Learning
102 Dodds Street
South Melbourne
Victoria 3205, Australia

ASIA (excluding Japan):
Thomson Learning
60 Albert Street #15-01
Albert Complex
Singapore 189969

SPAIN:
Thomson Learning
Calle Magallanes
28015-Madrid
España

CANADA:
Nelson/Thomson Learning
1120 Birchmount Road
Scarborough, Ontario
CANADA, MIK 5G4

Library of Congress Cataloging-in-Publication Data

The Library of Congress has assigned the following Library of Congress Catalog Card Number for the student textbook.

99-76608
CIP

Printed in the United States of America

ISBN: 0-8384-0585-1 (student text)

3 4 5 6 7 8 9 03 02 01

Quant à moi...

Témoignages des Français et des francophones

Table des matières

Première partie

EXPANSION

Deuxième partie

EXPANSION

TO THE STUDENT

Bonjour! Welcome to QUANT À MOI... , a comprehensive intermediate French program designed to follow up on the beginning French course(s) you've taken either in high school or college.

For you, the QUANT À MOI... program consists of four major components. You will want to work in a systematic manner with all four of these tightly-integrated components:

Second Edition
Quant à moi...
Témoignages des Français et des francophones
Manuel de classe
Jeannette D. Bragger • Donald B. Rice

The **Manuel de classe** is your in-class textbook. You'll need to bring it to class every day.

Second Edition
Quant à moi...
Témoignages des Français et des francophones
Manuel de préparation
Includes answer key and tapescripts
Jeannette D. Bragger • Donald B. Rice

The **Manuel de préparation** provides follow-up to work done in class as well as homework preparation. You'll probably want to bring it to class also.

The **Audio CD** contains interviews with real speakers of French from around the world. You will not need to bring it to class.

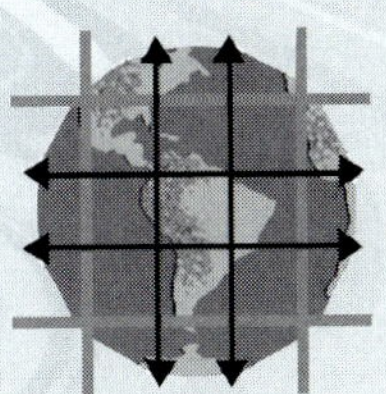

The **QUANT À MOI....** World Wide Web page offers additional grammar and vocabulary practice as well as relevant cultural activities. The address is: http://quantamoi.heinle.com

QUANT À MOI... is organized into two parts, as follows:

PREMIÈRE PARTIE

CHAPITRE PRÉLIMINAIRE

La rentrée

CHAPITRE 1

Allons voir les Français et les francophones... **chez eux!**

CHAPITRE 2

Allons voir les Français et les francophones... **à table!**

CHAPITRE 3

Allons voir les Français et les francophones... **aux heures de loisir!**

CHAPITRE 4

Allons voir les Français et les francophones... **au travail!**

The preliminary chapter will help you reactivate the French you already know as you get acquainted with your classmates and your instructor. Chapters 1–4 will introduce you to four main themes important to French and Francophone culture: (1) where people live; (2) what they eat; (3) how they spend their leisure time; (4) how they spend their work days.

DEUXIÈME PARTIE

CHAPITRE 5

Récits et portraits

CHAPITRE 6

Questions sociales

CHAPITRE 7

Le monde d'aujourd'hui et de demain

Chapter 5 will give you the chance to enhance your writing skills as you write informal narratives, film reviews, and personalized portraits. Chapter 6 will help you work on your discussion skills as you talk about some of the major social issues in France today. And Chapter 7 will allow you to combine both writing and discussion as you focus on technology and the future.

As the title (**QUANT À MOI...**) and the subtitle (**Témoignages des Français et des francophones**) indicate, this program gives you a variety of perspectives on the many topics you'll be studying. On this page, you can meet for the first time the sixteen "witnesses" (**témoins**) from all over the Francophone world who will be giving you their points of view (**Quant à moi...**).

Canada
Québec
Nouveau-Brunswick
Québec
Montréal
Amérique du Nord
États-Unis
St-Pierre-et-Miquelon
Maine
Nouvelle-Angleterre
Nouvelle-Écosse
Louisiane
La Nouvelle-Orléans
Océan Atlantique
Haïti
Les Antilles
Saint-Martin
Guadeloupe
Martinique
Port-au-Prince
Océan Pacifique
Cayenne
Guyane française
Wallis-et-Futuna
Polynésie française
Vanuatu
Amérique du Sud
Tahiti
Nouvelle-Calédonie

ROBIN CÔTÉ
Rimouski, Québec
chercheur en physique

ALAIN BAZIR
Saint-Claude et Pointe-à-Pitre, Guadeloupe
étudiant en biologie

DOMINIQUE CLÉMENT
Paris, France
journaliste

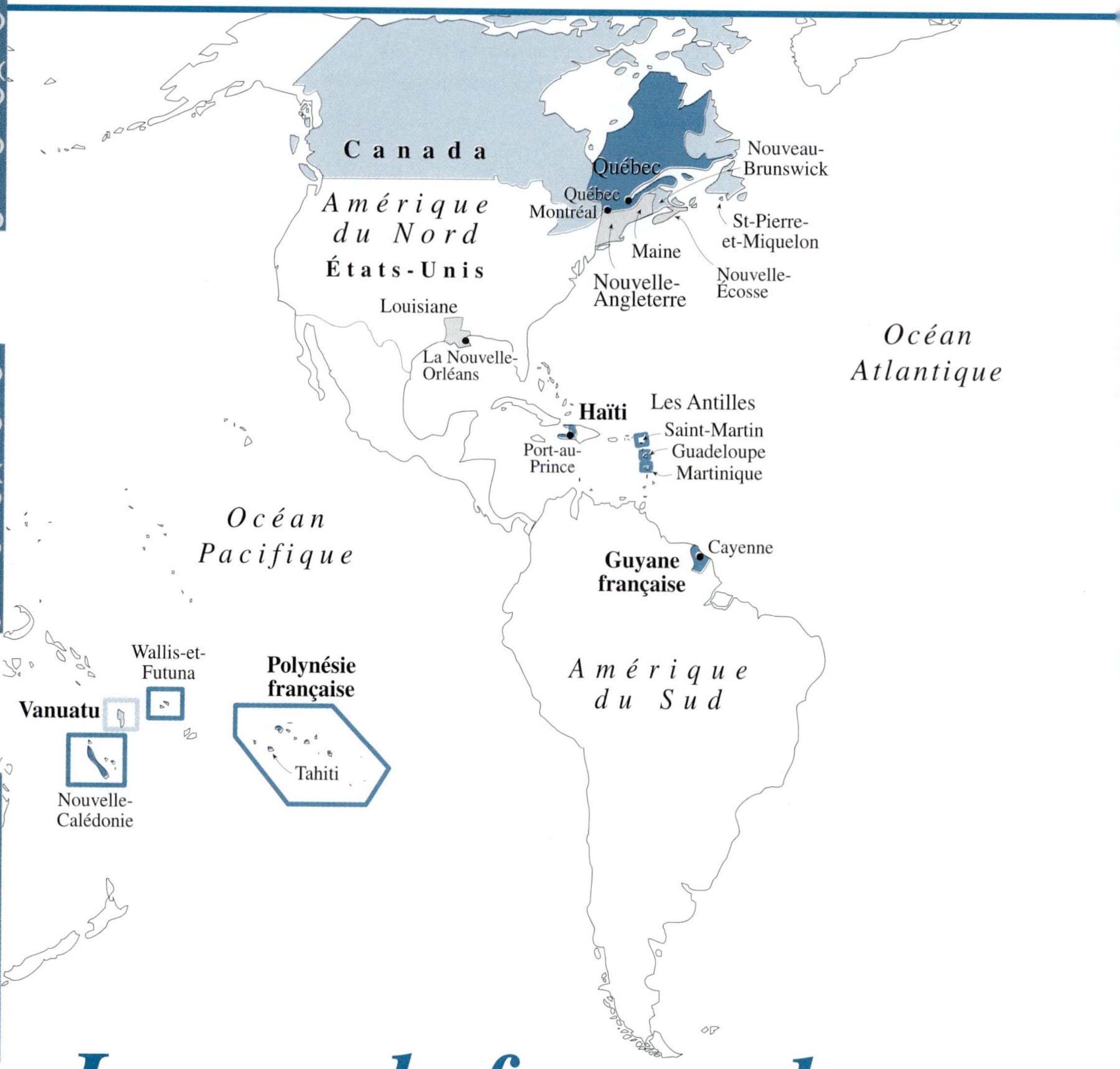

Le monde francophone

PHILIPPE HECKLY
Asnières, France (banlieue de Paris)
ingénieur

ANNE SQUIRE
Levallois-Perret, France (banlieue de Paris)
musicienne

VÉRONICA ZEIN
Savigny-sur-Orge (au sud-ouest de Paris)
étudiante en droit

XAVIER JACQUENET
Dijon, France
étudiant en histoire

SOPHIE EVERAERT
Bruxelles, Belgique
psychologue

MIREILLE SARRAZIN
Lyon, France
comédienne de théâtre

DELPHINE CHARTIER
Toulouse, France
professeur d'anglais

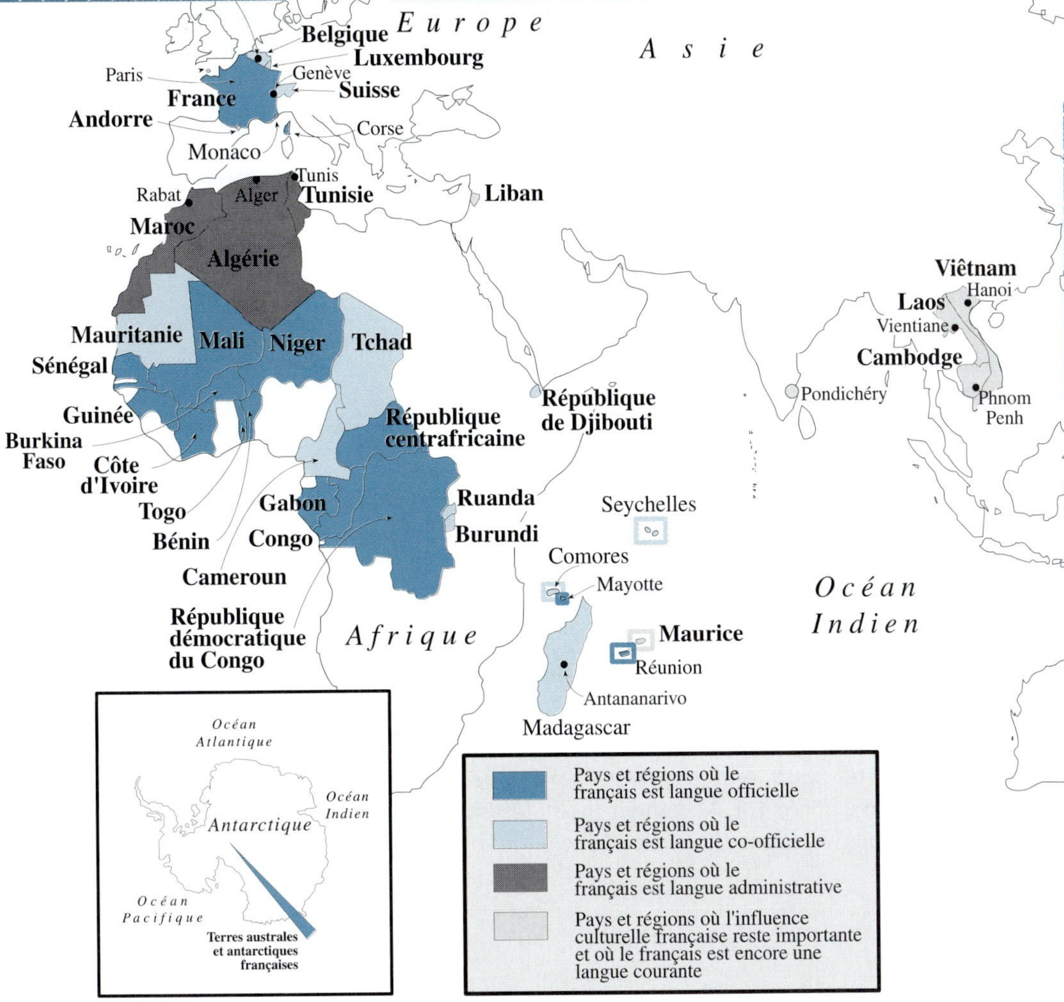

VALÉRIE ÉCOBICHON
Saint-Maudez, France (Bretagne)
bibliothécaire

FLORENCE BOISSE-KILGO
Carpentras, France
employée de bureau

Europe
Asie
Belgique
Luxembourg
Paris
Genève
France
Suisse
Andorre
Corse
Monaco
Tunis
Rabat
Alger
Tunisie
Liban
Maroc
Algérie
Viêtnam
Hanoi
Laos
Vientiane
Cambodge
Mauritanie
Mali
Niger
Tchad
Sénégal
Pondichéry
Phnom Penh
République de Djibouti
Guinée
République centrafricaine
Burkina Faso
Côte d'Ivoire
Togo
Gabon
Ruanda
Seychelles
Bénin
Congo
Burundi
Comores
Cameroun
Mayotte
Océan Indien
République démocratique du Congo
Afrique
Maurice
Réunion
Antananarivo
Madagascar

Océan Atlantique
Océan Indien
Antarctique
Océan Pacifique
Terres australes et antarctiques françaises

Pays et régions où le français est langue officielle
Pays et régions où le français est langue co-officielle
Pays et régions où le français est langue administrative
Pays et régions où l'influence culturelle française reste importante et où le français est encore une langue courante

DOVI ABE
Dakar, Sénégal
fonctionnaire

DJAMAL TAAZIBT
Alger, Algérie
professeur de psychologie industrielle

NEZHA LE BRASSEUR
Casablanca, Maroc
professeur de sciences naturelles

HENRI GAUBIL
Ajaccio, Corse
représentant de commerce

Acknowledgments

There are, of course, many people who have contributed greatly to the development of **QUANT À MOI...** We would like to thank Robin Baliszewski, Vincent P. Duggan, and Wendy Nelson. We would also like to express our gratitude and special thanks to Anne Besco, our Development Editor, and to Esther Marshall, our Production and Editorial Coordinator. Our thanks also go to Tom Pozen, Production Assistant, and Bénédicte Ferru, Intern. Our very special thanks go to our Project Manager, Anita Raducanu from A+ Publishing Services, and the designers Sylvia Stagg-Giuliano, Jeff Cosloy, and Cyndy Patrick. Finally, we would also like to recognize Charles H. Heinle, who gave us our start in textbook publishing.

We would also like to acknowledge the contributions of the following colleagues who reviewed the first edition and made excellent suggestions for revisions:

Francis Assaf, *University of Georgia*
Paul Crapo, *University of Tennessee at Martin*
Eliane DalMolin, *University of Connecticut*
Nadine DiVito, *University of Chicago*
Nicholas Ealy, *Florida State University*
Judith Frommer, *Harvard University*
Françoise Ghillebaert, *Baylor University*
Hollie Harder, *Brandeis University*
Leona LeBlanc, *Florida State University*
Catherine Marin, *Georgia Institute of Technology*
Lydie Meunier, *University of Tulsa*
Aileen Mootoo, *Southeastern Louisiana University*
Jean-Marie Schultz, *University of California at Berkeley*
Henry Smith, *University of New Hampshire*

Finally, we wish to thank Baiba and Mary, who as always have patiently encouraged and supported us during the preparation of this project. As for Alexander (age 16) and Hilary (age 11), it is with both interest and consternation that they watch as the shelf of French books awaiting their use grows longer and longer.

J.D.B
D.B.R

PREMIÈRE PARTIE

CHAPITRE PRÉLIMINAIRE

La rentrée

CHAPITRE 1

Allons voir les Français
et les francophones
chez eux!

CHAPITRE 2

Allons voir les Français
et les francophones
à table!

CHAPITRE 3

Allons voir les Français
et les francophones
aux heures de loisir!

CHAPITRE 4

Allons voir les Français
et les francophones
au travail!

L'Université de Toulouse–Le Mirail est située dans la banlieue de Toulouse avec un accès facile par les transports publics. Ses quelques 40 000 étudiants se spécialisent en sciences sociales, politiques ou économiques, en sciences exactes ou naturelles ou en histoire, en géographie, en lettres ou en langues.

La rentrée

CHAPITRE préliminaire

OBJECTIVES

In this chapter, you will learn:

- to introduce yourself to your classmates;
- to talk about your vacations;
- to talk about the courses you're taking and your daily schedule;
- to talk about where and with whom you live;
- to talk and write about stereotypes.

CHAPTER SUPPORT MATERIALS (STUDENT)

MP: pp. 5–8

Audio CD: Segments CP-1 to CP-3

SYLLABUS: The minimum amount of time needed to cover the core material of ***Chapitre préliminaire*** is two class periods. If you have a very large class, it may take somewhat longer for students to get to know each other. In that case, you may wish to extend the time to three class periods.

CHAPTER SUPPORT MATERIALS (INSTRUCTOR)

Transparencies: CP-1 and CP-2

Audio CD: Segments CP-1 to CP-3

Video: Chapitre préliminaire: Séquences 1–3

Test Bank: Chapitre préliminaire

SUGGESTED LESSON OUTLINE: Do ***Écoutez!*** (Ex. A, B), ***Écoutez!*** (Ex. C), and follow-up activities (Ex. D, E, F).

Pour communiquer

Écoutez!

Audio CD:
SEGMENT CP–1
CD 1, TRACK 2

La rentrée des classes à l'université est au mois d'octobre. Jérôme Dumouriez et Sébastien Harmel se trouvent assis l'un à côté de l'autre dans l'amphithéâtre. Le cours de littérature américaine va commencer dans quelques minutes et les deux étudiants profitent de ce moment pour faire connaissance.

Réponses, Ex. A:

1. Les cours commencent (La rentrée est) au mois d'octobre.
2. Il vient de Bordeaux.
3. Depuis deux ans.
4. Oui, il aime l'université. Il dit que les gens sont sympas (sympathiques) et que les cours sont intéressants.
5. Oui.

If you would like to listen again to this conversation, you can work with the listening material on your own, using SEGMENT CP–1 of the **Audio CD.**

Ex. B: ⇄ **groups of 2**

Follow-up, Ex. B: The follow-up to this exercise will be done in Ex. D.

A. Vous avez compris? Répondez aux questions suivantes d'après la conversation entre Jérôme et Sébastien que vous venez d'entendre.

1. À quel moment de l'année est-ce que les cours commencent dans les universités françaises?
2. D'où vient Sébastien?
3. Depuis combien de temps est-ce que Jérôme est à l'université?
4. Est-ce que Jérôme aime l'université? Comment le savez-vous?
5. Sébastien aime-t-il la littérature américaine?

B. Faisons connaissance! Imitez la conversation entre Jérôme et Sébastien pour faire la connaissance de quelques camarades de classe. Utilisez les expressions ci-dessous pour vous aider.

Pour mieux vous exprimer

Saluer quelqu'un

Bonjour. / Salut.

Prendre congé de quelqu'un

Au revoir. / Allez, au revoir. / Salut. / À tout à l'heure. / Ciao. / À bientôt.

Se présenter

Je m'appelle... / Je suis...

Demander le nom de quelqu'un

Et toi, comment tu t'appelles?
Tu t'appelles comment?
Comment est-ce que tu t'appelles?

Dire d'où on vient

Je viens de...

Pour communiquer

Écoutez!

En attendant que le cours commence, Jérôme voit son amie Marie-Noëlle qui s'approche de lui. Jérôme la présente à Sébastien et les trois étudiants parlent de leurs vacances d'été.

Audio CD:
SEGMENT CP-2
CD 1, TRACK 3

C. Vous avez compris? Répondez aux questions suivantes d'après la conversation entre les trois étudiants que vous venez d'entendre.

1. Comment est-ce que Marie-Noëlle a passé l'été? Et Jérôme? Et Sébastien?
2. Pourquoi est-ce que Marie-Noëlle a décidé de continuer ses études en littérature américaine?
3. Qu'est-ce que les trois étudiants vont faire après le cours?

If you would like to listen again to this conversation, you can work with the listening material on your own, using SEGMENT CP-2 of the **Audio CD.**

D. Faisons des présentations! Dans l'Exercice B, vous avez fait la connaissance de quelques camarades de classe. Maintenant, faites la présentation de deux de ces camarades. Ensuite, expliquez comment vous avez passé votre été. Utilisez les expressions ci-dessous pour vous aider.

Ex. D:  **groups of 3**

Pour mieux vous exprimer

Présenter quelqu'un

(Mike), je te présente (Judy). Judy, Mike.

Demander à quelqu'un de parler de ses vacances

Raconte un peu. Qu'est-ce que tu as fait cet été (pendant les vacances)?

Comment est-ce que tu as passé tes vacances?

Répondre

Moi, je suis allé(e)...

Moi, j'ai passé (un mois) à...

Je n'ai rien fait d'intéressant. ...

J'ai travaillé chez (avec, dans)...

J'ai rendu visite à...

Je suis rentré(e) chez mes parents. ...

Je suis resté(e) ici et j'ai suivi *(took)*(deux) cours. ...

Ex. E: groups of 2, then groups of 3

E. Et toi, comment tu t'appelles? Présentez-vous à un(e) camarade de classe que vous ne connaissez pas. Ensuite, présentez ce (cette) camarade à quelqu'un que vous avez déjà rencontré. Parlez un peu de l'université et de vos vacances.

***Do* À faire! (CP-1) *on page 6 of the* Manuel de préparation.**

F. De qui avez-vous fait la connaissance? Expliquez aux autres étudiants de la classe de qui vous avez fait la connaissance. Suivez le modèle.

MODÈLE: *J'ai fait la connaissance de Mark. Il est en première année ici à l'université. Il étudie les mathématiques. Il a passé l'été à Philadelphie chez ses parents. Il a travaillé dans une librairie.*

SEE SUGGESTION BELOW.

Pour communiquer

Écoutez!

Audio CD:
SEGMENT CP–3
CD 1, TRACK 4

Suggestion, Manuel de préparation (MP): Since this is the first time students are going to work with the **MP**, it's important for them to understand how they're to use it. The most important thing for them to know is that usually each ***À faire!*** section corresponds to one homework assignment (in a few instances, you may decide to divide it into two parts). For the first few homework assignments, you might want to go over each section of the assignment, explain the purpose and the mechanics of each exercise, and make sure that students understand the directions. How well students review and learn material in the **MP** is critical to the smooth functioning of in-class activities.

If your class meets four or five times per week, you might build the first few homework assignments into the syllabus (i.e., to be done in a supervised fashion in class). This will establish the homework pattern and get students into appropriate study habits.

SUGGESTED LESSON OUTLINE: Students assigned ***À faire! (CP–1)*** have reviewed the present tense of commonly used verbs and have prepared to talk about stereotypes. Ex. III, IV, and V were not self-correcting.

In this class period, do ***Écoutez!*** (Ex. G, H) and ***Perspectives culturelles*** (Ex. I, J, K).

If you would like to listen again to this conversation, you can work with the listening material on your own, using SEGMENT CP–3 of the **Audio CD.**

Après le cours, Marie-Noëlle, Jérôme et Sébastien se retrouvent dans un café pas loin de la faculté. Ils parlent de leur programme d'études et de leur emploi du temps.

G Vous avez compris? Répondez aux questions suivantes d'après la conversation entre les trois étudiants que vous venez d'entendre.

1. Quel diplôme prépare Sébastien? En quelle matière?
2. En quelle année est-il?
3. Quel diplôme préparent Marie-Noëlle et Jérôme?
4. Quels examens est-ce qu'ils viennent de passer en juin? Est-ce qu'ils ont réussi à ces examens?
5. Est-ce que le cours de littérature américaine est un cours obligatoire pour les trois étudiants?
6. Quels cours est-ce que Sébastien suit cette année?
7. Selon Jérôme, est-ce que c'est un emploi du temps très chargé? Comment est-ce qu'il le sait?
8. Qu'est-ce que les trois étudiants vont faire jeudi soir?
9. Est-ce que vous êtes d'accord avec Marie-Noëlle quand elle dit que les étudiants qui travaillent en groupe réussissent mieux que ceux qui travaillent seuls? Expliquez.

Université de Toulouse — Le Mirail
Unité de Formation et de Recherche (UFR)
Études du monde anglophone

Liste des unités de valeur de l'UFR

Code	Intitulé	Horaire	Val	Préalables	Durée
ANG 000	Orientation DEUG C		0		-
ANG 109	Renforcement Anglais	30	2	Réservé DEUG C	
ANG 100	Langue et civilisation I	117	5		an
ANG 200	Langue et civilisation II	125	5	ANG 100	an
AN 1101	Lecture et traduction	50	2		an
AN 1102	Lecture et traduction	50	2		an
AN 1111	Langue anglaise	50	2		an
AN 1709	Langue et littérature	50	2		an
AN 1841	Littérature et civilisation	75	3		an
AN 2102	Lecture et traduction	50	2	AN 1102	an
AN 2111	Langue Anglaise écrite	75	3	AN 1111	an
AN 2115	Anglais oral et phonologie	50	2	AN 1111enseignement comptabilisé / 2ans	an
AN 2192	Anglais technique et commercial	50	2	AN1111,1841,ANG100	an
AN 2193	Contract° et traduct° de textes	50	2	Idem	an
AN 2709	Langue et littérature	50	2	AN 1709	an
AN 2843	Littérature anglaise écrite	75	2	AN 1841	an
AN 2844	Civil. US,GB,Commonwealth	37.30	2	AN1841	an
AN 3100	Langue et traduction	75	3	AN 2111	an
AN 3111	Langue anglaise orale	25	1	AN 2115	an
AN 3119	Ang. éco. et des affaires	125	5	ANG 200	an
AN 3151	Traduct° textes Ang. non litt.	18.75	1	AN 2111	an
AN 3210	Littérature I	37.30	2	AN 2843	an
AN 3211	Sémiotique théâtre anglais	50	2	AN 2843	an
AN 3256	Backwater literature	50	2	AN 2843	an
AN 3400	Civilisation	50	2	AN 2844	an
AN 3451	Sociologie GB contemporaine	50	2	AN 2844	an
AN 3452	Histoire des idées GB	50	2	AN 2844	an
AN 3510	Littérature II (litt. et ling.)	62.30	2	AN 2843	an
AN 3851	Cinéma des pays anglophones	50	2	AN 2843 OU 2844	an
AN 3852	Art des pays anglophones	50	2	AN 2843 OU 2844	an
AN 3855	Didactique de l'Anglais	50	2	AN 2843 OU 2844	an
AN 3902	Version et littérature	50	2	AN 2709	an
AN 4119	Economic issues	50	4	AN 3119	an
AN 4401	Civil & litt. pays commonwealth	50	2	)	an
AN 4404	Linguistique appliquée à l'Anglais	50	2	) LICENCE	an
AN 4405	Le roman américain contemporain	50	2	) OU	an
AN 4414	Le roman anglais	50	2	) DEUG	an
AN 4415	Théâtre et poésie	50	2	) +	an
AN 4417	Civilisation américaine	50	2	) 10 POINTS	an
AN 4116	Civilisation anglaise	50	2	) DE LICENCE	an
AN 4419	Les femmes au XVIII° en Angleterre	50	2	)	an

Réponses, Ex. G:

1. Le DEUG (Diplôme d'Études Universitaires Générales); en anglais.
2. En première année.
3. La licence d'anglais.
4. Les examens du DEUG; oui.
5. Non, ils le prennent en matière libre.
6. Langue anglaise écrite, langue anglaise orale, littérature et civilisation, langue française moderne et le cours de littérature américaine.
7. Oui; il le sait parce qu'il a déjà fait le DEUG.
8. Ils vont se réunir chez Sébastien pour discuter de Steinbeck.
9. Réponses variables.

Ex. H:  **groups of 3**

Suggestion, Ex. H: To the extent possible, form groups of three where the students don't already know each other.

H. Vous avez quoi comme cours? Présentez-vous à deux camarades de classe. Parlez de votre été et des cours que vous suivez. Dites si vous avez une spécialisation *(academic major)* ou si vous faites encore des études générales *(general education)*. Dites en quelle année vous êtes.

Pour mieux vous exprimer

Demander des renseignements à propos des études

Tu prépares quoi comme diplôme? / Qu'est-ce que tu prépares comme diplôme?
Tu fais quoi comme études? / Qu'est-ce que tu fais comme études?
Quelle est ta spécialisation *(major)?*
Tu es en quelle année?
Quels cours est-ce que tu suis ce semestre (trimestre)?
C'est un cours obligatoire *(required)* ou c'est une matière libre *(elective)?*

Répondre à propos des études

Je prépare un diplôme de sociologie.
Je suis en sociologie.
Je suis en première (deuxième, troisième, etc.) année.
J'ai (Je suis) un cours de... , un cours de... , etc.
Je prends le français en matière libre.
Le français est un cours obligatoire.

Suggestion, Ex. H: As you find out about your classmates' courses, ask questions to make the conversation more natural: **C'est intéressant, ton cours de... ? Tu aimes ce cours? Ils sont difficiles, tes cours? Tu as cours tous les jours? Tu as beaucoup de devoirs? Tu passes combien d'heures à faire des devoirs?,** etc.

MODÈLE:
—*Salut. Je m'appelle Karen. Et toi, tu t'appelles comment?*
—*Je m'appelle Carl. Et toi?*
—*Moi, c'est Kevin. Vous faites quoi comme études?*
—*Moi, je suis en troisième année de psychologie. J'ai cinq cours cette année, quatre en psychologie et ce cours de français. Et toi?*
—*Je suis en première année d'études générales. J'ai un cours d'histoire de l'art, un cours d'anglais, un cours de sciences po, un cours de maths et le cours de français. Et toi?*
—*Moi, je prépare un diplôme d'histoire. Ce semestre, j'ai deux cours d'histoire européenne, un cours d'histoire américaine, un cours de relations internationales et le cours de français. Je suis en quatrième année et je vais terminer au mois de mai.*

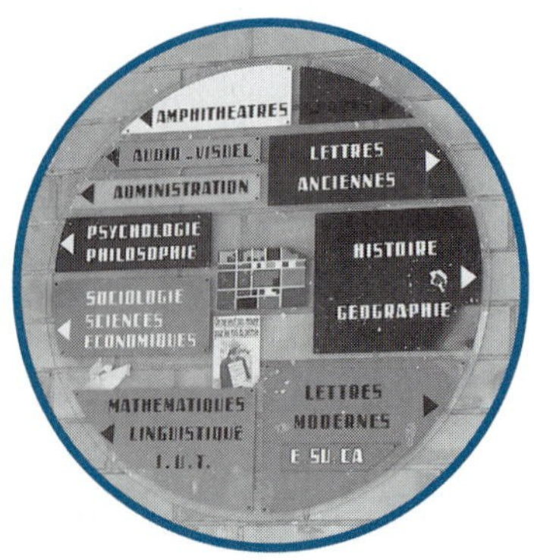

Perspectives culturelles

Stéréotypes

«Tu sais, je n'ai pas tellement envie de visiter les États-Unis. J'ai entendu dire que les Américains sont très superficiels. Ils t'accueillent bien, mais après quelques jours, ils te laissent tomber. Pour les étrangers, c'est bien tout au début. Mais on se trouve vite seul parce que les Américains ne s'intéressent pas vraiment à toi. Ils t'invitent à dîner chez eux la première fois qu'ils te rencontrent et ensuite, plus rien. »

«Quelle bêtise! Tu ferais bien de *(You would do well)* ne pas écouter les stéréotypes qu'on te raconte. Et toi qui fais des études en littérature et civilisation américaines! Pendant ma visite aux États-Unis j'ai eu une expérience tout à fait différente. Non seulement j'ai rencontré beaucoup de monde, mais je me suis aussi fait de très bons amis. Et je vais te dire une chose; pour un étranger, arriver aux États-Unis me semble beaucoup plus facile que d'arriver ici en France. Ici, tu peux attendre bien longtemps avant que quelqu'un t'adresse la parole. Et c'est encore plus difficile d'être invité. Les Américains, ils sont très aimables et accueillants. Ils t'invitent et, même s'ils trouvent tes idées un peu bizarres, ils cherchent à te connaître et à t'aider. J'avoue que j'avais un peu la même peur que toi avant mon séjour en Amérique. Mais j'ai vite appris qu'il ne faut jamais généraliser.»

«Je n'ai jamais visité les États-Unis, mais je suis d'accord avec Marie-Noëlle: les stéréotypes, c'est dangereux. Mais toi aussi, Marie-Noëlle, tu fais des généralités. Tu dis qu'il est difficile pour un étranger de connaître les Français. Si je comprends bien, tu penses que nous sommes un peu distants et froids. Eh ben... moi, je ne suis pas du tout d'accord. Dans ma famille, par exemple, nous avons toujours accueilli des personnes d'un peu partout. Et moi, j'adore faire la connaissance de gens nouveaux. Nous trois, par exemple, on ne se connaît que depuis quelques jours et voilà, on est déjà amis! »

Ex. I: groups of 3 to 5

Transparency: CP–1 **(MP, Ex. III, Des stéréotypes qui caractérisent les Américains?)**

Suggestion, Ex. I: If students have not brought the **MP** to class, use the transparency and have them write down the words they underlined as best as they can remember before moving on to Ex. I.

Follow-up, Ex. I: When each group has put its list on the board, have students give examples that either debunk or support the stereotype. If a stereotype is invalidated, delete it from the list. For example, if the word **travailleur** is on a list, students may talk about the 40-hour work week, the fact that many people work after they come home in the evenings, that many keep working when they're on vacation, that most Americans have only two weeks of vacation (as opposed to the five weeks in France), etc. These types of examples might support the statement that **Les Américains sont travailleurs.** By the time you're done, you should be left with a short list of words that seem to have some validity as generalizations. However, point out to students that many exceptions always exist for any statement.

Ex. J: groups of 3

Transparency: CP–2 **(MP, Ex. IV, Et les valeurs?)**

Suggestion, Ex. J: If students didn't bring the **MP** to class, use the transparency to have them choose the top five values individually before moving on to Ex. J.

Ex. H: groups of 4 or 5

Suggestion, Ex. K: Since students can probably identify stereotypes they have about the French without having the knowledge to debunk the stereotypes, Ex. K is limited to the identification and the questions they would ask a French person.

Follow-up, Ex. K: Have the groups ask their questions of you and the whole class. You and others can then debunk or lend some validity to some of the stereotypes. If some of your students have visited France, they can play the role of informants for this phase of Ex. K.

***Do* À faire! (CP-2) *on page 15 of the* Manuel de préparation.**

I. Des stéréotypes qui caractérisent les Américains? Avec vos camarades, mettez en commun les mots que vous avez soulignés dans l'Exercice III du **Manuel de préparation.** Ensuite, mettez-vous d'accord sur une liste des mots qui semblent contenir une part de vérité en ce qui concerne les Américains. Quand vous aurez terminé votre liste, écrivez-la au tableau.

J. Et les valeurs? En vous basant sur les choix que vous avez faits dans l'Exercice IV (**Manuel de préparation**), mettez-vous d'accord avec vos camarades sur les trois valeurs les plus importantes qui caractérisent la société américaine. Soyez prêts à expliquer (avec des exemples) pourquoi vous avez mis l'accent sur ces trois valeurs.

MODÈLE: — *À mon avis, une des valeurs les plus importantes, c'est la réussite matérielle. Ici, aux États-Unis, tout le monde veut vivre dans le confort. On veut une grande maison, des voitures et beaucoup d'autres objets matériels. On est souvent jugé selon son standing matériel et on a beaucoup de respect pour ceux qui ont beaucoup d'argent.*

— *Je suis d'accord. La réussite matérielle est beaucoup plus importante que l'honneur ou la justice ou même l'égalité, par exemple.*

— *Ah non. Je ne suis pas du tout d'accord. Je pense que le respect de l'individu est plus important que la réussite matérielle.* etc.

K. Comment sont les Français? Identifiez les stéréotypes que vous avez à propos des Français et mettez-les sous forme de questions écrites que vous pourrez poser à votre professeur.

MODÈLE: anti-Américains
Est-ce qu'il est vrai que les Français sont anti-Américains?

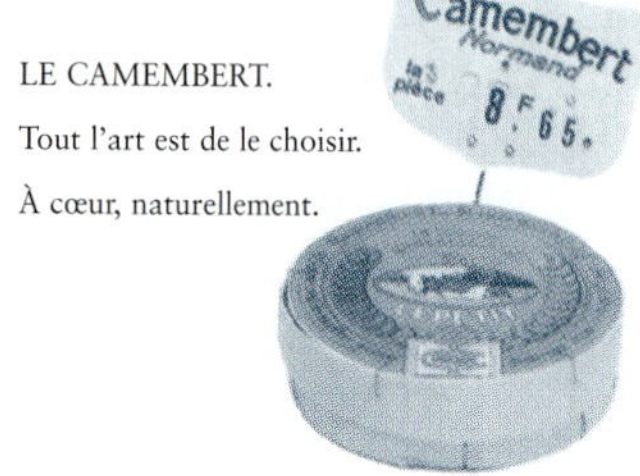

LE CAMEMBERT. Tout l'art est de le choisir. À cœur, naturellement.

ÉDITH PIAF, l'enfant des rues qui ne finira jamais de nous chanter l'amour-toujours.

LA BOULANGERIE. Parfois encore une si bonne odeur de fournil.

LA 2CV. Elle nous fait rouler depuis 35 ans. On n'achève pas les 2CV.

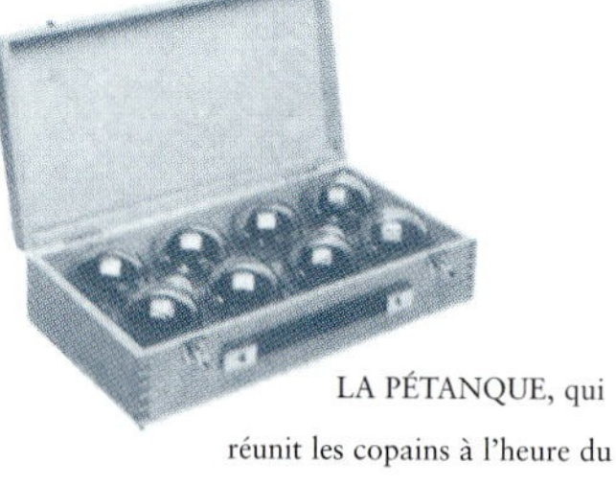

LA PÉTANQUE, qui réunit les copains à l'heure du pastis sous les platanes du Midi.

SARTRE. Et Lacan, et Barthes… la pensée habillée par ce goût si français des mots.

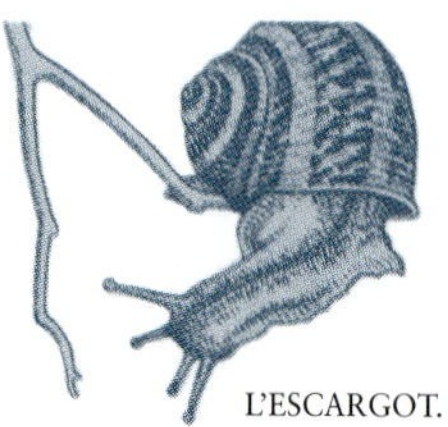

L'ESCARGOT. Fleuron de notre gastronomie, il se dit de Bourgogne mais vient souvent des pays de l'Est.

ILLUSTRATIONS: J.C. Beacco, S. Lieutaud, *Tours de France,* © Hachette

Vidéo

Video: *Chapitre préliminaire*

AVANT LA VIDÉO

Répondez aux questions suivantes sur l'histoire de votre université et sur la vie estudiantine de votre campus.

1. Quand a été fondée votre université?
2. Quelles sont les matières qui y sont enseignées?
3. Quelles matières étudiez-vous? Quelle est votre matière principale?
4. Où se déroulent *(take place)* vos cours?
5. À quel moment de l'année passez-vous vos examens?
6. Quelles sont les activités récréatives proposées sur votre campus?

PREMIÈRE SÉQUENCE: L'université de la Sorbonne et son histoire

LA VIDÉO: SANS LE SON

Indiquez par **vrai** (V) ou **faux** (F) les noms des lieux *(places)* qui vous sont présentés dans cette séquence.

1. ___ la bibliothèque de l'université de la Sorbonne
2. ___ une salle de sport
3. ___ la façade de la librairie Joseph Gibert
4. ___ une terrasse de café
5. ___ l'amphithéâtre Mitterrand
6. ___ l'amphithéâtre Descartes
7. ___ la salle de restaurant universitaire
8. ___ des couloirs *(corridors)*
9. ___ les fontaines près du Centre Pompidou
10. ___ l'amphithéâtre Richelieu
11. ___ un laboratoire de biologie
12. ___ l'amphithéâtre Turgot

Première séquence:

Réponses:

Sans le son:

1. V
2. F
3. V
4. F
5. F
6. V
7. F
8. V
9. V
10. V
11. F
12. V

LA VIDÉO: AVEC LE SON

Encerclez la ou les réponse(s) correcte(s).

1. L'Université de Paris (la Sorbonne) date du **treizième / seizième** siècle.
2. C'était la **première / dernière** université fondée en France.
3. On y enseignait *(taught)* **les arts libéraux / la médecine / l'architecture / la loi / la théologie / la danse.**
4. Le fondateur *(founder)* de l'Université de Paris s'appelait **le Cardinal de Richelieu / Robert de Sorbon** et les premiers étudiants de la Sorbonne étudiaient **la théologie / la médecine.**
5. Aujourd'hui, la Sorbonne est l'une des **4 / 14** divisions de l'Université de Paris et se trouve **à la campagne / dans le centre-ville de Paris.**
6. Les étudiants passent leurs examens *(take their exams)* **en avril ou en mai / en mai ou en juin** et se divertissent *(entertain themselves)* **sur le campus / dans les rues de Paris.**

Première séquence:

Réponses:

Avec le son:

1. treizième siècle
2. première
3. arts libéraux, la médecine, la loi, la théologie
4. Robert de Sorbon
5. 14; dans le centre-ville de Paris
6. en mai ou en juin; des les rues de Paris

QUANT À MOI...

Seul(e) ou en groupe, écrivez un paragraphe décrivant brièvement l'histoire de votre université.

DEUXIÈME SÉQUENCE: Être étudiant en France

LA VIDÉO: AVEC LE SON

Morine est étudiante à l'Université de Tolbiac à Paris tandis que *(while)* Sébastien étudie à l'Université de Toulouse. Complétez le tableau suivant à l'aide des renseignements *(information)* procurés par les deux jeunes gens dans leurs interviews. (Certains espaces n'ont pas de réponse.)

VOCABULAIRE UTILE (LISTE NON EXHAUSTIVE)

baccalauréat
DEUG
licence
maîtrise
doctorat
anglais
mathématiques
économie *(business)*
espagnol
philosophie
économie politique
français
latin
micro-économie
macro-économie
biologie
grec
gestion *(business management)*
comptabilité *(accounting)*
sciences-naturelles
informatique *(computer science)*
architecte
gestionnaire *(business manager)*
journaliste
restaurateur *(restorer)*
fermier
informaticien
sculpture
danse
théâtre
musique
lecture

Deuxième séquence:

Réponses:

Avec le son:

Matière principale:
économie / philosophie

Année d'étude:
licence (3e année) / 2e année (DEUG)

Cours suivis:
économie politique, micro-économie, comptabilité, gestion, anglais, informatique / X

Aspirations professionnelles:
gestionnaire dans une entreprise / restauration sculpture

Lieu de travail préféré dans l'avenir:
l'Angleterre / la campagne (pas Paris)

Passe-temps:
la musique; musicien/guitariste dans un groupe de rock appelé «Libido» / la lecture; sculpture en plâtre et en verre

	Sébastien	**Morine**
Matière principale:		
Année d'étude:		
Cours suivis:		
Aspirations professionnelles:		
Lieu de travail préféré dans l'avenir:		
Passe-temps:		

QUANT À MOI...

Et vous, quelles sont vos aspirations professionnelles? Espérez-vous travailler à l'étranger, dans un autre état des États-Unis, dans une grande ville ou à la campagne? Écrivez un paragraphe pour répondre à ces questions.

TROISIÈME SÉQUENCE: Étudier en France et aux États-Unis

LA VIDÉO: AVEC LE SON

Clémence a 18 ans et elle est étudiante en sociologie. Elle rentre d'un voyage de six semaines aux États-Unis. Dans cette interview, elle parle de son emploi du temps universitaire en France et explique ce qu'elle a observé de la vie des jeunes Américains.

Complétez le tableau suivant avec les réponses de Clémence, puis ajoutez *(add)* vos propres réponses.

	Clémence	Vous
Nombre d'heures de cours:		
Genre *(type of)* de devoirs:		
Les horaires des cours quotidiens:		
Occupations pendant les soirées et les week-ends		

Troisième séquence:

Réponses:

Avec le son:

Nombre d'heures de cours:
X / Réponses variables

Genre de devoirs:
beaucoup de lectures et de recherche/ documentation / Réponses variables

Les horaires des cours quotidiens:
de 10h30 à 16h30 / Réponses variables

Occupations pendant les soirées et les weekends:
sorties et devoirs / Réponses variables

QUANT À MOI...

Clémence pense qu'aux États-Unis «La culture, les gens (...) sont très ouverts. La vie est beaucoup plus facile, et (...) pour les jeunes, c'est beaucoup plus intéressant (...) les études». En vous aidant des renseignements du tableau précédent, de ceux des exercices antérieurs ainsi que de ce que vous avez appris dans le *Chapitre préliminaire* sur le système universitaire français, réagissez à l'opinion de Clémence.

Allons voir les Français et les francophones...

COLIN DOUMBA
Douala, Cameroun / Toulouse, France

FRANÇOISE SÉGUIN
Toulouse, France

CHAPITRE 1

chez eux!

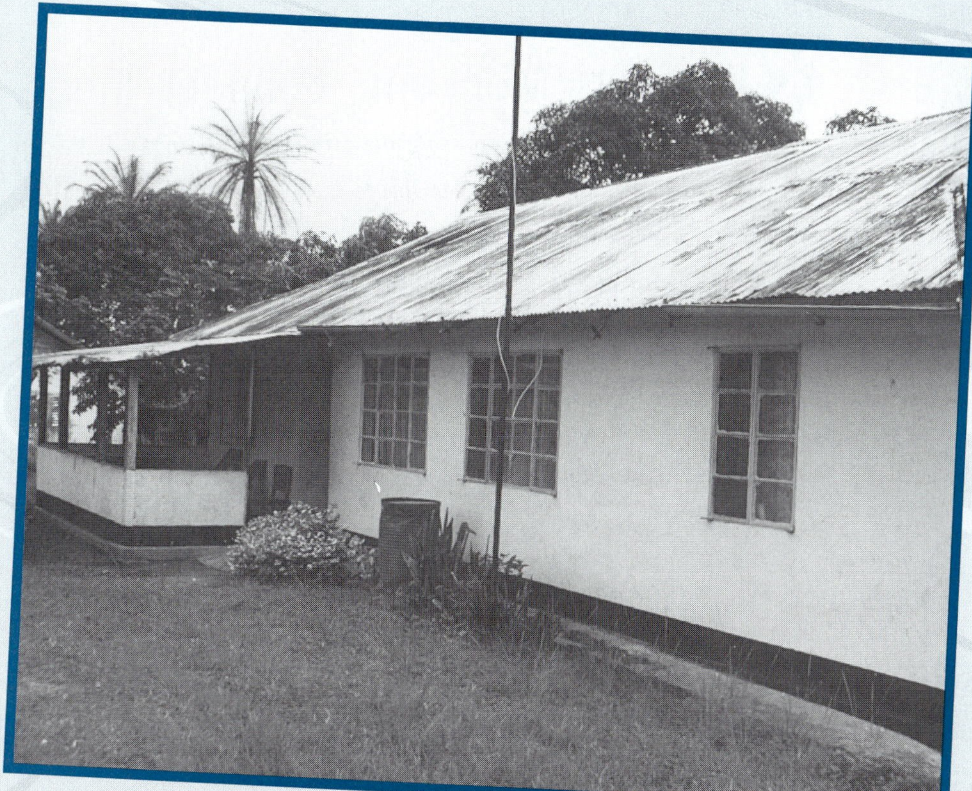

UNE MAISON AU CAMEROUN

CHAPTER SUPPORT MATERIALS (STUDENT)

MP: pp. 19–69

 **Audio CD:** Segments 1-1 to 1-7

SYLLABUS: The minimum amount of time needed to cover the core material of ***Chapitre 1*** is seven class periods. The ***Expansion*** provides material for an additional one to four class periods.

CHAPTER SUPPORT MATERIALS (INSTRUCTOR)

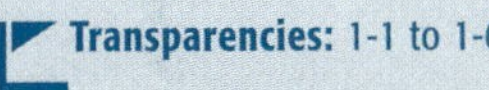 **Transparencies:** 1-1 to 1-6

 **Audio CD:** Segments 1-1 to 1-7

 **Video:** Chapitre 1: Séquences 1–4

Test Bank: Chapitre 1

OBJECTIVES

In this chapter, you will learn:

- to describe housing, things, and people;
- to talk about relationships among people, and between people and space;
- to talk about your environment;
- to express comparisons;
- to write up an interview.

Témoignages

«Où est-ce que vous habitez?»

«Bonjour! Mon ami Colin et moi, nous serons vos guides pour votre étude des attitudes des Français à propos de leur milieu de vie et de leur logement. Comme vous le savez sans doute, les goûts des Français en ce qui concerne leur logement continuent à se modifier. Où habitent-ils? Où préfèrent-ils habiter et dans quel type de logement? Quel type de logement symbolise la réussite dans la vie? Préfèrent-ils habiter en ville ou à la campagne? Quels sont les avantages et les inconvénients de chaque type de logement? Ce ne sont que quelques-unes des questions qui vont vous donner une meilleure idée du rapport entre les Français et l'espace qu'ils habitent.»

«Et n'oublions pas que les pays francophones ont chacun leurs propres traditions pour ce qui est des styles de maisons qui caractérisent leurs cultures. Chez nous, au Cameroun, par exemple, nous avons les immeubles et les maisons modernes des grandes villes, mais nous avons aussi les cases des petits villages. Pour mieux connaître où et comment vivent les gens en France et dans le monde francophone, vous allez entendre trois Français et une Marocaine vous parler de leurs logements.»

Écoutez!

A. Pré-écoute: À vous d'abord! Posez les questions suivantes à vos camarades de classe afin de vous renseigner sur leur logement.

Ex. A:  groups of 2, 3, or 4

Follow-up, Ex. A: After students have worked in pairs or groups, ask questions to determine where and in what type of lodging students tend to live. If you wish, you can have a spokesperson for each group report on where everyone in the group lives (e.g., **Moi, j'ai une chambre à la résidence universitaire; Mark habite dans un appartement au centre-ville; Susan habite dans une maison dans la banlieue.**). For each statement, you can then ask the individual concerned about the exterior of the lodging.

Vocabulaire utile

au centre-ville / dans la banlieue *(suburbs)* / à la campagne / dans un (le) quartier *(neighborhood)* / le bâtiment *(building)* / un immeuble *(apartment building)* / la résidence universitaire / la maison individuelle (le pavillon) / près de / pas loin de / à côté de / des plantes / un jardin / des arbres / en brique / en bois *(wood)* / en pierre *(stone)* / moderne / traditionnel / grand / petit / modeste / au... étage

1. Où est-ce que tu habites? (Dans quelle partie de la ville?)
2. Dans quel type de logement est-ce que tu habites?
3. C'est comment à l'extérieur?
4. Comment est le quartier dans lequel tu habites? Qu'est-ce qu'on y trouve?

B. Écoutez: Les témoins vous parlent. Répondez aux questions selon les renseignements donnés par les témoins à propos de leur logement.

Audio CD:
SEGMENT 1-1
CD 1, TRACK 5

VALÉRIE ÉCOBICHON Saint-Maudez, France

«Nous avons une grande maison d'habitation en pleine nature dans la campagne.»

VOCABULAIRE UTILE: épeler *(spell)*, **une ferme** *(farm house)*, **une maison d'habitation** *(main house)*, **en pleine nature** *(out in nature)*, **dans la campagne** *(in the countryside)*

Quel âge a-t-elle? Dans quelle partie de la France est-ce qu'elle habite? Avec qui est-ce qu'elle habite? Dans quel type de logement? Comment est la maison? Quelle est la situation de la maison? À combien de kilomètres du village se trouve la maison?

Réponses: *Valérie Écobichon:* Elle a 25 ans. Elle habite en Bretagne. Elle habite avec ses parents, son frère, ses deux sœurs et sa grand-mère. Elle habite dans une ferme. C'est une maison assez longue, à deux étages. La maison est en pleine nature à la campagne; elle est assez isolée. La maison se trouve à deux kilomètres du village.

NEZHA LE BRASSEUR Casablanca, Maroc

«J'habite dans une maison avec un petit jardin... Le quartier s'appelle "les Roches Noires"... C'est près de la plage.»

VOCABULAIRE UTILE: c'est majuscule? *(is it capitalized?)*, **ont été bâties** *(were built)*, **on a été colonisé** *(we were colonized)*, **«Roches Noires»** *(literally, Black Rocks; name of the neighborhood)*, **malheureusement** *(unfortunately)*, **usines** *(factories)*, **en marchant** *(on foot)*, **proche** *(close)*

Quel âge a-t-elle? Dans quelle ville est-ce qu'elle habite? Dans quel type de logement? Est-ce que la maison a un jardin? Quel est le nom du quartier? Quelle sorte de quartier est-ce? Qui a construit les maisons? Où est située la maison? Qu'est-ce qu'il y a dans le quartier? Quel est l'inconvénient du quartier?

Suggestion, Ex. B: You can verify comprehension after each **témoin** speaks. Or, if you think your class understands easily what is being said, you can have them listen to all four **témoins** and then verify comprehension by asking more general questions, such as the following: **Combien des personnes interrogées habitent dans une maison? Combien dans un immeuble? Combien habitent en France? Qui n'habite pas en France? Où habite-t-elle? Qui habite dans la région de Paris? Qui habite en Bretagne? Qui habite à Lyon? Qui habite au bord d'un fleuve? Qui habite le plus vieil immeuble? Quelles autres différences avez-vous remarquées entre les quatre témoins en ce qui concerne leur logement et le milieu dans lequel ils vivent?**

Réponses: *Nezha Le Brasseur:* Elle a 30 ans. Elle habite à Casablanca. Elle habite dans une maison. Oui, il y a un petit jardin. Le quartier s'appelle «les Roches Noires». C'est un quartier français. Elles ont été bâties par les Français pendant la colonisation. La maison est située près de la plage. Il y a des restaurants et un cinéma. Il y a aussi des usines.

MIREILLE SARRAZIN Lyon, France

«J'habite dans le vieux Lyon... c'est le plus vieux quartier de Lyon. C'est un quartier assez intéressant.»

VOCABULAIRE UTILE: au bord de la Saône *(on the banks of the Saône River),* **piétonnier** *(pedestrian),* **moyenâgeux** *(of the Middle Ages),* **étroites** *(narrow),* **dehors** *(outside),* **artisanales** *(artisan, crafts),* **la vie nocturne** *(night life)*

Quel âge a-t-elle? Dans quelle ville est-ce qu'elle habite? Dans quel type de logement? Dans quel quartier? Comment est le quartier?

Réponses: *Mireille Sarrazin:* Elle a 39 ans. Elle habite à Lyon. Elle habite dans un appartement. Elle habite dans le vieux Lyon, c'est-à-dire dans le plus vieux quartier de la ville. Le quartier est assez intéressant parce que la plupart du quartier est réservé aux piétons; il y a beaucoup de restaurants; c'est un quartier où la vie nocturne est assez importante.

PHILIPPE HECKLY Asnières, France

«J'habite dans un immeuble qui date des années trente.»

VOCABULAIRE UTILE: banlieue *(suburbs),* **cimetière aux chiens** *(dog cemetery),* **enterré** *(buried),* **immeuble** *(apartment building),* **années trente** *(thirties),* **ascenseur** *(elevator),* **coude à coude** *(close together, literally: elbow to elbow),* **escalier** *(stairs)*

Quel âge a-t-il? D'où vient le nom «Heckly»? Dans quelle ville est-ce qu'il habite? Où se trouve cette ville? Qu'est-ce qu'il y a à Asnières? Qui y est enterré? Qui est Rin Tin Tin? De quelle époque datent l'immeuble et l'ascenseur? Comment est l'ascenseur? Est-ce qu'il y a aussi un escalier? Qu'est-ce qu'il y a dans le quartier?

Réponses: *Philippe Heckly:* Il a 32 ans. Ce nom vient d'Alsace ou peut-être de Suisse. Il habite à Asnières. Elle se trouve au nord-ouest de Paris. Il y a un cimetière aux chiens. Rin Tin Tin y est enterré. C'est le célèbre chien de la série télévisée américaine des années 50 et 60. L'immeuble et l'ascenseur datent des années 30. L'ascenseur est très petit (étroit). Oui, il y a un escalier. Dans le quartier, il y a la mairie, le marché, un parc et un boucher juste à côté.

If you would like to listen again to the ***Témoignages,*** you can work with this listening material on your own, using SEGMENT 1-1 of the **Audio CD** and Ex. IV in the **Manuel de préparation.**

Perspectives culturelles

Le logement en France

En français, le mot «logement» a de nombreuses significations qui varient selon la situation sociale et financière d'un individu. Des HLM (habitations à loyer modéré—*low-income housing)* au pavillon *(suburban house)*, à la maison en ville ou à la campagne, chaque personne a sa propre définition du foyer *(home)* et du «chez soi». Pour les Français, l'essentiel, néanmoins *(nevertheless)*, c'est que le logement reflète l'individu, qu'il soit confortable et qu'il soit bien adapté aux besoins des habitants.

Suggestion, Perspectives culturelles: After summarizing the introductory paragraph, have students work in small groups, with each group working on one photograph and caption. They should be able to make general statements based on the information in the caption. One group can come up with some general and comparative statements about the statistics in the chart.

75% des Français dans des communes urbaines

Depuis 1945, 4 500 000 habitations à loyer modéré (HLM) ont été construites en France. Plus de 3 000 000 sont des appartements à louer; 1 250 000 sont des appartements qu'on peut acheter. La plupart des HLM se trouvent dans les banlieues des grandes villes.

Un Français sur cinq en Île-de-France

3,2 millions de ménages logés en HLM

De plus en plus, les Français préfèrent les maisons individuelles aux résidences collectives (immeubles). Depuis quelques années, la construction de ces maisons dépasse la construction des logements collectifs. Le prix d'une maison dans la banlieue de Paris varie entre 700 000 (cinq pièces) et 3 000 000 francs (six à huit pièces).

56% des ménages en maison individuelle

56% de propriétaires

Pour la plupart, les appartements en ville sont à acheter plutôt qu'à louer. À Paris, il y a à peu près 450 appartements neufs par an disponibles à la vente. Les appartements anciens de très grand standing peuvent coûter jusqu'à 30 000 francs le mètre carré. Aujourd'hui, la majorité des Français habite les centres urbains et vit donc dans des appartements.

Construction de logements insuffisante

Amélioration sensible du confort

Dans les petits villages, la plupart des villageois habitent des maisons individuelles. Souvent, ce sont des maisons qui sont dans la famille depuis des générations. Si elles ont été modernisées à l'intérieur, elles tendent à garder l'extérieur traditionnel selon le style de la région. De plus en plus, les jeunes Français quittent les villages pour s'installer dans les villes. Mais les familles gardent souvent la maison comme résidence secondaire où l'on passe encore volontiers les vacances dans le calme de la campagne.

Augmentation de la surface moyenne

12% de résidences secondaires

Une famille sur cinq possède une maison à la campagne qui sert de résidence secondaire. Quelquefois, c'est une maison qui est dans la famille depuis des générations et qui est utilisée, aujourd'hui, comme lieu de vacances et de repos. Mais pour certaines familles, c'est une acquisition neuve qui a une double fonction: un excellent investissement et aussi un moyen de fuir les problèmes de la vie urbaine.

La France: La population rurale et urbaine

L'EXODE RURAL

Part de la population rurale et de la population urbaine dans la population totale (en %):

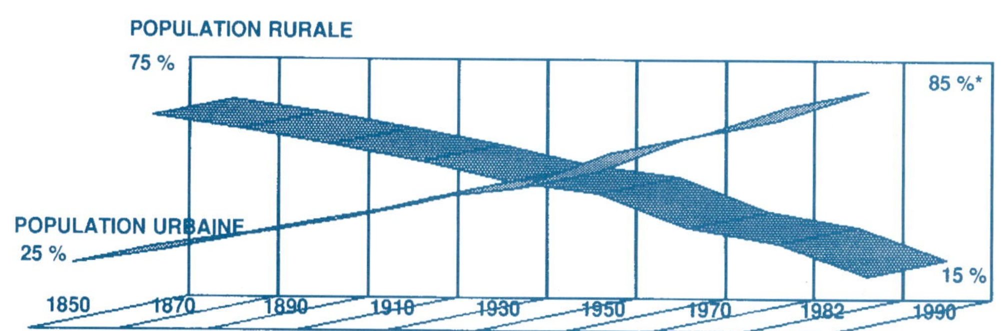

Les maisons de nos régions

La moitié de la population vit en maison individuelle. Mais, alors qu'autrefois les constructions variaient selon les régions, les maisons récentes se ressemblent beaucoup.

65% des logements possèdent un jardin ou un balcon.

LE PAVILLON ROI

Depuis 40 ans, les constructions de maisons individuelles se multiplient. Elles sont généralement confortables, disposent d'un garage et d'un jardin. Mais ces habitations se ressemblent toutes: mêmes matériaux, mêmes plans, à la campagne comme en banlieue. Elles uniformisent les paysages.

94% des maisons disposent d'un jardin, d'une surface moyenne de 980 m², 79% ont un garage, contre 37% des appartements.

30% des Français estiment qu'ils passent plus de temps à la maison qu'il y a cinq ou six ans (24% moins, 40% autant).

Logement

56% des ménages habitent une maison individuelle, contre 48% en 1992.

Cette augmentation s'explique par la construction de 2 millions de maisons individuelles au cours des années 80, contre seulement 460 000 appartements.

38% de locataires

Évolution du statut des ménages à l'égard du logement (en %) :

	Octobre 1984	Octobre 1988	Novembre 1992	Décembre 1996
Propriétaires	50,7	53,6	53,8	54,3
Locataires d'un local loué vide	39,0	37,2	37,7	38,1
Autres statuts	10,4	9,1	8,4	7,6
Ensemble	100,0	100,0	100,0	100,0

INSEE

Les trois quarts des logements ayant au moins deux salles de bains ont aussi au moins deux W.-C.

27% des résidences principales sont occupées par une personne seule; la proportion atteint 48% à Paris.

Dico

individuelle *single-family*
locataires *renters/tenants*
ménages *households*
vit *lives*

Ex. C:  groups of 3

C. Qu'avez-vous compris? Répondez aux questions selon ce que vous avez appris à partir des documents et photos ci-dessus.

Les HLM

1. Aux États-Unis, l'équivalent des habitations à loyer modéré françaises, c'est *low-income housing*. À votre avis, quelles différences culturelles entre nos deux pays sont suggérées par la différence entre ces deux termes?
2. En France, les HLM se trouvent, pour la plupart, dans les banlieues des villes et les centres-villes sont souvent des quartiers chics. Comparez ces tendances à celles des grandes villes des États-Unis.
3. Regardez la photo des HLM à la page 23. À votre avis, quelles populations tendent à habiter dans ces résidences? Comment imaginez-vous la vie dans les HLM?

Les maisons individuelles

4. À votre avis, pourquoi les Français préfèrent-ils les maisons individuelles aux résidences collectives?
5. Étant donné *(Given)* le prix des logements individuels, quels Français ont probablement les moyens d'acheter un tel logement?

Les appartements en ville

6. Quelle différence principale avez-vous trouvée entre la façon d'acquérir un appartement en France et aux États-Unis?
7. Est-ce qu'un appartement à 30 000 francs le mètre carré est très cher?

Les maisons rurales et les résidences secondaires

8. Selon les renseignements donnés, les jeunes Français abandonnent de plus en plus les petits villages. À votre avis, quelles sont les raisons qui pourraient expliquer ce phénomène?
9. Certains Français gardent leur maison de campagne comme résidence secondaire et il y a aussi des Français qui en achètent une. À quoi servent ces résidences secondaires et quel est l'attrait, à votre avis, de la vie à la campagne?

La France: La population rurale et urbaine

10. À votre avis, qu'est-ce qui explique l'exode rural qui caractérise la France?
11. À votre avis, pourquoi les Français préfèrent-ils habiter dans les centres urbains?

Les maisons de nos régions

12. Quelles sont les caractéristiques des maisons récentes par rapport aux *(compared to)* constructions anciennes?
13. Pourquoi est-ce qu'il y a plus de personnes qui habitent dans des maisons individuelles aujourd'hui qu'en 1992?
14. Est-ce qu'il y plus de Français qui sont locataires ou propriétaires? Est-ce que l'évolution entre 1988 et 1996 est pareille pour les propriétaires et les locataires?
15. Que savez-vous sur le confort matériel des Français?

Suggestion, Ex. D: To make this an interesting discussion, it might be best to conduct it with the whole class. Remind students to make comparisons with France. For example, the inner cities in France tend to be the fashionable districts, whereas they are often just the opposite in the U.S. The suburbs in the U.S. tend to be for the more affluent, whereas the suburbs in France often have many HLM, etc.

***Do* À faire! (1-1) *on page 20 of the* Manuel de préparation.**

D. Et comment c'est aux États-Unis? If you were to make a photo collage of housing in the United States, what would it look like? What kinds of buildings and houses would you show? What would you say about where they tend to be located (city, country, suburbs)? You may have this discussion in English.

Contrôle des connaissances:
L'accord des adjectifs; Le comparatif

E. À vrai dire... *(To tell the truth...)* Utilisez les éléments donnés pour décrire et comparer les personnes et les choses indiquées. Quelques adjectifs sont suggérés pour vous guider mais n'hésitez pas à en ajouter d'autres. Donnez aussi quelques exemples pour illustrer vos descriptions. Votre camarade vous posera des questions.

MODÈLE: vos parents (sévère / décontracté / sérieux / ambitieux)
— *Comment est ton père?*
— *Il est assez décontracté* (relaxed).
— *Est-ce qu'il est plus ou moins sévère que ta mère?*
— *Il est beaucoup moins sévère. Il est aussi moins sérieux. Il aime beaucoup s'amuser. Par exemple, il est très sportif et il aime jouer au basket.*
— *Alors ta mère est très sérieuse?*
— *Pour certaines choses. Elle est aussi ambitieuse, surtout pour moi.*
— *Et ton père?*
— *Il est ambitieux mais plus modéré que ma mère.*

1. deux amis de votre choix (gentil / studieux / sérieux / bien organisé / sportif / généreux / traditionnel / pessimiste / optimiste / conservateur[-trice] / libéral / ambitieux / honnête)
2. deux professeurs de votre choix (sévère / bien organisé / décontracté / sympathique / travailleur / patient / intéressant / ennuyeux / souvent absent / disponible *[available]* en dehors de la classe)
3. deux films de votre choix (intéressant / beau / bon / bien fait / violent / ennuyeux / subtile *[subtle]* / vieux / humoristique / sérieux / pessimiste / optimiste / long)
4. deux cours de votre choix (intéressant / ennuyeux / important / obligatoire / difficile / utile *[useful]* / bon / sensationnel / merveilleux / affreux *[terrible]* / bien organisé)

SUGGESTED LESSON OUTLINE: Students assigned ***À faire! (1-1)*** have reviewed basic adjective formation and comparative structures and have worked with vocabulary to describe lodging. Ex. III was not self-correcting.

In this class period, do ***Contrôle des connaissances*** (Ex. E), ***Pour parler...*** (Ex. F), and ***Pour communiquer*** (Ex. G, H).

Transparencies: 1–1 and 1–2 **(L'accord des adjectifs; le comparatif)**

Suggestion, Contrôle des connaissances: Use the transparencies as a quick review of the grammar, then do Ex. E. After students have worked in pairs, you may wish to do a quick verification of some of the statements students have made in the exercise.

Ex. E:  **groups of 2**

Suggestion, Ex. E: The focus of this exercise is on adjective formation and the comparative rather than on adjective placement. It is suggested that you be tolerant of errors with the few adjectives in the lists that precede the noun.

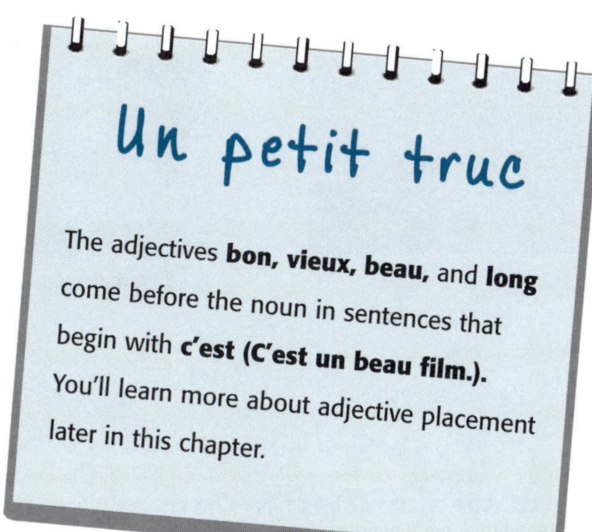

Un petit truc
The adjectives bon, vieux, beau, and long come before the noun in sentences that begin with c'est (C'est un beau film.). You'll learn more about adjective placement later in this chapter.

Pour parler... de son environnement

Ex. F: variable groups

F. Comment c'est? Faites des descriptions de ce que vous voyez sur les photos et les dessins. Identifiez d'abord le type de logement, ensuite faites-en une petite description et enfin parlez un peu de l'environnement dans lequel se trouve le logement (vous pouvez inventer des détails).

MODÈLE:

La banlieue de Toulouse

C'est un pavillon dans la banlieue de Toulouse. Il y a un jardin. La maison est à proximité de quelques magasins et d'un centre commercial. Mais les enfants doivent prendre le car de ramassage pour aller à l'école. C'est un quartier assez calme. etc.

1. **Paris**

2. **Dakar, Sénégal**

3. **Une maison en Guadeloupe**

4. **Calmoutier, France**

5. **La banlieue de Paris**

6. **Une maison moderne en Franche-Comté**

7. **Et vous? Comment est votre logement? Est-ce que c'est une maison, un appartement, une chambre dans une résidence? Est-ce qu'il est en ville, dans la banlieue, à la campagne? etc.**

Pour communiquer

Écoutez!

Françoise Séguin et son collègue Colin Doumba se parlent un jour au bureau. Elle lui annonce qu'elle va déménager et lui explique pourquoi elle et son mari ont décidé de changer de logement.

Audio CD: SEGMENT 1–2
CD 1, TRACK 6

«Eh oui, c'est vrai. On va déménager.»

«La maison est moderne, bien construite et très belle. Il y a beaucoup de fenêtres et toutes les pièces sont donc ensoleillées. Il y a même quelques arbres dans le jardin.»

G. Vous avez compris? Répondez aux questions d'après la conversation entre Françoise et Colin que vous venez d'entendre.

Vocabulaire utile

J'ai entendu dire que	*I heard that...*
déménager	*to move (change lodging)*
rénover	*to remodel*
un(e) gosse	*child* (slang)
entretenir	*to keep up / to maintain*
une pièce	*room*
se rapprocher de	*to get closer to*
ça me serait égal	*it wouldn't matter to me*

1. Où a lieu la conversation entre Françoise et Colin?
2. Qu'est-ce que Françoise confirme à Colin?
3. Comment s'appelle le mari de Françoise?
4. Comment s'appelle la fiancée de Colin?
5. Pourquoi est-ce que Françoise et son mari ont décidé de déménager?
6. Quel est le seul inconvénient de la nouvelle maison pour Françoise?
7. Qu'est-ce que Françoise et Jean vont faire de leur appartement?
8. Pourquoi est-ce que Colin s'intéresse à l'appartement de Françoise?

Réponses, Ex. G: 1. Au bureau. 2. Qu'elle va déménager. 3. Jean 4. Angèle. 5. À cause du prix élevé des rénovations de l'appartement. La maison est plus spacieuse. Il y aura une chambre pour chaque enfant. Il y a un jardin avec des arbres. Il y a un garage. La maison se trouve plus près du travail de Jean. Les écoles ne sont pas loin. C'est un quartier calme et pittoresque. C'est une maison facile à entretenir. Elle est moderne, bien construite, belle et ensoleillée. Elle a beaucoup de fenêtres. Elle est charmante. 6. La maison est dans la banlieue et il faudra plus de temps à Françoise pour arriver au bureau. 7. Ils vont le vendre ou le louer. 8. Il veut se rapprocher du centre-ville et de son travail et il aura besoin de plus de place parce qu'il va se marier.

If you would like to listen again to the conversation between Françoise and Colin, you can work with this listening material on your own, using SEGMENT 1–2 of the **Audio CD.**

Parlez!

Pour mieux vous exprimer

Parler du déménagement

Verbes
acheter
avoir besoin de
changer de logement (de maison, d'appartement)
chercher une maison (un appartement, une chambre)
consulter une agence de locations
déménager
louer *(to rent)*
payer
se rapprocher de
vendre
vouloir

Raisons
être plus près (proche) de...
avoir plus de place (de chambres, etc.)
vouloir une maison (un appartement) plus grand (spacieux, confortable, pratique, etc.)
payer un loyer moins élevé
être moins serré(e) *(to be less crowded)*
vouloir être au centre-ville (près des écoles, etc.)
vouloir éviter la circulation
vouloir une vie plus calme (tranquille)
vouloir habiter un quartier plus propre (plus intéressant, etc.)
vouloir avoir un jardin (un garage, etc.)
vouloir se rapprocher du travail
vouloir être plus près de la famille
vouloir changer de région
avoir trouvé un nouveau job dans une autre région (état, etc.)
vouloir vivre en pleine nature

Ex. H: groups of 2

H. Je vais déménager. Choisissez une des situations suggérées (ou la vôtre) et inventez d'abord une description du logement et de l'environnement dans lequel il se trouve. Ensuite donnez des raisons pour lesquelles vous voulez déménager. Votre camarade va vous poser des questions pour avoir plus de renseignements.

MODÈLE: vous êtes marié(e) et vous avez un studio dans un quartier très bruyant et sale au centre-ville
— *Où est-ce que tu habites?*
— *Ma femme (Mon mari) et moi, nous avons un petit studio.*
— *C'est bien?*
— *Au contraire, nous n'aimons pas du tout.* (description)
— *Alors, vous allez déménager?*
— *Oui. Nous cherchons un appartement plus spacieux et un peu plus loin du centre-ville. Mais il nous faut un arrêt d'autobus tout près parce que nous n'avons pas de voiture.* (d'autres raisons pour déménager)

1. vous êtes marié(e) et venez d'avoir un enfant; votre appartement a une seule chambre
2. vous avez une chambre dans une résidence universitaire
3. vous habitez une maison dans un petit village près d'une ville et vous travaillez en ville
4. vous habitez une HLM dans la banlieue et vous n'avez pas de voiture
5. vous habitez un petit appartement et vos parents vont venir vivre avec vous
6. votre ami(e) vient de déménager et vous avez maintenant un très grand appartement que vous payez très cher

Do À faire! (1-2) on page 29 of the Manuel de préparation.

Fonction: Comment décrire les choses et les personnes (1)

REPRISE

La place et le sens des adjectifs

1. La place des adjectifs

C'est une région **pittoresque.**
C'est un **nouvel** ami.
C'est une **belle** cathédrale **gothique.**
Ce sont des enfants **intelligents** et **studieux.**

a. Most adjectives are usually placed *after* the noun.
b. The following adjectives are usually placed *before* the noun: **grand, vieux, long, beau, autre, petit, nouveau, mauvais, court, joli, jeune.**
c. The adjectives **beau, nouveau,** and **vieux** have a special form when they come before a masculine singular noun that begins with a vowel or a mute **h: bel, nouvel, vieil.**

2. Le sens des adjectifs

	AFTER THE NOUN	BEFORE THE NOUN
ancien	old, ancient	former
cher	expensive	dear, well-loved
dernier	last (before this one)	last (in a series)
grand	tall, large	great
pauvre	poor (not rich)	poor (unfortunate)
prochain	next (after this one)	next (in a series)
propre	clean	own

SUGGESTED LESSON OUTLINE: Students assigned ***À faire! (1-2)*** have written about types of lodging and have worked with adjective placement. Ex. V, VI, and IX were not self-correcting. Ex. IX serves as the preparation for Ex. I in class.

In this class period, do ***Fonction*** (Ex. I) and ***Témoignages*** (Ex. J, K).

Transparencies: 1–3 and 1–4 **(La place et le sens des adjectifs)**

Suggestion, Reprise: Use the transparencies with the mechanical exercise to review adjective placement and meaning. Then proceed to Ex. I. The preparation for Ex. I was done for homework in the **MP,** Ex. IX.

I. Et vous? Dans l'Exercice IX du **Manuel de préparation,** vous avez fait des phrases qui caractérisent votre situation personnelle à propos de certains sujets. Parlez-en maintenant à vos camarades et faites bien attention à l'accord et à la place des adjectifs.

MODÈLE: mon quartier
Mon quartier est très intéressant mais assez bruyant. C'est un nouveau quartier avec beaucoup de magasins et de boutiques. etc.

1. ma maison / mon appartement (mon immeuble) / ma chambre (dans une maison ou dans une résidence universitaire)
2. ma ville / mon village
3. mon quartier
4. un endroit que j'ai visité

Ex. I: groups of 3

Suggestion, Ex. I: As a warm-up to the exercise, you can have the entire class brainstorm adjectives that might be appropriate for each topic. Students can provide the ones they came up with in the **MP** and you can put the lists on the board for easy reference.

Témoignages

«Comment est l'intérieur de votre logement?» «Dans quelle partie de la maison est-ce que vous passez la plupart de votre temps?»

«L'organisation d'un logement peut vous donner des indications intéressantes à propos d'une culture. Dans les régions à climat chaud, par exemple, on a souvent une cour (comme au Sénégal) ou des balcons où les gens passent beaucoup de leur temps. Ils ont donc tendance à se tourner plutôt vers l'extérieur. D'autre part, dans les vieilles maisons françaises, la cuisine est souvent la plus grande pièce parce que la cuisine était le centre de la maison et la famille y passait beaucoup de temps à manger et à discuter. L'utilisation de l'espace peut donc varier d'une culture à une autre et peut prêter à des interprétations intéressantes.»

«T'as raison. Il est intéressant de voir, par exemple, que l'invention des fast-foods, des plats congelés et de la télévision a beaucoup changé l'intérieur des nouveaux appartements et les habitudes de leurs habitants: les cuisines sont plus petites et équipées d'appareils ménagers modernes qui facilitent la préparation rapide des repas; les salles de séjour sont plus grandes et les membres de la famille y passent beaucoup de temps devant la télévision. Ça signifie souvent qu'on discute moins qu'autrefois et que les membres de la famille ont tendance à s'isoler de plus en plus les uns des autres.

Vous allez maintenant entendre quatre personnes vous parler de l'intérieur de leur logement et des pièces où ils passent la plupart de leur temps.»

Écoutez!

Ex. J:  **groups of 3, 4, 5**

J. Pré-écoute: À vous d'abord! Dites à vos amis combien de pièces il y a dans votre maison (appartement) ou dans la maison (l'appartement) où habite votre famille. Expliquez aussi dans quelle pièce de la maison (l'appartement) vous passez la plupart de votre temps.

Suggestion, Ex. K: You can verify comprehension after each **témoin** speaks. Or, if you think your class understands easily what is being said, you can have them listen to all four **témoins** and then verify comprehension by asking more general questions, such as the following: **Qui n'habite pas en France? Combien de personnes habitent dans un appartement? Qui habite dans une maison? Qui a le plus grand logement? Lesquels des témoins ont un logement où les gens sont tournés plutôt vers l'extérieur? Qui habite une «maison basse»? Quelles autres différences avez-vous remarquées entre les quatre témoins en ce qui concerne l'intérieur de leur logement et les pièces où ils passent la plupart de leur temps?**

K. Écoutez: Les témoins vous parlent. Répondez aux questions selon les renseignements donnés par les témoins à propos de leur logement.

Audio CD:
SEGMENT 1–3
CD 1, TRACK 7

DOVI ABE Dakar, Sénégal

«Nous avons cinq chambres à coucher. Et nous avons aussi une cuisine, une salle de séjour et un petit vestibule. On passe beaucoup de temps dans la cour.»

VOCABULAIRE UTILE: une maison basse *(single-story house)*, **niveau** *(level)*, **comprennent** *(include)*, **je précise** *(I am specifying, I am referring specifically to)*, **accueillir** *(to welcome)*, **lorsqu'ils** *(when they)*, **ça veut dire que** *(that means that)*, **propre** *(own)*, **se partagent** *(share)*, **c'est très courant** *(it's very common)*, **la cour** *(courtyard)*

Est-ce que Dakar est la capitale du Sénégal? Dans quel type de logement habite Dovi? Qu'est-ce que c'est qu'une «maison basse»? En tout, combien de pièces y a-t-il dans la maison de Dovi? À quoi sert le vestibule? Combien de personnes habitent dans la maison? Où est-ce qu'ils passent la plupart de leur temps?

Réponses: *Dovi Abe:* Oui, Dakar est la capitale du Sénégal. Il habite dans une maison. Une maison basse est une maison sans étages (une maison qui a juste un niveau). Il y a sept pièces, plus un vestibule et une cour. Le vestibule sert à accueillir les gens avant de les introduire dans les autres pièces. Dix personnes habitent dans la maison. Ils passent la plupart de leur temps dans la cour.

HENRI GAUBIL Ajaccio, Corse

«L'appartement est comme l'Île de Beauté, magnifique, très clair, très ensoleillé.»

VOCABULAIRE UTILE: Ajaccio *(departmental capital city of Corsica)*, **Les Sanguinaires** *(name of Henri's neighborhood)*, **le Golfe** *(Gulf)*, **l'Île de Beauté** *(Island of Beauty, refers to Corsica)*, **côté montagne** *(on the mountain side)*, **du même côté** *(on the same side)*, **couloir** *(hallway)*, **épouse** *(wife)*

Où se trouve l'appartement d'Henri? Comment s'appelle le quartier? Comment est situé l'immeuble? En tout, combien de pièces a l'appartement? Et combien de balcons? Avec qui habite Henri? Dans quelle partie de l'appartement est-ce qu'ils passent la plupart de leur temps?

Réponses: *Henri Gaubil:* L'appartement d'Henri se trouve à la sortie d'Ajaccio. Le quartier s'appelle «Les Sanguinaires». L'immeuble a vue sur le Golfe d'Ajaccio (est bâti contre la montagne). En tout, il y a cinq pièces. Il y a deux balcons. Il habite avec sa femme et sa fille. Ils passent la plupart de leur temps dans le salon et sur le balcon.

DJAMAL TAAZIBT Alger, Algérie

«J'habite un appartement assez spacieux dans un quartier assez chic d'Alger.»

VOCABULAIRE UTILE: les environs *(surroundings)*, **la Cité des Annassers** *(name of Djamal's neighborhood)*, **source** *(spring [water])*, **locataires** *(tenants])*, **étendre le linge** *(to hang out the laundry)*, **des patates de salon** *("couch potatoes")*

Comment s'appelle le quartier où habite Djamal? C'est un mot de quelle langue et que veut-il dire? À quel étage de l'immeuble habite Djamal? Est-ce qu'il y a beaucoup de locataires dans l'immeuble? Quelles pièces comporte l'appartement? Et combien de balcons? À quoi sert un des balcons? Qu'est-ce que c'est qu'un «cagibi»? Dans quelle pièce est-ce que Djamal et sa femme passent la plupart de leur temps? Est-ce que Djamal passe beaucoup de temps devant la télévision? Quelle sorte d'émissions est-ce que Djamal préfère?

Réponses: *Djamal Taazibt:* Le quartier s'appelle la «Cité des Annassers». C'est un mot arabe qui veut dire «source». Il habite au 6e étage. Non, il n'y a pas beaucoup de locataires dans l'immeuble. Deux chambres à coucher, une salle de séjour, une véranda et une salle de bains. Il y a deux balcons. Il sert à étendre le linge. Un «cagibi» est un placard où l'on met les vieilles choses et tout ce dont on n'a pas besoin. Ils passent la plupart de leur temps dans le salon et la salle à manger. Oui, il passe beaucoup de temps devant la télévision. Djamal préfère les documentaires et les émissions culturelles.

SOPHIE EVERAERT Bruxelles, Belgique

«La maison, il y a le rez-de-chaussée et puis deux étages.»

VOCABULAIRE UTILE: le rez-de-chaussée *(ground floor)*, **vitrée** *(with a window)*, **une baie vitrée** *(bay window)*, **lumière** *(light)*, **un rayon de soleil** *(a ray of sunlight)*, **s'y échauffer** *(to get warm there)*

Comment est le quartier où habite Sophie? Dans quel type de logement vit-elle? Est-ce que la maison a un jardin? Combien d'étages a la maison? Comment est l'intérieur de la maison? Où est-ce que Sophie et son mari passent la plupart de leur temps?

Réponses: *Sophie Everaert:* C'est un quartier résidentiel; il n'y a pas de magasins dans la rue, seulement des maisons; mais il y a un centre commercial à un kilomètre. Elle habite dans une petite villa. Oui, la maison a un jardin. Il y a le rez-de-chaussée et deux étages. Il y a un grand salon avec une baie vitrée, des chambres et une salle de bains. Ils passent la plupart de leur temps en bas, dans le salon.

If you would like to listen again to the ***Témoignages,*** you can work with this listening material on your own, using SEGMENT 1-3 of the **Audio CD** and Ex. XVII in the **Manuel de préparation.**

Do **À faire! (1-3)** *on page 35 of the* **Manuel de préparation.**

Fonction: Comment décrire les choses et les personnes (2)

SUGGESTED LESSON OUTLINE: Students assigned ***À faire! (1-3)*** have reviewed adjective agreement and placement, have worked with vocabulary associated with the rooms of the house, and have learned relative pronouns. Ex. X, XI, item 1 of XII, XVI were not self-correcting.

In this class period, do ***Fonction*** (Ex. L), ***Pour parler...*** (Ex. M), and ***Pour communiquer*** (Ex. N, O, P).

Transparency: 1-5 **(Les pronoms relatifs)**

Suggestion, Reprise: Use the transparency to review relative pronouns and do the mechanical exercise before proceeding to Ex. L.

REPRISE

Les pronoms relatifs

	PEOPLE / ANIMALS / THINGS	CLAUSE
SUBJECT	**qui**	**ce qui**
DIRECT OBJECT	**que, qu'**	**ce que, ce qu'**
OBJECT OF THE PREPOSITION DE	**dont**	**ce dont**
OBJECT OF A PREPOSITION OTHER THAN DE	**qui**	

The relative pronoun **où** replaces nouns that refer to place and time.

L. Devinettes. ***(Riddles.)*** À tour de rôle *(taking turns)*, suivez le modèle pour poser ces devinettes à votre camarade. Utilisez des pronoms relatifs dans vos descriptions. Il/Elle va vous poser des questions pour trouver la réponse.

MODÈLE: Je pense à une personne. (Think about a person you and your classmate know.)

—Je pense à une personne.
—C'est une personne que je connais?
—Oui, tu la connais. C'est quelqu'un que nous voyons tous les jours.
—Est-ce que c'est le professeur de français?
—Non. La personne dont je parle est plus jeune. C'est une personne qui porte toujours une casquette des Raiders.
—C'est John?
—Oui, c'est John.

1. Je pense à une personne. (Think about a person you and your classmate know.)
2. Je pense à une ville. (Think about a city that would be known to your classmate.)
3. Je pense à une maison (un appartement). (Think about a house or apartment both of you know.)
4. Je pense à un film. (Think about a film you know your classmate has seen.)
5. Je pense à un cours. (Think about a class your classmate is taking.)

Ex. L: groups of 2

Suggestion, Ex. L: If you want to simplify Ex. L for students, you can bring them magazine ads with houses, people, cars, places. One student then has one of the pictures (the other student does not see it) and the picture becomes the basis for the riddle. This alternative method means that students don't have to think about the subject of the riddle themselves. In any case, it's a good idea to do the model with them (you pick a person you're thinking about and they ask you questions and guess the identity of the person).

Pour parler... de la maison

M. Une maison que vous connaissez. Faites une description détaillée de la maison (de l'appartement) où habite(ent) votre famille (ou des amis). Ensuite, expliquez dans quelle(s) pièce(s) les membres de votre famille (vos amis) préfèrent passer la plupart de leur temps et pourquoi. Utilisez le vocabulaire de la ***Fiche lexicale*** pour faire votre description et n'oubliez pas d'ajouter quelques adjectifs.

MODÈLE: *—La maison où habite ma famille est à Nashville. C'est une maison assez grande, dans la banlieue. Il y a un jardin, beaucoup d'arbres et un garage pour une voiture. C'est une maison à trois étages.*
—Comment est l'intérieur?
—Quand on entre dans la maison, on est dans le living. Nous y avons une cheminée, un grand téléviseur, deux sofas très confortables, un fauteuil, un petit tapis et une table rectangulaire. Il y a aussi un piano. En passant par le living, on se trouve tout de suite dans la salle à manger, qui est à gauche, et une cuisine assez spacieuse, qui est tout de suite à droite.
—Qu'est-ce qu'il y a dans la salle à manger?
—Il y a seulement une table, des chaises et un buffet. C'est simple mais élégant. Et la cuisine est bien équipée, avec un lave-vaisselle, un évier, un four à micro-ondes, une cuisinière, un frigidaire et pas mal de placards. Dans la cuisine il y a aussi une autre table où nous prenons la plupart de nos repas. Moi, j'y fais aussi mes devoirs. C'est une cuisine très confortable.
[Suite — les autres pièces de la maison]

Ex. M: groups of 2

Suggestion, Ex. M: Tell pairs that, while one of them is giving the description, the other one should do his/her best to draw a diagram of the inside of the house.

Pour communiquer

Écoutez!

Audio CD:
SEGMENT 1–4
CD 1, TRACK 8

Six mois plus tard, Françoise et Colin reprennent leur discussion à propos de la nouvelle maison de Françoise. Françoise et sa famille sont maintenant installées dans la maison et Colin et sa femme Angèle louent leur ancien appartement. On dirait donc que tout s'est bien arrangé.

Réponses, Ex. N: 1. Son père est venu vivre chez elle. 2. Il est gentil; il les aide; il s'entend bien avec les enfants; il s'intéresse à ce qu'ils font; il les aide à faire leurs devoirs; il les gâte. Mais il est aussi agaçant quelquefois; il pense toujours avoir raison; il s'énerve quand on le contredit. 3. Ils habitent dans l'ancien appartement de Françoise. 4. Ils sont en train de rénover une chambre parce qu'ils vont avoir un bébé. 5. Françoise est heureuse; elle dit que c'est merveilleux.

If you would like to listen again to the conversation between Françoise and Colin, you can work with this listening material on your own, using SEGMENT 1–4 of the **Audio CD.**

N. Vous avez compris? Répondez aux questions suivantes d'après la conversation entre Colin et Françoise que vous venez d'entendre.

1. Quelle est la complication que mentionne Françoise à propos de sa vie dans la nouvelle maison?
2. Comment est son père? Quels sont ses défauts et ses qualités?
3. Où est-ce que Colin et Angèle habitent maintenant?
4. Qu'est-ce qu'ils sont en train de faire? Pourquoi?
5. Quelle est la réaction de Françoise?

Parlez!

Pour mieux vous exprimer

Décrire ses liens avec les autres

C'est un(e) ami(e), un copain (une copine).
(Se dit d'une personne que vous connaissez bien depuis longtemps.)

Je travaille avec un(e) camarade.
(Se dit d'une personne qui est dans la même classe ou dans le même groupe d'étudiants.)

Mes collègues sont très gentils.
(Se dit des personnes avec qui vous travaillez.)

Je te présente mon ami(e).
(Se dit d'une personne — rapport garçon/fille — avec qui vous sortez souvent et pour qui vous avez des sentiments tendres.)

J'ai rencontré son/sa fiancé(e).
(Il est plus ou moins certain que le mariage aura lieu.)
J'ai invité Philippe et sa compagne / Jeanne et son compagnon.
(C'est un couple, mais ils ne sont pas mariés.)
J'ai vu sa femme / son mari.
(Se dit d'un homme ou d'une femme qui est marié[e].)

D'autres liens se décrivent par des noms spécifiques (noms des membres de la famille, patron[ne] *[boss]*, professeur, inspecteur, etc.) ou par des titres (doyen[ne] *[dean]*, directeur/directrice, président[e], etc.).

Décrire les rapports avec les autres

Je m'entends bien (mal) avec...	*I get along well (not well) with . . .*
Il me tape sur les nerfs.	*He gets on my nerves.*
Elle m'agace. (Elle m'énerve, m'irrite.)	*She irritates me.*
On se connaît très bien.	
Ils sont pénibles.	*They're a pain (a bother).*
Je l'aime bien.	*I like him/her.*
Je les trouve très gentils (sympathiques, agaçants, etc.).	*I think they're very nice (nice, irritating, etc.).*
C'est une fille bien (super, très sympa, merveilleuse, formidable, chouette, super-cool, sensass, bien, etc.).	
C'est un garçon assez ennuyeux (barbant, rasoir, casse-pieds).	
Il/Elle me plaît.	*I like him/her. (romantic interest)*
Il/Elle ne me plaît pas beaucoup (pas du tout).	*I don't like him/her very much (not at all).*
Ils me cassent les pieds.	*They're getting on my nerves.*
Ils sont méchants (pas sympas du tout, très désagréables).	
Je l'admire beaucoup. (J'ai de l'admiration pour...)	
On se dispute souvent (tout le temps).	*We fight a lot (all the time).*

O. Comment est-ce qu'ils s'entendent? Utilisez des phrases pour caractériser les rapports entre les personnes suivantes.

MODÈLE: Monique et Annick ne s'entendent pas très bien.
Elles se disputent souvent. Elles ne se comprennent pas du tout. Monique est très agaçante et Annick n'est pas très raisonnable. Elles sont toutes les deux un peu casse-pieds. etc.

1. Charles aime bien son frère.
2. Hélène s'entend bien avec son père.
3. Le petit Nicolas aime beaucoup ses grands-parents.
4. Marie adore sa mère.
5. Philippe s'entend bien avec sa sœur.

Suggestion, Ex. O: This exercise is best done with the whole class so that you can verify the correct use of various expressions before students do Ex. P.

Ex. P:  groups of 4 or 5

Suggestion, Ex. P: Tell students that they can each pick one person from one of the categories to talk about.

P. Mes rapports avec les autres. Parlez à vos camarades de vos liens et rapports avec les personnes indiquées. Donnez des raisons pour expliquer ces rapports. Vos camarades peuvent vous poser des questions pour avoir plus de renseignements. Utilisez les expressions à la page 37 pour vous aider.

MODÈLE: Comment est-ce que tu t'entends avec (un membre de la famille)?

—*Comment est-ce que je m'entends avec ma mère? Assez bien. Elle est très gentille et elle m'aide beaucoup.*

—*Comment est-ce qu'elle t'aide?*

—*Elle m'aide pour mes devoirs, elle fait ma lessive, elle me donne des conseils et elle s'occupe de moi quand je suis malade.*

—*Mais tu as dit que tu t'entends «assez» bien avec elle. Qu'est-ce que ça veut dire?*

—*Eh bien. Des fois elle peut être agaçante.*

—*Pourquoi?*

—*Parce qu'elle est aussi très sévère. Elle veut toujours tout savoir, elle me téléphone tout le temps et elle veut savoir comment je dépense mon argent.* etc.

1. Comment est-ce que tu t'entends avec (un[e] camarade de classe)?
2. Comment est-ce que tu t'entends avec (un professeur)?
3. Comment est-ce que tu t'entends avec (un[e] ami[e])?
4. Comment est-ce que tu t'entends avec les enfants?
5. Comment est-ce que tu t'entends avec ton patron/ta patronne (si vous travaillez)?
6. Comment est-ce que tu t'entends avec (un membre de votre famille immédiate)?
7. Comment est-ce que tu t'entends avec tes grands-parents (oncle, tante, etc.)?

***Do* À faire! (1-4) *on page 46 of the* Manuel de préparation.**

Perspectives culturelles

«La vie dans les HLM» (Christine Rochefort)

SUGGESTED LESSON OUTLINE: Students assigned ***À faire! (1-4)*** have reviewed relative pronouns and have read «La vie dans les HLM». Ex. XVIII, XIX, and XX were not self-correcting.

In this class period, do ***Perspectives culturelles*** (Ex. Q, R) and ***Témoignages*** (Ex. S, T).

Christiane Rochefort, auteur de cet extrait, est née dans le XIVe arrondissement à Paris. Cet extrait est tiré de son roman **Les petits enfants du siècle** *(1961) où elle présente les problèmes de l'urbanisme moderne. Le personnage principal, c'est Josyane. C'est par ses yeux que nous faisons connaissance avec la vie dans les résidences collectives.*

Dans ce premier extrait, la famille de Josyane vient de s'installer dans le nouvel appartement.

Maintenant, notre appartement était bien. Avant, on habitait dans le treizième, une sale° chambre avec l'eau sur le palier.° Quand le coin avait été démoli, on nous avait mis ici; on était prioritaires; dans cette Cité les familles nombreuses étaient prioritaires. On avait reçu le nombre de pièces auquel° nous avions droit selon le nombre d'enfants. Les parents avaient une chambre, les garçons une autre, je couchais avec les bébés dans la troisième; on avait une salle d'eau,° la machine à laver était arrivée quand les jumeaux° étaient nés, et une cuisine-séjour où on mangeait; c'est dans la cuisine, où était la table, que je faisais mes devoirs. C'était mon bon moment: quel bonheur quand ils étaient tous garés,° et que je me retrouvais seule dans la nuit et le silence! Le jour je n'entendais pas le bruit, je ne faisais pas attention; mais le soir j'entendais le silence. Le silence commençait à dix heures: les radios se taisaient,° les piaillements,° les voix,° les tintements° de vaisselles; une à une, les fenêtres s'éteignaient.° À dix heures et demie c'était fini. Plus rien. Le désert. J'étais seule. Ah! comme c'était calme et paisible autour, les gens endormis, les fenêtres noires, sauf° une ou deux derrière lesquelles° quelqu'un veillait° comme moi, seul, tranquille, jouissant de° sa paix!

dirty / here, *in the hallway*
to which
room with a shower (bathroom) / *twins*
put to bed (fig.)
were quiet / *squawking (of child)* / *voices*
clanging / *became dark*
except / *which*
was awake / *enjoying*

Grâce à° l'allocation familiale,° les parents de Josyane peuvent penser à s'acheter quelque chose quand le nouveau bébé, Nicolas, arrive. Mais qu'acheter?

Thanks to / *family allowance*

Grâce à Nicolas on pourrait faire réviser° la machine à laver et ça c'était une bonne chose parce qu'autrement les couches,° et j'en avais marre des° couches, marre, marre, marre. On pourrait ravoir° la télé, ce qui m'arrangeait aussi parce que, quand elle était là, on avait bien plus la paix. Après ça, avec de la veine,° on pourrait peut-être penser à la bagnole.° C'était ça qu'ils visaient° maintenant, plutôt que le frigo, la mère aurait voulu un frigo mais le père disait que c'était bien son tour d'avoir du bien-être, pas toujours celui de sa femme, et avec la fatigue pour venir d'une banlieue à une autre il commençait à en avoir plein le dos.° La mère pouvait bien aller au marché tous les jours, d'ailleurs° c'était moi qui y allais, ils n'avaient pas l'air d'y penser. Ils calculèrent tout un soir pour cette histoire de bagnole, s'il y avait moyen,°... de l'avoir, en grattant° ici et là et compte tenu de la télé en moins... ce qui foutait tout par terre° c'est si on devait acheter un nouveau lit pour Catherine si Nicolas allait dans le berceau,° un lit c'est cher. Ils avaient étalé° les papiers sur ma table, me gênant;° ils me gâtèrent° toute ma soirée, heureusement que ça n'arrivait pas tous les jours.

to service
diapers
was sick of
get back
luck
car
aimed for
to have enough
besides
if there was a way
here, *saving*
would destroy all their plans
baby crib / *spread out*
bothering me / *spoiled*

Finalement avec l'oncle Georges, qui bricolait,° pas comme papa qui ne savait rien faire de ses dix doigts, on monta un petit lit par-dessus celui de Chantal, qui grimperait° d'un étage, tandis que Catherine, quittant le lit du bébé, s'installerait au rez-de-chaussée, et qu'est-ce qu'on ferait après, le plafond° ne serait jamais assez haut si on continuait. Comme ça il n'y avait plus que la paillasse° à acheter.

did handiwork
would climb up
ceiling
mattress

Christiane Rochefort, *Les petits enfants du siècle,*
Paris: Éditions Bernard Grasset, 1961

Vocabulaire pour la discussion

le personnage (principal)	*the (main) character (in a novel or play)*
prioritaire	*to have priority*
l'assistance sociale	*social services*
l'urbanisme moderne	*modern urbanization*
le bruit	*noise*
une idée principale	*a main idea*
la solitude	*solitude*
être seul(e)	*to be alone*
la paix (paisible)	*peace (peaceful)*
la vie dans les logements collectifs	*living in projects*
une vie dure	*a hard life*
bondé(e)	*crowded*

Q. Le sens du texte. Relevez les idées principales de la lecture en employant comme guide les questions suivantes.

1. Comparez l'appartement dans le treizième et celui qu'habite la famille de Josyane maintenant. Est-ce que c'est plus ou moins spacieux? plus ou moins confortable? plus ou moins bien installé? etc.
2. Pourquoi est-ce que la famille de Josyane a eu droit à ce nouvel appartement? Quelles conclusions est-ce que vous pouvez tirer sur le rôle de l'assistance sociale dans les années soixante? Par exemple, pourquoi est-ce que la machine à laver est arrivée à la naissance des jumeaux?
3. Comparez le jour et la nuit dans l'immeuble où habite Josyane. Pourquoi est-ce qu'elle aime particulièrement la nuit?
4. Quel événement permet aux parents de Josyane de penser à acheter quelque chose?
5. Qu'est-ce qu'il leur faut pour la maison? Que veut le père? Que préfère la mère? Quelles sont les préférences de Josyane?
6. Pourquoi est-ce que Josyane est contente qu'ils puissent faire réparer la machine à laver?
7. Comment est-ce qu'ils ont pu éviter l'achat d'un nouveau lit pour Catherine?

Suggestion, Ex. R: Have students work in small groups for a few minutes before discussing in class. You may wish to ask each group to concentrate on one of the eight topics and then report their ideas to the class before the rest of the class makes its contributions. In that case, remind students that it will help them if one of the group makes some brief notes and has the responsibility of reporting back to the class.

R. Discussion. Répondez aux questions suivantes selon vos interprétations de l'extrait de Rochefort.

1. Dans la première partie, il y a deux oppositions importantes: l'opposition entre autrefois et maintenant et l'opposition entre le jour et la nuit. Imaginez quelques détails de la vie de Josyane autrefois et maintenant. Ensuite, imaginez la vie que mène Josyane quand il fait jour. Parlez de l'ambiance, de la famille, des responsabilités de Josyane selon les petites indications fournies par Rochefort.
2. Quelles attitudes de Josyane sont révélées par les deux oppositions?
3. Pourquoi pensez-vous que Josyane apprécie tellement la nuit?
4. Est-ce que vous pensez que la vie dans les logements collectifs est pareille *(the same)* partout dans le monde? Qu'est-ce que les logements collectifs ont en commun?
5. La deuxième partie nous donne une meilleure idée des responsabilités de Josyane dans la maison. De quoi est-ce qu'elle s'occupe?
6. Quand Josyane parle de ses parents, elle dit «le père» et «la mère». Quelles attitudes traduit l'emploi des articles définis?
7. À votre avis, pourquoi est-ce que les questions budgétaires n'intéressent pas Josyane?
8. Pourquoi est-ce que Josyane est irritée par cette histoire de frigo, de bagnole et de lit?

Témoignages

«Comment le type de logement où vous habitez et sa situation influencent-ils votre vie?»

«Il est certain que le type de logement où on habite et sa situation ont pas mal d'influence sur notre horaire, nos activités et nos relations avec les autres. Par exemple, si on habite un petit appartement sans jardin, on a peut-être tendance à vouloir sortir très souvent. Si, par contre, on est dans une maison spacieuse en pleine nature, on cherche peut-être plutôt à inviter des amis chez soi, à faire des barbecues ou à passer du temps à la maison. De toute façon, le milieu dans lequel on vit est très important et explique bien des choses sur la vie que nous menons. Écoutons maintenant trois personnes qui vont nous parler de ce sujet si intéressant.»

Écoutez!

S. Pré-écoute. Discutez des questions suivantes avec vos camarades de classe.

Ex. S:  **groups of 3 or 4**

1. Comment est votre maison (appartement / chambre)?
2. Si vous habitez dans une maison ou un appartement, dans quelle(s) pièce(s) est-ce que vous passez la plupart de votre temps?
3. Dans quel cadre se trouve votre logement? (centre-ville, banlieue, près ou loin des magasins, près ou loin des restaurants et cinémas, etc.)
4. Comment est-ce que votre logement influence
   a. votre vie sociale? *(Modèle:* Ma chambre est très petite et je ne peux pas inviter beaucoup de gens chez moi. Ça veut dire que je sors plutôt avec les amis ou je vais chez une amie qui habite dans un appartement, etc.)
   b. vos activités? *(Modèle:* Dans notre appartement, j'ai ma propre chambre. Je ne vais donc pas souvent à la bibliothèque parce que je peux étudier facilement chez moi, etc.)
   c. votre horaire? *(Modèle:* J'habite dans une résidence universitaire et je mange à la cafétéria. Je suis donc obligé(e) de prendre mes repas à des heures précises quand la cafétéria est ouverte, même si je n'ai pas très faim, etc.)

Audio CD:
SEGMENT 1–5
CD 1, TRACK 9

T. Écoutez: Les témoins vous parlent. En écoutant quelques Français et francophones parler de l'influence de leur logement sur leur vie, essayez de répondre aux questions suivantes.

VÉRONICA ZEIN Savigny-sur-Orge, France

«Si, par exemple, vous voulez aller au cinéma ou aller chercher de l'essence, il faudra quand même aller en ville.»

VOCABULAIRE UTILE: un complexe *(residential development/subdivision)*, **privé** *(private)*, **les mêmes** *(the same)*, **donne sur** *(overlooks)*, **bruyant** *(noisy)*, **on s'habitue à tout** *(you get used to everything)*, **c'est-à-dire** *(that is to say)*, **co-propriétaires** *(co-owners)*, **l'essence** *(gas)*, **il faudra** *(you will have to)*, **j'ai grandi** *(I grew up)*, **s'en vont** *(go/move away)*, **au milieu du** *(in the middle of)*, **au-dessus** *(further up)*, **un coiffeur** *(hairdresser)*

Est-ce qu'elle habite dans une maison ou un appartement? Dans quelle sorte de quartier? Comment sont les maisons? Est-ce qu'elle connaît bien ses voisins? Pourquoi, pourquoi pas? Comment est-ce que le quartier est en train de changer? Qu'est-ce qu'il y a d'autre dans le quartier?

Réponses: *Véronica Zein:* Elle habite dans une maison. Dans un complexe privé. Les maisons sont toutes les mêmes. Oui, elle les connaît bien parce que les enfants ont tous grandi ensemble et sont allés à la même école. Il y a un changement de générations: des gens s'en vont et d'autres familles arrivent. Il y a une pharmacie, une boulangerie, un petit restaurant, un coiffeur et l'école.

ALAIN BAZIR Saint-Claude et Pointe-à-Pitre, Guadeloupe

«Le quartier où est l'université est très dynamique... »

VOCABULAIRE UTILE: en tant que *(as)*, **neuf mètres carrés** *(nine square meters)*, **natale** *(native, where a person is born)*, **arbres fruitiers** *(fruit trees)*, **de la pelouse** *(lawn)*, **boîtes de nuit** *(nightclubs)*, **errent** *(wander aimlessly)*, **délinquance** *(delinquency)*, **vivre tout seul** *(live alone)*, **accueillir** *(welcome/invite)*, **du monde** *(people)*, **une salle de rencontre** *(meeting room/lounge)*, **on essaie** *(we try)*, **au niveau de** *(on the level of)*, **horaires** *(time/schedule)*, **bruit** *(noise)*, **puisqu'il faut** *(since you have to)*, **pour se dire** *(to feel)*, **en plein milieu du** *(in the middle of the)*

Quelle est sa ville d'origine? Où est-ce qu'il habite maintenant et pourquoi? Comment est Pointe-à-Pitre? Comment sont les chambres de la cité universitaire? Pourquoi est-ce qu'il préfère sa ville natale? Comment est le quartier où se trouve l'université? Où est-ce que les amis se retrouvent? Qu'est-ce qu'ils font au lieu d'aller dans les cafés? Quelles sont les activités d'Alain et de ses amis? Comment est-ce que le milieu universitaire et la situation du logement influencent les horaires?

Suggestion, Ex. T: You can verify comprehension after each interview or, if you prefer, have students listen to all three interviews and then ask some general questions: **Quelles différences est-ce qu'il y a entre les trois quartiers où habitent les personnes interrogées? En général, en quoi est-ce que la situation de leur logement influence-t-elle leur vie?**

Réponses: *Alain Bazir:* Sa ville d'origine est Saint-Claude. Il habite maintenant à Pointe-à-Pitre parce qu'il est étudiant à l'université. Pointe-à-Pitre a de grands immeubles; c'est une des seules villes en Guadeloupe où il y a des immeubles de quinze à dix-sept étages. Ce sont des chambres de neuf mètres carrés avec une petite salle de bains. Il préfère sa ville natale parce que la famille y a une grande maison avec un vaste jardin planté d'arbres fruitiers. Le quartier est très dynamique; il y a beaucoup de restaurants, des bars et des boîtes de nuit; mais il y a aussi des problèmes de drogue et de délinquance. Ils se retrouvent dans les chambres, dans une salle de rencontre ou dans la salle de télé. Au lieu d'aller dans les cafés, ils vont chez des camarades qui habitent avec leurs parents et qui ont une maison avec un jardin; là, ils discutent, ils jouent au ping-pong ou au football. Ils vont à des soirées et ils font des sorties pour aller au cinéma ou à la plage. Du point de vue de l'horaire, il faut faire moins de bruit après dix heures, on peut aller au centre-ville à pied, mais il faut essayer de rentrer avant minuit pour des raisons de sécurité; on peut partir de sa chambre cinq minutes avant le début des cours.

ANNE SQUIRE Levallois-Perret, France

«Je suis tout à côté du métro et des autobus... donc c'est comme si j'habitais dans la ville.»

VOCABULAIRE UTILE: **un carrefour** *(crossroads)*, **bruyant** *(noisy)*, **populaire** *(working class)*, **du genre** *(such as)*, **vivant** *(lively)*, **à part ça** *(besides that)*, **au fond de** *(at the back of)*, **en principe** *(in theory)*, **je m'entends très bien avec eux** *(I get along very well with them)*, **vraiment** *(really)*, **je ne circule qu'en** *(I get around only with)*

Avec qui habite Anne? Où se trouve Levallois-Perret? Quels moyens de transport est-ce qu'elle utilise? Dans quelle sorte de logement est-ce qu'elle habite? Comment est-ce? Comment est le quartier? Qu'est-ce qu'elle regrette? Dans quelle partie de la maison est-ce qu'elle passe la plupart de son temps? Qu'est-ce qu'elle y fait? Quelles sont ses relations avec ses parents?

Réponses: *Anne Squire:* Elle habite avec ses parents. Levallois-Perret se trouve au nord-ouest de Paris. Elle utilise le métro et l'autobus. Elle habite dans un appartement. L'appartement est au 4e étage, sans ascenseur, et il est grand; l'immeuble date du XIXe siècle. C'est un quartier populaire; c'est assez bruyant; il y a beaucoup de boutiques et de magasins; c'est agréable et vivant; les transports sont très pratiques. Elle regrette de ne pas habiter dans le centre de Paris. Elle passe la plupart de son temps dans sa chambre. Elle y joue du violon. Elle est très indépendante de ses parents, mais elle s'entend très bien avec eux.

If you would like to listen again to the ***Témoignages,*** you can work with this listening material on your own, using SEGMENT 1-5 of the **Audio CD** and Ex. XXI of the **Manuel de préparation.**

***Do* À faire! (1-5) *on page 49 of the* Manuel de préparation.**

Fonction: Comment décrire les choses et les personnes (3)

REPRISE

C'est (Ce sont), Il/Elle est (Ils/Elles sont)

Il/Elle est (Ils/Elles sont) + adjective

C'est (Ce sont) + article + unmodified noun

Il/Elle est (Ils/Elles sont) + nationality, occupation, religion, social class

C'est (Ce sont) + article + nationality, occupation, religion, social class

C'est (Ce sont) + modified noun

C'est + adjective (referring to an idea or previous sentence)

SUGGESTED LESSON OUTLINE: Students assigned ***À faire! (1-5)*** have written answers to the ***Temoignages*** questions and have worked with the difference between **c'est** and **il/elle est** as other ways to describe things and people. Ex. XXII was not self-correcting.

In this class period, do ***Fonction*** (Ex. U) and ***Perspectives culturelles*** (Ex. V, W, X).

Transparency: 1-6 **(C'est** and **Il/Elle est)**

Suggestion, Reprise: Use the transparency with the mechanical exercise to review the uses of **c'est** and **il/elle est.** Then proceed to Ex. U.

Ex. U:  groups of 3

U. Les membres de ma famille. Faites une description de quelques membres de votre famille à vos camarades. Utilisez des adjectifs pour donner leurs traits caractéristiques et des mots pour indiquer leur nationalité (s'ils ne sont pas américains) et leur activité. N'oubliez pas de faire la distinction entre **c'est** (**ce sont**) et **il/elle est** (**ils/elles sont**). Vos camarades vont vous poser des questions pour avoir plus de renseignements ou pour réagir à ce que vous dites.

MODÈLE: — *Ma grand-mère, c'est une personne très importante dans ma famille.*
— *Pourquoi?*
— *Parce que c'est la personne la plus âgée et elle sait tout sur notre passé. Elle est aussi très dynamique et elle s'intéresse à tout ce que nous faisons.*

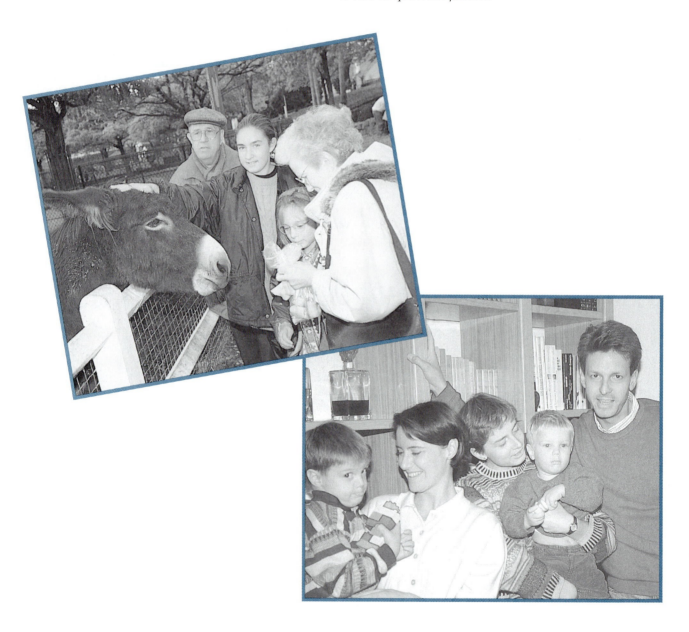

Perspectives culturelles

Extrait d'«Une vie de boy» (Ferdinand Oyono)

V. Prélecture: «Nous partons en tournée.» Répondez aux questions suivantes avant de lire les extraits d'*Une vie de boy* de Ferdinand Oyono.

1. Quels préparatifs est-ce vous faites quand vous partez pour le week-end? Qu'est-ce qu'il faut faire dans votre maison (appartement, chambre) avant de partir? Qu'est-ce que vous emportez avec vous?
2. Quels préparatifs est-ce que vous faites quand vous recevez des gens pour quelques jours chez vous? Qu'est-ce qu'on fait généralement dans une maison ou un appartement avant l'arrivée des invités?

W. Lecture: *Une vie de boy.* Lisez les extraits suivants et répondez ensuite aux questions pour chaque partie de la lecture.

Ferdinand Oyono was born in 1929 in the village of N'Goulémakong, in Cameroon. In 1960, after completing his education in Paris, he began his career as a diplomat. He served as the Cameroonian ambassador to Paris, the United Nations, Liberia, and other countries. In 1975, he became the permanent delegate to the U.N. in New York. After many years in the diplomatic service, he returned to Cameroon where he now serves as the Secretary General to the President of the Republic. Between 1956 and 1960, he published his trilogy of novels *Une vie de boy, Le vieux nègre et la médaille,* and *Chemin d'Europe.* He has not written since 1960.

Suggestion, Perspectives culturelles: Have students do the ***Prélecture*** (Ex. V). Summarize the main ideas of the reading in English as an advance organizer for them. Have them read the text silently (you may wish to give them a time limit so as to encourage skimming for the main ideas) and then, working in small groups, answer the questions in Ex. V. Since students have not had any previous preparation for this text in the **MP,** the questions and discussion in Ex. X are in English.

Ex. V: groups of 3 or 4

Suggestion, Ex. W: Remind students to look at the questions for each section before reading the particular section. The questions can serve as a guide to facilitate the reading. As they finish each section, they should then respond to the questions.

Dans ***Une vie de boy,*** *Oyono dessine l'image de la vie coloniale des années 50 vue par le domestique (Toundi Ondoua, aussi appelé Joseph) d'un administrateur européen. C'est un roman qui raconte la vie de Toundi en décrivant des scènes de la vie populaire africaine dans laquelle «les blancs» essaient de faire valoir leur autorité.*

Les extraits suivants racontent une tournée dans un village faite par le commandant (le patron de Toundi) et son boy.

Questions: lignes 1–12
What time of the day is it? How do you know? What's the name of the town where Toundi and his boss, the **commandant** live? What was the weather like the day before? What's going on in lines 5 through 12? How does the **commandant** look?

[...] La matinée était fraîche. L'herbe était humide. On entendait le crépitement° des palmiers qui s'égouttaient° sur la tôle° de la Résidence. Dangan prolongeait son sommeil sous la brume immaculée de ces lendemains de grande pluie.

crackling / dripped / metal

Rasé, pommadé,° exubérant, le commandant surveillait le chargement du pick-up. Pour la première fois depuis son arrivée à Dangan, il portait un pull-over marron. La sentinelle° avait abandonné sa faction.° Son large pied droit

wearing a scented hair ointment

guard / station

appuyait sur la pédale de la pompe pour gonfler° les pneus arrière. Debout sur le pare-choc° avant, le chauffeur donnait un dernier coup de chiffon sur la glace. Il vint° près de la sentinelle qui soutenait péniblement° son genou des deux mains à chaque mouvement de gonflage. Le chauffeur donna un coup de marteau sur les pneus qui résonnèrent comme la corde d'un arc bien tendu.°

inflate
bumper (of car)
came / with difficulty
stretched

Questions: lignes 13–30
Who is in the truck at the beginning of the trip? Who is the **me** in this story (i.e., who is telling the story)? What is the center of the town like when they pass through it? Why are the workers surprised to see the **commandant**? Whom do they pick up before continuing the trip? How is the engineer dressed and what is he carrying? Who is also coming with the engineer?

Quand tout fut° prêt, le commandant consulta sa montre. Il jeta un dernier coup d'œil à la Résidence. Il m'aperçut.

—Monte, toi! me dit-il. Nous partons en tournée.°

Il fit claquer° la portière et mit la voiture en marche. Je n'eus que° le temps de sauter sur les valises. Nous traversâmes le Centre commercial. Aucune âme° ne semblait y vivre. Des équipes de manœuvres° surpris saluaient à retardement comme s'ils n'en revenaient pas de voir le commandant déjà levé à cette heure.

Le commandant prit ensuite la route de la station agricole. L'ingénieur, tout de noir vêtu, nous attendait au pied de l'escalier. Il tenait un sac de voyage d'où dépassait une bouteille Thermos. Il monta à côté du commandant. Il se pencha° à la portière du côté de sa villa.

—Qu'attends-tu pour monter?

Cette question s'adressait à une ombre° qu'on entendit bâiller° sur la véranda.

—Qu'est-ce que c'est? demanda le commandant.

—Ma cuisinière-boy, répondit l'ingénieur.

C'était Sophie. Elle semblait tomber de sommeil en descendant l'escalier. L'ingénieur braqua° une torche électrique dans sa direction. [...]

was
on rounds (on a tour)
slammed / only had
soul
workers
leaned
shadow / yawn
aimed

Questions: lignes 31–36
As they passed through the villages, whom did they see? How were the people dressed? Why were the villagers surprised? When they saw small crowds of people, where had these people just been? Why do you think that the truck and its passengers were the subject of so much interest to the villagers?

[...] La route était sortie de la ville. Le pick-up dévorait les premiers villages. On voyait les indigènes drapés de pagnes° multicolores faire un geste de surprise dès qu'ils apercevaient le petit drapeau tricolore. Parfois une foule° sortait d'une case-chapelle où un bout de rail° en guise de cloche° pendait à la véranda. Des petites filles toutes nues° sortaient d'une porte entrebâillée° et venaient s'accroupir° en courant au pied des citronnelles° de la route. [...]

loincloth
crowd
track (from railroad) / used as a bell
naked / ajar
to crouch down / citronella (lemon bush)

Questions: lignes 37–45
How does Toundi know that they're getting near their destination (i.e., how do the road and the surroundings change)? What's remarkable about the village where they finally stop? When had everything probably been cleaned and why?

[...] Il commençait à faire chaud. Le pick-up venait de dépasser une énorme termitière° sur laquelle on avait écrit gauchement° au coaltar° «60 km». À tombeau ouvert,° nous descendions une colline° interminable. Le chemin semblait uni. On y circulait sans secousses° comme à Dangan. Au-dessus de ma tête je m'aperçus que nous passions sous des arcs de palmes tressées.° Nous arrivions à destination. Le commandant ralentissait. Penché à la portière, il semblait émerveillé° par cette propreté qu'on n'espérait plus rencontrer à plus de soixante kilomètres de brousse.° [...] Tout avait été nettoyé. Cette propreté était trop nette° pour ne pas être récente! [...]

termite hill / awkwardly / tar
very fast / hill
shaking
woven, interlaced
amazed
bush
clean

Questions: lignes 46–56
Why do you think that the word **Blancs** is capitalized? Where were they received? How had the **case** been prepared? What was the **commandant**'s reaction? He uses the word **paillote;** why does the engineer correct him? What do Sophie and Toundi do while the adults continue their conversation?

[...] Le chef conduisit les Blancs dans une case qui avait été aménagée pour les recevoir. Le sol° avait été balayé, le kaolin° des murs gardait encore l'empreinte° des pinceaux.° Le toit verdoyait° avec son raphia° fraîchement tressé. En y entrant par cette chaleur caniculaire,° on était envahi de bien-être.

—Elle est merveilleuse, cette paillote°! dit le commandant en s'évertuant° avec son casque.

—Ça, c'est une case, rectifia l'ingénieur, les murs sont en terre.° D'ailleurs on ne rencontre plus de paillotes que chez les Pygmées.

Les Blancs poursuivirent leur conversation dans la véranda où le chef avait fait installer deux chaises longues. Sophie m'aida à préparer les deux lits pliants° que nous avions emportés. Nous suspendîmes les moustiquaires.°

Ferdinand Oyono, *Une vie de boy*, Paris, René Julliard, 1956, pp. 57–64

ground / clay
imprint / brushes / was green / palm fronds
scorching
straw hut / struggling
mud
folding beds
mosquito netting

X. Discussion. Discuss one of the topics below. Refer back to the text as needed to support your ideas. You may have your discussion in English unless directed otherwise by the instructor.

1. What is the attitude of the white people toward the Africans? What is Toundi's attitude toward the white people? Find specific sentences in the text that support your point of view. For example, does one normally say "Qu'est-ce que c'est" when one wants to know the identity of a person?
2. What impressions do you have of the village they visit? What was the village like on the day they arrived? What did the villagers do to welcome their visitors?
3. What's your impression of the **commandant?** Create a portrait of him according to what is said or suggested in the text.

Ex. X: groups of 4

Suggestion, Ex. X: Have each group deal with only one of the discussion items. Then have the class come together to summarize their main ideas. One of the students in the group should be designated as the recorder and the reporter.

***Do* À faire! (1-6) *on page 53 of the* Manuel de préparation.**

C'est à vous maintenant!

Parlez!

The activity for the next class period involves having students interview a French or Francophone native about his/her lodging. If you don't have access to any native speakers (other than yourself, if you are one), you could invite someone who speaks French and who has lived in France or in a Francophone area. And, of course, if you can't find a visitor, you could be the subject of the interview. The assignment in ***À faire! (1-6)*** asks students to prepare questions for the interview. Consequently, when assigning ***À faire! (1-6)***, tell students something about the person they will be interviewing, especially the place of origin, so that they can tailor their questions to that person.

SUGGESTED LESSON OUTLINE: Students assigned ***À faire! (1-6)*** have reviewed the structures **c'est** and **il est** and have prepared approximately twenty questions to use in their interview. Ex. XXV and XXVI were not self-correcting.

Before beginning the interview, you may wish to give students a few minutes to correct each other's questions. Then devote the entire class period to the interview ***(C'est à vous maintenant!,*** Ex. Y) and to the outlining of the article they will write for homework (**MP,** Ex. XXVII).

Suggestion, Ex. Y: Even if you have a large class, this interview can be very effectively conducted as a full class. Make sure that as many students as possible ask questions and have them begin with the types of biographical questions that will establish a context in which to ask questions about lodging. It's very important to remind students that they should be taking notes, writing both questions and answers. They will need the information to write their interview article at home.

Suggestion, Activité écrite, MP, Ex. XXVII: If you plan to have students peer edit the article they will be writing at home ***(À faire! [1-7])*** during the next class period, remind them to bring the draft of the article to class.

Testing: The **Test Bank** includes a chapter test for **Chapitre 1** covering the core section of the chapter.

Y. Une interview. Vous allez interviewer un(e) Français(e) ou un(e) francophone ou bien une personne qui a habité en France ou dans un pays francophone. Vous souhaiterez peut-être commencer par des questions générales pour faire connaissance avec cette personne avant de lui poser des questions sur son logement et l'environnement dans lequel il se trouve.

Attention! Vous aurez à rédiger un article sur cette interview. Vous feriez donc bien de prendre des notes pendant l'interview.

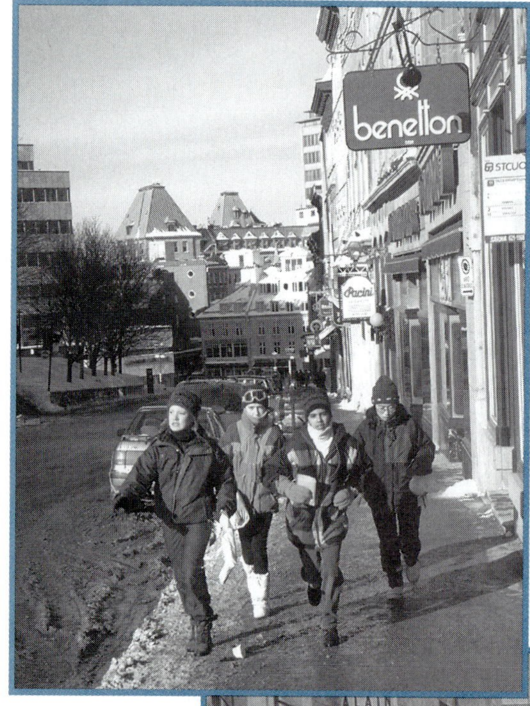

***Do* À faire! (1-7) *on page 54 of the* Manuel de préparation.**

CHAPITRE

1

Allons voir les Français et les francophones... chez eux!

EXPANSION

MENU

MANUEL DE CLASSE

MANUEL DE PRÉPARATION

Video:
Chapitre 1

SUGGESTED LESSON OUTLINE: Students assigned ***À faire!* (1-7)** have written an article based on the interview done during the last class period. The ***Activité écrite*** in the ***Expansion*** section of this **Manuel de classe** (see p. 53) provides the opportunity for peer editing and for revision of the article. Or, if you prefer, you can have students hand their article in to you for revision and correction.

There are no more ***À faire!*** assignments in this chapter. The ***Expansion*** section of the **Manuel de classe** provides activities for as many as five additional class periods. The ***Expansion*** section of the **Manuel de préparation** offers a like number of out-of-class homework possibilities. You can select the number and type of activities you wish to do and to assign, depending on your course calendar, your pedagogical preferences, and your students' interests. You may wish, in certain cases, to allow students to choose the activities they will do in class and for homework.

Première séquence:

Réponses:

Sans le son:
2, 6, 3, 1, 4, 5

Première séquence:

Réponses:

Avec le son:

1. V
2. V
3. F (1 naissance sur 3)
4. V
5. V
6. F (1%)
7. F (le père seul)
8. V
9. V
10. F (27%)

Vidéo

AVANT LA VIDÉO

Pour chacune des affirmations suivantes qui correspondent aux thèmes des quatre passages vidéo, indiquez si vous êtes **d'accord** (D) ou **pas d'accord** (P), en ce qui concerne votre pays.

1. ___ La structure familiale a beaucoup évolué aux États-Unis.
2. ___ Beaucoup de personnes vivent en couple sans se marier.
3. ___ Il y a beaucoup de parents qui élèvent leurs enfants seuls.
4. ___ Les grandes familles sont plus rares qu'autrefois.
5. ___ Il y a moins d'agriculteurs que dans le passé.
6. ___ Les jeunes préfèrent vivre à la campagne.
7. ___ La pollution est un problème dans toutes les grandes villes.
8. ___ Les logements coûtent plus cher dans les villes qu'à la campagne.

PREMIÈRE SÉQUENCE: Évolution de la famille française au XXe siècle

LA VIDÉO: SANS LE SON

Dans quel ordre? Indiquez par des chiffres de 1 à 6 dans quel ordre apparaissent les scènes suivantes.

___ Un père porte son fils dans ses bras et parle à la caméra.
___ Deux femmes âgées marchent dans la rue.
___ Une jeune femme est assise *(is sitting)* sur le toit de sa voiture.
___ Un couple de jeunes mariés se promène dans un parc.
___ Les membres d'une famille regardent la télévision.
___ Une femme travaille à la torréfaction *(roasting)* de grains de café.

LA VIDÉO: AVEC LE SON

Indiquez par **vrai** (V) ou **faux** (F) si les idées suivantes sont présentées dans ce segment. Corrigez les affirmations *(statements)* inexactes.

1. ___ Les Français se marient moins aujourd'hui que dans le passé.
2. ___ Un mariage sur trois se termine par un divorce.
3. ___ 1 naissance sur 5 se produit *(happens)* en dehors du mariage.
4. ___ Beaucoup de personnes vivent ensemble *(together)* sans se marier.
5. ___ On parle plus de familles monoparentales.
6. ___ 10% (10 pour cent) des français habitent avec un partenaire du même sexe.
7. ___ Au début du siècle, la loi permettait au père et à la mère de décider comment éduquer *(to raise)* les enfants.
8. ___ 1 foyer sur 2 compte deux salaires.
9. ___ Les grands-parents jouent un rôle moins important dans la famille que dans le passé.
10. ___ 7% de la population habite seule.

QUANT À MOI...

Seul(e) ou en groupe de deux ou trois, comparez la famille que formaient vos grands-parents à celle que vous formez avec vos parents. Quelles différences ou similarités remarquez-vous *(notice)*?

DEUXIÈME SÉQUENCE: Une famille québécoise

LA VIDÉO: AVEC LE SON

Monique vous présente brièvement sa famille et vous parle de ses projets professionnels. Complétez la fiche d'état civil *(family information)* qui suit. NOTE: cultivateur = agriculteur

Ses grands-parents:

Origines familiales: ______________________________

Lieu *(location)* du domicile familial depuis plusieurs *(many)* générations:

____

Profession des grands-parents: ______________________________

Nombre de personnes dans la famille de la mère de Monique: __________

Nombre de personnes dans la famille du père de Monique: __________

Ses parents:

Profession du père de Monique: ______________________________

Profession de la mère de Monique: ______________________________

Nombre de personnes dans la famille de Monique: __________

Monique et son frère:

Projets *(plans)* professionnels du frère de Monique: __________

Projets professionnels de Monique: ______________________________

Deuxième séquence:

Réponses:

Avec le son:

Ses grands-parents:

Origines familiales: France (Picardie) (XVIIe siècle)

Lieu du domicile familial depuis plusieurs générations: Trois-Rivières

Profession des grands-parents: cultivateurs

Nombre de personnes dans la famille de la mère de Monique: 12 (la mère de Monique + 3 frères et 6 sœurs et les parents)

Nombre de personnes dans la famille du père de Monique: 9 (le père de Monique + 4 frères et 2 sœurs et les parents)

Ses parents:

Profession du père de Monique: médecin

Profession de la mère de Monique: infirmière

Nombre de personnes dans la famille de Monique: 4 (Monique, son frère et les parents)

Monique et son frère:

Projets professionnels du frère de Monique: médecin

Projets professionnels de Monique: membre du Parlement canadien ou Présidente du Québec (elle étudie les sciences-politiques à l'Université Laval)

TROISIÈME SÉQUENCE: Maison à vendre

LA VIDÉO: AVEC LE SON

Gaëlle et Jean-Michel veulent acheter une résidence secondaire. Ils viennent de visiter une maison à Chantilly dans la banlieue parisienne. Ils doivent maintenant décider s'ils vont l'acheter.

Que pensent-ils de cette maison? Encerclez les adjectifs et adverbes utilisés par le jeune couple dans leur conversation.

1. La maison est...	belle / spacieuse / bon marché / petite / chère / proche de Paris
2. Le jardin est...	mal entretenu / grand / superbe
3. La cuisine est...	moderne / simple / bien éclairée
4. Les chambres sont...	jolies / sombres *(dark)* / petites
5. Les matériaux sont...	laids / décevants / solides
6. Le garage est...	pratique / mal placé *(badly situated)* / étroit
7. Le quartier est...	bien / ancien / bruyant

Troisième séquence:

Réponses:

Avec le son:

1. belle, petite, chère, proche de Paris
2. grand
3. moderne
4. petites
5. décevants
6. pratique
7. bien

QUANT À MOI...

Gaëlle préfère voir d'autres maisons avant de se décider. Le lendemain, Jean-Michel téléphone à Me Karim Mobilier, son agent immobilier. Il leur propose de visiter trois autres pavillons dans la région parisienne. Après la visite, Me Mobilier, Gaëlle et Jean-Michel comparent les maisons qu'ils viennent de voir. En vous inspirant de la vidéo que vous venez de visionner, imaginez leur dialogue: quels sont les avantages et inconvénients de ces maisons, Gaëlle et Jean-Michel partagent-ils la même opinion, comment Me Mobilier peut-il les convaincre de se décider en faveur de l'une de ces résidences secondaires? Avec deux camarades de classe, jouez cette scène devant le reste de la classe!

QUATRIÈME SÉQUENCE: Rat des villes ou rat des champs?

LA VIDÉO: AVEC LE SON

Maurine, Elsa et Laurence vous parlent de leur préférences pour la vie en ville, à la campagne, en province *(all of France, except Paris)* ou à Paris. Maurine étudie à Paris mais sa famille habite à la campagne. Elsa étudie à Deauville, près de Paris mais vit à la campagne à 10 kilomètres de Deauville. Laurence vit et travaille à Deauville mais elle a habité à Paris pendant 20 ans.

Quatrième séquence:

Réponses:

1. L
2. M
3. E
4. M
5. L
6. L
7. E
8. L
9. M
10. E

Qui a dit quoi? NOTE: **M** = Maurine **E** = Elsa **L** = Laurence

1. ___ «Deauville est une ville de vacances, de week-ends...»
2. ___ «(À Paris) il y a des avantages au niveau *(concerning)* des sorties, des boutiques, des musées...»
3. ___ «Il faut pouvoir se déplacer pour aller voir ses amis...»
4. ___ «C'est un petit peu difficile de temps en temps d'être à Paris parce qu'il y a la pollution, parce qu'il y a du monde, parce que c'est stressant *(stressful)*, ça va vite...»
5. ___ «Les gens ne sont pas du tout stressés comme ils peuvent l'être dans les grandes villes...»
6. ___ «La vie en province, en général, est très agréable quand on a une famille...»
7. ___ «Il faut avoir un moyen de locomotion *(means of transportation)*, sinon *(otherwise)* on s'ennuie *(to be bored)*...»
8. ___ «J'ai beaucoup aimé Paris quand j'étais étudiante à cause des sorties...»
9. ___ «J'aimerais bien un jour me trouver une maison à la campagne...»
10. ___ «Moi, je suis contente d'habiter à la campagne...»

QUANT À MOI...

Et vous, quels sont les avantages ou inconvénients que vous trouvez à vivre dans la ville ou le village où vit votre famille?

Activité écrite: Un compte rendu d'interview (C'est à vous maintenant!)

Suggestion, Activité écrite: This activity is the follow-up to Ex. XXVII in the **Manuel de préparation *(À faire! [1–7])***. Working in groups of three, they read each other's draft and do peer editing, following the suggestions provided in the exercise below.

Activité écrite: ⇄ **groups of 2**

Lisez le compte rendu de l'interview préparé par un(e) de vos camarades de classe (**Manuel de préparation**, Ex. XXVII, page 54), puis répondez aux questions suivantes.

1. De combien de paragraphes le compte rendu se compose-t-il? Quel est le sujet de chaque paragraphe?
2. Combien de fois est-ce que le compte rendu cite directement les paroles *(words)* de la personne interrogée? Combien de fois donne-t-il un résumé de ce que la personne a dit?
3. Quelles suggestions proposeriez-vous pour rendre le compte rendu plus précis, plus fidèle à l'interview et plus intéressant?
4. Quelles modifications proposeriez-vous pour corriger les erreurs de grammaire? Par exemple, est-ce que vous avez vérifié la place, l'accord et le sens des adjectifs, les pronoms relatifs et les formes de **c'est** et **il est**?

Activité orale: Une interview

Suggestion, Activité orale: You can organize this activity in the same way you did the earlier interview–i.e., the entire class questions the visitor, students compare notes and make an outline, and then go home to write a summary article of the interview.

To vary the approach, if you have access to several French-speaking students, you could invite two or more to come to class. Divide the class into groups, with each group interviewing a different visitor on the same or different topics. The following day in class, the groups can summarize orally the results of the interviews. In either case, you will probably want to have students choose the interview topic(s) and prepare some questions in advance.

Vous allez interviewer un(e) Français(e), un(e) francophone ou une personne qui a vécu en France ou dans un pays francophone. Après avoir posé des questions destinées à vous renseigner sur l'identité de la personne que vous interviewez, demandez-lui de parler de son logement, de l'environnement dans lequel il se trouve, d'expliquer comment son logement influence le rythme de sa vie et demandez-lui ensuite de faire des comparaisons entre son pays et les États-Unis à cet égard.

Audio CD
Segment 1–6
CD 1, track 10

Suggestion, Exercice d'écoute: Have students take notes while they listen to each interview. Then have them compare notes in small groups, listen again (if necessary), and then discuss with the whole class similarities and differences between the two **témoins.**

Exercice d'écoute:
Deux autres témoignages

Vous allez entendre deux hommes parler de la situation de leur logement. En les écoutant, prenez des notes pour pouvoir ensuite parler de leur situation. Par exemple, où est-ce qu'on se réunit le plus souvent chez Dovi? Qu'est-ce que les gens y font? Comment est son quartier? Qu'est-ce qu'il dit des boutiques de son quartier? Comment est le quartier de Djamal? Que font les gens de ce quartier? Qu'est-ce que c'est que le «Parc de la Victoire» à Alger?

DOVI ABE Dakar, Sénégal

«Dans notre quartier, nous avons surtout des boutiques, comme on dit, de proximité; donc de petites boutiques qui vendent essentiellement des produits de consommation courante... »

la cour *(courtyard)*, **le lieu** *(place)*, **lorsqu'ils** *(when they)*, **cimentée** *(covered in concrete)*, **gazon** *(lawn)*, **disponible** *(usable)*, **à tout moment** *(any time)*, **courante** *(everyday)*, **tenues** *(owned)*, **se sont établis** *(established themselves)*, **ils tiennent** *(they run/manage)*, **ils vivent** *(they live)*, **pour la plupart** *(for the most part)*

Réponses: *Dovi Abe:* Chez Dovi, on se réunit le plus souvent dans la cour. On y discute, on écoute de la musique et parfois on danse. Il n'y a pas de gazon dans son quartier, sa cour est cimentée, il est habité surtout par des immigrants originaires de Mauritanie. Il y a surtout des (petites) boutiques de proximité vendant des produits de consommation courante et tenues surtout par des Mauritaniens.

DJAMAL TAAZIBT Alger, Algérie

«La proximité de mon appartement du centre-ville m'encourage beaucoup à assister aux différentes activités artistiques, culturelles et autres.»

VOCABULAIRE UTILE: comme je vous le disais *(as I told you)*, **tout à l'heure** *(a minute ago)*, **chic** *(fashionable)*, **postes** *(positions, jobs)*, **l'État** *(government)*, **cultivés** *(cultured)*, **chahut** *(noise)*, **de marche à pied** *(on foot)*

Réponses: *Djamal Taazibt:* Il habite un quartier chic, à proximité de la ville. Les gens travaillent en général dans des postes importants dans l'administration et dans l'État. Le «Parc de la Victoire» est le centre le plus important d'Alger: c'est là que se passent toutes les activités importantes culturelles et artistiques.

If you would like to listen again to the ***Témoignages,*** you can work with this listening material on your own, using Segment 1–6 of the **Audio CD.**

Lecture: «Les SDF en France: entre 100 000 et 200 000 personnes»

Suggestion, Lecture: The ***Expansion*** section of the **Manuel de préparation** contains pre-reading and reading activities to accompany the text. You can have students read the text and do these activities before coming to class.

Population par définition difficile à comptabiliser, les sans-abris échappent aux recensements et statistiques officielles. Ils sont estimés en France entre 100 000 et 200 000.

Le terme de sans domicile fixe SDF englobe des situations différentes et fluctuantes, qui vont du squat à l'hébergement de fortune ou la rue, d'où l'évocation de l'abbé Pierre des «800 000 Français qui sont sans domicile, c'est-à-dire qui vagabondent».

La seule étude chiffrée et qui fait référence depuis, date de 1992. Cette estimation avance le chiffre de 202 000 exclus de logement, dont 98 000 sans abris, 59 000 hébergés dans les centres d'urgence et 45 000 dans des abris de fortune. Cette étude recense également 470 000 personnes vivant en 1990 en meublés ou chambres d'hôtel, 147 000 dans des habitations mobiles ainsi que 1 429 000 dans des logements «hors normes».

Les dernières années ont été marquées par un pourcentage croissant des jeunes et des chômeurs parmi les SDF, la perte du logement marquant de plus en plus la dernière étape de l'exclusion sociale.

Selon un sondage réalisé en 1995 par le quotidien catholique La Croix, les SDF sont majoritairement des hommes (63%), jeunes (56% ont moins de 29 ans). 78% sont au chômage et 36% sont sans diplôme.

Le Journal Français, Vol. 21 N° 2, Février 1999

Dico

l'abbé Pierre *a French priest famous for his struggle against poverty and exclusion*
abris de fortune *makeshift shelters*
au chômage *unemployed*
avance *cites*
chiffrée *including data/numbers*
chômeurs *unemployed*
comptabiliser *to count*
la dernière étape *the last stage*
dont *of which*
échappent aux recensements *are not taken into account in a census*
exclus de logement *people excluded from standard housing*
hébergés dans les centres d'urgence *living in emergency shelters*
hors normes *below standard*
majoritairement *mostly*
marquant *representing*
meublés *furnished apartments*
parmi *among*
la perte du logement *the loss of one's home*
pourcentage croissant *increasing percentage*
qui fait référence *that serves as a reference*
qui vont du squat à l'hébergement de fortune ou la rue *that may go from squats to makeshift lodging or the street*
quotidien *daily newspaper*
recense *counts*
sans-abris *homeless*
SDF (acronym for **«sans domicile fixe»**) *homeless*
un sondage réalisé *a poll taken*
vagabondent *roam, wander*

Discussion. Choisissez un des sujets suivants et discutez-en avec vos camarades. Utilisez l'article du *Journal français d'Amérique* comme base de votre discussion.

1. Pourquoi est-il difficile d'identifier avec précision le nombre de SDF?
2. Est-ce que vous connaissez des gens qui n'ont pas de logement «normal», comme ceux mentionnés dans l'article. Décrivez leur situation et discutez des effets que cette situation a sur ces personnes et les membres de leur famille. (Si vous ne connaissez personne dans cette situation, imaginez les conséquences de ce mode de vie.)
3. Que savez-vous du problème des SDF aux États-Unis? Est-il différent du problème des SDF en France décrit dans le texte?
4. Aux États-Unis, où le problème des sans-abris est-il le plus grave? Pourquoi? Est-ce que l'évolution de la société moderne peut contribuer à expliquer ce phénomène?
5. À votre avis, quelles sont les solutions au problème des SDF? Qui doit avoir la responsabilité de trouver des solutions à ce problème?

Discussion: groups of 3

Suggestion, Discussion: You may wish to assign each group one of the discussion topics or you can allow the groups to select what they prefer to talk about. In either case, one of the group members can be the recorder and the person who will report the main ideas back to the full class.

Allons voir les Français et les francophones...

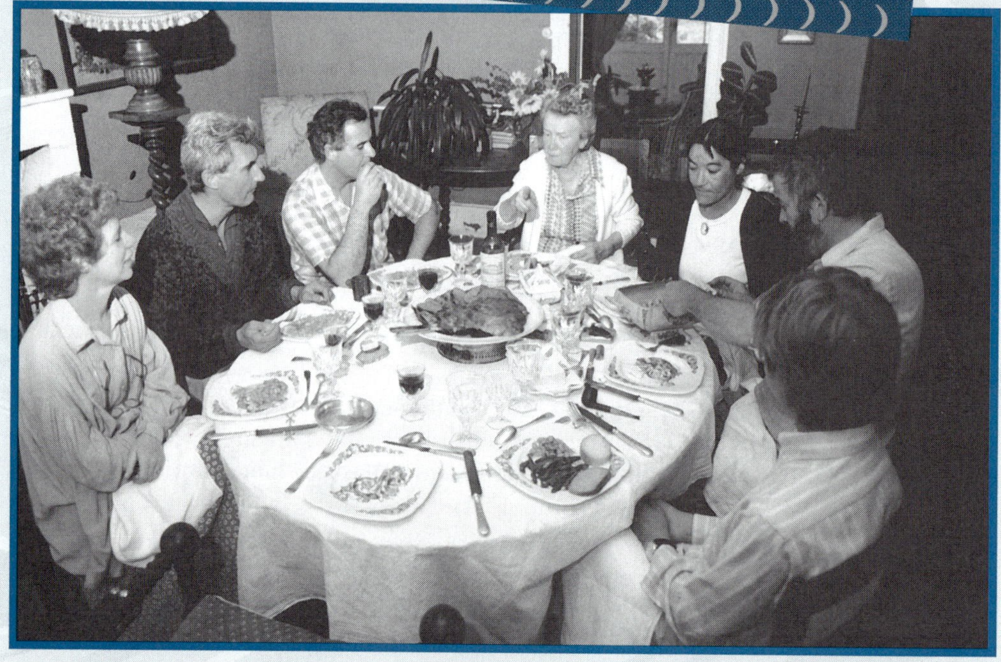

UNE FAMILLE FRANÇAISE DÎNE À LA MAISON

à table!

CHAPITRE

2

TROIS SÉNÉGALAIS DÎNENT AU RESTAURANT

CHAPTER SUPPORT MATERIALS (STUDENT)

MP: pp. 67–114

Audio CD: SEGMENTS 2-1 to 2-7

SYLLABUS: The minimum amount of time needed to cover the core material of ***Chapitre 2*** is seven class periods. The ***Expansion*** provides material for an additional one to four class periods.

CHAPTER SUPPORT MATERIALS (INSTRUCTOR)

Transparencies: 2-1 to 2-4

Audio CD: SEGMENTS 2-1 to 2-7

Video: Chapitre 2: Séquences 1–4

Test Bank: Chapitre 2

OBJECTIVES

In this chapter, you will learn:

- to talk about food and dining;
- to offer food and drink;
- to compliment and to thank;
- to give advice;
- to agree and disagree;
- to ask questions;
- to interview someone;
- to write up an interview.

SUGGESTED LESSON OUTLINE: Do ***Témoignages*** (Ex. A, B) and ***Perspectives culturelles*** (Ex. C, D).

Témoignages

«Quels repas est-ce que vous prenez?»

«Bonjour! Ma femme Aminata et moi, nous serons vos guides pour votre étude des habitudes et des attitudes gastronomiques des Français et des francophones. Comme vous le savez sans doute, la France est renommée dans le monde entier pour sa cuisine. Et pourtant, bien que «le bon repas partagé avec la famille ou les amis» reste (après la télévision) l'activité de loisirs la plus répandue, les habitudes alimentaires des Français sont en train de changer, comme vous allez le voir.»

«Et bien entendu, les pays francophones ont chacun leur propre cuisine, reflet des produits alimentaires à la disposition des habitants du pays. Par exemple, vous entendrez un peu plus tard un Guadeloupéen et un Sénégalais décrire ce qu'on mange chez eux. Mais pour le moment, vous allez écouter deux Français, un Français de Corse, un Québécois et une Marocaine vous parler de leurs habitudes alimentaires.»

Écoutez!

A. Pré-écoute: À vous d'abord! Posez les questions suivantes à des camarades de classe afin de vous renseigner sur leurs habitudes alimentaires.

Ex. A:  **groups of 2, 3, or 4**

Follow-up, Ex. A: After students have worked in pairs or groups, ask questions in order to determine the eating habits of the entire class. If you wish, tell students they are to respond to your questions with the information they learned from their classmates rather than from their own personal situation.

Vocabulaire utile
normalement (en général) / à peu près (environ)... fois par jour / vers... heures / ça dépend de... / manger seul(e) (avec... , en famille) / quelque chose de léger (rapide) / le repas principal (le repas le plus important)

1. Combien de fois par jour est-ce que tu manges quand tu es chez toi? À quelles heures? Où? Avec qui?
2. Qui fait la cuisine chez toi? Toujours?
3. Tu vas souvent au restaurant? En semaine? Le week-end? Avec tes amis? Avec ta famille?

B. Écoutez: Les témoins vous parlent. En écoutant quelques Français et francophones vous parler de leurs habitudes alimentaires, essayez de répondre aux questions.

 **Audio CD:** SEGMENT 2–1 CD 2, TRACK 1

VÉRONICA ZEIN Savigny-sur-Orge, France

«En général, je mange trois fois par jour... »

VOCABULAIRE UTILE: vers les alentours de *(about)*, **léger** *(light)*, **on s'assoit** *(we sit [at the table])*, **soit... soit...** *(either... or...)*, **douée** *(talented)*

Quel âge a-t-elle? Combien de repas est-ce qu'elle prend par jour? Quand est-ce qu'elle prend son petit déjeuner? (Avant de faire sa toilette ou avant d'aller en cours?) Avec qui? (Avec toute la famille, avec un membre de la famille ou toute seule?) Et le déjeuner: à quelle heure, où et avec qui est-ce qu'elle le prend? S'agit-il d'un repas copieux ou léger? Pourquoi? Avec qui est-ce qu'elle dîne? (Avec des amis ou en famille?) Qui fait la cuisine chez elle?

***Réponses:** Véronica Zein:* Elle a 20 ans. En général, elle prend trois repas par jour. Elle prend son petit déjeuner avant d'aller en cours, toute seule ou avec un membre de sa famille. Entre midi et 1h, elle déjeune au café avec des copains. C'est un repas très léger (un sandwich et un café). Parce que ça coûte cher, elle dîne en famille. C'est elle ou sa mère qui prépare le dîner.

NEZHA LE BRASSEUR Casablanca, Maroc

«La cuisine marocaine... c'est bon, mais ça prend beaucoup de temps.»

VOCABULAIRE UTILE: bonne *(maid)*, **couscous** *(dish made with semolina, meat, and vegetables)*

Quel âge a-t-elle? Combien de repas est-ce qu'elle prend par jour? À quelle heure prend-elle son petit déjeuner? À quelle heure est-ce qu'elle déjeune? Quel autre «repas» prend-elle? À quelle heure est-ce qu'elle dîne? Qui fait la cuisine? Que dit Nezra de la cuisine marocaine?

Suggestion, Ex. B: You can verify the answers with the class after each **témoin** speaks. Or, if your class understands what is being said, you can have them listen to all five **témoins** and then verify the answers by asking more general questions, such as: **Est-ce que tous les cinq prennent le même nombre de repas par jour? Qui mange le plus tôt le matin? Et le plus tard le soir? Quel semble être le repas le plus important? Est-ce que c'est le même pour tout le monde? Quelles autres différences remarquez-vous entre les cinq témoins en ce qui concerne les repas?**

***Réponses:** Nezha Le Brasseur:* Elle a 30 ans. Elle prend trois ou quatre repas par jour. Elle prend son petit déjeuner entre 7h et 7h30. Elle déjeune entre midi et demi et 1h. Entre 4h30 et 5h, elle prend un café. Le soir, elle dîne entre 8h et 9h. C'est sa mère et la bonne qui font la cuisine. La cuisine marocaine est bonne, mais elle prend beaucoup de temps; par exemple, il faut deux heures pour préparer un couscous.

DOMINIQUE CLÉMENT Paris, France

«Elle sait faire la cuisine... mais je la fais mieux.»

VOCABULAIRE UTILE: le Midi *(the South of France)*, **copine** *(girlfriend)*, **plutôt** *(rather)*

Où est-il né? Quel âge a-t-il? Combien de repas est-ce qu'il prend par jour? À quelle heure prend-il son petit déjeuner? Avec qui? Où est-ce qu'il déjeune? À quelle heure est-ce qu'il dîne? Avec qui? Est-ce qu'il va au restaurant? Qui prépare les repas?

Réponses: *Dominique Clément:* Il est né dans le Midi. Il a 34 ans. Il mange trois ou quatre fois par jour. Il prend son petit déjeuner à 8h, avec sa famille. Il déjeune à la maison ou à l'extérieur. Il dîne très tard, vers 10h du soir, avec sa copine. Oui, il y va de temps en temps. C'est presque toujours lui qui prépare les repas.

HENRI GAUBIL Ajaccio, Corse

«Le repas de midi... il fait très chaud... on pense plutôt à boire qu'à manger.»

VOCABULAIRE UTILE: c'est-à-dire *(that is to say)*, **de bonne heure** *(early)*, **sauf** *(except)*, **en déplacement** *(traveling)*, **seul** *(alone)*, **potage** *(soup)*, **arrosé** *(washed down)*

Quel autre nom donne-t-on à l'île de la Corse? Quel âge a Henri? Combien de repas est-ce qu'il prend par jour? À quelle heure est-ce qu'il prend son petit déjeuner? Qu'est-ce qu'il mange? À quelle heure est-ce qu'il déjeune? Où? S'agit-il d'un repas copieux ou léger? Pourquoi? Avec qui est-ce qu'il dîne? Son dîner est-il copieux ou léger? Pourquoi? Quelle sorte de repas prend-il en général?

Réponses: *Henri Gaubil:* On appelle la Corse «l'île de Beauté». Il a 55 ans. Il mange trois fois par jour. Il prend son petit déjeuner de bonne heure, vers 7h du matin. Il prend des jus de fruits et un café. Il déjeune vers 13h, souvent à la maison, ou au restaurant. Il ne mange pas beaucoup; il fait trop chaud; il a plutôt envie de boire. Le soir, il dîne en famille. Généralement, le dîner est copieux parce que la famille ne mange pas beaucoup pendant la journée. Il prend un repas traditionnel (potage ou entrée, viande, dessert, vin).

ROBIN CÔTÉ Rimouski, Québec

«Un petit déjeuner... on dit chez nous un déjeuner... »

VOCABULAIRE UTILE: rôties *(toast, French Canadian expression)*, **casse-croûte** *(snack)*, **boîte** *(nightclub)*, **morceau** *(bite)*

Quel âge a-t-il? Où se trouve Rimouski? Combien de repas est-ce que Robin prend par jour? Comment appelle-t-on le petit déjeuner au Québec? Qu'est-ce qu'il mange? Comment est-ce qu'on appelle le déjeuner au Québec? Avec qui est-ce qu'il déjeune? Qu'est-ce qu'il mange? Comment est-ce qu'on appelle le dîner au Québec? Où est-ce que Robin dîne? Quel autre «repas» fait Robin?

If you would like to listen again to the ***Témoignages,*** you can work with this listening material on your own, using SEGMENT 2-1 of the **Audio CD** and Ex. V in the **Manuel de préparation.**

Réponses: *Robin Côté:* Il a 29 ans. Rimouski se trouve à 300 km au nord-est de Québec (sur la rive sud du Saint-Laurent). Il mange de trois à cinq fois par jour. Au Québec, on appelle le petit déjeuner «le déjeuner». Il prend un café avec des rôties, c'est-à-dire, des toasts. Au Québec, on appelle le déjeuner «le dîner». En général, il déjeune avec des copains. Il prend un sandwich. Au Québec, on appelle le dîner «le souper». Il dîne soit au restaurant soit à la maison. Le soir, s'il va en boîte ou s'il sort, il va manger un petit casse-croûte après.

Perspectives culturelles

«Les Français ont l'assiette légère»

UN DÎNER EN FAMILLE

Vite et bon. Et surtout léger. Voilà les mots qui, désormais,° assaisonnent le verbe «manger». Fini le temps de la «bouffe° génération». Plus° question de *«se nourrir jusqu'à en mourir»*. La société fait sienne° la formule de Paracelse, médecin suisse du seizième siècle: *«Tout est poison, rien n'est poison, tout est dans la dose.»* Place aux plats individuels hypocaloriques° et bien équilibrés, simples à préparer. Car la société a changé et la ménagère° avec elle. En 1950, elle passait quatre heures par jour devant ses fourneaux.° Elle ne s'y attarde plus aujourd'hui que quarante minutes, avec la complicité du congélateur et du four à micro-ondes. Elle emploie son temps à autre chose, au travail, par exemple.

Avènement° des familles «nucléaires» — le père, la mère, l'enfant —, multiplication des repas pris hors° du domicile; percée° des ménages «monogastriques» (célibataires et personnes âgées), segmentation des goûts et des habitudes entre jeunes et anciens; la France mange par miettes.° Le dimanche, qui est de moins en moins le jour du Seigneur,° reste celui du repas festif plus élaboré, plus arrosé° aussi. Tout au long de la semaine, en revanche,° on grignote° trois fois moins qu'aux États-Unis, mais six fois par jour tout de même! Si on est ce que l'on mange, l'assiette française renvoie les éclats° d'une société fragmentée, qui cherche moins à se nourrir qu'à se faciliter la vie, tout en° la protégeant contre les corps gras et les alcools.

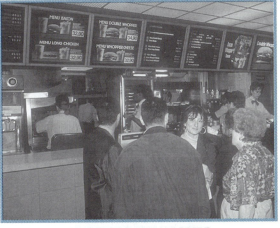

LA RESTAURATION RAPIDE

À la «soft idéologie» répondent la «soft alimentation» et les «soft drinks». Cette tendance à l'allègement° touche aussi le porte-monnaie. Manger léger n'est pas bon marché. Ce mode (cette mode?)° alimentaire sous-entend une technologie et un conditionnement° élaborés.

Éric Fottorino, *Le Monde*

from now on
slang expression for food / No longer
takes as its own
low-calorie (hypo = *low;* hyper = *high*)
housewife
stoves
Coming (Arrival)
outside / breakthrough
crumbs, bits and pieces
Lord's day
washed down with plenty of wine
on the other hand / nibbles
sends back (reflects) the fragments
all the while
lightening
mode *(m.)* = *method;* mode *(f.)* = style, fashion
packaging

Suggestion, Perspectives culturelles and Ex. C and D: As a pre-reading activity, have students describe the two photographs on this page. Ask them which one corresponds to the traditional notion of French eating habits. Then assign half the class to work on each of the readings. If you wish, allow students to work in small groups as they read the passage and do Ex. C. Then, using the questions in Ex. D, bring both groups together to discuss what they have read. You may find it more effective to allow students to discuss this topic in English.

«Les habitudes changent»

swallows

Au cours de son existence, le Français avale° de 75 000 à 100 000 repas, et consacre à cette tâche de treize à dix-sept années de sa vie éveillée, petit déjeuner compris.

«pigs» (i.e., who eat a lot)

Des gourmets les Français? Des goinfres,° oui! En une seule année, nos compatriotes ingurgitent 365 fois la consommation quotidienne de 56 millions d'habitants. C'est suicidaire. Et scientifiquement prouvé.

Voilà comment l'industrie alimentaire est aujourd'hui la première industrie française. Plus lourde que l'armement et l'automobile.

17th century German philosopher and mathematician / disappointed

herd of mammoths

Leibniz° serait déçu:° le melon ne se mange plus en famille. Ni quoi que ce soit d'autre. On n'a plus le temps. D'ailleurs, il n'y a plus de familles. Un couple réuni à table avec ses quatre enfants, leur vieil oncle et les deux grand-mères est une communauté aussi rare qu'un troupeau de mammouths° retrouvé intact sous la glace.

orphans

Pour ne pas mourir de chagrin comme des orphelins,° nous compensons avec le riz «Oncle Ben's», le yaourt «Mamie Nova», la confiture «Bonne Maman» tartinée sur un gâteau «Papy Brossard», pour finir avec le café «Grand'mère».

non-prepackaged meat
made with milk
precut
foods that are precooked and vacuum packed in aluminum containers

Nous négligeons peu à peu la boucherie au détail° et les fruits frais, supplantés par les desserts lactés° sous cellophane, la volaille prédécoupée° et les barquettes précuites sous vide.°

nightclub / As a result / innkeepers / match up
polish the silverware / sound system

Un repas sur trois se prend désormais à l'extérieur du domicile. Là encore, tout change. On ne va plus au restaurant pour se nourrir, mais pour «faire la fête». L'alimentation se consomme comme un loisir, au même titre que le cinéma ou la boîte de nuit.° Du coup,° les aubergistes° soignent le décorum, assortissent° les couverts, lustrent l'argenterie° et montent la sono.°

Le menu? On ne le change pas, on le rewrite.

Applesauce sounds like cafeteria food? «sweet green apples from the orchard gone swimming» / patterns engraved on royal porcelain dishes
satisfies the appetite (of)

«Compote de pommes» fait cantine?° Une fois rebaptisée, «la nage de reinettes du verger»° évoque les ciselures de porcelaine des ramequins princiers.° Ça ne coûte rien, et ça rassasie° la clientèle.

Philippe Vandel, *Le Dico Français/Français,*
Éditions Jean-Claude Lattés, 1992

C. Qu'avez-vous compris? Répondez aux questions suivantes qui portent sur les deux articles que vous venez de lire.

«Les Français ont l'assiette légère»

PREMIER PARAGRAPHE

1. Quelles sont les caractéristiques de la nourriture française moderne?
2. En quoi le rôle de la femme a-t-il changé?

DEUXIÈME PARAGRAPHE

3. Quelle sorte de familles trouve-t-on en France aujourd'hui?
4. Mange-t-on toujours à la maison? Qu'est-ce qu'un «ménage monogastrique»?
5. En quoi le dimanche diffère-t-il du reste de la semaine?
6. Le Français cherche-t-il surtout à bien manger? (Sinon, qu'est-ce qui est important pour lui?)

DERNIER PARAGRAPHE

7. Manger «soft», est-ce que cela coûte moins cher? Pourquoi (pas)?

«Les habitudes changent»

LES TROIS PREMIERS PARAGRAPHES

1. Quelles statistiques donne-t-on au sujet des Français et de leurs habitudes alimentaires?
2. Quelles conclusions l'auteur en tire-t-il?

LES QUATRIÈME ET CINQUIÈME PARAGRAPHES

3. Est-ce qu'on mange souvent en famille? Pourquoi (pas)?
4. En quoi la famille a-t-elle changé?
5. Qu'est-ce que les noms des produits cités ont tous en commun?

LE SIXIÈME PARAGRAPHE

6. Pourquoi va-t-on au restaurant de nos jours?
7. En quoi les restaurants ont-ils changé?
8. Pourquoi donne-t-on des nouveaux noms aux plats qu'on sert?

D. Discutons! Essayez de répondre aux questions suivantes en parlant avec quelques camarades de classe.

1. Les auteurs des deux articles que vous venez de lire voient-ils les mêmes changements dans les habitudes alimentaires des Français? Est-il possible de discerner ce qu'ils pensent de cette évolution?
2. À votre avis, rencontre-t-on quelques-uns des mêmes phénomènes aux États-Unis? Si oui, lesquels? Sinon, pourquoi pas?

***Do* À faire! (2-1) *on page 68 of the* Manuel de préparation.**

Contrôle des connaissances:
Les questions d'information

SUGGESTED LESSON OUTLINE: Students assigned ***À faire (2-1)*** have reviewed basic information questions and have worked with food vocabulary. Ex. IV was not self-correcting.

In this class period, do ***Contrôle des connaissances*** (Ex. E), ***Pour parler...*** (Ex. F), and ***Pour communiquer*** (Ex. G, H, I).

Suggestion, Contrôle des connaissances: Use the transparency as a quick review of grammar, then do Ex. E. Have students work first in pairs before circulating. If you wish, follow up by surveying the class; for example, **Qui vient de la famille la plus nombreuse? Combien d'étudiants y a-t-il qui sont fils ou filles uniques?,** etc.

E. La famille et les amis. D'abord, posez les questions suivantes à un(e) camarade de classe qui va vous répondre. Puis, circulez dans la classe en posant les mêmes questions à d'autres camarades.

1. Combien de personnes est-ce qu'il y a dans ta famille?
2. Où est-ce que ta famille habite?
3. Tu habites toujours *(still)* chez tes parents? Pourquoi (pas)?
4. Qu'est-ce que les membres de ta famille aiment faire pour se distraire?
5. Où habite ton (ta) meilleur(e) ami(e)?
6. Comment est-ce qu'il/elle s'appelle?
7. Tu le/la vois souvent? Est-ce que tu l'as vu(e) récemment? Quand?
8. Est-ce qu'il/elle travaille? SI OUI: Où? Qu'est-ce qu'il/elle fait? SI NON: Comment est-ce qu'il/elle occupe son temps libre?

Vocabulaire utile

une famille nombreuse	une petite famille
le père	la mère
le fils	la fille
le frère aîné (cadet)	la sœur aînée (cadette)
le demi-frère	la demi-sœur
le grand-père	la grand-mère
le petit-fils *(grandson)*	la petite-fille *(granddaughter)*
le beau-père *(stepfather, father-in-law)*	la belle-mère
le beau-frère	la belle-sœur
l'oncle	la tante
le neveu	la nièce
le cousin	la cousine
l'ami	l'amie
le copain	la copine

Pour parler... de ce qu'on mange

F. Les plaisirs (et les déplaisirs) de la table. Parlez avec quelques camarades de classe de vos préférences alimentaires en indiquant dans les catégories suivantes ce que vous aimez et n'aimez pas manger.

Ex. F: variable groups

MODÈLE: la viande et la volaille
Moi, j'aime beaucoup le porc et le mouton. Je mange souvent du poulet. J'adore le canard. Mais je mange très peu de bœuf.

1. la viande et la volaille
2. le poisson et les crustacés
3. les légumes
4. les fruits
5. les produits laitiers

Pour communiquer

Écoutez!

Claude et sa femme Aminata, un couple de jeunes mariés, rentrent chez eux à la fin de la journée. Pendant qu'Aminata prépare le dîner, ils parlent de leurs habitudes alimentaires. Il est clair que pour tous les deux, «bien manger» n'a pas la même signification.

Audio CD:
SEGMENT 2-2
CD 2, TRACK 2

«Un repas dans un fast-food de temps en temps, ça fait pas de mal!»

«Ils ont un grand choix de produits bios.»

Réponses, Ex. G: 1. Il a déjeuné dans un fast-food (au Quick). Il a pris un Big Bacon, des frites et un milkshake. 2. Elle trouve qu'il n'a pas très bien mangé (trop de matières grasses, trop de calories). 3. Elle prépare une spécialité sénégalaise, du poulet au yassa. 4. Il va mettre la table. 5. Il ne peut pas trouver de beurre, de sel ni de sucre. Aminata a acheté un faux beurre anti-cholestérol pour remplacer le beurre et un édulcorant de synthèse pour remplacer le sucre; elle ne veut plus utiliser de sel. 6. Elle parle d'un nouveau magasin de produits diététiques, puis elle change de sujet de conversation.

If you would like to listen again to this conversation, you can work with this listening material on your own, using SEGMENT 2-2 of the **Audio CD.**

G. Vous avez compris? Répondez aux questions suivantes d'après la conversation entre Claude et Aminata que vous venez d'écouter.

Vocabulaire utile

le poulet au yassa	*spécialité du sud du Sénégal*
du faux beurre	*butter substitute*
un édulcorant de synthèse	*artificial sweetener*
la tension artérielle	*blood pressure*
les produits bios	*organic foods*

1. Où est-ce que Claude a déjeuné? Qu'est-ce qu'il a mangé?
2. Qu'est-ce qu'Aminata pense de son déjeuner? Pourquoi?
3. Qu'est-ce qu'Aminata est en train de préparer pour le dîner?
4. Que va faire Claude pour l'aider?
5. Qu'est-ce qu'il n'arrive pas à trouver? Pourquoi?
6. De quoi est-ce qu'Aminata parle?

Parlez!

Pour mieux vous exprimer

Désapprouver les actions d'une autre personne

Tu ne devrais pas + *inf.* / Vous ne devriez pas + *inf.*
Il ne faut pas + *inf.*

Suggérer

Tu devrais + *inf.* / Vous devriez + *inf.*
Tu ferais mieux de + *inf.* / Vous feriez mieux de + *inf.*
Pourquoi est-ce que tu (vous) ne... pas... ?

Parler de la santé

faire attention à (se préoccuper de) sa santé
changer ses habitudes alimentaires
suivre un régime *(diet)*
ne pas manger de... / manger plus (moins) de... / ne manger que du (de la, des)...
éviter *(avoid)* trop de graisses (sel, sucre)
choisir des produits allégés *(light)* (basses calories)

H. Conseils d'amis. Vous parlez à un membre de votre famille avec qui vous pouvez vous exprimer franchement. Donnez des conseils à cette personne en utilisant quelques-unes des expressions indiquées ci-dessus.

1. Comment, Thierry! Hier, tu as mangé trois fois au Macdo? Ce n'est pas possible! Tu...
2. Dis donc, Jean-Marc. Tu exagères un peu, non? Ce matin tu as mangé un petit déjeuner américain, avec des œufs, des saucisses et du pain beurré. À midi, tu as pris un sandwich au pâté. Et ce soir, tu vas manger du bifteck? Tu...
3. Mais Martine, tu n'as pas pris de petit déjeuner? À midi, tu n'as mangé que des fruits. Et ce soir tu ne prends que de la salade? Tu...
4. Comment, Évelyne, tu reprends de la glace? Mais tu en as pris au déjeuner aussi! Et combien de biscuits tu as mangés aujourd'hui? Tu...
5. Salut, André! Ça fait longtemps que je ne t'ai pas vu! Mais tu as pris du poids *(put on weight)*, mon ami. Comment? Six kilos? Ah, tu manges tous les soirs au restaurant? Eh bien, tu sais, tu...
6. Voyons, Christine, tu veux encore des chips et des cacahuètes *(peanuts)*? Mais tu en as mangé à midi, et avec l'apéritif. Tu...

Ex. H: groups of 3

Suggestion, Ex. H: Have one student read the cue and then encourage the other two to make comments and suggestions, each using different expressions from the ***Pour mieux vous exprimer*** lists.

I. Et vous? Et vos amis? Parlez de ce que vous avez mangé hier. Vos camarades de classe vous donneront leurs réactions et leurs suggestions. (Si vous voulez, vous pouvez parler d'un membre de votre famille ou d'un[e] ami[e].)

Ex. I: groups of 3 or 4

***Do À faire! (2-2) on page 76 of the* Manuel de préparation.**

Fonction: Comment se renseigner (1)

REPRISE

L'inversion

1. QUESTION WORD + VERB + NOUN ?

   Quel est ton numéro de téléphone?

   Où sont mes bottes?

   À quelle heure finit ce cours?

2. QUESTION WORD + (NOUN) + VERB + PRONOUN ?

   Pourquoi sont-ils partis?

   Comment vos grands-parents voyagent-ils?

   À quelle heure se lève-t-on d'habitude?

SUGGESTED LESSON OUTLINE: Students assigned ***À faire (2-2)*** have studied the vocabulary of types of cuisine and have worked with questions using inversion. Ex. VI was not self-correcting.

In this class period, do ***Fonction*** (Ex. J), ***Pour parler...*** (Ex. K), and ***Témoignages*** (Ex. L, M).

Transparency: 2-2 **(L'inversion)**

J. Pour obtenir des précisions. En suivant les indications données, posez des questions à un(e) camarade de classe afin de préciser certains faits.

Ex. J: groups of 2

D'abord, utilisez l'inversion afin de découvrir:

1. comment il/elle va
2. l'heure qu'il est
3. à quelle heure ce cours finit
4. où il/elle va après le cours
5. ce qu'il/elle va faire ce week-end
6. le temps qu'il va faire ce week-end
7. quand les vacances commenceront

Ensuite, utilisez les précisions entre parenthèses et l'inversion afin de découvrir:

8. quand il/elle est né(e) (en quel mois / quel jour / en quelle année / à quelle heure)
9. où il/elle est né(e) (dans quel état [pays] / dans quelle ville / à quel endroit)

Enfin, utilisez des questions avec **quel** afin de découvrir:

10. son adresse / le prénom de son (sa) (ses) camarade(s) de chambre (mari, femme) / son numéro de téléphone
11. les cours qu'il/elle prend ce semestre / son cours le plus difficile / son cours le plus facile / son cours préféré
12. les films qu'il/elle a vus récemment / son acteur préféré / son actrice préférée
13. la capitale de la France / le fleuve le plus long de France / la date de la fête nationale française
14. la date du prochain examen de français / les devoirs pour (vendredi)

Pour parler... de la cuisine

Ex. H: variable groups

K. Où va-t-on manger? Discutez avec quelques camarades des restaurants que vous avez choisis (voir le **Manuel de préparation,** Exercice VI, page 76).

MODÈLE: *Moi, j'aimerais bien aller au Djarkata Bali. C'est un restaurant indonésien. La cuisine indonésienne est assez épicée, mais elle est savoureuse. La spécialité du restaurant, c'est le rijsttafel. J'aime beaucoup la cuisine indonésienne. (Je n'ai jamais goûté la cuisine indonésienne, mais je voudrais bien essayer.) Et toi, où est-ce que tu préférerais aller?*

Témoignages

«Qu'est-ce que vous aimez manger?»

«Chacun son goût.

Comme le suggère le proverbe, nous n'avons pas tous les mêmes goûts et c'est certainement vrai en ce qui concerne la nourriture. Vous allez écouter quatre personnes vous parler de leurs préférences alimentaires.»

Suggestion, Ex. M: You can verify answers after each **témoin** speaks. Or, if you prefer, you can have students listen to all four **témoins** and then ask them to identify which of the four would most probably like each of the following meals: **1. déjeuner: poisson, ignames, mangues 2. petit déjeuner: café au lait avec croissant 3. petit déjeuner: jus de pamplemousse, thé, toasts avec beurre et confiture 4. dîner: couscous, fruits, café 5. petit déjeuner: œuf, pain grillé, jus de fruits 6. dîner: quiche aux champignons, salade verte 7. dîner: poisson, épinards, salade d'endives, fromage, fruits 8. déjeuner: salade de tomates, côte de porc, haricots verts, pêche**

Écoutez!

L. Pré-écoute: À vous d'abord! Posez des questions à vos camarades de classe au sujet de ce qu'ils/elles aiment manger au petit déjeuner, au déjeuner et au dîner.

Ex. L:  **groups of 2, 3, or 4**

M. Écoutez: Les témoins vous parlent. En écoutant les quatre Français et francophones parler de ce qu'ils mangent, essayez de répondre aux questions.

Audio CD:
SEGMENT 2–3
CD 2, TRACK 3

MIREILLE SARRAZIN Lyon, France

«Ce que je mange, ça dépend des jours... »

VOCABULAIRE UTILE: féculent *(starchy food)*, **léger** *(light)*, **charcuterie** *(cold cuts)*, **quelconque** *(any)*

Quel âge a-t-elle? À quelle heure est-ce qu'elle prend son petit déjeuner? Qu'est-ce qu'elle prend au petit déjeuner? À quelle heure déjeune-t-elle? Qu'est-ce qu'elle mange au déjeuner? À quelle heure est-ce qu'elle dîne? Qu'est-ce qu'elle mange? Est-ce qu'elle mange entre les repas?

Réponses: *Mireille Sarrazin:* Elle a 39 ans. Elle prend son petit déjeuner entre 7h30 et 8h. Elle mange du pain avec du beurre et de la confiture ou quelquefois des croissants; elle boit du café. Elle déjeune entre 12h30 et 1h. Elle mange une salade, une viande ou un poisson, un légume ou un féculent et un fruit. Le soir, elle dîne vers 8h. Elle mange une soupe ou une salade avec de la charcuterie ou des pâtes ou quelquefois juste du pain, du fromage et des fruits. Elle ne mange jamais entre les repas.

ALAIN BAZIR Saint-Claude et Pointe-à-Pitre, Guadeloupe

«En Guadeloupe, ce qui est intéressant, c'est qu'ils utilisent les produits locaux... »

VOCABULAIRE UTILE: **actuellement** *(currently)*, **Antilles-Guyane** *(French university in the Caribbean)*, **en cours** *(in class)*, **se plaignait** *(complained)*, **nourrissant** *(nourishing)*, **locaux** *(local)*, **ignames** *(yams)*, **endroits** *(places)*, **boucané** *(smoked)*, **luxe** *(luxury)*, **on se fait plaisir** *(we treat ourselves)*, **langouste** *(lobster)*, **plantains** *(plantain bananas)*, **vu que** *(seeing that)*

Quel âge a-t-il? Que fait-il dans la vie? Avec qui est-ce qu'il prend son petit déjeuner? À quelle heure? Qu'est-ce qu'il mange? Avec qui est-ce qu'il déjeune? Où? Qu'est-ce qu'il mange? Qu'est-ce qu'il mange au dîner? S'agit-il d'un repas copieux ou léger?

Réponses: *Alain Bazir:* Il a 18 ans. Il est étudiant à l'université Antilles-Guyane à Pointe-à-Pitre. Il prend son petit déjeuner seul, à 6h30. Il prend des œufs, des toasts avec de la confiture et un jus de fruits. Il déjeune à midi au restaurant universitaire. Il mange des plats préparés avec les produits locaux, comme les ignames et le poisson. Le soir, il mange un sandwich ou une pizza; c'est un repas assez léger.

DELPHINE CHARTIER Toulouse, France

«Pour le déjeuner, ça serait différent si c'est le déjeuner de la semaine ou le déjeuner du samedi ou du dimanche.»

VOCABULAIRE UTILE: **en boîte** *(canned)*, **en conserve** *(in a carton)*, **digère** *(digest)*, **fait griller** *(toast, grill)*, **pain de mie** *(sliced white bread in a loaf)*, **miel** *(honey)*, **tartines** *(slices of bread and butter or jam)*, **disponibles** *(available)*, **salade composée** *(mixed salad)*, **en revanche** *(on the other hand)*, **réunie** *(together)*, **cuisine davantage** *(cook more)*, **concombres** *(cucumbers)*, **mélange** *(mixture)*, **compote de fruits** *(fruit salad)*, **noix** *(nuts)*, **goutte** *(a little bit; literally, a drop)*, **serré** *(pressed)*

Qu'est-ce qu'elle prend le matin, au petit déjeuner? En quoi ses habitudes diffèrent-elles de celles de la plupart des Français? Qu'est-ce qu'elle mange à midi en semaine? Pourquoi? Et le week-end? En quoi le déjeuner du samedi et du dimanche est-il spécial pour la famille de Delphine? Comment le dîner en semaine diffère-t-il du repas du soir le week-end?

Réponses: *Delphine Chartier:* Elle prend un jus de pamplemousse frais, du thé sans lait et sans sucre et du pain de mie grillé (des toasts) avec du beurre et de la confiture. La plupart des Français boivent du café au petit déjeuner, mais Delphine préfère le thé. À midi, en semaine, elle prend un repas rapide: elle mange une pizza ou une salade composée, ou bien elle va dans un restaurant chinois. Parce qu'elle n'a pas beaucoup de temps pour déjeuner. Le week-end, elle mange une salade, un rôti avec des pommes de terre ou des fruits, du fromage, un dessert et un café. Le déjeuner du samedi et du dimanche est un moment privilégié parce que toute la famille est réunie, ils ont le temps de discuter ensemble; aussi, Delphine a plus de temps pour faire les courses et cuisiner le week-end. Le repas du soir est plus copieux en semaine que le week-end parce que, pendant la semaine, tous les membres de la famille mangent en dehors de la maison à midi, et ils ne mangent pas toujours très bien.

DOVI ABE Dakar, Sénégal

«... une spécialité sénégalaise à base de riz et de poisson, qui s'appelle tcheboudjen, en langue ouolof... »

VOCABULAIRE UTILE: **bouillie** *(hot cereal)*, **mil** *(millet, a grain)*, **lait caillé** *(milk with curds)*, **miel** *(honey)*, **emplois du temps des uns et des autres** *(everyone's daily schedule)*, **arachide** *(peanut)*, **feuilles de manioc** *(cassava leaves)*, **couscous** *(dish made with semolina, meat, and vegetables)*, **séché** *(dried)*, **épices** *(spices)*, **ail** *(garlic)*, **gingembre** *(ginger)*, **clous de girofle** *(cloves)*

Quel âge a-t-il? Qu'est-ce qu'il mange le matin? Qu'est-ce qu'il mange au déjeuner? À quelle heure? Qu'est-ce qu'il mange le soir? Dans quelles sortes de sauces est-ce qu'on cuit le riz au Sénégal? Avec qui Dovi prend-il ses repas, en général?

If you would like to listen again to the ***Témoignages,*** you can work with this listening material on your own, using Segment 2-3 of the **Audio CD** and Ex. XIV in the **Manuel de préparation.**

Réponses: *Dovi Abe:* Il a 35 ans. Le matin, il mange une bouillie de mil accompagnée de lait caillé et de miel. Il mange avec sa famille. Il mange souvent du riz et du poisson. Il déjeune entre midi et 1h. Le soir, il mange du riz avec une sauce ou un couscous. Dans des sauces avec des tomates, des légumes, du poisson séché et beaucoup d'épices. En général, il prend ses repas en famille (ou avec des amis).

***Do À faire! (2-3) on page 81 of the* Manuel de préparation.**

Fonction: Comment se renseigner (2)

REPRISE

Les questions avec préposition

preposition + { **qui** / **quoi** / **où** / **quel(le)(s)...** } + **est-ce que** + subject + verb ?
+ verb + subject ?

SUGGESTED LESSON OUTLINE: Students assigned ***À faire (2-3)*** have reviewed questions with inversion and have worked with questions involving a preposition. Ex. IX and X were not self-correcting.

In this class period, do ***Fonction*** (Ex. N) and ***Pour communiquer*** (Ex. O, P, Q).

Transparency: 2–3 **(Les questions avec préposition)**

N. Entre amis. Utilisez les verbes et les expressions donnés pour poser des questions à un(e) camarade de classe, qui vous répondra. Attention à l'emploi des prépositions.

Ex. N: groups of 2

MODÈLE: Vous avez vu un(e) ami(e) à la bibliothèque avec une personne que vous n'avez pas reconnue. (parler)
À qui est-ce que tu parlais quand je t'ai vu(e) hier à la bibliothèque? OU
Je t'ai vu(e) à la bibliothèque hier avec un(e) ami(e). De quoi est-ce que vous parliez?

1. Vous voulez obtenir un permis de stationnement, mais vous ne savez pas le nom de la personne qui les délivre. (s'adresser à)
2. Votre ami(e) est en pleine rêverie et ne vous écoute pas. (penser)
3. Votre ami(e) est en train d'écrire une lettre. (écrire)
4. Votre ami(e) semble chercher quelque chose. (avoir besoin)
5. Votre ami(e) vous dit qu'il/elle est musicien(ne), mais c'est la première fois qu'il/elle vous en parle. (jouer / instrument de musique)
6. Ce sera demain l'anniversaire de votre ami(e), mais vous ne savez pas son âge. (être né[e] / année)
7. Votre ami(e) semble très impatient(e). (attendre)
8. Votre ami(e) a l'air inquiet (inquiète). (avoir peur)
9. Votre ami(e) cherche un numéro de téléphone. (téléphoner)
10. Votre ami(e) est invité(e) à passer le jour de Noël chez quelqu'un, mais vous ne savez pas qui. (passer le jour de Noël)
11. Votre oncle vient d'acheter une nouvelle maison, et vous aimeriez savoir comment elle est. (couleur / maison)
12. Vos parents sont allés voir un vieux film français qui s'intitule *Les Enfants du paradis*. Vous n'avez jamais entendu parler de ce film. (il s'agit / dans ce film)

LES ENFANTS DU PARADIS. 1943. 3h25. Drame français en noir et blanc de Marcel Carné avec Jean-Louis Barrault, Arletty, Pierre Brasseur, Marcel Herrand, Maria Casarès.
Fameuse reconstitution du boulevard du crime où Debureau côtoie Frédéric Lemaître et Isabelle Garance, le ténébreux Pierre-François Lacenaire... Le plus célèbre film du cinéma français et une distribution hors-pair.

Pour communiquer

Écoutez!

Audio CD:
SEGMENT 2–4
CD 2, TRACK 4

Un samedi après-midi, quelques mois plus tard. Claude Letourneur rentre chez lui après avoir passé toute la matinée à son club de sport où il a fait de l'aérobic et de la musculation. Il va au frigo, se verse un verre de jus de carottes et demande à sa femme Aminata ce qu'ils vont manger pour le dîner.

«Je commence à être en pleine forme!»

«J'ai envie de faire un bon repas traditionnel.»

Réponses, Ex. O: 1. Il a passé la matinée à faire de la musculation et de l'aérobic. 2. Il a envie de boire du jus de carotte; il a très soif. 3. Elle a acheté un bon gigot d'agneau parce qu'elle a envie de faire un bon repas traditionnel. 4. Parce qu'il a totalement changé sa façon de vivre: il passe tout son temps au club de sport, il ne mange que des légumes, des fruits et du yaourt. 5. Non, il va se préparer une salade.

O. Vous avez compris? Répondez aux questions suivantes d'après la conversation entre Claude et Aminata que vous venez d'écouter.

1. Comment Claude a-t-il passé la matinée?
2. De quoi a-t-il envie? Pourquoi?
3. Qu'est-ce qu'Aminata a acheté pour le repas? Pourquoi?
4. Pourquoi se fâche-t-elle contre son mari?
5. Est-ce que Claude va manger de la viande avec sa femme?

Parlez!

Pour mieux vous exprimer

Exprimer votre accord

C'est vrai (exact, sûr, juste)!
Absolument!
Tout à fait!
Effectivement!
Je suis d'accord.
Vous avez (Tu as) (tout à fait) raison.
Je suis de votre (ton) avis.

Conseiller

À votre (ta) place, je + *conditionnel*
Si j'étais vous (toi), je + *conditionnel*
Je vous (te) conseille de...

Exprimer votre désaccord

Je ne suis pas (tout à fait / du tout) d'accord.
Ce n'est pas vrai (exact, juste).
Absolument pas!
Pas du tout!
Au contraire!
C'est faux!

P. Qu'est-ce que tu en penses? Vous discutez avec des camarades de classe. Une première personne annonce ce qu'elle pense faire. Les autres donnent leurs réactions et leurs conseils. Utilisez les expressions que vous venez d'apprendre.

Ex. P: groups of 2

Ex. P: It is not necessary to follow the model exactly. The important part of this activity is using the expressions to give advice, agree, and disagree.

MODÈLE: Je n'aime pas ma chambre dans la résidence universitaire; le semestre prochain, je vais chercher un appartement.
A: *À mon avis, il vaut mieux rester à la résidence; un appartement, ça coûte très cher.*
B: *Ce n'est pas vrai! Si tu trouves un appartement à partager avec deux ou trois amis, c'est moins cher qu'à la résidence.*
C: *Pas du tout! Les appartements près de l'université sont très chers. Et en plus, ils ne sont pas très confortables.*
D: *Je suis tout à fait d'accord. À ta place, moi, je changerais de résidence. Dans ma résidence, les chambres sont très confortables.*

1. Je ne veux plus habiter dans une résidence universitaire; je vais chercher un appartement.
2. Je pense changer d'université à la fin de l'année. Je voudrais trouver une université (plus grande / moins grande / dans une ville / à la campagne, etc.).
3. Mon cours de (mathématiques, chimie, statistiques, etc.) est très difficile et il me prend trop de temps. Je vais le laisser tomber.
4. Je pense ne pas revenir à l'université l'année prochaine. J'ai envie de travailler, de gagner de l'argent.

Q. Qu'est-ce que tu en penses? (suite) Vous continuez à parler avec des camarades de classe, mais cette fois vous discutez des sujets indiqués ci-dessous. Utilisez les expressions que vous venez d'apprendre pour marquer votre accord (désaccord) et pour donner des conseils.

1. le petit déjeuner
2. les fast-foods
3. les aliments naturels
4. les clubs où on va pour améliorer sa forme physique

***Do* À faire! (2-4) *on page 86 of the* Manuel de préparation.**

Perspectives culturelles

«Les mythes, aujourd'hui—le vin et le lait, le bifteck et les frites» (Roland Barthes)

Roland Barthes (1915–1980) was a major intellectual figure in France during the 1950s, 1960s, and 1970s. His writing focuses on the relationship between language, other sign systems, and ideology.

SUGGESTED LESSON OUTLINE: Students assigned ***À faire! (2-4)*** have reviewed questions with prepositions and have read **«Les mythes, aujourd'hui—le vin et le lait, le bifteck et les frites».** Ex. XVI was not self-correcting.

In this class hour, do ***Perspectives culturelles*** (Ex. R, S) and ***Témoignages*** (Ex. T, U).

*Dans son livre **Mythologies**, Roland Barthes essaie de démystifier quelques «mythes» de la vie moderne en France. Pour lui, un mythe est une parole—un sens, un message communiqué explicitement ou implicitement à propos de ce qui est «naturel». Comme il l'explique dans les deux essais dont vous allez lire des extraits, pour être Français, il faut manger du steak frites et boire du vin.*

Le vin et le lait

Le vin est senti par la nation française comme un bien qui lui est propre, au même titre que ses trois cent soixante espèces de fromage et sa culture. C'est une boisson-totem, correspondant au lait de la vache hollandaise ou au thé absorbé cérémonieusement par la famille royale anglaise [...]

(Le vin) est avant tout une substance de conversion, capable de retourner les situations et les états, et d'extraire des objets leur contraire: de faire, par exemple, d'un faible un fort, d'un silencieux un bavard° [...] Mais ce qu'il y a de particulier à la France, c'est que le pouvoir de conversion du vin n'est jamais donné ouvertement comme une fin: d'autres pays boivent pour se saouler,° et cela est dit par tous; en France, l'ivresse° est conséquence, jamais finalité;° la boisson est sentie comme l'étalement° d'un plaisir, non comme la cause nécessaire d'un effet recherché. [...]

Tout cela est connu, dit mille fois dans le folklore, les proverbes, les conversations et la Littérature. Mais cette universalité même comporte un conformisme: [...] en ce sens que la société nomme° malade, infirme ou vicieux, quiconque° ne croit pas au vin: elle ne le comprend° pas (aux deux sens, intellectuel et spatial, du terme). À l'opposé, un diplôme de bonne intégration est décerné à qui pratique le vin: savoir° boire est une technique nationale qui sert à qualifier le Français, à prouver son pouvoir de performance, son contrôle et sa sociabilité. [...]

(Le lait), c'est maintenant le véritable anti-vin: et non seulement en fait des initiatives de M. Mendès-France,° mais aussi parce que, dans la grande morphologie des substances, le lait est contraire au feu par toute sa densité moléculaire, par la nature crémeuse, et donc sopitive,° de sa nappe;° le vin est mutilant, chirurgical,° il transmute et accouche;° le lait est cosmétique, il lie,° recouvre, restaure. De plus, sa pureté, associée à l'innocence enfantine, est un gage° de force, d'une force non révulsive, non congestive, mais calme, blanche, lucide, tout égale au réel. [...]

chatterbox

to get drunk

drunkenness / aim

displaying, spreading

characterizes as

anyone who / understand and include

to know how to

former prime minister of France, who tried to encourage the French to drink more milk

soporific, sleep-inducing / surface

surgical / gives birth / links together

guarantee

Le bifteck et les frites

Le bifteck participe à la même mythologie sanguine° que le vin. C'est le cœur de la viande, c'est la viande à l'état pur, et quiconque en prend, s'assimile la force taurine.° [...] Le sanguin est la raison d'être du bifteck: les degrés de sa cuisson° sont exprimés, non pas en unités caloriques, mais en images du sang; le bifteck est saignant° (rappelant alors le flot artériel de l'animal égorgé°), ou bleu° (et c'est le sang lourd, le sang pléthorique° des veines). La cuisson, même modérée, ne peut s'exprimer franchement; à cet état contre-nature, il faut un euphémisme:° on dit que le bifteck est à point,° ce qui est à vrai dire donné plus comme une limite que comme une perfection. [...]

of blood

of a bull / cooking

rare / slit / very rare

excessive, overabundant

euphemism (a milder, less harsh expression)

medium well

Comme le vin, le bifteck est, en France, l'élément de base, nationalisé plus encore que socialisé; il figure dans tous les décors de la vie alimentaire. [...] Dans un film ancien (Deuxième Bureau contre Kommandantur) la bonne du curé° patriote offre à manger à l'espion boche° déguisé en clandestin° français: «Ah, c'est vous, Laurent! Je vais vous donner de mon bifteck.» Et puis, quand l'espion est démasqué: «Et moi qui lui ai donné de mon bifteck!» Suprême abus de confiance.

priest's housekeeper

German (derogatory) *spy / disguised as an underground fighter*

Associé communément aux frites, le bifteck leur transmet son lustre national: la frite est nostalgique et patriote comme le bifteck. *Match*° nous a appris qu'après l'armistice indochinois, «le général de Castries° pour son premier repas demanda des pommes de terre frites». Et le président des Anciens Combattants d'Indochine, commentant plus tard cette information, ajoutait: «On n'a pas toujours compris le geste du général de Castries demandant pour son premier repas des pommes de terre frites.» Ce que l'on nous demandait de comprendre, c'est que l'appel du général n'était certes pas un vulgaire réflexe matérialiste, mais un épisode rituel d'approbation de l'ethnie° française retrouvée. Le général connaissait bien notre symbolique nationale, il savait que la frite est le signe alimentaire de la «francité°».

French picture magazine (full title = Paris-Match; *similar to* Life)

French general during the war in Indochina

ethnicity

«Frenchness»

Roland Barthes, *Mythologies,*
Paris: Éditions du Seuil, 1957, pp. 74–79

R. Le sens du texte. Répondez aux questions suivantes au sujet du texte de Roland Barthes.

1. Dans la mythologie des Français, qu'est-ce que le vin représente?
2. Et le lait? A-t-il les mêmes connotations pour les Américains? Y a-t-il des campagnes publicitaires pour encourager la consommation du lait aux États-Unis? Pour les mêmes raisons qu'en France?
3. À quel degré de cuisson *(How well cooked)* les Français aiment-ils manger leur bifteck? Comment Barthes explique-t-il ce phénomène?
4. Quel rapport voit-il entre le bifteck et les frites?
5. À son retour de la guerre, un général français a commandé pour son premier repas un plat de pommes de terre frites. Si vous reveniez d'un séjour comme prisonnier(ère) ou otage dans un pays étranger, qu'est-ce que vous commanderiez pour votre premier repas? Quelle serait la valeur symbolique de votre geste?

Suggestion, Ex. S: Have students work in small groups for a few minutes before discussing as a class. You may wish to ask each group to concentrate on one of the three discussion topics.

S. Discussion: Les signes alimentaires de l'«américanité». Discutez des questions suivantes avec quelques camarades de classe.

1. Quelles sont les boissons préférées aux États-Unis? Quelles connotations peut-on leur associer? Y en a-t-il une (ou plusieurs) qui joue(nt) un rôle comparable à celui du vin en France?
2. Y a-t-il a un plat américain qui joue le rôle du traditionnel steak-frites en France? Si oui, lequel? Si non, pourquoi pas? Dans quelle mesure la réponse à cette question dépend-elle de la région ou du milieu social?
3. Choisissez des mets ou des plats typiquement américains et faites une analyse des mythes qui s'y rattachent, à la manière de Roland Barthes. Quelles fonctions exercent-ils dans la vie américaine? Quelles notions évoquent-ils dans l'inconscient américain?

Vocabulaire pour la discussion

représenter
suggérer
symboliser
ressembler à
faire contraste à/avec

l'inconscient
la tradition
les vieilles habitudes
un complexe... d'infériorité
de supériorité
les pauvres / les riches
la sexualité
la force / le pouvoir
la pureté / l'innocence
la forme physique / la jeunesse / la vitalité
la classe sociale / les origines ethniques

Témoignages

«Les habitudes gastronomiques sont-elles en train de changer?»

«Les experts sont d'accord pour affirmer que depuis un certain temps, les habitudes alimentaires sont en train de se transformer. Qu'en pensent les gens comme vous et moi? Nous allons écouter cinq personnes qui comparent la façon de manger aujourd'hui et autrefois.»

Écoutez!

T. Pré-écoute: À vous d'abord! Discutez des questions suivantes avec quelques camarades de classe.

Ex. T:  **groups of 2, 3, or 4**

1. Quelles différences remarquez-vous entre vos habitudes alimentaires et celles de vos parents ou de vos grands-parents? Ceux-ci *(The latter)* ont-ils l'impression qu'on mangeait mieux autrefois?
2. Quelles différences remarquez-vous entre vos habitudes gastronomiques et celles de vos amis et de leurs familles? À quoi attribuez-vous ces différences?
3. Quelle importance a la bonne cuisine dans votre vie? Avait-elle la même importance ou le même manque d'importance quand vous étiez plus jeune? Pensez-vous que vous accorderez un rôle différent à la bonne cuisine quand vous serez plus âgé(e)?

Audio CD:
SEGMENT 2–5
CD 2, TRACK 5

U. Écoutez: Les témoins vous parlent. En écoutant quelques Français et francophones parler des changements dans les habitudes alimentaires de leurs pays, essayez de répondre aux questions suivantes.

XAVIER JACQUENET Dijon, France

« ... les jeunes ne prennent plus le temps de faire à manger... »

VOCABULAIRE UTILE: au niveau des jeunes *(at young people's level)*, **du coup** *(as a result)*, **notamment** *(especially)*, **surgelés** *(frozen)*, **pas tant que ça** *(not as much as that)*, **recettes** *(recipes)*, **équilibré** *(balanced)*, **lourd** *(heavy)*, **suffisantes** *(sufficient)*, **ne prendrais pas la peine de** *(wouldn't go to the trouble of)*, **casse-croûte** *(snacks)*, **boîtes** *(cans)*

Quel âge a-t-il? Où est-ce qu'il fait ses études? Qu'est-ce qu'il étudie? Comment va-t-il à l'université? Combien de fois y va-t-il par semaine? Selon Xavier, quelle est l'attitude des jeunes à l'égard de la cuisine? Qu'est-ce qu'ils aiment manger? L'évolution des habitudes culinaires chez les jeunes est-elle positive ou négative selon Xavier? Pourquoi? Ses propres habitudes alimentaires correspondent-elles à celles de ses camarades?

Réponses: *Xavier Jacquenet:* Il a 23 ans. Il fait ses études à l'université de Lyon. Il est étudiant en histoire. Il y va en train, deux fois par semaine. Les jeunes ne prennent plus le temps de faire à manger. Ils préfèrent les produits surgelés, tout préparés. Cette évolution est à la fois négative (les repas sonts moins équilibrés) et positive (les repas sont moins caloriques). Non, la manière dont il mange est tout à fait traditionnelle.

DJAMAL TAAZIBT Alger, Algérie

«L'assiette de l'Algérien a beaucoup changé depuis l'indépendance.»

VOCABULAIRE UTILE: effectivement *(as a matter of fact, yes)*, **à l'abri du** *(protected from)*, **grâce à** *(thanks to)*, **culture** *(cultivation)*, **agro-alimentaire** *(farm-produce)*, **assiette** *(diet, i.e., what they usually eat)*, **vu l'essor** *(given the rapid expansion)*, **hausse du niveau de vie** *(rise in standard of living)*, **davantage** *(more)*, **obésité** *(obesity)*, **diabète** *(diabetes)*, **se propage** *(spreads)*

Qu'est-ce qui a provoqué des changements dans les habitudes alimentaires des Algériens? Qu'est-ce qu'on mangeait avant? Qu'est-ce qu'on mange depuis l'indépendance (1962)? Quels sont les résultats de ce changement?

Réponses: *Djamal Taazibt:* L'apparition de nouveaux besoins par l'intermédiaire des mass media, la restructuration économique, l'introduction de nouvelles techniques de culture et d'industrie agro-alimentaire. Avant, on ne mangeait que des pâtes et des légumes. Depuis l'indépendance, on mange davantage et de façon assez variée. Malheureusement, le résultat, c'est qu'il y a maintenant des problèmes d'obésité et de diabète en Algérie.

SOPHIE EVERAERT Bruxelles, Belgique

«Naturellement, je n'aime pas tellement la nouvelle cuisine.»

VOCABULAIRE UTILE: vous croyez *(you believe)*, **ménages** *(households)*, **dernier chic** *(latest fad)*

Quel âge a-t-elle? Selon Sophie, quelles sont les habitudes alimentaires des gens qui travaillent? Pourquoi Sophie n'aime-t-elle pas la nouvelle cuisine? Aime-t-elle la cuisine internationale?

Réponses: *Sophie Everaert:* Elle a 30 ans. Les gens qui travaillent mangent beaucoup plus de produits surgelés. Elle n'aime pas la nouvelle cuisine parce que les portions sont trop petites. Oui, surtout la glace américaine (Häagen-Dazs), la cuisine espagnole et la pizza.

Suggestion, Ex. T: You can verify answers to questions after each interview or, if you prefer, have students listen to all five interviews and then ask the following general questions: **De quels changements est-il fait mention? Comment ces transformations s'expliquent-elles? Les personnes qu'on a interrogées sont-elles plutôt pour ou contre ces changements? Pourquoi?**

PHILIPPE HECKLY Asnières, France

« ... les fast-foods, c'est juste une alternative et j'espère que ça restera comme ça.»

VOCABULAIRE UTILE: dehors *(outside [the house]),* **choucroute** *(sauerkraut, pork, and sausage dish popular in Alsace)*

Son nom est-il français? Quel âge a-t-il? Selon Philippe, qu'est-ce que les jeunes aiment manger? Quelles sont ses préférences personnelles?

Réponses: *Philippe Heckly:* Son nom est d'origine alsacienne et peut-être suisse. Les jeunes aiment manger dehors dans les fast-foods. Lui, il préfère les plats en sauce, la choucroute et le couscous.

DOVI ABE Dakar, Sénégal

«Les plus traditionalistes disent que le goût est moins bon.»

VOCABULAIRE UTILE: charbon de bois *(charcoal),* **cuisinières à gaz** *(gas stoves),* **par rapport aux** *(in relationship to the),* **mets** *(dishes),* **au niveau des légumes** *(as far as vegetables are concerned),* **Liban** *(Lebanon),* **chawarma** *(local version of fast food, made with beef),* **découpée** *(cut up),* **galette** *(type of pancake),* **libanais(e)** *(Lebanese),* **taboulé** *(dish made with semolina, chopped herbs, and vegetables),* **ont vécu** *(have lived)*

Comment est-ce qu'on cuisine chez lui? Qu'est-ce qu'on mange? Est-ce qu'il y a des fast-foods au Sénégal?

Réponses: *Dovi Abe:* La cuisine ne se fait plus au charbon de bois; il y a de plus en plus de cuisinières à gaz. En général, les mets sont les mêmes qu'avant; il y a plus grande variété de légumes. Il n'y a presque pas de hamburgers, mais il y a une version locale de la restauration rapide, importée du Liban.

If you would like to listen again to the ***Témoignages,*** you can work with this listening material on your own, using SEGMENT 2-5 of the **Audio CD** and Ex. XIX in the **Manuel de préparation.**

***Do* À faire! (2-5) *on page 91 of the* Manuel de préparation.**

Fonction: Comment se renseigner (3)

SUGGESTED LESSON OUTLINE: Students assigned ***À faire! (2-5)*** have written answers to the ***Témoignages*** questions and have worked with asking questions at different levels of language usage. Ex. XIX was not self-correcting.

In this class period, do ***Fonction*** (Ex. V) and ***Perspectives culturelles*** (Ex. W, X).

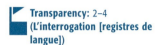

Transparency: 2-4 **(L'interrogation [registres de langue])**

L'interrogation (registres de langue)

1. LANGAGE SOIGNÉ
   Pourquoi les autres ne sont-ils pas venus?
   Et votre cousine, que fait-elle?
   Quelle solution proposez-vous, monsieur?

2. LANGAGE COURANT
   Pourquoi est-ce que les autres ne sont pas là?
   Comment va votre (ta) mère?
   Qu'est-ce qu'elle fait, ta cousine?

3. LANGAGE FAMILIER
   Pourquoi ils ne sont pas là, les autres?
   Elle fait quoi, ta cousine?
   Tu as quel âge, toi?
   Où ils vont?

Ex. V:  **groups of 2**

V. Trois personnes, trois registres de langue. Vous vous trouvez en train de parler avec les personnes suivantes. En tenant compte du registre de langue, posez des questions afin d'obtenir les renseignements indiqués. Votre partenaire répondra à vos questions.

D'abord vous parlez à la mère d'un(e) ami(e) français(e) de votre professeur. C'est une femme de soixante-dix ans qui fait son premier voyage aux États-Unis. Vous voulez savoir:

1. si elle se sent bien
2. depuis combien de temps elle est aux États-Unis
3. les impressions qu'elle a de votre ville (village)
4. où elle ira après son séjour dans votre ville (village)
5. quand elle retournera en France

Ensuite vous parlez à votre professeur. Il/Elle vient de rentrer d'un séjour en France. Vous voulez savoir:

6. avec qui il/elle a fait le voyage
7. combien de temps il/elle y est resté(e)
8. s'il/si elle a bien mangé
9. le meilleur restaurant où il/elle a dîné
10. ce qu'il/elle a commandé

Enfin, vous parlez à un petit garçon/une petite fille que vous rencontrez dans un aéroport. Il/Elle a l'air perdu(e). Vous voulez savoir:

11. son nom (deux façons d'obtenir ce renseignement)
12. son âge
13. ce qu'il/elle fait là
14. où sont ses parents
15. s'il/si elle a des frères et des sœurs

Perspectives culturelles

«Un cri d'alarme»

Suggestion: If you have plenty of time to devote to this reading, have students read it quickly (you may wish to give them a time limit so as to encourage them to skim for the main ideas) and then, working in small groups, reread and answer the questions in Ex. W. If you are short of time, you can divide the class into four groups: have each group read the introduction and one of the four sections; then put people from each group together to work through Ex. W.

Toutes les semaines, l'encyclopédie en fascicules (installments) ***Bonjour Docteur*** *propose des réponses aux questions santé de la famille. Voici un extrait tiré d'un article sur l'alimentation.*

Depuis plusieurs années déjà, dans les pays occidentaux, les nutritionnistes s'inquiètent de l'évolution des habitudes alimentaires et lancent un cri d'alarme. Les différentes enquêtes menées° en ce domaine font en effet apparaître la profonde transformation intervenue° dans la façon de se nourrir des sociétés de consommation. Toutes dénoncent la survenue° d'un déséquilibre dans le régime° au profit d'aliments énergétiques, déséquilibre qui peut être schématisé par ces quelques formules: excès de corps gras° d'origine animale, excès de sucre raffiné,° excès d'alcool, au total excès calorique global.

conducted
that has occurred
occurrence / diet
fats / refined

L'analyse des enquêtes de consommation alimentaire des Français depuis le début du siècle met en évidence les profondes transformations dont° s'est accompagnée la mutation de la société durant cette période. L'urbanisation, l'activité professionnelle des femmes, le changement des conditions de travail (horaire continu, restauration collective°), l'augmentation du pouvoir d'achat, la profusion des produits alimentaires, conservés ou rapidement acheminés,° qui a fait voler en éclats le carcan° du rythme naturel des saisons, la sollicitation permanente à la consommation sont autant de facteurs de cette évolution des habitudes alimentaires.

with which
[development of] cafeterias and dining areas in the workplace
transported
has blown to bits the yoke (shackles)

Le pain, un aliment symbole en déclin

De tous les aliments traditionnels, c'est le pain qui a certainement le plus pâti° des changements qui se sont opérés dans les habitudes alimentaires. Naguère° aliment de base du régime et, au-delà, symbole chargé d'une double résonance, sacrée et profane, dont témoignent des expressions telles que «rompre le pain», «gagner son pain à la sueur de son front», «ôter le pain de la bouche de quelqu'un», le pain a vu sa popularité chuter° de façon vertigineuse.° Le niveau moyen° de sa consommation par personne et par jour, qui atteignait° 500g en 1900, se situe aujourd'hui, selon les estimations les plus récentes, à 150g.

suffered
Not long ago
to fall / breathtaking
average / reached

La viande, un petit arrière-goût de revanche°

aftertaste of revenge

La viande, jadis° l'aliment des classes privilégiées, des puissants,° et réservée au contraire dans le peuple° aux jours de fête, est devenue d'usage courant.° Sa consommation s'est démocratisée, et elle a doublé dans les quarante dernières années, jusqu'à atteindre près de 200g par jour et par personne. Manger de la viande deux fois par jour est devenu une habitude, presque un dogme alimentaire dans certaines familles, et certains estiment que cette fréquence est indispensable, tant° ce produit conserve intacte sa valeur symbolique de puissance!

in times past
powerful
ordinary people
common
so much

Viande de boucherie et viande de charcuterie se partagent° à égalité la faveur du consommateur, et la principale conséquence de cette suprématie sur nos tables est une consommation excessive de graisses.° Toute viande, en effet, comporte une proportion souvent importante de graisse [...] ainsi qu'en témoignent quelques exemples de pourcentage moyen de graisse contenue dans différentes viandes: porc, 40%; bœuf, 25%; mouton, 20%.

share
fats

Une vie trop sucrée

Un autre type de produit alimentaire dont la consommation a connu une ascension explosive est le sucre raffiné (saccharose). Qu'on en juge: sa consommation par personne et par an, estimée à quelque 10kg en 1900, se révèle aujourd'hui avoisiner° les 40kg! Cette stupéfiante progression trouve son explication dans les multiples utilisations indirectes du sucre, devenu ces dernières décennies° une denrée° abondante et bon marché. Sodas, sirops, boissons fruitées, desserts lactés,° glaces, pâtisseries, confiseries° entre autres, on ne compte plus le nombre de produits à forte teneur° en sucre dont la consommation est devenue quotidienne, voire pluriquotidienne.° Là encore, quelques chiffres s'imposent: bonbons, 95% de sucre; chocolats, 50%; glaces, 30%; yaourts sucrés, 20%; sodas et limonades, de 100 à 120g de sucre.

to come close to
decades / foodstuff
made from milk
sweets, candies
high content
daily, or even several times a day

Un rythme alimentaire dangereusement ralenti°

slowed down

Le rythme alimentaire lui-même n'a pas été épargné° par le mode de vie trépidant° qui caractérise notre civilisation. Les repas, dont le rythme naturel varie de trois à cinq par jour, voient souvent leur nombre ramené° à deux; encore un seul vrai repas quotidien, sous la pression des contraintes du mode de vie,° concentre-t-il dans bien des cas l'apport alimentaire quotidien. Le petit déjeuner apparaît comme le grand sacrifié, et il est vrai qu'il a été le premier à avoir été escamoté;° mais le déjeuner, pris le plus souvent à l'extérieur, dans un laps de temps de plus en plus réduit, est en bonne voie de disparition, avalé° à son tour par Chronos.° Ne reste, bien souvent, que le dîner.

spared
hectic
brought down
constraints of the lifestyle
skipped
swallowed up
Time

Bonjour Docteur, Éditions Atlas, vol. 1, no. 4

W. Les habitudes alimentaires des Français. Répondez aux questions d'après ce que vous avez lu dans cet article.

1. Pourquoi les nutritionnistes français lancent-ils un cri d'alarme?
2. Quelles semblent être les causes fondamentales de l'évolution des habitudes alimentaires des Français?
3. Quel rôle le pain jouait-il autrefois dans la vie des Français? Comment l'importance du pain se révèle-t-elle dans la langue? Existe-t-il des expressions comparables en anglais?
4. La consommation de viande a-t-elle suivi la même évolution que celle du pain? Pourquoi (pas)?
5. Quelle est la principale conséquence du fait que les Français mangent beaucoup de viande?
6. Et la consommation de sucre, en quoi a-t-elle changé? S'agit-il d'une évolution bénéfique?
7. En quoi le rythme des repas a-t-il changé?

Ex. X: groups of 3 or 4

Note: The activity for the next class involves having students interview a French or Francophone native about his/her experiences with and attitudes toward food. If you do not have access to any native speakers, you could invite someone who speaks French and who has traveled in France or Francophone areas. And, of course, if all fails, you could be the subject of the interview. The assignment in ***À faire! (2-6)*** asks students to prepare questions for the interview. Consequently, when assigning ***À faire! (2-6),*** indicate to students the person they will be interviewing so that they can tailor their questions to that person.

X. Est-ce que vous mangez comme les Français? Discutez des questions suivantes avec quelques camarades de classe.

1. Dans les dernières vingt-quatre heures, avez-vous mangé—du pain? de la viande? des choses sucrées? En quelle quantité? Quand? Où?
2. Prenez-vous régulièrement un petit déjeuner? Est-ce que vous mangez un repas équilibré à midi? Le soir?
3. À votre avis, dans quelle mesure les facteurs alimentaires mentionnés dans l'article (diminution des produits céréaliers, excès de corps gras, excès de sucre raffiné, excès d'alcool, réduction du nombre de repas) caractérisent-ils aussi les habitudes alimentaires de votre pays?

***Do* À faire! (2-6) *on page 94 of the* Manuel de préparation.**

C'est à vous maintenant!

Parlez!

SUGGESTED LESSON OUTLINE: Students assigned ***À faire! (2-6)*** have read an article based on an interview and have prepared approximately 20 questions to use in their interview. Since Ex. XXII was not self-correcting, you may wish to give students a few minutes to correct each other's questions before starting the interview.

The entire class session can be devoted to the interview ***(C'est à vous maintenant!,*** Ex. Y) and a short follow-up (Ex. Z).

Note: Remind students to bring their article to the next class session.

***Do* À faire! (2-7) *on page 96 of the* Manuel de préparation.**

Testing: The **Test Bank** includes a chapter test for ***Chapitre 2*** covering the core section of the chapter.

Y. Une interview. Vous allez interviewer un(e) Français(e) ou un(e) francophone ou bien une personne qui a voyagé en France ou dans un pays francophone. Vous souhaiterez peut-être commencer par poser des questions générales pour faire connaissance avec cette personne avant de passer à des questions plus spécifiques sur ses habitudes alimentaires et ses attitudes à l'égard de la nourriture et de la cuisine.

Attention! Vous aurez à écrire un court article sur cette interview. Vous ferez donc bien de prendre des notes pendant l'interview.

Z. Vous avez bien compris? Comparez les notes que vous avez prises au cours de l'interview avec celles de quelques camarades de classe pour vérifier que vous avez bien compris les réponses aux questions.

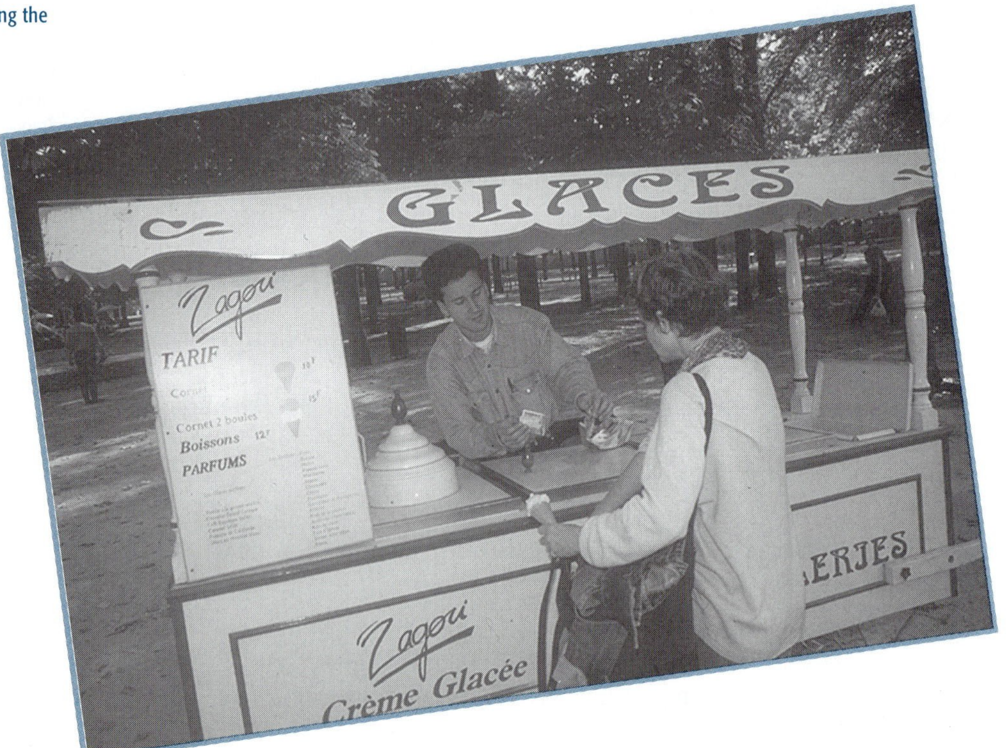

CHAPITRE

2

Allons voir les Français et les francophones... à table!

EXPANSION

MENU

MANUEL DE CLASSE

MANUEL DE PRÉPARATION

Video:
Chapitre 2

SUGGESTED LESSON OUTLINE: Students assigned ***À faire! (2-7)*** have written an article based on the interview done during the last class period. The ***Activité écrite*** in the ***Expansion*** section of this **Manuel de classe** (see page 89) provides the opportunity for peer editing and for revision of the article. Or, if you prefer, you can have students hand their article in to you for revision and correction.

There are no more ***À faire!*** assignments in this chapter. The ***Expansion*** section of the **Manuel de classe** provides activities for as many as five additional class periods. The ***Expansion*** section of the **Manuel de préparation** offers a like number of out-of-class homework possibilities. You can select the number and type of activities you wish to do and to assign, depending on your course calendar, your pedagogical preferences, and your students' interests. You may wish, in certain cases, to allow students to choose the activities they will do in class and for homework.

Première séquence:

Réponses:

Sans le son:
1, 4, 7

Avec le son:
1. F (20%)
2. V
3. V
4. F (moins)

Deuxième séquence:

Réponses:

Avec le son:
A. 1. Du vin rouge léger / Du vin blanc
2. Du vin rouge
3. Du champagne

Vidéo

AVANT LA VIDÉO

Vous êtes chargé(e) d'organiser le dîner d'anniversaire d'un(e) ami(e) ou d'un membre de votre famille. Où allez-vous faire vos courses? Dans un supermarché? Chez des petits commerçants? Où se déroulera *(to take place)* le repas? Dans un restaurant? Chez vous? Quel genre de plats choisirez-vous? Des plats traditionnels? Des recettes familiales? Votre spécialité culinaire? Servirez-vous du vin? Quel genre de vin?

PREMIÈRE SÉQUENCE: Les habitudes alimentaires des Français

LA VIDÉO: SANS LE SON

Barrez *(Cross out)* les scènes qui ne sont pas présentées dans cette séquence.

1. Deux enfants achètent des bonbons.
2. Des entrées surgelées.
3. Deux jeunes femmes paient leurs commissions *(groceries)* à la caissière.
4. Un homme choisit une bouteille de vin blanc.
5. Du poisson surgelé.
6. Des desserts glacés.
7 De la volaille *(poultry)* surgelée.

LA VIDÉO: AVEC LE SON

Indiquez par **vrai** (V) ou **faux** (F) si les idées suivantes sont présentées dans ce segment. Corrigez les affirmations *(statements)* inexactes.

1. ___ Aujourd'hui, les Français consacrent *(devote)* 40% de leur budget à l'alimentation.
2. ___ Les Français passent moins de temps à faire la cuisine.
3. ___ Les produits tout préparés se vendent de plus en plus.
4. ___ Les produits surgelés sont plus chers que les produits frais.

DEUXIÈME SÉQUENCE: À la vôtre!

LA VIDÉO: AVEC LE SON

Xavier est chargé d'organiser le dîner d'anniversaire de sa mère. Il se rend dans une cave à vin *(wine cellar)* pour choisir le vin qui accompagnera *(will go with)* chaque plat du dîner.

A. Pour chacun des plats, encerclez le(s) vin(s) proposé(s) à Xavier par le marchand.

XAVIER	LE MARCHAND
1. Et avec une terrine *(pâté)* de poisson?	Du vin rouge léger Du vin rosé Du vin blanc
2. Et avec un gigot *(leg of lamb)*?	Du vin rouge Du champagne Du vin blanc
3. Et avec un gâteau d'anniversaire?	Du cognac Du champagne Du pastis

B. Maintenant, indiquez quelles caractéristiques correspondent à quels vins.

NOTE:
Le Montagny = **M**
Champagne de la Maison Moult = **C**
Saint-Émilion Grand Cru *(vintage)* = **E**
Champagne de la Maison Ruinard = **R**

1. ___ bourgogne blanc
2. ___ concentré
3. ___ peu d'acidité *(sweet)*
4. ___ un bon bouquet *(fragrance)*
5. ___ 1988
6. ___ 1990
7. ___ finesse *(delicacy)*

Deuxième séquence:

Réponses:

Avec le son:

B. 1. M
2. E
3. C
4. E
5. M
6. E
7. R

TROISIÈME SÉQUENCE: La restauration passion

LA VIDÉO: AVEC LE SON

Mme Yvonne Allaire est propriétaire d'un petit restaurant à Strasbourg en Alsace dans le nord-est de la France. Elle sert à ses clients de la cuisine alsacienne traditionnelle. Elle décrit sa passion pour son métier et sa ville.

Complétez les phrases suivantes avec les mots ou les expressions entendus dans ce segment. (Ceci n'est pas un transcript).

A. Pouvez-vous nous parler de votre restaurant?

Banque de mots/expressions possibles:

rencontrer	inviter	amitié *(friendship)*	convivialité *(social interaction)*
bonheur	chanter	dire	santé
famille	gens	refaire le monde	surprise
problèmes	magique	soir	soucis
amour			

Vous êtes dans un petit Winstub *(restaurant)* typiquement alsacien qui représente la __________ . On aime y venir pour manger mais aussi pour __________ d'autres personnes. C'est un lieu *(place)* où on __________ autour d'une table. C'est assez __________ .

Ce restaurant, c'est une grande histoire d'__________ . Quand vous faites le métier de restaurateur, il faut aimer les __________ , savoir donner pour recevoir, et en plus c'est un métier où on vend du __________ . Beaucoup de __________ se règlent *(are solved)* autour d'une table, qu'on ne peut pas régler chez soi. Tout le monde a des __________ mais dans un restaurant on est bien accueilli, on mange bien, il y a des choses qui se __________ plus facilement.

Troisième séquence:

Réponses:

Avec le son:

A.

convivialité / rencontrer / refait le monde / magique

amour / gens / bonheur / problèmes / soucis / disent

B. Qu'est-ce qui vous plaît à Strasbourg et dans votre quartier?

Banque de mots/expressions possibles:

se faire confiance *(to trust each other)*	ville	village
boucherie	boulangerie	pâtissier *(pastry shop)*
cathédrale	vivre	rêver
respirer *(to breathe in)*	objets d'art	avoir peur
touristes	harmonie	

Troisième séquence:

Réponses:

Avec le son:

B.

cathédrale / respirer / village / se fait confiance / boucherie / pâtissier / objets d'art

À Strasbourg, il faut voir la __________ . Il faut y rentrer et __________ et je pense qu'on sent tout ce qui se passe à Strasbourg par rapport à notre cathédrale.
Le quartier où se trouve le restaurant, c'est comme un petit __________ à part *(on its own):* tout le monde se côtoie *(mixes),* tout le monde __________ , on se parle, on boit un petit verre ensemble... Il y a la __________ , il y a le __________ il y a quelqu'un qui vend des __________... C'est un mélange de petits commerçants qui créent une petite ville.

QUANT À MOI...

«Ce restaurant c'est une histoire d'amour, c'est un lieu magique.»

Que pensez-vous de l'avis de Mme Allaire à propos de l'importance et du plaisir de manger ensemble? Quelle place occupent les repas dans votre vie quotidienne familiale?

QUATRIÈME SÉQUENCE: Le cassoulet

LA VIDÉO: AVEC LE SON

Ludovic Grand a 18 ans. Il vit à Carcassonne dans la région du Languedoc dans le sud de la France. L'été, il travaille comme serveur dans le restaurant «La Divine comédie». Il vous parle d'un des plats régionaux du Languedoc, le cassoulet.

Barrez *(Cross out)* de ces listes les ingrédients qui n'appartiennent pas à la composition de ces deux recettes.

LE CASSOULET TRADITIONNEL	LE CASSOULET DE CARCASSONNE
confit de canard *(conserve of duck)*	pommes de terre
champignons *(mushrooms)*	mouton *(lamb)*
petits pois	filet de sole
haricots blancs	saucisson *(salami)*
saucisse *(sausage)* de porc	chou-fleur *(cauliflower)*
	haricots verts

Quatrième séquence:

Réponses:

LE CASSOULET TRADITIONNEL
champignons
petits pois
saucisse de porc

LE CASSOULET DE CARCASSONNE
pommes de terre
filet de sole
chou-fleur
haricots verts

QUANT À MOI...

Seul(e) ou en groupe de deux ou trois, décrivez en détails la préparation d'un plat typique originaire de votre région ou une recette familiale.

Activité écrite: Un compte rendu d'interview (C'est à vous maintenant!)

Suggestion, Activité écrite: This activity is a follow-up to Ex. XXI in the **Manuel de préparation.** Working in groups of three, they read each other's draft and do peer editing, following the suggestions provided in the exercise below.

Lisez le compte rendu d'interview préparé par un(e) de vos camarades de classe (**Manuel de préparation,** Ex. XXI, page 96), puis répondez aux questions suivantes:

1. De combien de paragraphes l'article se compose-t-il? Quel est le sujet de chaque paragraphe?
2. Combien de fois est-ce que l'article cite directement les paroles *(words)* de la personne interrogée? Combien de fois l'article donne-t-il un résumé de ce que la personne a dit?
3. Quelles suggestions proposeriez-vous pour rendre l'article plus précis? plus fidèle à l'interview? plus intéressant?

Ensuite, relisez l'article pour vérifier l'*accord* des verbes et de leurs sujets, des adjectifs et des noms qu'ils qualifient.

Activité orale: Une interview

Suggestion, Activité orale: You can certainly organize this activity in the same way you did the earlier interview–i.e., the entire class questions the visitor, students compare notes, and then go home to write a summary of the interview. To vary the approach, if you have access to several French-speaking exchange students, you could invite two or more to come to class. Divide the class into groups, with each group interviewing a different visitor on the same or different topics. The following day in class the groups can summarize orally the results of their interviews. In either case, you will probably want to have students choose the interview topic(s) and prepare some questions in advance.

Vous allez interviewer un(e) Français(e), un(e) francophone ou une personne qui a visité récemment la France ou un pays francophone. Après avoir posé des questions destinées à vous renseigner sur l'identité de la personne que vous interviewez, choisissez quelques thèmes (par exemple, les gens, la famille, les études, le rythme de vie, etc.) et demandez à cette personne de faire des comparaisons entre la France ou un pays francophone et les États-Unis.

Audio CD
SEGMENT 2–6
CD 2, TRACK 6

Exercice d'écoute:
Deux autres témoignages

Suggestion, Exercice d'écoute: Have students take notes while listening to each interview. Then have them compare notes in small groups, listen again (if necessary), and then discuss with the whole class similarities and differences between the two women.

Vous allez écouter deux Françaises parler de leurs habitudes gastronomiques. En les écoutant, essayez de comparer les deux femmes. Ont-elles le même âge? Habitent-elles la même région de France? Mènent-elles le même type de vie? Prennent-elles le même nombre de repas? Aux mêmes heures? Aux mêmes endroits? Mangent-elles les mêmes choses? Ont-elles le même avis sur les changements qui se produisent dans le domaine de l'alimentation?

ANNE SQUIRE Levallois-Perret, France

«... le déjeuner en famille, qui a toujours été une tradition chez moi.»

VOCABULAIRE UTILE: **répétition** *(rehearsal)*

FLORENCE BOISSE-KILGO Carpentras, France

«La proximité de mon appartement du centre-ville m'encourage beaucoup à assister aux différentes activités artistiques, culturelles et autres.»

VOCABULAIRE UTILE: **le Vaucluse** *(semi-mountainous region in the sourthern part of France),* **aux alentours de** *(around, about),* **pressés** *(in a hurry),* **élaborés** *(complicated, extensive),* **pareille à** *(similar to),* **tenir compte des** *(to take into account),* **interviennent** *(intervene),* **matières grasses** *(fats),* **conséquent** *(substantial)*

Réponses: Anne a 22 ans; Florence, 38. Anne habite chez ses parents à Levallois-Perret, près de Paris; Florence, à Carpentras, dans le Vaucluse. Elles mènent un type de vie différent: Anne est étudiante et musicienne, violoniste, et vit chez ses parents; Florence habite seule et travaille. Anne mange à des heures plus ou moins régulières, trois repas par jour; Florence prend aussi trois repas par jour, mais à des heures pas très régulières et à differents endroits. Elles ne mangent pas les mêmes choses: en général Anne mange des repas plus consistants que Florence. Elles ne sont pas du même avis sur les changements dans le domaine de l'alimentation: Anne dit qu'il n'y a pas vraiment de changement, la cuisine reste traditionnelle; Florence dit qu'il y a des changements à cause du manque de temps et des choses toutes préparées qu'offrent les magasins et qui sont une solution pour les gens pressés.

If you would like to listen again to the ***Témoignages,*** you can work with this listening material on your own, using SEGMENT 2–6 of the **Audio CD.**

Lecture: «Un dîner de seize couverts» (Marguerite Duras)

Marguerite Duras (1914–1996) is one of the leading post-war French writers. She is the author of numerous novels *(18h30 du soir un jour d'été, L'Amant)*, screenplays *(Hiroshima mon amour, India Song)*, and plays.

While most of this reading uses tenses with which you are familiar (primarily, the present and the future), there is a section in the middle written in a literary past tense called the **passé simple.** These verbs are glossed in the margin and marked with the indication **p.s.**

*Dans **Moderato cantabile,** Marguerite Duras raconte les rapports étranges entre Anne Desbaresdes, la femme d'un riche industriel, et Chauvin, un ancien ouvrier de son mari. Accompagnée de son fils, Anne retrouve Chauvin plusieurs jours de suite dans un café, où ils ont été tous deux témoins d'un crime passionnel. Un soir, Anne rentre avec une heure de retard pour un dîner qu'offre son mari.*

Sur un plat d'argent à l'achat duquel° trois générations ont contribué, le saumon arrive, glacé dans sa forme native. Habillé de noir, ganté de blanc, un homme le porte, tel un enfant de roi, et le présente à chacun dans le silence du dîner commençant. Il est bienséant° de ne pas en parler.

De l'extrémité nord du parc, les magnolias versent leur odeur qui va de dune en dune jusqu'à rien. Le vent, ce soir, est du sud. Un homme rôde,° boulevard de la Mer. Une femme le sait.

Le saumon passe de l'un à l'autre suivant un rituel que rien ne trouble, sinon la peur cachée de chacun que tant de perfection tout à coup ne se brise° ou ne s'entache° d'une trop évidente absurdité. Dehors, dans le parc, les magnolias élaborent leur floraison funèbre° dans la nuit noire du printemps naissant. [...]

Des femmes, à la cuisine, achèvent de parfaire° la suite, la sueur au front,° l'honneur au vif,° elles écorchent° un canard mort dans son linceul° d'oranges. Cependant que, rose, mielleux,° mais déjà déformé par le temps très court qui vient de se passer, le saumon des eaux libres de l'océan continue sa marche inéluctable° vers sa totale disparition et que la crainte d'un manquement quelconque° au cérémonial qui accompagne celle-ci° se dissipe peu à peu.

Un homme, face à une femme, regarde cette inconnue. Ses seins° sont de nouveau à moitié nus. Elle ajusta° hâtivement sa robe. Entre eux, se fane° une fleur. Dans ses yeux élargis, immodérés, des lueurs° de lucidité passent encore, suffisantes, pour qu'elle arrive à se servir du saumon des autres gens.

À la cuisine, on ose° enfin le dire, le canard étant prêt, et au chaud, dans le répit qui s'ensuit, qu'elle exagère.° Elle arriva° ce soir plus tard encore qu'hier, bien après ses invités.

Ils sont quinze, ceux qui l'attendirent° tout à l'heure dans le grand salon du rez-de-chaussée. Elle entra° dans cet univers étincelant,° se dirigea° vers le grand piano, s'y accouda,° ne s'excusa nullement.° On le fit° à sa place.

— Anne est en retard, excusez Anne.

(Le dîner continue. Les invités dévorent le saumon. Anne boit deux verres de vin. Elle a du mal à suivre la conversation; on est obligé de répéter pour elle. L'homme quitte le boulevard de la Mer, fait le tour du parc qui entoure la maison des Desbaresdes, retourne sur la plage. On sert le canard à l'orange.)

Anne Desbaresdes vient de refuser de se servir. Le plat reste cependant encore devant elle, un temps très court, mais celui du scandale. Elle lève la main, comme il lui fut appris,° pour réitérer son refus. On n'insiste plus. Autour d'elle, à table, le silence s'est fait.

of which

proper

wanders (lurks)

may break / may become blemished

funereal flowering

to make perfect / sweat on their foreheads

on edge / skin / shroud

sickly sweet

inescapable

fear of the slightest lapse / the latter (= la marche)

breasts

adjusted (p.s.) / is fading

glimmers

dares

goes too far / arrived (p.s.)

waited for (p.s.)

entered (p.s.) / sparkling / headed (p.s.) for

leaned (p.s.) on it / didn't make (p.s.) the slightest excuse / made (p.s.)

was (p.s.) taught

Suggestion, Lecture: The ***Expansion*** section of the **Manuel de préparation** contains pre-reading and reading activities to accompany the text. You can have students read the text and do these activities before coming to class. Or, given the relative difficulty of the text, you may wish to assign only the pre-reading activity and then devote two days in class to reading and discussing the text.

— Voyez, je ne pourrais pas, je m'excuse.

Elle soulève une nouvelle fois sa main à hauteur de la fleur qui se fane entre ses seins et l'odeur franchit° le parc et va jusqu'à la mer.

crosses over

— C'est peut-être cette fleur, ose-t-on avancer, dont l'odeur est si forte?

— J'ai l'habitude des fleurs, non, ce n'est rien.

Le canard suit son cours. Quelqu'un en face d'elle regarde encore impassiblement.° Et elle s'essaye encore à sourire,° mais ne réussit encore que la grimace désespérée et licencieuse de l'aveu.° Anne Desbaresdes est ivre.°

impassively
to smile
confession / drunk

On redemande si elle n'est pas malade. Elle n'est pas malade.

— C'est peut-être cette fleur, insiste-t-on, qui écœure subrepticement°?

makes one feel sick surreptitiously

— Non, j'ai l'habitude de ces fleurs. C'est qu'il m'arrive de ne pas avoir faim.

(On commence à manger le canard. À la cuisine, on est sûr qu'elle est malade, c'est la seule explication possible. Anne continue à boire. L'homme s'approche de la grille qui entoure le parc.)

Quelques-uns ont repris du canard à l'orange. La conversation, de plus en plus facile, augmente à chaque minute un peu davantage encore l'éloignement° de la nuit.

distance

Dans l'éclatante° lumière des lustres,° Anne Desbaresdes se tait° et sourit toujours.

glaring / lights / remains quiet

L'homme s'est décidé à repartir vers la fin de la ville, loin de ce parc. À mesure qu'il s'en éloigne, l'odeur des magnolias diminue, faisant place à celle de la mer.

Anne Desbaresdes prendra un peu de glace au moka afin qu'°on la laisse en paix.

so that

L'homme reviendra malgré lui sur ses pas. Il retrouve les magnolias, les grilles, et les baies° au loin, encore et encore éclairées. Aux lèvres, il a de nouveau ce chant entendu dans l'après-midi, et ce nom dans la bouche qu'il prononcera un peu plus fort. Il passera.

bays

Elle le sait encore. Le magnolia entre ses seins se fane tout à fait. Il a parcouru° tout l'été en une heure de temps. L'homme passera outre au parc tôt ou tard. Il est passé. Anne Desbaresdes continue dans un geste interminable à supplicier° la fleur.

has covered
to torture

— Anne n'a pas entendu.

Elle tente de sourire davantage, n'y arrive plus. On répète. Elle lève une dernière fois la main dans le désordre blond de ses cheveux. Le cerne° de ses yeux s'est encore agrandi. Ce soir, elle pleura.° On répète pour elle seule et on attend.

shadows
cried (p.s.)

— Il est vrai, dit-elle, nous allons partir dans une maison au bord de la mer. Il fera chaud. Dans une maison isolée au bord de la mer.

— Trésor,° dit-on.

Honey, Treasure (term of endearment)

— Oui.

Alors que les invités se disperseront en ordre irrégulier dans le grand salon attenant° à la salle à manger, Anne Desbaresdes regardera le boulevard par la baie du grand couloir de sa vie. L'homme l'aura déjà déserté. Elle ira dans la chambre de son enfant, s'allongera par terre, au pied de son lit, sans égard° pour ce magnolia qu'elle écrasera° entre ses seins, il n'en restera rien. Et entre les temps sacrés de la respiration de son enfant, elle vomira là, longuement, la nourriture que ce soir elle fut forcée de prendre. [...]

adjoining
without regard / will crush

Marguerite Duras, *Moderato cantabile,*
Paris: Éditions de Minuit, 1958, extraits

Le sens du texte. Exprimez votre accord ou votre désaccord avec les conclusions suivantes concernant le texte que vous venez de lire.

1. Dans cette scène, il s'agit d'un petit dîner improvisé entre amis.
2. Anne Desbaresdes est contente de participer à ce dîner.
3. Anne Desbaresdes aime son mari.
4. Anne Desbaresdes est à l'aise dans le milieu social où elle se trouve.
5. Les autres personnes comprennent bien la situation d'Anne.
6. Anne se révolte contre son milieu.
7. Anne va probablement quitter son mari et ce milieu.

L'art du texte. Discutez des questions suivantes à propos du texte que vous avez lu.

1. La narration de cette scène utilise une technique, empruntée à la musique, qui s'appelle le **contrepoint**, c'est-à-dire, la superposition de deux ou plusieurs mélodies (ici, décors et actions). En quoi cette technique nous aide-t-elle à comprendre la situation d'Anne?
2. Il est impossible de tout raconter. Pourtant, chez Duras, les silences, les absences sont particulièrement importants. Quels aspects du dîner ne sont pas évoqués? Quels éléments de la scène ne sont pas expliqués? À quels moments est-ce que le(s) personnage(s) ne parle(nt) pas? Qu'est-ce que nous apprenons de ces absences et de ces silences?
3. Les textes littéraires sont souvent construits sur des oppositions. Quelle opposition y a-t-il ici entre l'intérieur et l'extérieur? entre le végétal (les magnolias) et l'animal (le saumon, le canard)? Y a-t-il d'autres oppositions que vous pourriez relever *(pick out)?*
4. Histoire d'amour, le texte de Duras a aussi un aspect de critique sociale. Dans quel sens peut-on dire qu'Anne Desbaresdes est victime des conventions imposées par la société?

Allons voir les Français et les francophones...

UNE COURSE DE VTT (VÉLOS TOUT-TERRAIN)

aux heures de loisirs!

CHAPITRE

3

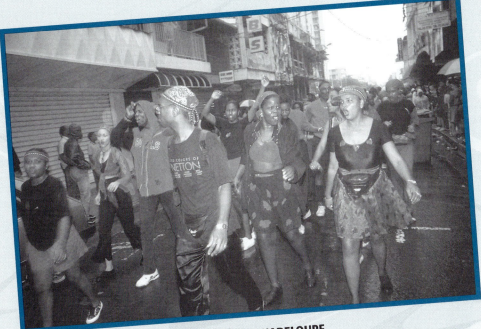

UN DÉFILÉ EN GUADELOUPE

CHAPTER SUPPORT MATERIALS (STUDENT)

MP: pp. 115–166

Audio CD: Segments 3-1 to 3-7

SYLLABUS: The minimum amount of time needed to cover the core material of ***Chapitre 3*** is seven class periods. The ***Expansion*** provides material for an additional one to four class periods.

CHAPTER SUPPORT MATERIALS (INSTRUCTOR)

Transparencies: 3-1 to 3-8

Audio CD: Segments 3-1 to 3-7

Video: Chapitre 3: Séquences 1–4

Test Bank: Chapitre 3

SUGGESTED LESSON OUTLINE: Do ***Témoignages*** (Ex. A, B) and ***Perspectives culturelles*** (Ex. C, D).

OBJECTIVES

In this chapter, you will learn:

- to talk about leisure activities;
- to tell a story;
- to make plans;
- to talk about the past;
- to organize paragraphs.

Témoignages

«Comment passez-vous votre temps?»

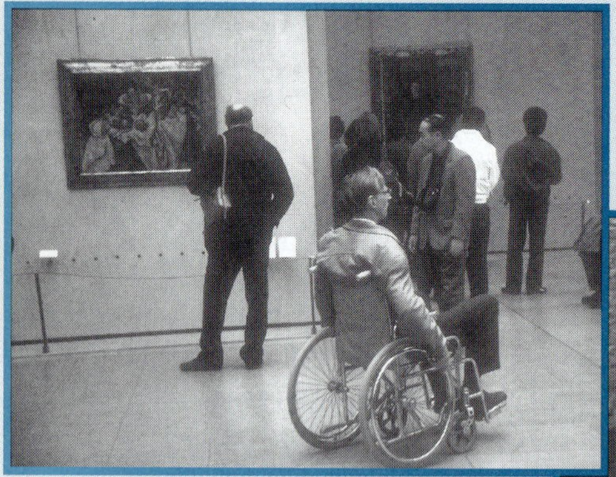

Temps libre d'une vie trois fois plus long que le temps de travail

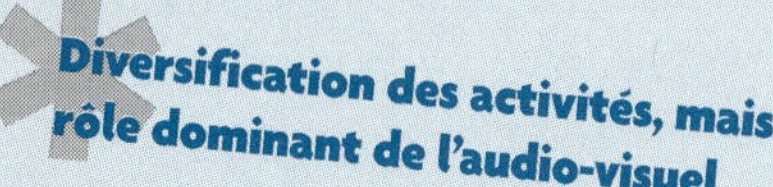

Diversification des activités, mais rôle dominant de l'audio-visuel

«Bonjour! Mon amie Sophie (elle vient de Martinique) et moi, nous serons vos guides pendant que vous étudierez les habitudes et les attitudes des Français et des francophones à l'égard des loisirs.

En France, comme dans beaucoup de pays, on a vu pendant les vingt-cinq dernières années une réduction de la durée de la semaine de travail. Cela a amené sociologues et autres à parler d'une nouvelle sorte de civilisation, qu'ils appellent "la civilisation des loisirs", et d'une nouvelle morale, qu'ils appellent "la morale du plaisir".»

«Et pourtant, pour beaucoup de gens (en France ainsi que dans les pays francophones), cette idée de travailler moins et de se détendre davantage ne correspond pas à la réalité qu'ils connaissent. Vous aurez l'occasion, un peu plus tard, d'entendre des avis contradictoires à ce sujet et d'en discuter. Mais pour commencer, vous allez écouter trois Français et un Québécois vous parler de leurs emplois du temps, de l'organisation de leur journée et de leur semaine.»

Écoutez!

A. Pré-écoute: À vous d'abord! Posez les questions suivantes à quelques camarades de classe afin de vous renseigner au sujet de leurs emplois du temps.

1. Quel est ton emploi du temps en semaine quand tu es à l'université? Est-ce que tous les jours se ressemblent?
2. Quel est ton emploi du temps pendant le week-end?
3. En quoi est-ce que ton emploi du temps change quand tu es chez toi (quand tu n'es pas à l'université)?

Ex. A:  **groups of 2, 3, or 4**

Follow-up, Ex. A: After students have worked in groups, use the questions from Ex. A to determine how students spend their time. If you wish, tell students they are to respond to these questions with information they learned from their classmates rather than (or in addition to) their own personal situation.

B. Écoutez: Les témoins vous parlent. En écoutant quelques Français et francophones vous parler de leurs emplois du temps, essayez de répondre aux questions.

Audio CD:
Segment 3-1
CD 2, track 8

VALÉRIE ÉCOBICHON Saint-Maudez, France

«Le week-end, c'est le temps des loisirs... »

VOCABULAIRE UTILE: Dinan *(small city in Brittany)*, **horaires** *(time schedules)*, **gros travaux** *(heavy work)*, **ramasser le foin** *(to gather the hay)*, **bétail** *(livestock)*, **nourrir** *(feed)*

Où est-ce qu'elle travaille? Quels jours de la semaine? Quelles sont ses heures de travail? Où est-ce qu'elle passe le week-end? Que fait-elle? Quand est-ce qu'elle aide sa famille? Comment?

Réponses: *Valérie Écobichon:* Elle travaille à la Bibliothèque Municipale de Dinan. Elle travaille du lundi au vendredi, de 9h à 5h. Elle passe le week-end au bord de la mer où elle fait de la planche à voile et des promenades. De temps en temps le soir elle aide ses parents à la ferme. Elle ramasse le foin au mois de juin, elle rentre le bétail, elle nourrit les animaux.

ANNE SQUIRE Levallois-Perret, France

«J'ai souvent des cours le soir aussi.»

VOCABULAIRE UTILE: matinées *(mornings)*, **répétitions** *(rehearsals)*, **quotidien** *(daily)*, **autre part** *(elsewhere)*, **à plein temps** *(full time)*, **Fac** *(short for Faculté, part of the university)*, **quatuor** *(quartet)*

Quand est-ce qu'elle fait de la musique? Avec qui? Quand est-ce qu'elle a cours? Combien de cours suit-elle? Où? Quand est-ce qu'elle a des répétitions? De quelles répétitions s'agit-il? Combien de fois par semaine? Que fait-elle quand elle a du temps libre?

Réponses: *Anne Squire:* Elle prend des leçons de musique toutes les semaines avec un professeur qu'elle adore. Elle a des cours pendant la journée et surtout le soir, généralement un ou deux cours par jour. Elle a des répétitions d'orchestre une ou deux fois par semaine le soir. Quand elle a du temps libre, elle va au cinéma, elle fait du quatuor avec des amis.

Suggestions, Ex. B: You can verify with the class the answers after each **témoin** speaks. Or, if you think the class understands fairly easily what is being said, you can have them listen to all four **témoins** and then verify the answers by asking more general questions, such as: **Qui se lève le plus tôt le matin? Qui se couche le plus tard? Qui semble avoir le plus de temps libre? le moins de temps libre? En quoi le type de travail d'un individu influence-t-il son emploi du temps? Comment l'endroit où on habite influence-t-il l'emploi du temps?**

HENRI GAUBIL Ajaccio, Corse

«Il ne faut pas avoir peur de le dire... nous faisons la sieste en Corse.»

VOCABULAIRE UTILE: se rendre *(to go)*, **tantôt** *(sometimes)*, **de bonne heure** *(early)*, **étant donné** *(given)*, **règne** *(reigns)*, **d'ailleurs** *(moreover)*, **effectivement** *(in fact)*, **climatisation** *(air conditioning)*

Quelles activités de loisir pratique-t-il? Où? Quelles sont ses heures de travail? Quand est-ce qu'il fait la sieste? Pourquoi?

Réponses: *Henri Gaubil:* Quand il a du temps libre, il se rend à la plage, soit à Ajaccio, soit dans le nord de l'île chez des amis. Il travaille de 7 h à 12 h et de 16 h à 19 h. Il fait la sieste entre midi et 2 h parce qu'il fait trop chaud pour travailler et la plupart des magasins ne sont pas climatisés.

ROBIN CÔTÉ Rimouski, Québec

«Comme j'ai un horaire assez flexible, j'arrive au travail vers 10 h.»

VOCABULAIRE UTILE: chercheur en physique *(researcher in physics)*, **de sorte que** *(that way)*, **malgré tout** *(in spite of everything)*, **calculs** *(calculations)*, **m'entraîner** *(to work out)*, **bouquins** *(books)*, **le lever** *(getting up)*, **spectacles** *(shows)*, **Mont Royal** *(suburb of Montreal)*, **tam-tam** *(type of drum)*, **amène** *(brings along)*, **aux alentours de** *(around, about)*

À quelle heure se lève-t-il en semaine? Quelles sont ses heures de travail? À quelle heure prend-il ses repas? Quand est-ce qu'il a du temps libre? À quelle heure se couche-t-il? À quelle heure se lève-t-il le week-end? Comment passe-t-il les soirées de fin de semaine? Que fait-il souvent le dimanche après-midi?

Réponses: *Robin Côté:* En semaine il se lève vers 9 h. Il travaille de 10 h du matin jusqu'à 10 h du soir. Il mange à midi et aussi vers la fin de l'après-midi. Il se couche vers 1 h du matin. Il a du temps libre surtout le week-end. En fin de semaine il se lève entre 10 h et 12 h. Le soir il sort avec des copains, il va dans les bars, il va aux spectacles (par exemple, le festival de jazz). Le dimanche après-midi il fait un pique-nique au parc où il y a beaucoup de gens qui jouent du tam-tam.

If you would like to listen again to the ***Témoignages,*** you can work with this listening material on your own, using SEGMENT 3-1 of the **Audio CD** and Ex. IV in the **Manuel de préparation.**

Perspectives culturelles

Le temps des loisirs

En France, comme dans la plupart des pays industrialisés, on travaille de moins en moins. Avant la Révolution de 1848, on travaillait plus de 12 heures par jour, six jours par semaine. En 1968, la durée de la semaine de travail était de 45 heures. De nos jours, on ne travaille en moyenne que 39 heures par semaine et on a droit à cinq semaines de congés payés. Comment l'emploi du temps des Français a-t-il évolué? Quand ont-ils du temps libre pendant l'année? Que font-ils quand ils ne travaillent pas? Étudiez le dossier suivant, puis faites les exercices C et D.

Suggestion, Perspectives culturelles: Have students look at the questions in Ex. C before looking at the chart, the calendars, and the reading selection.

L'emploi du temps d'un Français typique

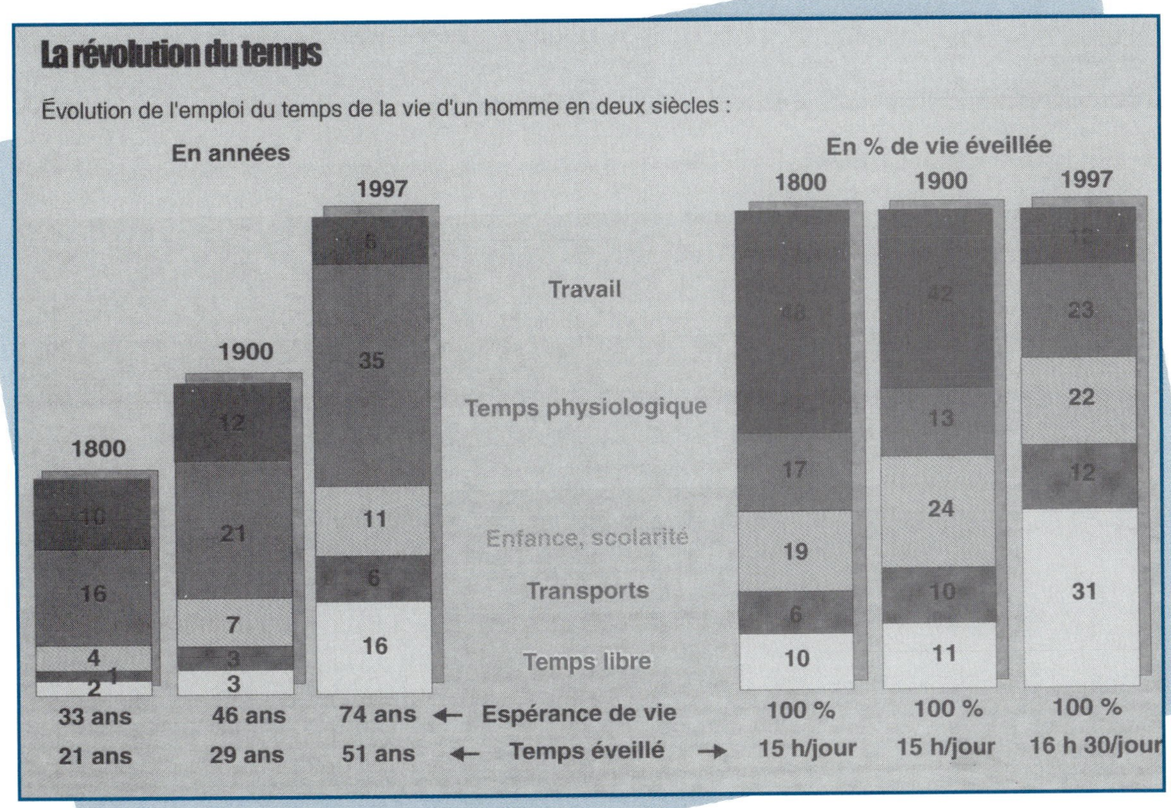

L'année des Français

En français, on appelle les jours où on travaille les **jours ouvrables** et les jours de fêtes où on ne travaille pas les **jours fériés.** Voici les principaux jours fériés:

- **le Jour de l'An (le premier janvier)** — le premier jour de l'année nouvelle; on s'offre des petits cadeaux qu'on appelle les étrennes.

- **Pâques** — anniversaire de la résurrection du Christ. C'est la grande fête du printemps qui dure deux jours en France: dimanche et lundi. On offre aux enfants des œufs en sucre ou en chocolat.

- **la Fête du Travail (le Premier mai)** — les syndicats organisent des manifestations où les travailleurs défilent dans la rue. On l'appelle aussi la Fête du Muguet *(lily-of-the-valley);* on offre un brin de cette fleur à ses amis et à sa famille.

- **l'Ascension** (le sixième jeudi après Pâques) et **la Pentecôte** (les septième dimanche et lundi après Pâques) — fêtes religieuses pendant lesquelles beaucoup de gens des villes vont à la campagne.

- **le quatorze juillet** — la fête nationale française, marquant l'anniversaire de la prise de la Bastille en 1789. On danse dans les rues. On allume des feux d'artifice. À Paris, on regarde passer un grand défilé militaire sur les Champs-Élysées.

- **l'Assomption (le 15 août)** — fête de la Sainte-Vierge et de toutes les Marie. C'est la grande fête de l'été que marquent, dans beaucoup de villes, des processions religieuses et des festivals folkloriques.

- **la Toussaint (le 1er novembre)** — on dépose des fleurs (souvent des chrysanthèmes) sur la tombe des parents et amis morts.

- **le onze novembre** — anniversaire de l'armistice (fin de la Première Guerre mondiale). Les anciens combattants déposent des fleurs devant les monuments aux morts.

- **Noël (le 25 décembre)** — anniversaire de la naissance du Christ. Dans la nuit du 24 au 25, on va à la messe de minuit, puis on rentre prendre un grand repas (appelé le réveillon) avec sa famille et ses amis. Les enfants mettent devant la cheminée leurs chaussures, dans lesquelles le père Noël déposera des cadeaux pendant la nuit.

L'année scolaire

Les étudiants et les élèves en France ne suivent pas tout à fait le calendrier auquel sont habitués leurs homologues aux États-Unis.

CALENDRIER UNIVERSITAIRE

RENTRÉE:	**Session d'examen:**	**11 septembre**
	Début des cours:	
	1ère année	**16 octobre**
	2ème et 3ème années	**30 octobre**
VACANCES DE NOËL:		**du 22 décembre au 7 janvier**
VACANCES D'HIVER:		**du 23 février au 4 mars**
VACANCES DE PRINTEMPS:		**du 13 avril au 29 avril**
JOURS FÉRIÉS:		**1er novembre *(Toussaint)*, 1er mai, 8 mai, 16 mai *(Ascension)*, 27 mai *(Pentecôte)***
FIN DES COURS:		**dernière semaine de mai**
DÉBUT DES EXAMENS:		**1ère semaine de juin**
FIN DE L'ANNÉE UNIVERSITAIRE:		**5 juillet**

CALENDRIER SCOLAIRE

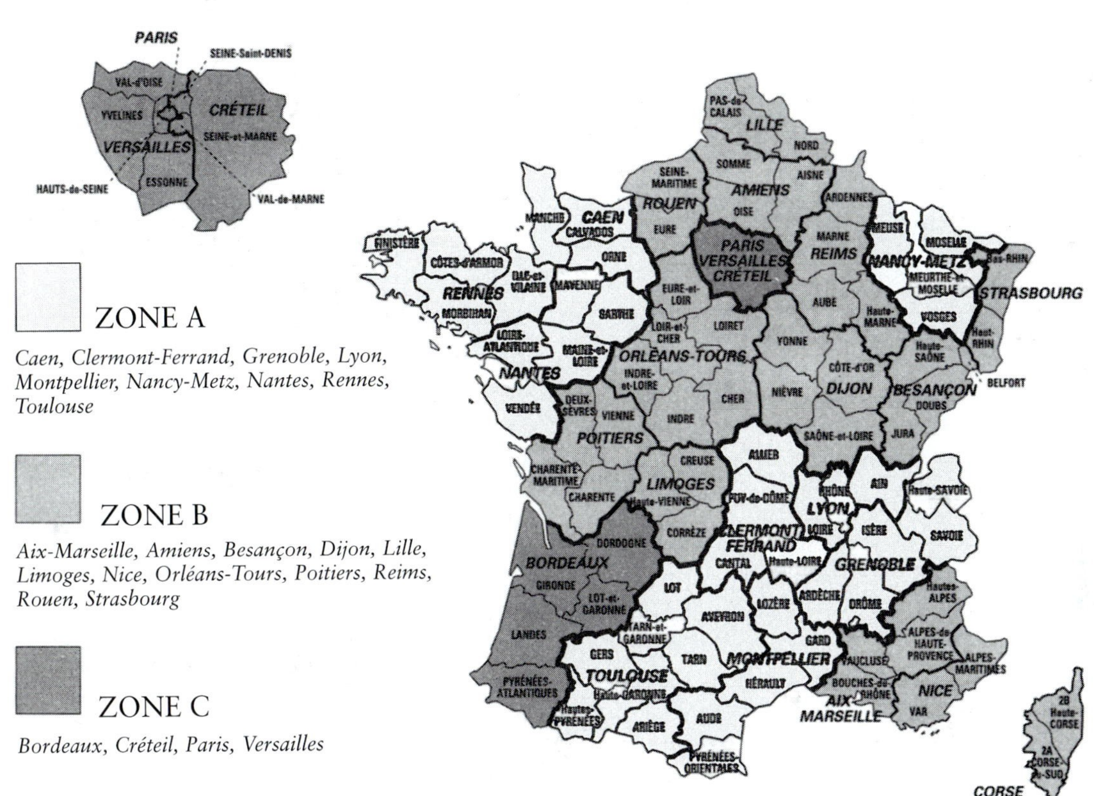

ZONE A

Caen, Clermont-Ferrand, Grenoble, Lyon, Montpellier, Nancy-Metz, Nantes, Rennes, Toulouse

ZONE B

Aix-Marseille, Amiens, Besançon, Dijon, Lille, Limoges, Nice, Orléans-Tours, Poitiers, Reims, Rouen, Strasbourg

ZONE C

Bordeaux, Créteil, Paris, Versailles

	ZONE A	ZONE B	ZONE C
Rentrée des personnels enseignants	lundi 4 septembre		
RENTRÉE	mardi 5 septembre		
TOUSSAINT	du jeudi 26 octobre au lundi 6 novembre	du samedi 21 octobre au jeudi 2 novembre	du jeudi 26 octobre au lundi 6 novembre
NOËL	du samedi 23 décembre au lundi 8 janvier	du mercredi 20 décembre au mercredi 3 janvier	du jeudi 21 décembre au jeudi 4 Janvier
HIVER	du samedi 24 février au lundi 11 mars	du samedi 17 février au lundi 4 mars	du samedi 2 mars au lundi 18 mars
PRINTEMPS	du samedi 13 avril au lundi 29 avril	du samedi 6 avril au lundi 22 avril	du mercredi 17 avril au jeudi 2 mai
ÉTÉ	mardi 25 juin *pour les lycéens* samedi 29 Juin *pour les écoliers et les collégiens*		

Les loisirs des Français

Un dicton traditionnel réduit la vie au travail et aux activités qui l'entourent: **Métro, boulot** (travail), **dodo** (sommeil). Mais cette maxime ne tient pas compte de la civilisation des loisirs. Comment les Français profitent-ils de l'augmentation de leur temps de loisir? Voici un article qui essaie de répondre à cette question.

À quoi jouent-ils?

Qui peut dire à quoi ILS jouent, le soir après «le métro» et «le boulot», et avant «le dodo»? À quoi passent-ils leurs week-ends? Combien, en fin de semaine, se lèvent plus tard que d'habitude pour se reposer ou, plus tôt pour bricoler, jouer d'un instrument de musique, jardiner, se promener et voir ce qu'on joue au cinéma, lire le journal du dimanche, regarder la télévision, partir à la campagne?

les jeux

Jeux de société? Les uns vont jouer aux échecs avec un ami: on les voit dans les jardins publics et dans les coins tranquilles des cafés. Les autres préfèrent une partie de bridge ou de belote.

Jeux de hasard? Beaucoup (4 millions, au moins) prennent chaque semaine un billet, ou, le plus souvent, le dixième de la Loterie Nationale dans l'espoir de gagner le Gros Lot. Pour d'autres... le rêve est de gagner au Tiercé ou au Quarté: on les voit faire la queue devant les bureaux du P.M.U. (Pari Mutuel Urbain). D'autres préfèrent le Loto: c'est facile, «c'est pas cher et ça peut rapporter gros!»

Jeux ou sport? Deux millions et demi de pêcheurs à la ligne, cinq millions de chasseurs, se prétendent «sportifs» quand la pêche et la chasse sont «ouvertes». Ne cherchent-ils pas surtout le plaisir de la solitude ou celui de la compagnie, et, surtout, celui que leur donne le «grand air»? Le leur demander...

les sports

On en verra beaucoup qui restent spectateurs des «grandes rencontres sportives»: les courses automobiles du Rallye de Monte Carlo (en janvier), les 24 Heures du Mans (en mai), la Coupe de France et le Championnat de France de Football et de Rugby (en hiver et au printemps), le Tournoi de Rugby des Cinq Nations, les Internationaux de France de Tennis au Stade Roland-Garros (en juin), le Tour de France cycliste (en juillet).

Mais un bon nombre de ces «sportifs» se joignent à ceux qui, de plus en plus nombreux, pratiquent judo, gymnastique, boxe, basket-ball, rugby, handball, football, tennis, ski, vélo, natation, voile, équitation ou pétanque. Tout cela est l'occasion de s'amuser (le mot sport vient du vieux français *desport,* qui voulait dire «amusement») et de se retrouver entre amis (on parle d'une «partie de boules», d'une «partie de chasse»). [. . .]

deux questions à leur poser

«Par rapport à votre vie professionnelle, pensez-vous que votre vie de loisirs a autant, plus, ou moins d'importance?»

C'est une des questions qu'a posées un magazine, *l'Expansion,* à ses lecteurs. Il dit en avoir 1 600 000, qui appartiennent à la «classe moyenne». Les réponses ont été nombreuses.

À cette première question, 63 lecteurs de *l'Expansion* sur 100 ont répondu: «autant», 19: «plus», 18: «moins». Réponses qui, bien sûr, n'engagent que quelques catégories sociales. Mais pourquoi ne pas poser la même question à d'autres Français? Les loisirs, c'est devenu tellement important pour tout le monde!

Autre question, autres réponses:
«En règle générale, quelles sont vos principales occupations le week-end?»
(plusieurs réponses possibles, en %):

Recevoir à la maison ou rendre visite à la famille ou à des amis	56
Faire la grasse matinée	50
Lire	43
Faire du sport	36
Flâner, me promener	30
Accomplir des tâches ménagères	29
Bricoler	27
Aller au cinéma	26
Regarder la télévision	24
Faire des achats	23
Jardiner	19
Visiter des musées ou des expositions	10
Aller au théâtre, au concert ou à d'autres spectacles	9

Résolution: continuer l'enquête en prenant tout son temps: ... à loisir!

C. Qu'avez-vous compris? Répondez aux questions suivantes d'après ce que vous avez compris en regardant et en lisant les textes précédents.

1. En 1800, le Français typique consacrait presque la moitié de son temps au travail. Est-ce-que cette proportion a changé? Comment ce changement a-t-il influencé les autres aspects de sa vie?
2. Quelles fêtes célèbre-t-on en France et aux États-Unis? Lesquelles sont célébrées uniquement en France? uniquement aux États-Unis?
3. En quoi le calendrier scolaire français ressemble-t-il au calendrier scolaire américain? En quoi est-il différent?
4. Dans quelle mesure les loisirs des Français, tels qu'on les décrit ci-dessus, ressemblent-ils à ceux des Américains que vous connaissez? Dans quelle mesure en diffèrent-ils?

D. Discutons! Discutez des questions suivantes avec vos camarades de classe.

1. Comment expliquez-vous l'évolution de l'emploi du temps de la vie d'un homme (page 99)? Quels facteurs politiques, sociaux, économiques y ont contribué?
2. Le tableau présente l'évolution de l'emploi du temps d'**un homme.** En quoi serait-il différent s'il s'agissait de l'emploi du temps d'**une femme?**
3. Les fêtes françaises et les fêtes américaines ont-elles les mêmes origines? Les célèbre-t-on de la même façon?
4. D'après les calendriers scolaires, le rythme de la vie des élèves et des étudiants en France correspond-il à celui de la vie scolaire aux États-Unis? Expliquez.
5. Le magazine *l'Expansion* s'adresse à des lecteurs appartenant à la «classe moyenne». Les résultats seraient-ils différents si on posait les mêmes questions à des gens appartenant à d'autres classes sociales? Expliquez.

Suggestion, Ex. D: This exercise can be done in small groups or with the entire class. You will probably find that students will have a much more sophisticated and efficient discussion if they are allowed to talk about some or all of these questions in English.

***Do* À faire! (3-1) *on page 116 of the* Manuel de préparation.**

Contrôle des connaissances:
Le passé composé et l'imparfait

SUGGESTED LESSON OUTLINE: Students assigned ***À faire! (3–1)*** have reviewed the conjugation of the **passé composé** and the **imparfait** and have worked with vocabulary associated with holidays. All exercises were self-correcting.

In this class period, do ***Contrôle des connaissances*** (Ex. E), ***Pour parler...*** (Ex. F), and ***Pour communiquer*** (Ex. G, H, I).

Transparencies: 3–1 **(Le passé composé)** and 3–2 **(L'imparfait)**

Suggestion, Contrôle des connaissances: Show the transparencies while students are doing Ex. E, thus allowing them to check for past participles and the use of **avoir** or **être.** If their summary of activities is too sketchy, point out the vocabulary hints.

Ex. E:  **groups of 2 or 3**

E. Mon emploi du temps... hier et autrefois. Vous allez commencer par raconter à des camarades de classe comment vous avez passé la journée d'hier. Utilisez le **passé composé** pour parler de vos activités.

Puis, vous allez comparer votre journée d'hier à votre emploi du temps à une autre époque de votre vie. Utilisez l'**imparfait** pour décrire vos activités habituelles.

QUELQUES SUGGESTIONS: *Quand j'avais... ans... / Quand j'étais au lycée... / Quand j'étais en vacances à... / ... ma vie était bien différente (tout à fait pareille) / ... mes journées étaient beaucoup plus (moins) chargées ou bien plus (moins) agréables*

Vocabulaire utile

se réveiller
faire la grasse matinée
rester au lit
se lever
faire sa toilette
déjeuner *(to eat breakfast or lunch)*
quitter la maison (la résidence)
partir à l'université
aller à mon cours de...
retrouver des amis au (à la)...
passer (une heure) à + *inf.* ou au (à la)...
rentrer
dîner
aller au travail
travailler
faire ses devoirs (étudier)
se coucher

Ex. F: **variable groups**

Pour parler... des fêtes

F. Et vous? Parlez avec quelques camarades de classe des fêtes que vous célébrez.

1. Quelles sont les principales fêtes civiles aux États-Unis? Comment est-ce que vous les célébrez? Est-ce que vous les célébriez de la même façon quand vous étiez plus jeune?
2. Est-ce que vous célébrez des fêtes religieuses? Laquelle (Lesquelles?) Comment?

Pour communiquer

Écoutez!

Sophie est originaire de Martinique, où la fête la plus populaire de l'année est le Carnaval. Du dimanche précédant le début du Carême *(Lent)* jusqu'au Mercredi des Cendres *(Ash Wednesday)*, en passant par le Mardi Gras *(Fat Tuesday)*, la Martinique est en fête. Micheline demande à son amie comment elle fêtait le Carnaval quand elle était à Fort-de-France.

Audio CD:
SEGMENT 3–2
CD 2, TRACK 9

«La grande fête en Martinique, c'est le Carnaval.»

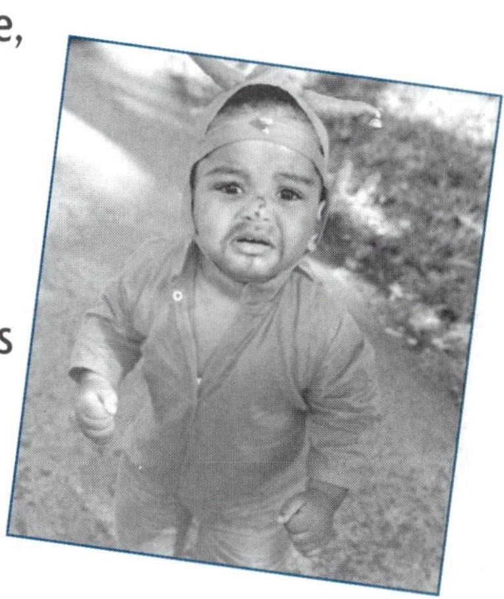

«Il y a aussi des enfants habillés en rouge… les diablotins.»

G. Vous avez compris? Répondez aux questions suivantes d'après la conversation entre Micheline et Sophie que vous venez d'entendre.

Vocabulaire utile

un char	*float*
les Caraïbes	*Indians, original inhabitants of the island*
les conquistadors	*Spanish invaders*
les extra-terrestres	*aliens from space*
la reine	*queen*
burlesques	*comic*
Vaval	*king* (**roi**) *of the Carnaval*
un diable	*devil*
vêtu	*dressed*
un diablotin	*little devil*
l'effigie	*model, representation*
la Savane	*main plaza of Fort-de-France*

1. Combien de temps durent les principales festivités du Carnaval à Fort-de-France?
2. Par quoi la célébration commence-t-elle?
3. Qui couronne-t-on la première nuit?
4. Qui défile dans la rue le deuxième jour du Carnaval? Qu'est-ce qu'ils ont d'extraordinaire?
5. Pourquoi est-ce que les enfants préfèrent le Mardi Gras? Comment s'habillent-ils?
6. Comment s'habille-t-on le Mercredi des Cendres? Qu'est-ce qu'on fait à la fin de la journée? le soir? pendant la nuit?

Réponses, Ex. G: 1. Elles durent quatre jours (du dimanche qui précède Mardi Gras jusqu'au Mercredi des Cendres. 2. Elle commence par un concours de chars. 3. On couronne la reine du Carnaval. 4. Des couples burlesques défilent le deuxième jour. Ils sont bien habillés mais mal assortis. Les hommes sont déguisés en femmes, et les femmes en hommes. 5. Il y a un grand défilé, avec Vaval (le roi du Carnaval) en tête. Les enfants se déguisent en diablotins rouges. 6. On s'habille en noir et blanc. À la fin de la journée, on brûle l'effigie de Vaval (le roi du Carnaval) sur la grande place de Fort-de-France. La nuit, il y a un feu d'artifice et un bal qui dure jusqu'au petit matin.

If you would like to listen again to this conversation, you can work with the listening material on your own, using SEGMENT 3–2 of the **Audio CD.**

Parlez!

Pour mieux vous exprimer

Situer les actions dans le passé

ce matin (cet après-midi, ce soir)
hier
hier matin (après-midi, soir)
avant-hier
mercredi (samedi) dernier
le week-end dernier
la semaine dernière
le mois dernier
l'année dernière

il y a une heure (trois jours, deux mois, cinq ans)

Raconter une histoire au passé en enchaînant les événements *(linking events)*

d'abord
puis
ensuite
(quelques instants, une heure, deux jours) après (plus tard)
après + *passé de l'infinitif*
avant de + *infinitif*
enfin / finalement

- ***Avant de* + infinitif**

  Avant de regarder la télé, elle...
  Avant de sortir, nous...
  Avant de me coucher, je....

- ***Après* + passé de l'infinitif**

  Après avoir quitté la Martinique, elle...
  Après être descendus de l'autobus, nous...
  Après m'être habillée en rouge, je...

H. Avant ou après. Répondez aux questions suivantes en vous inspirant des dessins et en utilisant les expressions **avant de** et **après.**

Ex. H:  **groups of 2**

Suggestion, Ex. H: When possible, encourage students to use both **avant de** and **après** to answer the questions.

MODÈLES: Quand est-ce qu'elle a déjeuné?
Elle a déjeuné avant de finir son travail.

Quand est-ce qu'elle est rentrée chez elle?
Elle est rentrée chez elle après avoir fini son travail (après avoir travaillé).

1. Quand est-ce qu'il s'est douché? Quand est-ce qu'il s'est fait mal au bras? Quand est-ce qu'il a décidé de retourner au lit?

2. Quand est-ce qu'il a lu le journal? Quand est-ce qu'il s'est habillé? Quand est-ce qu'il a téléphoné à sa femme?

3. Vous vous êtes promenés dans la Ville-Basse, puis vous avez visité le Château Frontenac, non? Quand est-ce que vous avez rencontré vos amis? Quand est-ce que vous êtes rentrés à l'hôtel?

Ex. I: groups of 2

Suggestion, Ex. I: If you notice that students are not making an effort to use the expressions from ***Pour mieux vous exprimer,*** stop the activity and choose someone to do item 1 with you in front of the class.

***Do* À faire! *(3-2) on page 124 of the* Manuel de préparation.**

I. Dans le passé. Parlez de vos activités avec un(e) camarade de classe qui vous interrompra de temps en temps pour obtenir des précisions. Essayez tous (toutes) les deux d'utiliser les expressions que vous venez d'apprendre (page 106).

1. Qu'est-ce que tu as fait ce matin? hier soir? le week-end dernier?
2. Qu'est-ce que tu as fait l'été dernier?
3. Quelle est ta fête préférée? Comment est-ce que tu l'as célébrée l'année dernière? (Comment est-ce que tu la célébrais quand tu étais plus jeune?)

Fonction: Comment parler du passé (1)

SUGGESTED LESSON OUTLINE: Students assigned ***À faire! (3-2)*** have studied the vocabulary of leisure-time activities and have worked with the basic uses of the **passé composé** and the **imparfait.** Ex. V and VII were not self-correcting.

In this class period, do ***Fonction*** (Ex. J), ***Pour parler...*** (Ex. K), and ***Témoignages*** (Ex. L, M).

Transparencies: 3-3 and 3-4 **(L'emploi du passé composé et de l'imparfait)**

REPRISE

L'emploi du passé composé et de l'imparfait

UNE SEULE ACTION OU UN SEUL ÉTAT

Passé composé

- une action ou un état spécifique et achevé *(completed):* **Nous sommes allés à la bibliothèque.**
- une action ou un état achevé pendant une période de temps spécifique: **Elle a travaillé pendant huit heures.**
- une action ou un état répété un nombre de fois limité: **Nous sommes allés quatre fois au cinéma le mois dernier.**

Imparfait

- une action ou un état présenté comme inachevés ou comme contexte d'une autre action: **Nous allions à la bibliothèque.** (En route, nous avons vu...)
- une action ou un état habituel: **Quand j'étais petit, j'aimais dormir avec mes parents.**

DEUX OU PLUSIEURS ACTIONS OU ÉTATS

Passé composé

- des actions ou des états consécutifs: **Elles se sont levées, elles ont dit au revoir et elles sont parties.**
- des actions ou des états simultanés: **Quand nous sommes entrés, personne ne s'est levé.**
- des actions ou des états qui ont duré pendant une période de temps limitée, quand on insiste sur cette limite: **Elle a regardé la télé pendant que nous avons préparé le dîner.**

Imparfait

- des actions ou des états parallèles, quand on insiste sur ce parallélisme: **Pendant que je faisais la vaisselle, ma femme aidait mon fils à faire ses devoirs et ma fille s'amusait à faire des dessins.**

Imparfait et passé composé

- une action ou un état servant de contexte à une autre action ou à un autre état: **Pendant que nous étions en ville, nous avons rencontré M. et Mme Quéffelec.**

J. Récemment... Complétez les phrases suivantes en parlant de vos activités récentes. Faites attention à l'emploi du **passé composé** et de l'**imparfait.**

MODÈLE: Hier soir, je...
Hier soir, j'ai fait ma lessive. OU
Hier soir, je faisais mes devoirs de maths quand des amis m'ont demandé de sortir avec eux.

1. Hier soir, je...
2. Ce matin, à 6h, je...
3. Samedi dernier, je... pendant plus de... heures.
4. ... ou... fois la semaine dernière, je...
5. Hier après-midi, je... , puis... et enfin...
6. Ce matin, j'ai vu... qui...
7. Quand je suis arrivé(e) en classe aujourd'hui,...
8. Hier soir, pendant que... , je...
9. Quand je suis sorti(e) de la maison (de la résidence) ce matin,...
10. Avant de commencer mes études à l'université, je...
11. Ce matin, vers... heures, je... quand je...
12. Hier, je ne... pas parce que...

Suggestion, Ex. J: You may wish to do this exercise with the entire class in order to get a sense of how well students are grasping the distinctions between the **passé composé** and the **imparfait.** Use the transparency to point out types of sentences students may be having trouble with.

Pour parler... des loisirs

K. Qu'est-ce qu'on pourrait faire? Suggérez à quelques camarades de classe des activités pour les situations suivantes. Essayez de trouver autant d'activités différentes que possible.

1. Un samedi après-midi en septembre.
2. Un samedi soir en mai.
3. Un mercredi soir sans devoirs.
4. Un week-end en février.
5. Un samedi en juillet.
6. Un soir de vacances d'hiver quand on est chez ses parents.
7. Un soir de vacances d'été quand on est chez ses parents.
8. Un week-end en août.
9. Un dimanche après-midi en janvier.
10. Un jeudi soir sans travail en juin.

Suggestion, Ex. K: Depending on the amount of time required to go over the previous exercise, you may wish to shorten this activity a bit by dividing the class into groups of 3 or 4 students. Each group is assigned 2 or 3 of the categories and then reports on its choices to the whole class. This shortened version will allow more time to work with the ***Témoignages.***

Témoignages

«Comment passez-vous votre temps libre?»

«Si de nos jours on a plus de temps libre, il faut occuper ses loisirs. Les passe-temps sont-ils en train d'évoluer aussi? Vous allez écouter quatre Français et francophones décrire les activités de détente qu'ils préfèrent.»

Écoutez!

Ex. L:  **groups of 2, 3, or 4**

L. Pré-écoute: À vous d'abord! Posez les questions suivantes à quelques camarades de classe afin d'apprendre ce qu'ils font pour occuper leur temps libre.

1. Quels sports pratiques-tu?
2. Qu'est-ce que tu aimes faire quand tu es seul(e)?
3. Qu'est-ce que tu aimes faire avec tes amis?
4. Quelles activités de loisirs voudrais-tu pratiquer si tu en avais le temps et les moyens financiers?

 **Audio CD:** SEGMENT 3–3 CD 2, TRACK 10

M. Écoutez: Les témoins vous parlent. En écoutant quelques Français et francophones vous parler de leur temps libre, essayez de répondre aux questions.

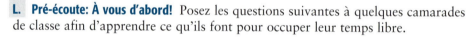

FLORENCE BOISSE-KILGO Carpentras, France

«En général, j'essaie d'être assez active.»

VOCABULAIRE UTILE: tours en vélo *(bike rides)*, **du cheval** *(horseback riding)*, **trucs** *(here: jobs)*, **ranger** *(to pick up)*, **paperasserie** *(paperwork)*, **cochon d'Inde** *(guinea pig)*

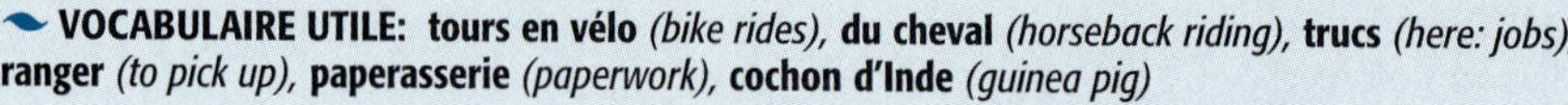

Quels sports pratique-t-elle? Que fait-elle quand elle est chez elle?

Réponses: *Florence Boisse-Kilgo:* Comme sports, elle fait du jogging, des tours en vélo et du cheval. Chez elle, elle range la maison, elle s'occupe de la paperasserie, elle lit, elle se promène et elle joue avec son cochon d'Inde.

Suggestion, Ex. M: You can verify with the class the answers after each **témoin** speaks. Or, if you think your class understands fairly easily what is being said, you can have them listen to all four **témoins** and then verify the answers by asking more general questions, such as: **En général, qu'est-ce que les quatre personnes ont en commun en ce qui concerne leur manière d'occuper leur temps libre? En particulier, quelles activités sont pratiquées par plus d'une de ces personnes? Quelles activités sont particulières à une seule des quatre personnes?**

XAVIER JACQUENET Dijon, France

« J'ai deux manières d'occuper mon temps libre... »

VOCABULAIRE UTILE: ciné = cinéma, boire un pot *(to go out for a drink),* **flâner** *(to go for a stroll),* **quasiment** *(almost),* **examens de rattrapage** *(make-up exams),* **de par** *(because of),* **reçoivent** *(host),* **tarot** *(card game),* **sauf** *(except),* **prennent une location** *(rent a place),* **contraintes d'horaires** *(time constraints)*

Que fait-il chez lui? Que fait-il avec ses amis? Comment passe-t-il ses vacances? Et les parents de Xavier, que font-ils le soir? Que font-ils le week-end? Comment passent-ils leurs vacances?

Réponses: *Xavier Jacquenet:* Chez lui, il écoute de la musique, il lit, il regarde une vidéo. Avec ses amis, il va nager, jouer au tennis, au cinéma; il boit un pot, il discute. Ses vacances se divisent en trois parties: un mois à travailler; un mois à voyager; un mois à préparer les examens de rattrapage ou à ne rien faire. Le soir, ses parents regardent la télé, dînent avec des amis et jouent aux cartes. Le week-end, ils rendent visite à des cousins ou aux grands-parents. Pendant les vacances ils partent à l'étranger ou dans le sud de la France où ils se reposent, visitent la région et lisent.

SOPHIE EVERAERT Bruxelles, Belgique

«En général, j'aime me relaxer... et ne rien faire.»

VOCABULAIRE UTILE: course à pied *(running),* **courir** *(to run),* **soit... soit...** *(either. . . or. . .),* **menez** *(lead)*

Quels sports pratique-t-elle? Avec qui? Pourquoi aime-t-elle ces sports? Que fait-elle à la maison? Comment passe-t-elle ses vacances?

Réponses: *Sophie Everaert:* Elle fait de la course à pied et de la natation, normalement toute seule; elle joue au volley-ball en équipe. Chez elle, elle lit, elle regarde la télé, elle invite des personnes à dîner ou elle se relaxe avec son mari. Pour les vacances, elle et son mari vont souvent à l'étranger: en hiver, en France ou en Suisse pour faire du ski; en été, à la Côte d'Azur ou en Espagne, pour faire de la planche à voile et pour prendre du soleil.

ROBIN CÔTÉ Rimouski, Québec

«Tout dépend de la saison.»

VOCABULAIRE UTILE: patine *(skate),* **au grand air** *(outdoors),* **à tout le moins** *(at least),* **sinon** *(if not),* **taille** *(size),* **avouer** *(to admit),* **fleuve** *(river),* **endroit** *(spot, place),* **salée** *(salt),* **marées** *(tides),* **pistes cyclables aménagées** *(prepared bicycle trails),* **moyens financiers** *(financial means),* **saucette** *(little trip or stop-over, Québécois expression)*

Que fait-il en hiver à Montréal? à Rimouski? Que fait-il en été à Montréal? à Rimouski? Que fait-il à la maison? Comment passe-t-il ses vacances?

Réponses: *Robin Côté:* En hiver, à Montréal, il joue au hockey dans une équipe; à Rimouski, il fait du ski. En été, à Montréal, il fait du vélo et il joue à la balle molle *(softball);* à Rimouski, il nage dans le Saint-Laurent. Quand il est à la maison, il mange, il écoute la télé, il se repose et il dort. Pendant les vacances, il se repose un peu, puis il voyage en Europe.

If you would like to listen again to the ***Témoignages,*** you can work with this listening material on your own, using SEGMENT 3-3 of the **Audio CD** and Ex. XI in the **Manuel de préparation.**

***Do* À faire! (3-3) *on page 131 of the* Manuel de préparation.**

Fonction: Comment parler du passé (2)

SUGGESTED LESSON OUTLINE: Students assigned ***À faire! (3-3)*** have reviewed the vocabulary for holidays and continued to work with the uses of the **passé composé** and the **imparfait.** Ex. VIII was not self-correcting.

In this class period, do ***Fonction*** (Ex. N, O), and ***Pour communiquer*** (Ex. P, Q, R).

Transparency: 3-5 **(L'emploi du passé composé et de l'imparfait [suite])**

L'emploi du passé composé et de l'imparfait (suite)

NARRATIONS

Passé composé

- situer la narration dans le temps: **Mardi dernier nous sommes allés chez Anne-Marie.**
- raconter les principales actions—c'est-à-dire les verbes qui font avancer l'histoire: **Elle n'est pas descendue; nous avons attendu. / J'ai entendu un bruit. Je me suis retourné. J'ai vu un ours.**

Imparfait

- peindre le décor, décrire la situation ou le contexte dans lesquels l'histoire a eu lieu: **Elle était en train de coucher les enfants. Elle leur lisait un conte de fées. / Je faisais du camping. Il faisait froid. Nous étions assis autour du feu.**
- donner des renseignements ou des explications—c'est-à-dire les verbes qui ne font pas avancer l'histoire: **Ils voulaient le finir avant de se coucher. / Il était énorme! Il nous regardait d'un air curieux.**

Ex. N: groups of 2

N. Racontez! Utilisez les expressions suggérées pour raconter à un(e) camarade de classe vos activités passées et récentes. Faites attention à l'emploi du **passé composé** et de l'**imparfait.**

1. *Mes années au lycée*
   - —où vous avez fait vos études secondaires
   - —le nombre d'années que vous y avez passées
   - —votre âge quand vous êtes entré(e) en (neuvième)
   - —vous vous amusiez au lycée: oui ou non / pourquoi (pas)
   - —vos sentiments le jour où vous avez reçu votre diplôme
2. *Un concert de...*
   - —quand vous êtes allé(e) au concert / où / avec qui
   - —comment vous y êtes allé(e)s
   - —ce que vous portiez
   - —ce qui se passait quand vous êtes arrivé(e)s
   - —ce qui s'est passé quand... a (ont) commencé à chanter (jouer)
   - —le meilleur moment du concert: ce qui s'est passé / pourquoi c'était le meilleur moment
   - —vos sentiments quand vous êtes rentré(e) chez vous
3. *Une soirée à la maison*
   - —un soir où vous n'êtes pas sorti(e) / quand
   - —pourquoi vous êtes resté(e) à la maison
   - —les autres personnes à la maison
   - —ce qu'elles faisaient
   - —ce que vous avez fait
   - —vos sentiments sur cette soirée à la maison

4. *Un week-end à...*
    — un week-end où vous êtes allé(e) quelque part *(somewhere)* / quand / avec qui
    — l'arrivée: à quelle heure / le temps / la situation
    — comment vous avez passé le samedi (le matin / l'après-midi / le soir)
    — ce que vous avez fait la journée de dimanche
    — le retour: à quelle heure / vos sentiments

O. Racontez! (suite) Choisissez une des catégories d'activités et racontez à quelques camarades quelque chose que vous avez fait dans le passé. Faites attention à l'emploi du **passé composé** et de l'**imparfait.**

1. une activité culturelle (cinéma, théâtre, ballet, opéra, concert de musique classique, etc.)
2. une activité sportive
3. une autre distraction (zoo, cirque, discothèque, concert de rock, etc.)
4. une excursion (visite d'une ville, week-end de camping, petit voyage à vélo, etc.)

Ex. O: variable groups

Suggestion, Ex. O: Give students a couple of minutes to think of the story they're going to tell. Then choose one student to serve as a model. Using his/her story, you can review the various parts of the narrative and the tense most likely to be used in each one: situating the story **(passé composé),** setting up the context **(imparfait),** recounting the main events **(passé composé),** describing and explaining **(imparfait).**

Pour communiquer

Écoutez!

Si la fête populaire par excellence en Martinique est le Carnaval, en France c'est le 14 juillet, jour où on commémore un grand événement de la Révolution, la prise de la Bastille (prison devenue symbole du pouvoir arbitraire du roi) en 1789. Micheline et Sophie sont en train de faire des projets pour célébrer la fête nationale française.

Audio CD: Segment 3–4
CD 3, Track 1

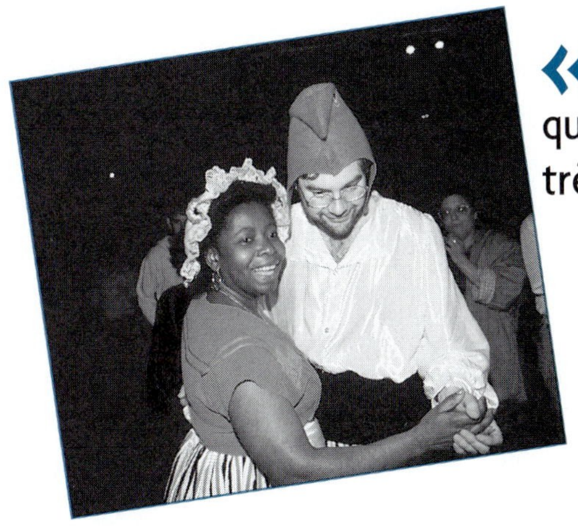

« Le bal dans mon quartier est toujours très sympa. »

« Mon appartement n'est pas très loin des Champs-Élysées... on pourra aller voir le défilé... »

P. Vous avez compris? Répondez aux questions suivantes d'après la conversation de Micheline et de Sophie que vous venez d'écouter.

1. Qu'est-ce que les deux jeunes femmes vont faire le soir du 13 juillet?
2. Où vont-elles aller? Pourquoi?
3. Qu'est-ce que Micheline invite Sophie à faire? Pourquoi?
4. Quelle est la réaction de Sophie?
5. Est-ce que les deux jeunes femmes vont regarder les feux d'artifice? Pourquoi (pas)?
6. Où et quand est-ce qu'elles vont se retrouver?
7. Qu'est-ce qu'elles vont porter?

If you would like to listen again to this conversation, you can work with the listening material on your own, using SEGMENT 3-4 of the **Audio CD.**

Réponses, Ex. P: 1. Elles vont dîner ensemble, ensuite elles vont danser. 2. Dans le quartier de Sophie. Le bal du 14 juillet y est toujours très sympa et il y a aussi de bons restaurants, pas chers, tout près. 3. Elle l'invite à coucher chez elle. Puisqu'elle habite près des Champs-Élysées, elles pourront aller voir le défilé. 4. Elle n'est pas très enthousiaste. Elle propose d'aller au club de tennis de son frère où elles pourront jouer au tennis et nager. 5. Oui. Sophie accepte d'être de retour à temps pour voir les feux d'artifice. 6. Elles vont se retrouver chez Sophie le lendemain soir à 8 heures. 7. Sophie va porter une robe noire, sans manches; Micheline, une robe légère.

Parlez!

Pour mieux vous exprimer

Proposer de faire quelque chose

On va (au concert)?
Tu veux (Vous voulez) (faire du jogging)?
Si on (allait au zoo)?
Ça te dirait de (faire une partie de tennis)?

Accepter de faire quelque chose

C'est une (très) bonne idée.
Oui, pourquoi pas?
Oui, j'aimerais bien.
D'accord, avec plaisir.

Refuser de faire quelque chose

Non, je ne veux (peux, sais) pas + *infinitif*
Non, ça ne me dit pas grand-chose. / Non, ça ne me dit rien.
Non, à vrai dire, je préférerais (j'aimerais mieux) faire autre chose.

Fixer un rendez-vous

Alors, où (à quelle heure) est-ce qu'on se retrouve?

On se retrouve (au théâtre) (à 18h30)?
On se donne rendez-vous (devant le cinéma) (vers 7h)?
Rendez-vous (à 6h) (au stade), d'accord?

Vous passez (Tu passes) me (nous) chercher (vers 20h15)?
Je viendrai te (vous) chercher (prendre) (vers 8h).

Q. Prenons rendez-vous! Votre camarade de classe et vous allez sortir ensemble. En suivant les indications suggérées et en utilisant les expressions données à la page 114, fixez les détails de votre sortie.

Ex. Q: groups of 2

1. Vous voulez aller au cinéma. Mettez-vous d'accord sur un des films suivants: *Jurassic Park* (film d'aventures américain de Stephen Spielberg), *Cyrano de Bergerac* (comédie dramatique française avec Gérard Depardieu), *La Mort aux trousses* (film d'espionnage d'Alfred Hitchcock). Vous prenez chacun l'autobus. Le film commence à 1h 45. Rendez-vous au cinéma.
2. Vous allez aux championnats de tennis au stade Roland-Garros à Paris. Vous hésitez entre jeudi et samedi. Vous voulez y être avant midi. Vous prenez chacun le métro. Rendez-vous à la station Porte d'Auteuil.
3. Vous voulez aller à un concert. Il faut choisir entre «Simple Minds» (groupe de rock irlandais) et Vanessa Paradis (chanteuse populaire française). Le concert commence à 20h30. Vous avez une voiture.
4. Vous voulez visiter un musée. Vous hésitez entre le musée d'Orsay (peintures impressionnistes) et le musée Picasso. Vous voulez y aller l'après-midi. Votre camarade habite près de chez vous, mais votre appartement est plus proche des musées que celui de votre camarade.

R. Qu'est-ce qu'on fait ce soir? En consultant le journal de Carcassonne, vous faites des projets pour le Premier mai avec un(e) ou deux camarades de classe. Il s'agit de proposer deux ou trois activités, de vous mettre d'accord sur une seule activité, puis de fixer les détails de votre rendez-vous en suivant les indications données ci-dessous.

Ex. R: groups of 3 or 4

1. Vous finissez par aller au match de football. Vous n'y allez pas ensemble, vous vous y retrouvez.
2. Vous finissez par aller au cinéma. Vous y allez tous ensemble à pied.
3. Vous finissez par aller à l'exposition d'art ou au spectacle théâtral (à vous de choisir). Vous y allez dans la voiture d'un(e) de vos camarades.

☆☆☆ SPECTACLES ☆☆☆

COLISÉE: «Arachnophobie» 15h, 2h
«Le silence des agneaux» 15h, 2h
«Pour Sacha» 15h, 21h
«Un flic à la maternelle» 15h, 21h
«Allô Maman c'est encore moi» 15h, 21h
ODEUM: «Madame Bovary» 15h, 21h
«Les secrets professionnels du Dr Apfergluck» 15h, 21h
«Babar» 15h
«Danse avec les loups» 15h, 21h
«Ski Patrol» 21h

Animation culturelle

Trois grands artistes exposent chez nous

Dans le cadre des animations culturelles, il convient de signaler une très belle exposition de peinture et sculpture qui se tiendra durant une quinzaine dans la salle Raoul de Volontat. C'est à l'initiative des animateurs du salon des arts et de son président M. Baraybar que s'organise cette manifestation. Deux peintres au féminin, Mmes Jocelyn Codina et Raymonde Maguin et un sculpteur M. J.L. Francomme vont nous proposer d'admirer leurs œuvres du 28 avril au 12 mai inclus.
Il s'agit d'artistes très cotés et talentueux dont la production sera, nous n'en doutons pas, particulièrement appréciée. Nous invitons donc tous les amateurs de peinture et de sculpture à venir découvrir les œuvres présentées, l'exposition étant ouverte pendant les heures d'ouverture de la bibliothèque municipale.
Un rendez-vous de bon aloi auquel est conviée toute la population de la Haute Vallée de l'Aude, sensible à toutes les animations culturelles dès l'instant où elles sont de qualité.

Samedi 4 mai à 21h, Ketty Dolbert présentera un spectacle de Théâtre-poésie monté avec les comédiens de sa compagnie «T et C». On l'avait annoncé dès la fin mars: plusieurs spectacles seront présentés à partir d'avril jusqu'au 31 mai à Carcassonne et dans les environs.
Les premiers ont déjà obtenu le succès espéré, renforçant chez les comédiens le désir de mieux faire encore et justifiant ainsi les exigences de leur professeur. Tel a été tout particulièrement le cas du spectacle donné au théâtre municipal de Carcassonne, le mercredi 17 avril en matinée.
Le programme de la soirée du 4 mai à Montolieu comporte: des montages poétiques, des extraits d'œuvres classiques (Molière «Les femmes savantes»), des extraits d'œuvres modernes (André Roussin «Lorsque l'enfant paraît» et «Bobosse» et de Georges Courteline «La peur des coups» (comédie en un acte).
Éclectique, ce programme convient à tous les publics et nous recommandons aux scolaires de venir applaudir les artistes.
À samedi 4 mai, 21h, au foyer municipal.

FOOTBALL COUPE LOPEZ

Le FAC en finale

Vainqueur d'Azille 4 à 0 samedi, sur la pelouse de Villemoustaussou, le Football Athlétic Carcassonnais se qualifie pour sa troisième finale consécutive. La formation minervoise aura tenu une période avant d'encaisser le 1er but, juste avant la mi-temps, sur une reprise de Jean Paul Pujade.
Après la pause, les «rouge et blanc» vont subir la supériorité technique de l'adversaire qui va inscrire trois buts supplémentaires par Flamant (56e), Solsona (60e) et Lemesle (79e).
Bien préparés et présentant une formation complète et très motivée, les «poulains» de Cazeneuve auraient pu ouvrir la marque par Eric Bras en première mi-temps. Le FAC, de son côté privé de cinq éléments titulaires (Mamou, Sud, Bertin, Poisot, Ait Ouaret) avait aligné une équipe rajeunie: Bonhoure, Xavier Ato, Niang, Sanz, Iglésias (Cap), Bourrel, Solsona, Pujade, Tonello, Lemesle, Flamant, Fagot et Groudev.
Dès ce soir, place à la préparation de la rencontre Fac-Le Crès qui se déroulera le 1er mai, à 15h précises au stade Albert Domec pour le compte du championnat honneur excellence. Un match délicat mais parfaitement dans les normes du Fac qui a l'habitude (depuis trois mois) de remporter ses victoires à domicile. Après Lunel, Le Crès (match en retard) va-t-il subir la loi des carcassonnais? Verdict le 1er mai autour de 16h45. Rendez-vous est pris à Domec à 15h.

G.B.

Do **À faire! (3-4)** *on page 136 of the* **Manuel de préparation.**

Perspectives culturelles

«Le cinéma à Fort-de-France» (Joseph Zobel)

Joseph Zobel (1915–) is one of the leading writers of Martinique. Despite his having lived a good part of his life in Africa (Senegal), his novels *(La Rue Cases-nègres, Diab'là)* and collection of short stories *(Si la mer n'était pas bleue)* manage to bring to life the images and paradoxes of his Caribbean homeland.

Dans son roman le plus connu, ***La Rue Cases-nègres*** *(1948), Joseph Zobel raconte les péripéties de sa propre enfance sous les aventures du jeune José. Élevé par sa grand-mère (coupeuse de canne:* sugar cane cutter) *dans la Martinique rurale, José habite d'abord la rue Cases-nègres, un ensemble d'habitations de travailleurs agricoles réunis autour de la maison du géreur* (manager) *blanc. Plus tard, José rejoint sa mère à Fort-de-France. C'est là qu'il fait des études au lycée et c'est là aussi qu'il retrouve ses anciens camarades, Carmen et Jojo.*

[...] Carmen et Jojo m'invitaient au cinéma le mardi ou le vendredi soir. Dans le plus grand cinéma de Fort-de-France, la foule° populaire qui formait la clientèle de ces soirées à tarif réduit allait assister à la projection des premières images sonores arrivées aux Antilles.

Nous partions à pied, après dîner.

Sous une lumière électrique parcimonieuse° et indigente,° la salle de cinéma était toujours pleine, chaude de clameurs et houleuse.° Le parquet, les escaliers résonnaient et grinçaient° sous les pas du public qui, avant le commencement de la séance, allait et venait en tous sens,° s'interpellait,° causait,° criait et riait aux éclats, comme si chacun eût gagé° de tout dominer par sa seule voix.

Les fauteuils d'orchestre se présentaient sous forme de chaises pliantes° en bois, enfilées par rangées° sur des tringles° en bois. C'étaient les places de tous les jeunes loqueteux,° les débraillés,° les braillards,° hommes et femmes, chaussés ou pieds nus. C'était là que nous nous mettions. Les plus bouffons,° les plus querelleurs,° étaient toujours les mêmes. L'un avisait° une femme seule et allait lui faire des attouchements et lui chuchoter des paroles° malhonnêtes, à quoi elle répondait par des jurons° volcaniques. Une, au contraire, montait sur une chaise et se mettait à chanter et danser, battant le rappel° autour de ses charmes.

Il y en avait toujours un qui, à peine entré, se heurtait° contre le premier venu, tombait en garde et déclenchait la bagarre.°

Il y avait aussi les paisibles qui, garés dans un petit coin, regardaient avec calme et méfiance.°

Les lumières s'éteignaient une à une et tout le monde de se précipiter sur les chaises pour s'asseoir.

Aux premières images sur l'écran, la salle se trouvait dans un silence relatif. N'empêche qu'à° la faveur de l'obscurité, se poursuivaient des colloques,° des

crowd

stingy / poor

turbulent

grated

directions / shouted out to each other / chatted

had wagered (imperfect subjunctive)

folding

rows / rails

people dressed in rags / people dressed sloppily / people howling

clowning / quarrelsome

noticed

to whisper words

swear words

calling to arms (summoning everyone)

bumped

started a fight

distrust

All the same / discussions

SUGGESTED LESSON OUTLINE: Students assigned ***À faire! (3-4)*** have reviewed uses of the **passé composé** and the **imparfait** and have read «Le cinéma à Fort-de-France.» Ex. XIII was not self-correcting.

In this class, do ***Perspectives culturelles*** (Ex. S, T) and ***Témoignages*** (Ex. U, V).

commentaires, qui s'attiraient des répliques anonymes qui s'entrechoquaient,° détonnaient° en violentes discussions hérissées de lazzi° et de menaces.

À la longue pourtant cette atmosphère s'affirmait inoffensive et même sympathique—simplement foraine.°

Nous discutons, chemin faisant,° au retour du cinéma. Discussions échauffantes qui activent notre marche et nous font arriver si vite que nous nous attardions° encore un long moment sur la route pour épuiser nos propos,° en ayant la prudence d'assourdir° nos voix afin de ne pas provoquer les aboiements° des chiens.

Le style «rue Cases-nègres», qui caractérise tout ce qui dans ce pays est destiné au peuple ou conçu° par des gens de couleur, me peine° et m'indigne.

Toute entreprise dans un tel pays ne devrait-elle pas viser° aussi à promouvoir le peuple°!

Carmen, Jojo et moi, nous nous plaisions de même à commenter les films que nous venions de voir et jamais nos discussions n'étaient aussi passionnées que lorsque le film comprenait° un personnage nègre.

Par exemple, qui a créé pour le cinéma et le théâtre ce type de nègre, boy, chauffeur, valet de pied, truand,° prétexte à mots d'esprit° faciles, toujours roulant des yeux blancs de stupeur, affichant un inextinguible sourire niais,° générateur de moquerie? Ce nègre d'un comportement° grotesque sous le coup de botte au cul° que lui administre fièrement le Blanc, ou lorsque ce dernier l'a eu berné° avec la facilité qui s'explique par la théorie du «nègre-grand-enfant»?

Qui a inventé pour les nègres qu'on montre au cinéma et au théâtre ce langage que les nègres n'ont jamais su parler, et dans lequel, je suis certain, aucun nègre ne réussirait à s'exprimer? Qui a, pour le nègre, convenu° une fois pour toutes de ces costumes à carreaux° qu'aucun nègre n'a jamais fabriqués ou portés de son choix? Et ces déguisements en souliers éculés,° vieil habit, chapeau melon,° et parapluie troué,° ne sont-ils avant tout que le sordide apanage° d'une partie de la Société que, dans les pays civilisés, la misère° et la pauvreté font le triste bénéficiaire des rebuts° des classes supérieures?

clashed
exploded / bristling with gibes
with the atmosphere of a fairground
en route
lingered / to exhaust our words (ideas)
to lower / barking
conceived of / distresses
aim
to upgrade the common people
included
gangster / witty remarks
simple (silly)
behavior / kick in the butt
had tricked
agreed
checked
worn / bowler hat
umbrella full of holes / privilege
wretchedness / scraps

Joseph Zobel, *La Rue Cases-nègres.*
Paris: Présence Africaine, 1948, pp. 221–223

S. Le sens du texte. Répondez aux questions suivantes sur l'extrait de *La Rue Cases-nègres* que vous venez de lire.

1. Pourquoi la plupart des verbes sont-ils à l'imparfait?
2. Quelle est la situation sociale et économique du narrateur et de ses amis?
3. Le narrateur caractérise l'ambiance du cinéma à Fort-de-France comme celle de la foire, du marché, de la fête publique. Qu'est-ce qui justifie une telle comparaison?
4. De quoi parlaient le narrateur et ses amis en rentrant du cinéma? Qu'est-ce qui fâchait le narrateur? Pourquoi?

Suggestion, Ex. T: Have students work in small groups for a few minutes before discussing as a class. You may wish to ask each group to concentrate on one of the three discussion topics.

T. Discussion: Les Martiniquais et nous. Discutez des questions suivantes avec quelques camarades de classe.

1. Quelle a été votre réaction par rapport à l'atmosphère du cinéma de Fort-de-France telle que la décrit Joseph Zobel? Comment le narrateur y a-t-il réagi lui-même? Comment expliquez-vous ces deux réactions?
2. Quel rôle jouent les stéréotypes dans les films de nos jours?
3. Dans quelle mesure le choix d'activités de loisirs et l'attitude qu'on éprouve à l'égard de ces activités dépendent-ils de la classe sociale et économique à laquelle on appartient?

Vocabulaire pour la discussion

trouver l'atmosphère *(f.)*...	bruyante *(noisy)*	sympathique
l'ambiance *(f.)*...	désordonnée	spontanée
	chaotique	naturelle
	déconcertante	vivante
	troublante	animée
	désagréable	agréable

un stéréotype
un individu
une image toute faite / une image complexe / une image nuancée

généraliser
individualiser
dépendre de
être fonction de
être déterminé(e) par
être libre de
avoir le temps de
avoir les moyens de *(to be able to afford to)*

Témoignages

«Est-on en train d'évoluer vers une civilisation des loisirs?»

«Les experts disent que les gens d'aujourd'hui travaillent moins et qu'ils consacrent de plus en plus de temps à leurs loisirs. Est-ce bien vrai? On a posé à six Français et francophones la question suivante: "On dit que, de nos jours, on a de plus en plus de temps libre, que le travail a moins de valeur qu'autrefois et que nous évoluons vers une civilisation des loisirs. Êtes-vous d'accord?" Vous allez écouter leurs réponses.»

Écoutez!

U. Pré-écoute: À vous d'abord! Posez les questions suivantes à quelques camarades de classe afin de découvrir leurs idées sur la civilisation des loisirs.

Ex. U: groups of 2, 3, or 4

1. D'après ton expérience, penses-tu que les gens travaillent de moins en moins, qu'ils consacrent de plus en plus de temps aux loisirs? Quels exemples peux-tu donner?
2. En ce qui concerne les notions de civilisation des loisirs et de morale du plaisir, penses-tu qu'il y ait une différence entre ta génération et celle de tes parents (grands-parents, enfants)?

V. Écoutez: Les témoins vous parlent. En écoutant quelques Français et francophones vous parler de leurs idées sur la notion de civilisation des loisirs, essayez de répondre aux questions.

Audio CD:
SEGMENT 3-5
CD 3, TRACK 2

VALÉRIE ÉCOBICHON Saint-Maudez, France

« ... mes parents et grands-parents passaient 90% de leur temps au travail.»

VOCABULAIRE UTILE: valeur *(value)*, **tout à fait** *(absolutely)*, **tant mieux** *(so much the better)*, **consacrer** *(to devote)*, **grâce à** *(thanks to)*, **agricole** *(agricultural)*

Est-elle d'accord avec l'idée qu'on évolue vers une civilisation des loisirs? Pourquoi (pas)? Est-ce que la situation a changé par rapport à autrefois?

Réponses: *Valérie Écobichon:* Oui. Elle trouve que c'est bien d'avoir plus de temps pour les loisirs. Dans le passé ses parents passaient 90% de leur temps au travail. Aujourd'hui, même dans les familles d'agriculteurs on consacre plus de temps aux loisirs grâce à la mécanisation du travail agricole.

XAVIER JACQUENET Dijon, France

« ... l'évolution va vers de plus en plus de loisirs... »

VOCABULAIRE UTILE: à long terme *(in the long view)*, **notamment** *(especially)*, **peu élevées** *(lower)*, **usines** *(factories)*, **durée de travail** *(length of workday)*, **a énormément baissé** *(has greatly gone down)*, **tout de même** *(all the same)*, **assurée** *(certain, assured)*, **inquiétudes** *(worries)*, **garanties par l'État** *(guarantees from the government)*, **pas mal de** *(quite a bit)*, **prenant** *(time consuming)*, **en retraite** *(retired)*, **casaniers** *(homebodies)*, **par contre** *(on the other hand)*, **détente** *(relaxation)*, **se détendre** *(to relax)*, **en ayant l'esprit** *(having their minds)*

Est-il d'accord avec l'idée qu'on évolue vers une civilisation des loisirs? Selon lui, quelle est la situation actuelle? Quelles raisons donne-t-il pour expliquer cette situation? Quel était le rapport entre le travail et les loisirs pour ses grands-parents? pour ses parents?

Suggestion, Ex. V: You can verify with the class the answers after each **témoin** speaks. Or, if you think your class understands fairly easily what is being said, you can have them listen to all six **témoins** and then verify the answers by asking more general questions, such as: **Deux des personnes interrogées sont d'accord avec l'idée d'une évolution vers une civilisation des loisirs. Lesquelles? Quelles raisons donnent-elles? Qu'est-ce qui pourrait expliquer le fait que ces deux personnes sont du même avis? Deux des personnes interrogées sont nettement en désaccord avec cette idée. Lesquelles? Pourquoi? Deux témoins ont des réactions plus nuancées. Lesquels? Pourquoi ne sont-ils pas tout à fait d'accord avec cette idée? Qu'ont-ils en commun?**

Réponses: *Xavier Jacquenet:* Oui. Pour les travailleurs la durée de travail a énormément baissé. On met plus d'accent sur les loisirs. La raison principale, c'est que la situation est plus assurée (pour l'éducation, pour la santé, on a des garanties de l'État). Ses grands-parents, eux, travaillaient toute la journée et n'avaient pour loisirs que Noël et le 14 juillet. Ses parents aiment se détendre.

MIREILLE SARRAZIN Lyon, France

« ... l'histoire des huit heures de travail par jour, ça n'existe plus maintenant... »

VOCABULAIRE UTILE: actuel *(current),* **taux de chômage** *(unemployment rate)*

Est-elle d'accord avec l'idée qu'on évolue vers une civilisation des loisirs? Pourquoi (pas)?

Réponses: *Mireille Sarrazin:* Non. Les gens aujourd'hui travaillent de plus en plus, il y a de plus en plus de compétition. Il y a un taux de chômage énorme. Par conséquent, quand on a du travail, on fait le mieux pour le garder. Comme résultat, les gens sont très fatigués.

HENRI GAUBIL Ajaccio, Corse

«Pour avoir des loisirs, on est obligé de les provoquer.»

VOCABULAIRE UTILE: s'aperçoit *(notices),* **chômage** *(unemployment),* **se greffer** *(to crop up in connection with each other)*

Est-il d'accord avec l'idée qu'on évolue vers une civilisation des loisirs? Selon lui, qu'est-ce qui vient avant les loisirs?

Réponses: *Henri Gaubil:* Non. Le travail ou les problèmes personnels (la vie de tous les jours) occupent la totalité du temps des gens. On est obligé de provoquer, de forcer le temps libre.

DOVI ABE Dakar, Sénégal

« ... lorqu'on parle des loisirs... on pense peut-être plutôt aux pays industrialisés.»

VOCABULAIRE UTILE: pays en voie de développement *(developing countries),* **moyens** *(financial means)*

Est-il d'accord avec l'idée qu'on évolue vers une civilisation des loisirs? Pourquoi (pas)? En quoi la situation est-elle différente dans les pays comme le Sénégal?

Réponses: *Dovi Abe:* Oui, dans les pays industrialisés. Mais c'est moins vrai pour des pays en voie de développement technologique et industriel. Dans ces pays, on n'a ni le temps ni les moyens.

ROBIN CÔTÉ Rimouski, Québec

« ... notre appétit a grandi... »

VOCABULAIRE UTILE: en principe *(in theory)*, **grandir** *(to grow)*, **combler** *(to satisfy)*

Est-il d'accord avec l'idée qu'on évolue vers une civilisation des loisirs? Pourquoi (pas)?

Réponses: *Robin Côté:* Pas tout à fait. En principe, on aurait plus de temps libre. Mais en réalité on travaille de plus en plus parce que nos besoins ont grandi; par conséquent, il faut travailler encore plus pour avoir plus d'argent et pour se permettre des loisirs.

If you would like to listen again to the ***Témoignages,*** you can work with this listening material on your own, using SEGMENT 3-5 of the **Audio CD** and Ex. XVI in the **Manuel de préparation.**

***Do À faire! (3-5) on page 140 of the* Manuel de préparation.**

Fonction: Comment parler du passé (3)

REPRISE

Le plus-que-parfait

On utilise le plus-que-parfait pour:

- exprimer une action ou un état qui se sont produits *avant* une autre action ou un autre état dans le passé.

  Elle nous a lu la lettre que son frère lui **avait envoyée.**

- indiquer qu'on *ne* raconte *pas* son récit selon un ordre parfaitement chronologique.

  Il m'est arrivé quelque chose de très amusant hier après-midi aux Galeries Lafayette. Mon frère et moi, nous **avions décidé** de passer l'après-midi en ville. Vers 11h il **était passé** me chercher...

SUGGESTED LESSON OUTLINE: Students assigned ***À faire! (3-5)*** have written answers to the ***Témoignages*** questions and have worked with the **plus-que-parfait** and the expressions **venir de** and **depuis.** Ex. XVI was not self-correcting.

In this class period, do ***Fonction*** (Ex. W) and ***Pour communiquer*** (Ex. X).

Transparencies: 3-6 **(Le plus-que-parfait),** 3-7 **(L'expression *venir de* + infinitif,** 3-8 **(L'expression *depuis*)**

L'expression venir de + *infinitif*

On utilise le *présent* de **venir de** pour indiquer qu'une action ou un état se sont terminés *juste avant* le moment actuel.

Hervé? Non, il n'est pas là. **Il vient de partir.**

On utilise l'*imparfait* de **venir de** pour indiquer qu'une action ou un état avaient fini *juste avant* le commencement d'une autre action ou d'un autre état dans le passé.

Quand ils sont arrivés, **je venais de faire** la vaisselle.

REPRISE

L'expression depuis

On utilise le *présent* avec **depuis** pour indiquer qu'une action ou un état a commencé dans le passé mais qu'ils *ne sont pas encore terminés,* c'est-à-dire qu'ils continuent au moment actuel.

> **Nous habitons** ici **depuis** plus de 50 ans.
> **Il travaille** chez Renault **depuis** 1955.

On utilise l'*imparfait* avec **depuis** pour indiquer qu'une action ou un état dans le passé *continuait toujours* au moment où une autre action ou un autre état dans le passé a commencé.

> Quand je t'ai vu, **je courais depuis** 40 minutes.

Si la phrase est négative, on peut utiliser le *passé composé* ou le *plus-que-parfait* avec *depuis.*

> **Il n'a pas fumé depuis** plus de 10 ans.
> **Il n'avait pas fumé depuis plus de 10 ans** quand il a fait la connaissance de Sonia.

Pour poser une question, on utilise **depuis combien de temps** (pour déterminer une *durée)* ou **depuis quand** (pour déterminer un *moment* particulier).

> **Depuis combien de temps es-tu** à l'université?
> **Depuis** deux ans.
> **Depuis quand es-tu** à l'université?
> **Depuis** 1992.

Quand il s'agit d'une *durée,* on peut aussi utiliser les expressions **Il y a (avait)... que / Voilà... que** (uniquement au présent) / **Ça fait (faisait)... que.**

> **Il y a** trois mois **que** nous cherchons un appartement.
> **Ça faisait** plus de deux heures **qu'on attendait** l'autobus quand un automobiliste très gentil a proposé de nous conduire là où on allait.
> **Voilà** dix ans **qu'ils sont mariés.**

Ex. W: groups of 2

Variation, Ex. W: After each part of the exercise, have students do the opposite activity—i.e., redo items 1–4 from the perspective of memory and items 5–8 as if being recorded on the spot.

W. À enregistrer. On vous a donné un magnétophone et vous vous amusez à vous en servir. D'abord, imaginez que vous l'apportez avec vous afin d'enregistrer vos activités à plusieurs moments de la journée—c'est-à-dire que vous parlez de ce que vous faites au moment où vous parlez; par conséquent, vous utilisez le ***présent*** et des expressions telles que **venir de, depuis, voilà (il y a, ça fait)... que.**

MODÈLE: hier / midi
Il est midi et je suis au restaurant universitaire. Je viens de sortir de mon cours de physique et ça fait un quart d'heure que je mange et que je regarde les autres étudiants. Il y a un beau garçon qui me regarde depuis que je suis assise ici. Je voudrais lui demander son nom, mais j'ai peur de paraître ridicule.

1. ce matin / 7h30
2. hier après-midi / 5h
3. le moment actuel
4. une année dans le passé / *(à vous de choisir l'année et le moment)*

Certains événements, certaines nouvelles nous impressionnent tellement que nous avons tendance à ne pas oublier le contexte dans lequel nous les avons vécus ou appris. Vous décidez donc d'enregistrer vos souvenirs personnels concernant les moments suivants en utilisant l'*imparfait* (et d'autres temps du passé) ainsi que les expressions **venir de, depuis, il y avait, ça faisait... que.**

MODÈLE: Où étiez-vous, que faisiez-vous quand la guerre du Golfe a éclaté?
Moi, j'étais à la maison. Je préparais le dîner. Quand ma femme est entrée, elle a annoncé que nous étions en guerre depuis une heure. Elle venait d'entendre la nouvelle à la radio.

Où étiez-vous, que faisiez-vous... ?

5. ... quand vous avez appris que John F. Kennedy, Jr., était mort dans un accident d'avion?
6. ... quand vous avez vu votre petit(e) ami(e) (mari, femme, etc.) pour la première fois?
7. ... quand vous avez appris une très bonne nouvelle?
8. ... quand vous avez appris une très mauvaise nouvelle?

Ex. X: variable groups

Suggestion, Ex. X: Divide the class into groups of 3–5 students. If possible, reorganize the usual class groups so that students find themselves with people they haven't spent a lot of time talking with. If you have time, have students return to their normal groups and report on (a) what they learned about other students' activities last weekend and (b) what plans they made for the coming weekend.

Note: As in Chapter 2, the activity for the next class involves having students interview a French or Francophone native about his/her leisure time interests. If possible, try to find a different person to interview; however, if you have to reuse the same informant, that will not be a problem. It will be helpful to students if, when assigning ***À faire! (3-6),*** you indicate the identity of the interviewee.

Pour communiquer

Parlez!

X. Le week-end dernier... le week-end prochain. Parlez à quelques camarades de classe de ce que vous avez fait le week-end dernier. En parlant de votre week-end, choisissez au moins une activité au sujet de laquelle vous voulez donner des détails. Ensuite, faites des projets pour le week-end prochain. Si tout le groupe ne peut pas se mettre d'accord sur une seule activité, vous pouvez vous réorganiser en petits groupes selon vos centres d'intérêt.

***Do* À faire! (3-6) *on page 151 of the* Manuel de préparation.**

C'est à vous maintenant!

Parlez!

Y. Une interview. Vous allez interviewer un(e) Français(e) ou un(e) francophone ou bien une personne qui a voyagé en France ou dans un pays francophone. Si vous n'avez jamais interrogé cette personne, vous pourrez commencer par lui poser des questions générales; autrement, vous pourrez passer directement aux questions portant sur les loisirs.

Attention! Prenez des notes. Vous voudrez peut-être vous en servir en préparant votre prochain devoir écrit.

Perspectives culturelles

«Civilisation des loisirs–mentalités» (Gérard Mermet)

Gérard Mermet est un spécialiste de l'analyse des modes de vie des Français et du changement social. Depuis 1985, il publie tous les deux ans une nouvelle édition de *Francoscopie,* dans laquelle il essaie de répondre aux questions: Qui sont les Français? Comment vivent-ils? Que pensent-ils? Quelle société sont-ils en train de préparer?

Selon l'auteur, la civilisation des loisirs n'est plus aujourd'hui un mythe, ni un phénomène à venir bientôt. Elle s'est déjà installée chez les Français, qui, depuis une vingtaine d'années, consacrent aux activités de loisirs une place et un budget croissants. Mais, ce qui est encore plus important, les Français ont aussi changé leur façon de penser aux loisirs.

Le loisir n'est plus une récompense,° mais une activité à part entière.

reward

Il fallait autrefois «gagner sa vie à la sueur de son front°» pour avoir droit ensuite au repos, forme première du loisir. L'individu se devait° d'abord à sa famille, à son métier, à son pays, après quoi il pouvait penser à lui-même.

sweat of one's brow

had the obligation to devote himself

Les générations les plus âgés sont encore sensibles° à cette notion de mérite, qui est pour elles indissociable de celle de loisir. Mais, pour les plus jeunes (la frontière se situe vers 40 ans), le loisir est un droit fondamental. Plus encore, peut-être, que le droit au travail, puisqu'il concerne des aspirations plus profondes et plus personnelles. Il n'y a donc aucune° raison de se cacher° ni d'attendre pour satisfaire ses envies, bref pour «profiter de la vie».

sensitive

no / to hide

SUGGESTED LESSON OUTLINE: Students assigned ***À faire! (3–6)*** have prepared approximately 20 questions *(continued below)*

to use in their interview. Since Ex. XXI was not self-correcting, you may wish to give students a few minutes to correct each other's questions before starting the interview. They have also read the Mermet article on the **"civilisation des loisirs."** Ex. XXII was not self-correcting.

In this class period, you can either: (a) divide the class equally between the interview (Ex. Y) and discussion of the reading (Ex. Z) or (b) devote most of the class to the interview, reserving a few minutes at the end for comprehension difficulties. If you wish, suggest that students compare notes from the interview before doing the next writing assignment. However, Ex. XXIV does offer a choice; they can write about the interviewee or about a family member or even themselves.

On peut d'ailleurs observer que le droit au loisir est aujourd'hui mieux respecté que le droit au travail, car il dépend beaucoup moins de la conjoncture économique. Il occupe une place d'autant plus grande dans la société contemporaine qu'il s'appuie à la fois sur l'accroissement du temps libre et sur celui du pouvoir d'achat.

Le fonctionnement de la société reste pourtant centré sur le temps du travail.

Malgré l'évolution spectaculaire de la place du temps libre dans la vie des individus, la société continue de fonctionner sur la même base temporelle que par le passé. Son système de valeurs et de représentation est organisé autour du temps de travail, alors qu'il est devenu quantitativement très minoritaire à l'échelle d'une vie.

Ce décalage° entre le temps réel et le temps social est à l'origine d'un grand malentendu°. Un nouvel ordre social, fondé sur le temps libre, devrait donc peu à peu remplacer l'ordre traditionnel, qui repose tout entier sur le temps de travail. Car c'est aujourd'hui le temps libre qui est le temps sacré des individus.

gap

misunderstanding

La reconnaissance du loisir comme valeur implique la prépondérance° de l'individu sur la collectivité.

domination

Dans la conception du loisir, deux visions très différentes de la vie s'opposent. La première est optimiste et athée.° Elle pose en principe que tout homme est mortel

atheist

et qu'il lui faut donc tenter de s'épanouir° au cours de son existence terrestre. Son objectif est de maîtriser° sa vie et de la conduire le plus librement possible. Dans cette optique, le cheminement° des dernières décennies° peut être regardé comme un progrès. Les sociétés occidentales ont avancé sur la voie difficile d'un individualisme de type humaniste, auquel beaucoup aspiraient depuis longtemps, que l'on peut baptiser *égologie.*

to bloom
to control
advance / decades

La seconde vision est à la fois pessimiste et mystique. La tendance actuelle, qui privilégie l'individu et le court terme° par rapport à la collectivité et l'éternité, est ressentie comme l'amorce° d'une décadence qui menace les nations développées. Car l'individualisme ne paraît guère° compatible avec la vie en société. Avec lui se développent les risques d'antagonisme entre des intérêts divergents. En refusant l'effort, la solidarité et le sacrifice, les hommes se condamnent à une fin prochaine.° [...]

short term
felt as the beginning
hardly
imminent

Le loisir est de plus en plus un moyen d'échapper à la réalité.

En matière des loisirs, les Français adoptent des comportements° qui traduisent à la fois leur insatisfaction par rapport au présent et leur angoisse° face à l'avenir. Les outils et les pratiques de loisirs sont souvent des moyens de substituer le rêve à la réalité.

behaviors
anguish

Ainsi, les films qui font le plus d'entrées racontent des histoires fantastiques ou en forme de contes de fées° *(les Visiteurs, Jurassic Park...)*. À la télévision le succès des séries comme *X-files* montre que beaucoup sont prêts à croire que «la vérité est ailleurs». Les images virtuelles se multiplient sur les écrans. Les romanciers contemporains, tels Dijan, Modiano ou Le Clézio inventent des personnages sans chair dans des histoires sans lieux. La peinture moderne est de plus en plus intérieure, de moins en moins descriptive. Les sculpteurs contemporains ne reproduisent pas des formes réelles; ils donnent du volume et du poids à des images abstraites. La photographie, la bande dessinée ou les clips musicaux mettent en scène des héros symboliques qui évoluent dans des univers oniriques.° La musique, de Jean-Michel Jarre à Michael Jackson, utilise des synthétiseurs qui créent des sonorités propres à favoriser le rêve.

fairy tales
dreamlike

La publicité, qui participe de toutes ces disciplines artistiques, cherche aussi de plus en plus souvent à transcender la réalité des produits qu'elle vante: décors, acteurs, éclairages, angles de prise de vue, montage contribuent à inscrire les images publicitaires dans un «autre monde».

Le mythe du «voyage» se développe.

Le mot «voyage» a un fort contenu symbolique. On peut, au sens propre, changer de lieu, d'identité, d'activité, d'habitudes, bref de vie. C'est sans doute pourquoi l'idée de voyage occupe une place croissante dans la vie des Français, qui sont de plus en plus nombreux à s'accorder° des périodes de rupture et de liberté. [...]

to give themselves

Ce n'est donc pas un hasard si la drogue s'installe dans les sociétés développées. Le «voyage» auquel elle conduit n'a rien à voir avec ceux proposés dans les catalogues des *tour operators*. Il est avant tout une fuite,° en marge d'une société dans laquelle beaucoup ne trouvent pas leur place. [...]

flight, escape

Gérard Mermet, *Francoscopie 1999*,
© Larousse, 1998, pp. 353–355

Parlez!

Suggestion, Ex. Y: The ideas presented in this article are at times somewhat abstract. Depending on the time you have available, the level of ability of your students, and your degree of tolerance for errors and anglicisms, you may wish to allow students to discuss these questions in English. If you prefer to have them discuss in French, you may need to lead the discussion, writing on the board short sentences summarizing key ideas and asking the students to agree or disagree with examples.

***Do* À faire! (3-7) *on page 154 of the* Manuel de préparation.**

Testing: The **Test Bank** includes a chapter test for ***Chapitre 3*** covering the material in the core section of the chapter.

Y. Le loisir. Discutez des questions suivantes avec quelques camarades de classe.

1. Selon Gérard Mermet, en quoi la conception du loisir a-t-elle changé dans ces dernières années?
2. Quel rapport voit-il entre le rêve, la réalité et les loisirs? Pouvez-vous donner des exemples de cette tendance?
3. L'auteur précise deux conceptions opposées du loisir, qui correspondent plus ou moins à celle des jeunes et à celle des gens plus âgés. Dans quelle mesure trouvez-vous la même opposition dans votre expérience?

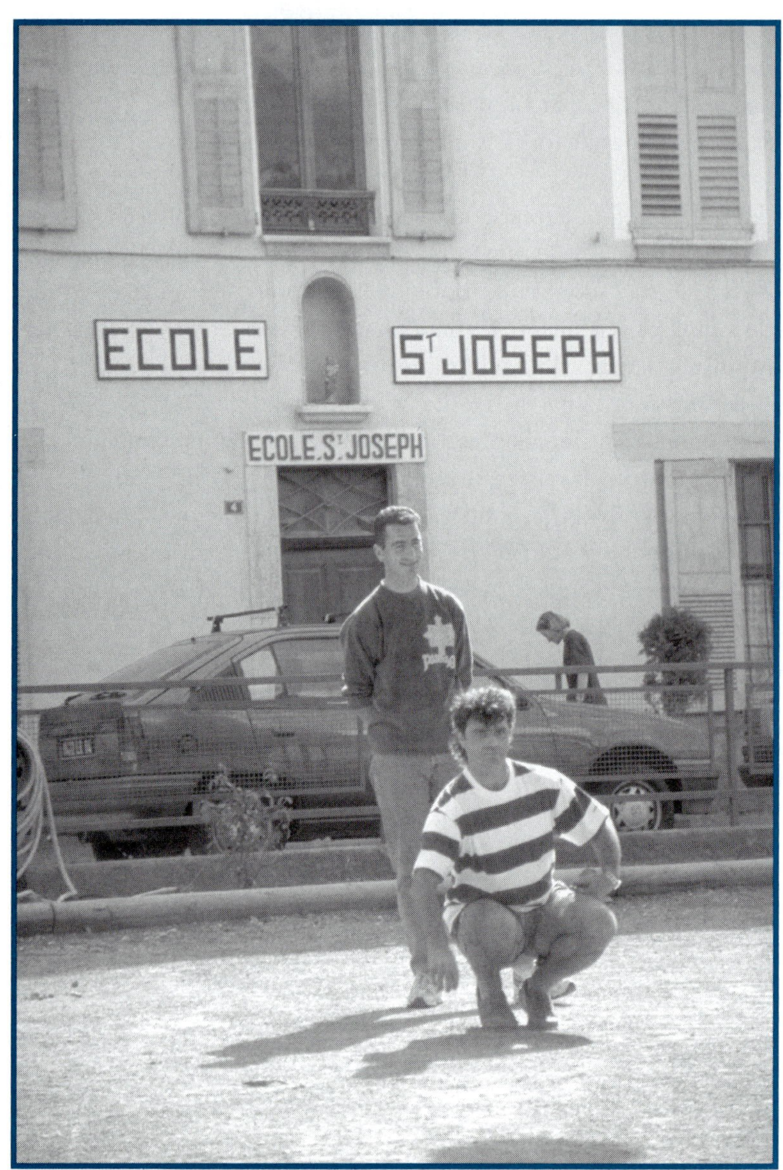

CHAPITRE

3

Allons voir les Français et les francophones...

aux heures de loisirs!

EXPANSION

MENU

MANUEL DE CLASSE

MANUEL DE PRÉPARATION

Video:
Chapitre 3

SUGGESTED LESSON OUTLINE: Students assigned ***À faire! (3-7)*** have written an article about the person interviewed during the last period or, if they preferred, about a person of their choice. The ***Activité écrite*** in the ***Expansion*** section of this **Manuel de classe** (see page 131) provides the opportunity for peer editing and for revision of the article. Or, if you prefer, you can have students hand their article in to you for revision and correction.

There are no more ***À faire!*** assignments in this chapter. The ***Expansion*** section of the **Manuel de classe** provides activities for as many as five additional class periods. The ***Expansion*** section of the **Manuel de préparation** offers a like number of out-of-class homework possibilities. You can select the number and type of activities you wish to do and to assign, depending on your course calendar, your pedagogical preferences, and your students' interests. You may wish, in certain cases, to allow students to choose the activities they will do in class and for homework.

Première séquence:

Réponses:

Sans le son:
6, 2, 7, 1, 3, 8, 4, 5

Avec le son:
1. V
2. F (72% des hommes/54% des femmes)
3. F (13 millions)
4. V
5. F (Elles ont moins d'importance.)
6. V
7. F (la natation)
8. F (cyclisme, randonnée pédestre, gymnastique)
9. V
10. V

Vidéo

AVANT LA VIDÉO

Classez les activités sportives suivantes dans l'ordre de votre préférence, de l'activité sportive préférée (1) à la moins aimée (7).

___ cyclisme *(biking)*
___ randonnée pédestre *(hiking)*
___ équitation
___ autre?
___ football américain
___ natation *(swimming)*
___ jogging

PREMIÈRE SÉQUENCE: À vos marques

LA VIDÉO: SANS LE SON

Indiquez par des chiffres de 1 à 8 l'ordre des séquences de ce segment.

___ Un match de football.
___ Des hommes et des femmes nagent en piscine.
___ Un vendeur d'équipements sportifs *(athletic gear)*.
___ Des hommes et des femmes courent sur la piste d'un stade.
___ Des joueurs de pétanque *(game played with metal balls)*.
___ Un embouteillage dans une grande ville.
___ Des cyclistes *(bikers)*.
___ La photo d'une gymnaste.

LA VIDÉO: AVEC LE SON

Indiquez par **vrai** (V) ou **faux** (F) si les idées suivantes sont présentées dans ce segment. Corrigez les affirmations *(statements)* inexactes.

1. ___ Les Français sont de plus en plus sportifs *(athletic)*.
2. ___ 62% des hommes et 64% des femmes pratiquent une activité sportive.
3. ___ 23 millions de Français sont membres d'une association sportive *(athletic club)*.
4. ___ Le nombre de gens qui pratiquent un sport a triplé en 20 ans.
5. ___ En France, les équipes universitaires ont la même importance qu'aux États-Unis.
6. ___ Les Français préfèrent les sports individuels.
7. ___ Le cyclisme est le sport le plus pratiqué par les hommes et les femmes.
8. ___ Les femmes aiment jouer à la pétanque.
9. ___ Le football et le tennis sont les sports collectifs *(team sports)* les plus populaires en France.
10. ___ Les Français pratiquent un sport pour s'évader *(to escape)* de la vie de tous les jours et pour «rester jeune».

QUANT À MOI...

Seul(e). Et vous, que faites-vous pour «vous évader de la vie de tous les jours»? Quelle place occupe le sport dans votre vie quotidienne? Que vous apporte une activité sportive? Écrivez un paragraphe pour répondre à ces questions.

En groupe. Reprenez le questionnaire de l'activité intitulée *Avant la vidéo*. Comparez vos réponses avec celles des autres étudiants de votre classe. Discutez des bénéfices et des inconvénients de chacun des sports mentionnés. Quelles sont les activités sportives les plus pratiquées par les filles? par les garçons? Quelles réponses trouvez-vous en commun? Êtes-vous étonné(e)s par certaines de ces réponses?

DEUXIÈME SÉQUENCE: Sport, amitié et santé

LA VIDÉO: AVEC LE SON

Khaled a 16 ans. Il est d'origine algérienne mais il est né à Londres *(London)* et réside à Aix-en-Provence dans le sud de la France depuis 6 ans. Trouvez la (les) réponse(s) correcte(s) de Khaled aux questions qui lui sont posées.

1. Quel(s) conseil(s) donnerais-tu à un étranger qui vient juste d'arriver en France pour faire ses études?
   a. aller dans un bon restaurant
   b. faire du sport
   c. regarder la télévision

2. Pourquoi?
   a. pour rencontrer des personnes
   b. pour apprendre l'argot *(slang)*
   c. parce que c'est plus facile que d'aller à la bibliothèque
   d. parce que ça décontracte
   e. parce que c'est dépaysant
   f. pour se familiariser avec la langue

3. Quel(s) sport(s) pratiques-tu?
   a. le football
   b. le ski
   c. le basket-ball

4. Est-ce que c'est plus important de gagner ou de bien jouer?
   a. de gagner
   b. de bien jouer
   c. de passer un bon moment *(to have a good time)*

5. Qu'est-ce qu'il faut faire pour être en forme?
   a. faire du sport
   b. danser
   c. bien manger le matin

Deuxième séquence:

Réponses:

1. b
2. a, c, d, f
3. c
4. c
5. a, c

QUANT À MOI...

Et vous, que faites-vous pour être en forme? pour maintenir un équilibre dans votre vie?

TROISIÈME SÉQUENCE: Le Club Med

LA VIDÉO: AVEC LE SON

M. Pistolezzi est le directeur d'un village Club Med à Sainte-Anne en Guadeloupe. Il nous décrit une journée typique au Club. Entourez les réponses correctes dans le tableau suivant.

Troisième séquence:

Réponses:

Heures d'ouverture: de 7 à 10 heures

Sports possibles: planche à voile, voile, canoë, tennis, golf, volley-ball, tir à l'arc

Activités dans la journée: faire de la chaise longue, la restauration

Activités dans la soirée: voir un spectacle, danser

Heures d'ouverture du restaurant:	de 8 à 10 heures		
	de 7 à 10 heures		
Sports possibles (vus et entendus):	planche à voile	pétanque	voile
	canoë	tennis	équitation
	golf	danse	alpinisme *(climbing)*
	volley-ball	tir à l'arc	
Autres activités dans la journée:	faire de la chaise longue *(to relax)*		
	visiter		
	la restauration		
Activités dans la soirée:	voir un spectacle		
	danser		

QUANT À MOI...

Que pensez-vous des voyages organisés *(package tours)?* Quels peuvent en être les avantages et les inconvénients?

QUATRIÈME SÉQUENCE: Garçon, s'il vous plaît...

LA VIDÉO: AVEC LE SON

Quatrième séquence:

Réponses:

1. 4, 2, 1, 5, 3
2. 5, 7, 2, 4, 6, 3, 1

Remettez les phrases du dialogue dans l'ordre.

1. Qui va payer l'addition?
   ____ Non, je n'ai rien sur moi.
   ____ Non, je t'en prie, Hélène, je t'invite.
   ____ L'orange pressée *(squeezed),* le jus d'abricot...
   ____ Je vous invite tous les deux, alors.
   ____ Tu as de la monnaie *(change)* de 50 francs, s'il te plaît, Sébastien?
2. Qu'est-ce qu'on fait ce soir?
   ____ C'est juste à côté.
   ____ Bon, alors, bonne chance à tes examens.
   ____ Les films de Téchiné, moi j'aime bien.
   ____ Deuxième idée, un petit festival de musique classique en plein air *(outdoors).*
   ____ J'aurais aimé vous accompagner mais demain j'ai mes examens.
   ____ Ouais, mais il fait beau.
   ____ Première idée, le cinéma.

QUANT À MOI...

Et vous, comment passez-vous vos soirées *(evenings)* entre copains? Est-ce que vous décidez de ce que vous allez faire pour vos amis ou suivez-vous leur avis? Comment passez-vous la soirée qui précède une journée d'examens?

Activité écrite:
Un article (mise au point)

Suggestion, Activité écrite: This activity is a follow-up to Ex. XXV in the **Manuel de préparation.** Have students bring to class a draft of their article. Working in groups of three, they read each other's draft and do peer editing, following the suggestions provided in the text.

Lisez l'article que vos camarades de classe ont rédigé (**Manuel de préparation,** Exercice XXIV, page 151), puis répondez aux questions suivantes.

1. En combien de paragraphes l'article est-il divisé? Quel est le sujet de chaque paragraphe?
2. Quels arguments sont proposés pour soutenir l'idée que la civilisation des loisirs est un mythe ou une réalité? L'auteur de l'article donne-t-il au moins un exemple pour soutenir chaque argument?
3. Quelles suggestions avez-vous pour rendre l'article plus intéressant?

Ensuite, relisez l'article pour vérifier l'*accord* des verbes avec leur sujet, des adjectifs avec le nom qu'ils qualifient. Si des temps du passé ont été utilisés, vérifiez l'emploi du **passé composé,** de l'**imparfait** et du **plus-que-parfait.**

Activité orale:
Une anecdote

Suggestion, Activité orale: Give students a few minutes to prepare their anecdote; you may wish to allow them to jot down a few words and phrases to help organize their story. Divide students into groups of four; working in pairs, each student tells his/her anecdote to each of the other students. After each of the first two rounds, choose someone to tell the story to the class and use this general telling to make suggestions about connecting words, need for detail, tense usage, etc. After the third round, put students from different groups together. After telling one's own story and hearing the story of a person from the other group, students go back into the original groups and tell to that group the story they just heard. The latter activity serves to promote listening as well as speaking.

Vous allez raconter une histoire à quelques camarades. Choisissez quelque chose d'amusant, de bizarre, d'effrayant *(frightening)* ou d'important qui vous est arrivé ou qui est arrivé à une personne que vous connaissez. Suivez le schéma indiqué ci-dessous et faites attention à l'emploi du **passé composé,** de l'**imparfait** et du **plus-que-parfait.**

1. Annoncez l'histoire:

   (La semaine dernière) il m'est arrivé (il est arrivé à...) quelque chose de très amusant (bizarre, etc.).
2. Établissez le contexte:

   Où? Qui? Quelle était la situation? Qu'est-ce qui avait précédé le début de l'histoire?
3. Racontez l'histoire:

   D'abord... ensuite... et puis... après... , etc.
4. Terminez l'histoire:

   Enfin...

Audio CD
SEGMENT 3–6
CD 3, TRACK 3

Exercice d'écoute:
Deux autres témoignages

Suggestion, Exercice d'écoute: Have students take notes while listening to each interview. Then have them compare notes in small groups, listen again (if necessary), and then discuss with the whole class the activities and the opinions of the three speakers.

Réponses: *Anne Squire:* Pas d'accord. Elle trouve que les gens travaillent de plus en plus, que la vie est plus dure pour sa génération (à cause de l'économie). Un des grands problèmes français (et peut-être européens), c'est que les jeunes ont beaucoup de mal à voir leur avenir, à trouver du travail, à imaginer qu'ils aient une vie aussi facile que leurs grands-parents.

Réponses: *Alain Bazir:* Pas tout à fait d'accord. D'un côté, le travail a beaucoup de valeur (à cause du chômage—55% des jeunes); trouver du travail, c'est extrêmement important. De l'autre côté, c'est vrai que les gens d'aujourd'hui en Guadeloupe ont un plus grand choix de loisirs. Et les parents d'aujourd'hui sont beaucoup moins stricts que leurs parents (par exemple, sa mère devait rentrer à 6 h, ne pouvait pas sortir après 8 h).

Réponses: *Sophie Everaert:* Pas dans son cas. Son mari est médecin, donc ils n'ont pas beaucoup de loisirs. Elle trouve que les gens d'aujourd'hui sont très exigeants en ce qui concerne les loisirs. On travaille beaucoup, donc quand on a des loisirs, on veut partir (à l'étranger, par exemple, plutôt que de rester en Belgique). Elle trouve qu'aujourd'hui on travaille autant que ses parents et ses grands-parents. La différence, c'est qu'eux ont connu la guerre; par conséquent, pour eux, les loisirs sont moins importants, sont extra. La génération de Sophie n'est pas satisfaite d'avoir assez à manger; elle veut une bonne vie.

If you would like to listen again to the ***Témoignages,*** you can work with this listening material on your own, using SEGMENT 3–6 of the **Audio CD.**

Vous allez écouter une Française et deux francophones parler des rapports entre le travail et les loisirs. En les écoutant, essayez de comparer leurs idées: sont-ils d'accord avec l'idée qu'on évolue vers une civilisation des loisirs? Pourquoi ou pourquoi pas? Quelles différences remarquent-ils entre leur génération et celles de leurs parents et de leurs grands-parents en ce qui concerne le rapport travail-loisirs?

ANNE SQUIRE Levallois-Perret, France

«Nous avons peut-être un plus grand choix de loisirs, mais... »

VOCABULAIRE UTILE: à l'heure actuelle *(currently)*, **optique** *(point of view)*

ALAIN BAZIR Saint-Claude et Pointe-à-Pitre, Guadeloupe

«Les parents de ma génération sont plus ouverts... »

VOCABULAIRE UTILE: cruciaux *(crucial)*, **îles avoisinantes** *(neighboring islands)*, **la sortie** *(here: opening [of a film])*, **opprimés** *(oppressed)*

SOPHIE EVERAERT Bruxelles, Belgique

«Nous, on n'a jamais connu la guerre... »

VOCABULAIRE UTILE: exigeants *(demanding)*, **autant** *(as much)*, **guerre** *(war)*, **en plus** *(extra, surplus)*, **assiette remplie** *(full plate [of food])*

Lecture: «Une vieille femme qu'on abandonne» (Albert Camus)

Albert Camus (1913–1960) was one of the leading intellectual and literary figures to emerge in post-World War II France. The author of numerous plays, short stories, and essays, he is particularly known for his novels *L'Étranger* (The Stranger) and *La Peste* (The Plague).

Dans «L'Ironie», le premier essai de son recueil, ***L'Envers et l'endroit,*** *Albert Camus raconte de courtes anecdotes au sujet de trois personnes âgées: «Il s'agit de trois destins semblables, et pourtant différents. La mort pour tous, mais à chacun sa mort.» Voici la première anecdote.*

In addition to the tenses with which you are familiar **(présent, passé composé, imparfait, plus-que-parfait),** this passage also uses the **passé simple** (a literary past tense similar to, although not identical with, the **passé composé).** These verbs are glossed in the margin and marked with the indication **p.s.**

Il y a deux ans, j'ai connu une vieille femme. Elle souffrait d'une maladie dont elle avait bien cru mourir.° Tout son côté droit avait été paralysé. Elle n'avait qu'une moitié d'elle en ce monde quand l'autre lui° était déjà étrangère. Petite vieille remuante° et bavarde,° on l'avait réduite au silence et à l'immobilité. Seule de longues journées, illettrée,° peu sensible, sa vie entière se ramenait à° Dieu. Elle croyait en lui. Et la preuve est qu'elle avait un chapelet,° un Christ de plomb° et, en stuc,° un Saint Joseph portant l'Enfant. Elle doutait que sa maladie fût° incurable, mais l'affirmait pour qu'on s'intéressât à elle, s'en remettant du reste° au Dieu qu'elle aimait si mal.

had thought she was going to die
to her(self) / fidgety
talkative
illiterate / came down to /
rosary beads / lead / stucco
was (imperfect subjunctive of ***être****)*
leaving everything else up to

Ce jour-là, quelqu'un s'intéressait à elle. C'était un jeune homme. (Il croyait qu'il y avait une vérité et savait par ailleurs° que cette femme allait mourir, sans s'inquiéter de résoudre cette contradiction.) Il avait pris un véritable intérêt à l'ennui° de la vieille femme. Cela, elle l'avait bien senti. Et cet intérêt était une aubaine inespérée° pour la malade. Elle lui disait ses peines° avec animation: elle était au bout de son rouleau,° et il faut bien laisser la place aux jeunes. Cela était sûr. On ne lui parlait pas. Elle était dans son coin, comme un chien. Il valait mieux en finir. [...]

moreover
boredom
unexpected godsend
problems / at the end of her rope

On s'était mis à table. Le jeune homme avait été invité au dîner. La vieille ne mangeait pas, parce que les aliments sont lourds le soir. Elle était restée dans son coin, derrière le dos de celui° qui l'avait écoutée. Et de se sentir observé, celui-ci mangeait mal. Cependant, le dîner avançait. Pour prolonger cette réunion, on décida° d'aller au cinéma. On passait justement un film gai. Le jeune homme avait étourdiment° accepté, sans penser à l'être° qui continuait d'exister dans son dos.

the one (the person)
decided (p.s.)
carelessly (rashly)
the being (the person)

Les convives° s'étaient levés pour aller se laver les mains, avant de sortir. Il n'était pas question, évidemment, que la vieille femme vînt° aussi. Quand elle n'aurait pas été impotente,° son ignorance l'aurait empêchée° de comprendre le film. Elle disait ne pas aimer le cinéma. Au vrai, elle ne comprenait pas. Elle était dans son coin, d'ailleurs, et prenait un grand intérêt vide° aux grains° de son chapelet. Elle mettait en lui toute sa confiance. Les trois objets qu'elle conservait marquaient pour elle le point matériel où commençait le divin. À partir du° chapelet, du Christ ou du Saint Joseph, derrière eux, s'ouvrait un grand noir profond où elle plaçait tout son espoir.

guests
come (imperfect subjunctive of ***venir****)*
Even if she hadn't been (weren't) crippled / would have prevented
empty / beads
From . . . on

Tout le monde était prêt. On s'approchait de la vieille femme pour l'embrasser et lui souhaiter un bon soir. Elle avait déjà compris et serrait° avec force son chapelet. Mais il paraissait bien que ce geste pouvait être autant de désespoir que de ferveur. On l'avait

squeezed

Suggestion, Lecture: The **Expansion** section of the **MP** contains pre-reading and reading activities to accompany this text. You can have students read the text and do these activities before class; or, assign only the pre-reading and then devote time in class to reading and discussing the text.

embrassée. Il ne restait que le jeune homme. Il avait serré la main de la femme avec affection et se retournait déjà. Mais l'autre voyait partir celui qui s'était intéressé à elle. Elle ne voulait pas être seule. Elle sentait déjà l'horreur de sa solitude, l'insomnie prolongée, le tête-à-tête décevant° avec Dieu. Elle avait peur, ne se reposait plus qu'en° l'homme, et se rattachant au seul être qui lui eût° marqué de l'intérêt, ne lâchait° pas sa main, la serrait, le remerciant maladroitement pour justifier cette insistance. Le jeune homme était gêné.° Déjà, les autres se retournaient pour l'inviter à plus de hâte.° Le spectacle commençait à neuf heures et il valait mieux arriver un peu tôt pour ne pas attendre au guichet.

disappointing / no longer relied on anything except
had shown (pluperfect subjunctive of ***marquer****) / let go of*
embarrassed / haste

Lui se sentait placé devant le plus affreux° malheur qu'il eût encore connu:° celui° d'une vieille femme infirme° qu'on abandonne pour aller au cinéma. Il voulait partir et se dérober,° ne voulait pas savoir, essayait de retirer sa main. Une seconde durant, il eut° une haine° féroce pour cette vieille femme et pensa° la gifler à toute volée.°

terrible / had ever known (pluperfect subjunctive of ***connaître****)*
that (the unhappiness) / invalid
to run away
*had (****p.s.*** *of* **avoir***) / hatred / wanted to (****p.s.*** *of* **penser***) / slap her as hard as he could*

Il put° enfin se retirer et partir pendant que la malade, à demi soulevée° dans son fauteuil, voyait avec horreur s'évanouir° la seule certitude en laquelle elle eût pu° se reposer. Rien ne la protégeait maintenant. Et livrée° tout entière à la pensée de sa mort, elle ne savait pas exactement ce qui l'effrayait,° mais sentait qu'elle ne voulait pas être seule. Dieu ne lui servait de rien, qu'à l'ôter aux° hommes et à la rendre seule. Elle ne voulait pas quitter les hommes. C'est pour cela qu'elle se mit° à pleurer.

*managed (****p.s.*** *of* **pouvoir***) / raised*
fade away / could (pluperfect subjunctive of ***pouvoir****)*
freed
frightened
to take away from
*began (****p.s.*** *of* **mettre***)*

Les autres étaient déjà dans la rue. Un tenace remords° travaillait le jeune homme. Il leva les yeux vers la fenêtre éclairée, gros œil mort dans la maison silencieuse. L'œil se ferma. La fille de la vieille femme malade dit au jeune homme: «Elle éteint° toujours la lumière quand elle est seule. Elle aime rester dans le noir.»

persistent (feeling of) remorse
turns off

Albert Camus, «L'Ironie», *L'Envers et l'endroit,*
Paris: Éditions Gallimard, 1958, extrait

Le sens du texte. Montrez votre accord ou votre désaccord avec les conclusions suivantes en faisant allusion au texte que vous venez de lire.

1. La vieille femme habite seule.
2. Le jeune homme qui s'intéresse à elle est un membre de la famille.
3. Le seul compagnon de la vieille femme est Dieu.
4. La vieille femme ne veut pas sortir avec les autres après le dîner.
5. Elle ne veut pas que les autres sortent non plus.
6. Le jeune homme regrette d'avoir parlé à la vieille femme.
7. Pour la vieille femme, le jeune homme a maintenant plus d'importance que Dieu.
8. La fille de la vieille femme ne comprend pas du tout sa mère.

L'art du texte. Discutez des questions suivantes avec vos camarades de classe.

1. L'ironie est fondée sur l'opposition—entre ce qu'on dit et ce qu'on pense, entre ce qu'on prévoit et ce qui se produit, entre ce qu'on dit et ce qui est vrai. Quelle est l'ironie des paroles de la fille à la fin de l'histoire?
2. L'œuvre de Camus est souvent ironique; Camus s'y montre très sensible aux oppositions, aux contradictions de la vie humaine. Relevez toutes les oppositions possibles dans ce texte: par exemple, la vieille femme et le jeune homme, la maladie de la vieille femme (la moitié d'elle vivante, l'autre moitié paralysée, c'est-à-dire morte), etc.
3. À votre avis, quelle est l'attitude du narrateur à l'égard de la vieille dame? à l'égard du jeune homme? Montre-t-il plus de compréhension ou de sympathie à l'égard de l'un(e) ou de l'autre?

L'ENVERS ET
L'ENDROIT
PAR ALBERT CAMUS
LES ESSAIS LXXXVIII
GALLIMARD

Allons voir les Français et les francophones...

EN ROUTE POUR LE BUREAU

au travail!

CHAPITRE

4

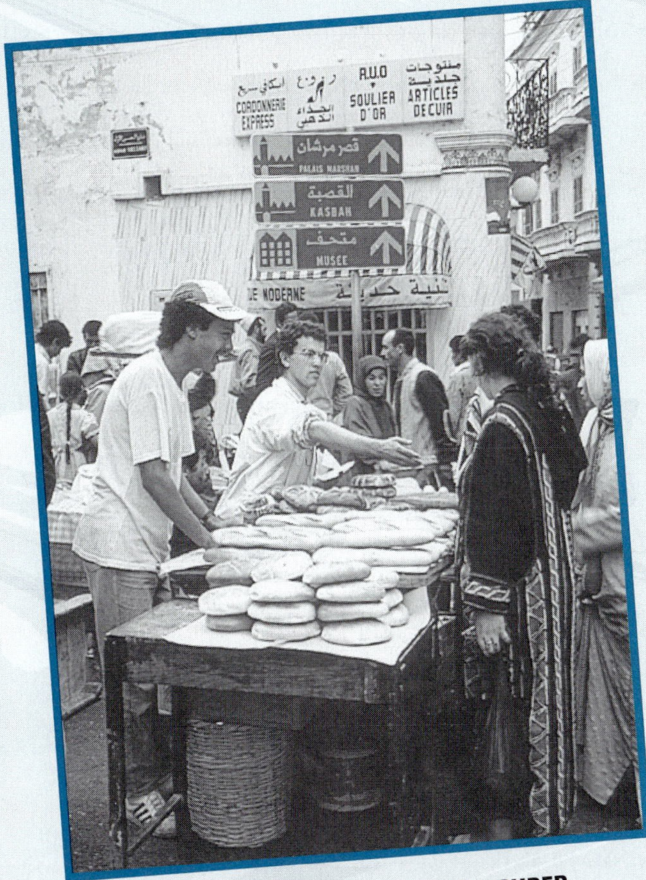

UN PETIT COMMERÇANT DU MAGHREB

CHAPTER SUPPORT MATERIALS (STUDENT)

MP: pp. 167–192

Audio CD: SEGMENTS 4-1 to 4-7

SYLLABUS: The minimum amount of time needed to cover the core material of ***Chapitre 4*** is seven class periods. The ***Expansion*** provides material for an additional one to five class periods.

CHAPTER SUPPORT MATERIALS (INSTRUCTOR)

Transparencies: 4-1 to 4-5

Audio CD: SEGMENTS 4-1 to 4-7

Video: Chapitre 4: Séquences 1–2

Test Bank: Chapitre 4

OBJECTIVES

In this chapter, you will learn:

- to talk about jobs and professions;
- to express content or discontent, irritation, exasperation, what you want to do or don't want to do;
- to talk about the future;
- to talk about dreams, hopes, and aspirations;
- to interview or be interviewed for a job.

SUGGESTED LESSON OUTLINE: Do ***Témoignages*** (Ex. A, B) and ***Perspectives culturelles*** (Ex. C, D).

Témoignages

«Où est-ce que vous travaillez?»

«Bonjour! Je suis employée de magasin à la Fnac de Marseille, où nous vendons des livres, des CD et toutes sortes d'autres matériels. Mon ami Habib Smar et moi, nous serons vos guides pour votre étude des attitudes des Français vis-à-vis du travail. En France, la population active (ceux qui travaillent) est de 27 millions sur une population totale de 58,7 millions d'habitants. Par «population active» on désigne tous ceux qui travaillent ou qui cherchent du travail, le taux de chômage *(unemployment)* étant de plus de 10% en 1999. Qui travaille? Qui ne travaille pas? Que leur apporte le travail? Quels métiers et professions est-ce qu'ils exercent? Quel travail est-ce qu'ils préfèrent? Telles sont les questions qu'il faut se poser pour chercher à comprendre la signification du travail dans la culture française.»

«Bonjour. Ma famille et moi, nous habitons ici à Marseille depuis dix ans. J'ai aussi un frère qui habite en France. C'est avec son aide que nous avons pu venir nous installer à Marseille. Il m'a même trouvé un poste. Notre vie ici a toujours été meilleure du point de vue financier qu'elle ne l'était en Tunisie où le taux de chômage est à 15% et où 27,5% des ménages vivent en dessous du seuil de pauvreté *(poverty level)*. Malheureusement, j'ai récemment perdu mon emploi à cause d'un licenciement économique *(layoff for budgetary reasons)* et je cherche donc un travail. J'ai déjà quelques contacts et j'espère trouver un autre poste dans les semaines à venir. Entre-temps, ma femme travaille comme employée de maison et mon frère nous aide autant qu'il peut. La vie n'est pas toujours très facile, mais nous nous débrouillons assez bien.

Et maintenant, pour vous familiariser avec le monde du travail, vous allez entendre une Française et trois francophones vous parler de leur travail.»

Écoutez!

A. Pré-écoute: À vous d'abord! Posez les questions suivantes à vos camarades de classe afin de vous renseigner sur le travail qu'ils font, ont fait ou comptent faire un jour. Si vous ne connaissez pas le mot juste pour un certain métier, essayez de le décrire en termes généraux.

Ex. A:  **groups of 2, 3, or 4**

Follow-up, Ex. A: After students have worked in pairs or groups, ask questions to determine what kinds of jobs they've held and/or what they would like to do. You might have a spokesperson report for each group (e.g., **Sandy travaille comme vendeuse à la librairie du campus; elle aime beaucoup son travail mais elle a un salaire assez bas. L'été dernier, John a fait un stage dans une compagnie qui fait [fabrique] des ordinateurs; il n'a pas eu de salaire mais il a appris beaucoup de choses. Moi, je n'ai jamais eu un poste, mais je compte travailler dans le magasin de ma tante l'été prochain.** etc.) You can then ask individuals for more details. This may also be an opportunity to provide some vocabulary as needed.

Vocabulaire utile

un job (un poste, un travail, un emploi)
faire du baby-sitting
un(e) assistant(e)
un(e) aide
un stage *(internship)*
travailler à (pour, dans, chez, avec)
un salaire bas (assez élevé, médiocre, suffisant)
un travail à plein temps *(full-time)*
un travail à temps partiel *(part-time)*

1. Est-ce que tu as déjà eu un travail? Lequel?
2. Qu'est-ce que tu as appris dans ce travail?
3. Quels étaient (sont) les avantages et les inconvénients de ton travail?
4. Si tu n'as jamais travaillé, qu'est-ce que tu aimerais faire un jour?

B. Écoutez: Les témoins vous parlent. Répondez aux questions selon les renseignements donnés par les témoins à propos de leur travail.

Audio CD:
SEGMENT 4-1
CD 3, TRACK 5

DJAMAL TAAZIBT Alger, Algérie

«Mon travail consiste à donner des cours magistraux et des travaux dirigés en psychologie.»

VOCABULAIRE UTILE: maître assistant *(assistant professor)*, **chargé de** *(in charge of)*, **j'ai obtenu** *(I obtained, I got)*, **licence** *(degree received after three or four years of college)*, **parmi les premiers** *(among the best)*, **bourse d'études** *(scholarship)*, **enseignant-chercheur** *(teacher-researcher)*, **cours magistraux** *(large lecture courses)*, **travaux dirigés** *(lab work)*, **fâcheuse** *(unfortunate)*, **but** *(goal)*, **escompté** *(anticipated)*, **c'est-à-dire** *(that is to say)*, **je suis aussi tenu de...** *(I'm also obligated to . . .)*, **les contrats qui me lient** *(my binding contracts)*, **recherche appliquée** *(applied research)*, **étatiques** *(state-run)*, **gérées** *(managed)*, **ministère** *(ministry [of education])*, **ce qui dénote** *(which shows)*, **l'enseignement supérieur** *(higher education)*

Où travaille Djamal? Quelle est sa spécialisation? Où est-ce qu'il a fait sa licence? Où a-t-il fait sa maîtrise? Quelle distinction y a-t-il entre un cours et des travaux dirigés? À part les cours et les travaux dirigés, que fait Djamal? Qui gère les universités en Algérie?

Suggestion, Ex. B: You can verify comprehension after each **témoin** speaks. Or, if you think your class understands easily what is being said, you can have them listen to all four **témoins** and then verify comprehension by asking more general questions, such as the following: **Qui sont les deux personnes dont l'activité se situe dans une université? Qu'est-ce que les jobs de Djamal et de Robin ont en commun? Qu'est-ce que les activités des quatre personnes interrogées ont en commun? (Il travaillent tous avec des livres et des documents.) Ces quatre individus font tous un travail qui profite d'une façon ou d'une autre à la société; expliquez comment. Qui a l'emploi du temps le moins souple? Qui semble avoir l'emploi du temps le plus souple?**

Réponses: *Djamal Taazibt:* Il travaille à l'Université d'Alger, à l'Institut de Psychologie et des Sciences de l'Education. Il se spécialise en psychologie industrielle et organisationnelle. Il a fait sa licence à Alger. Il a fait sa maîtrise à l'Université de New Haven, dans le Connecticut. Un cours présente la théorie; les travaux dirigés sont des applications pratiques en laboratoire. Il fait de la recherche appliquée. Les universités en Algérie sont gérées par un ministère, c'est-à-dire par l'État.

VALÉRIE ÉCOBICHON Saint-Maudez, France

«Je m'occupe des prêts et des retours des livres.»

VOCABULAIRE UTILE: Dinan *(small city in Brittany)*, **prêts** *(lending)*, **lecteurs** *(readers)*, **des commandes d'ouvrages** *(book orders)*, **classe** *(classify)*, **traire les vaches** *(to milk the cows)*, **amener aux champs** *(take out to the fields)*, **terre** *(land)*, **blé** *(wheat)*, **betteraves** *(beets)*, **maintenir en état le tracteur** *(to keep the tractor running)*, **ça ne me plaisait pas du tout** *(I didn't like it at all)*, **corvée** *(chore)*, **pénible** *(hard)*

Où travaille Valérie? En quoi consiste son travail? Que font ses parents? Pourquoi est-ce que c'est un travail varié? Est-ce que Valérie aimait ce travail quand elle était jeune? Pourquoi, pourquoi pas? Est-ce qu'elle aime ce travail maintenant? Pourquoi est-ce que ce n'est pas facile de travailler dans l'agriculture?

Réponses: *Valérie Écobichon:* Elle travaille à la bibliothèque municipale de Dinan. Elle s'occupe des prêts et des retours des livres; elle répond aux questions des lecteurs; elle fait des commandes de livres; elle classe et range les livres. Ils sont agriculteurs. C'est varié parce qu'on s'occupe des animaux, on s'occupe de la terre et aussi des machines agricoles. Elle n'aimait pas ce travail parce que c'était un travail pénible (c'était une corvée). Oui, elle l'aime bien maintenant parce qu'elle aime revenir à la terre. C'est un métier difficile parce qu'il y a beaucoup de travail et qu'on ne gagne pas beaucoup d'argent.

ALAIN BAZIR Saint-Claude et Pointe-à-Pitre, Guadeloupe

«Je veux essayer de travailler sur le repeuplement des rivières et le développement de la production de crevettes.»

VOCABULAIRE UTILE: DEUG *(Diplôme d'études universitaires générales: first two years of college [General Education])*, **crevettes** *(shrimp)*, **a disparu** *(disappeared)*, **crevettes géantes d'eau douce** *(giant fresh-water shrimp)*, **bananeraies** *(banana plantations)*, **effluents** *(contaminated waste)*, **repeuplement** *(restocking)*, **SICA** (Société d'Intérêt Collectif Agricole), **aquaculture** *(cultivation of fish and shellfish)*, **palourdes** *(clams)*, **littoral** *(coastal region)*

Qu'est-ce qu'il fait comme études? Qu'est-ce qu'il aime manger? Pourquoi est-ce que les crevettes géantes ont disparu? Qu'est-ce qu'il veut faire dans la vie? Où est-ce qu'il a fait un stage et pendant combien de temps? Sur quoi est-ce qu'il va travailler à la fin de cette année?

Réponses: *Alain Bazir:* Alain fait des études de biologie (un DEUG en biologie). Il aime manger des crevettes. Elles ont disparu à cause des insecticides utilisés dans les bananeraies (et donc à cause des effluents dans les rivières). Il veut travailler sur le repeuplement des rivières et le développement de la production de crevettes. Il a fait un stage à la SICA pendant trois mois. Il va travailler sur les palourdes.

ROBIN CÔTÉ Rimouski, Québec

«Ce sur quoi je travaille, je fais des calculs sur la formation de molécules... »

VOCABULAIRE UTILE: physique atomique et moléculaire *(atomic and molecular physics)*, **calculs** *(calculation)*, **informatique** *(data processing)*, **collège** *(here: anglicism meaning "college")*, **radiologie** *(x-ray)*, **allophones** *(people who don't speak the language of the community in which they live)*, **rigolo** *(funny)*, **comédienne** *(actress)*, **régler** *(take care of)*, **maire** *(mayor)*, **gestion** *(management)*

Où travaille Robin? Qu'est-ce qu'il fait principalement? Combien de frères et de sœurs est-ce qu'il a? Que font-ils? Que font ses parents? Que fait sa mère maintenant que les enfants sont partis de la maison? Qu'est-ce que l'organisme «Les Femmes collaboratrices»?

If you would like to listen again to the ***Témoignages,*** you can work with this listening material on your own, using SEGMENT 4-1 of the **Audio CD** and Ex. V in the **Manuel de préparation.**

Réponses: *Robin Côté:* Il travaille dans un centre de recherche. Il fait beaucoup de travail informatique sur ordinateur et beaucoup de calculs numériques. Il a huit sœurs et frères. Deux frères travaillent à la ferme avec leurs parents; une sœur est professeur en technique de radiologie dans un «collège»; une sœur enseigne le français aux allophones; une sœur a une formation de biologiste mais travaille dans la traduction; une sœur est vétérinaire; un frère travaille dans les restaurants chinois de son oncle; une sœur est comédienne. Ses parents sont fermiers (agriculteurs). Sa mère travaille pour diverses organisations et elle est maire du village de Ste-Luce. «Les Femmes collaboratrices» est un organisme qui aide les femmes qui travaillaient avec leur mari, sont maintenant séparées et n'ont rien en leur nom.

Perspectives culturelles

La France: Images du travail

Suggestion, Perspectives culturelles: Begin by having the whole class look at the photos and captions on pp. 141 and 142. Based on the captions, have students come up with a short portrait of each person (they can invent details) using adjectives, relative pronouns, and the forms of **c'est** and **il est.** Then, again as a whole class, have students read the two introductory paragraphs to the reading **(Cinq conceptions du travail);** have them summarize the paragraphs either in English or French. Then proceed to Ex. C.

Mme Prévôt est bibliothécaire à l'Université de Toulouse. C'est à elle de procurer les livres, revues, magazines, disques et autre matériel audiovisuel pour les étudiants et les professeurs.

Mme Bounié-Levrat est avocate. Son travail est intéressant et elle aime surtout plaider des cas au tribunal.

Mme Grand est employée de maison. Elle adore son travail et elle en est fière. Mais de toutes les tâches qu'elle effectue c'est le repassage qu'elle préfère.

M. Barnouin est cadre dans une entreprise multinationale. C'est lui qui organise et surveille le travail des ouvriers de l'usine.

Image du travail

La conception «religieuse» du travail est en recul depuis le milieu des années 60.

Travail-destin, travail-devoir, travail-punition. Les vieux mythes de la civilisation judéo-chrétienne ne sont pas morts, mais ils sont fatigués. Et les Français avec eux, qui n'ont plus envie d'assumer pendant des siècles encore les conséquences du péché originel. Un mouvement s'est donc produit depuis le milieu des années 60 en faveur d'une désacralisation du travail [...].

La conception «religieuse» du travail reste pourtant présente dans la société. Elle concerne les actifs les plus âgés ou certaines catégories de jeunes à la recherche d'une identité et d'une utilité sociale. Pour eux, il est important de sauvegarder le travail en tant que valeur fondamentale de la vie individuelle et collective.

Des conceptions nouvelles de la vie professionnelle sont apparues.

La transformation du rapport au travail a été accélérée par la crise économique. Une conception «sécuritaire» s'est notamment développée dans les catégories les plus vulnérables de la population. Elle est particulièrement forte chez tous ceux qui se sentent menacés dans leur vie professionnelle pour des raisons diverses: manque de formation; charges de famille; emploi situé dans une région sinistrée, une entreprise ou une profession vulnérables.

On rencontre aussi chez les personnes les plus attachées à la consommation une conception «financière» de l'activité. Leur vision du travail est simple et concrète. Il s'agit avant tout de bien gagner sa vie, afin de pouvoir dépenser sans trop compter.

Une conception «affective» s'est répandue chez ceux qui accordent une importance prioritaire aux relations humaines dans le travail et qui cherchent à s'épanouir. Elle concerne beaucoup de jeunes et d'adultes des classes moyennes pour qui la nature de l'activité professionnelle revêt une importance particulière, ainsi que son environnement (les collègues, la hiérarchie, le cadre de travail...).

Enfin, la conception «libertaire» consiste à envisager le travail comme une aventure personnelle. Ses adeptes sont attirés surtout par la possibilité de créer et de réaliser quelque chose par soi-même. Ils sont ouverts à toutes les formes nouvelles de travail (temps partiel, intérim...) ainsi qu'à l'utilisation des technologies dans l'entreprise. Ils sont par principe très mobiles et considèrent tout changement de travail, d'entreprise ou de région comme une opportunité.

M. Biosca est boucher. L'aspect de son travail qu'il préfère, c'est le contact avec ses clients.

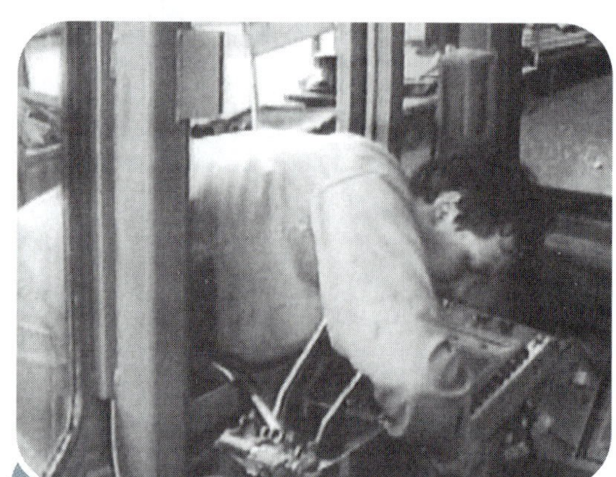

M. Le Reste est ouvrier. Le travail manuel lui plaît et il éprouve une grande satisfaction à réparer les moteurs qu'on lui confie.

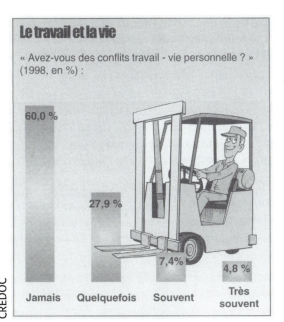

Le travail et la vie

« Avez-vous des conflits travail - vie personnelle ? » (1998, en %) :

Jamais	Quelquefois	Souvent	Très souvent
60,0 %	27,9 %	7,4%	4,8 %

CREDOC

◆ *Entre 1968 et 1996, la population française s'est accrue de 8 millions d'habitants, soit 16,3%. Dans le même temps, la population active a augmenté de 24%. Un actif sur cinq réside en Île-de-France.*

Les dimensions non matérielles se sont développées.

Même s'il reste relativement élevé, le niveau de satisfaction dans le travail a diminué depuis quelques années, traduisant à la fois l'angoisse du chômage, une diminution de la confiance dans les entreprises et une frustration générale dans la vie professionnelle.

En même temps, le désir de gagner le plus d'argent possible en travaillant a reculé. Ainsi, les métiers qui, dans l'absolu, ont aujourd'hui les faveurs des jeunes (chercheur, médecin, journaliste, professeur...) ne sont pas ceux qui permettent le mieux de s'enrichir. À l'inverse, les attentes qualitatives tendent à s'accroître: être utile; exercer des responsabilités; participer à un projet collectif; apprendre et se développer sur le plan personnel; avoir des contacts enrichissants; créer. [...]

Le bonheur par le travail

Pour 27% des Français, le travail est une composante essentielle du bonheur. Ce sont les personnes qui ont les rémunérations les plus faibles, les conditions de travail les plus pénibles et les risques de chômage les plus élevés qui sont les plus attachées à cette idée du bonheur: 43% des ouvriers, 43% des travailleurs temporaires, contre 27% des chefs d'entreprise, cadres et professions libérales. Pour les personnes modestes, le fait d'avoir un travail est déjà une condition pour espérer être heureux.

INSEE

Gérard Mermet, *Francoscopie 1999*

Dico

a reculé *declined*
actifs *people in the work force*
adeptes *followers*
afin de *in order to*
ainsi que *as well as*
attentes *expectations*
bonheur *happiness*
ceux *those*
classes moyennes *middle classes*
composante *component*
désacralisation *desacralize (make less sacred)*
en recul *on a decline*
forte *strong*
gagner sa vie *earn a living*
Île-de-France *Paris region*
intérim *temporary*
manque de formation *lack of education*
modestes *of modest income*
notamment *especially, particularly*
ouvriers *workers*
par soi-même *by oneself*
péché originel *original sin*
pénibles *difficult*
rémunérations *salaries*
revêt *assumes*
s'enrichir *to get rich*
s'épanouir *to develop themselves*
s'est accrue *increased*
s'est... produit *occurred*
s'est répandue *spread*
sinistrée *in an economic slump*

C. Qu'avez-vous compris? Répondez aux questions.

1. À votre avis, quels sont les traits caractéristiques des personnes qui sont adeptes des diverses conceptions du travail: conception religieuse / conception sécuritaire / conception financière / conception affective / conception libertaire?
2. En ce qui concerne le travail, quelles tendances d'attitudes est-ce que vous pouvez identifier chez les Français selon les renseignements donnés?

Suggestion, Ex. C and D: Although the questions in Ex. C and D are written in French, you may wish to allow these discussions to take place in English.

Follow-up, Ex. C: Have spokespeople for the groups tell the rest of the class about the part they discussed, giving a definition of the concept of work and indicating which people in the photos might share in that definition.

Suggestion, Ex. D: This exercise can be done either as a full class or in small groups. If done in small groups, tell each group to select only one topic for discussion.

D. Discussion: Images du travail. Dans le texte que vous venez de lire, on vous a proposé cinq conceptions du travail qui semblent prévaloir dans la société d'aujourd'hui. Choisissez un des sujets suivants et discutez-en avec vos camarades.

1. Laquelle de ces conceptions du travail semble dominer dans votre famille? Expliquez de quels membres de la famille vous parlez et donnez des exemples pour soutenir votre argument.
2. Étant donné la situation économique d'aujourd'hui, lesquelles parmi ces conceptions du travail vous semblent les plus avantageuses? Pourquoi?
3. À votre avis, quelles sont les attitudes des jeunes face au travail? Quelles conceptions du travail semblent prévaloir chez eux?
4. Pensez-vous qu'il y ait une différence entre les hommes et les femmes en ce qui concerne la façon de concevoir le travail? Expliquez et donnez des exemples.
5. Quelle est votre définition du «bonheur»? Est-ce que le travail (présent ou futur) joue un rôle dans votre idée du bonheur? Comment?

***Do* À faire! (4-1) *on page 168 of the* Manuel de préparation.**

Contrôle des connaissances:
Le futur

SUGGESTED LESSON OUTLINE: Students assigned ***À faire! (4-1)*** have reviewed the future tense and have studied the vocabulary dealing with work, jobs, and professions. Ex. III and IV were not self-correcting.
In this class period, do ***Contrôle des connaissances*** (Ex. E), ***Pour parler...*** (Ex. F), and ***Pour communiquer*** (Ex. G, H, I).

Transparency: 4-1 **(Le futur)**

Suggestion, Contrôle des connaissances: Use the transparency as a quick review of the grammar, then do Ex. E. After students have worked in small groups, you may wish to do a quick verification of some of the statements students have made in the exercise.

Ex. E: groups of 4 or 5

E. Dans vingt ans... En quoi la vie sera-t-elle différente dans vingt ans? Discutez-en avec vos camarades en considérant surtout votre situation personnelle et celle de votre famille, les conditions de logement, les loisirs, etc. Commentez les idées de vos camarades.

Vocabulaire utile

travailler	être
voyager	(y) avoir
vivre	aller
pouvoir	habiter
faire	voir

MODÈLE: —*Dans vingt ans, nous aurons des robots pour faire toutes les tâches domestiques. Par exemple, maintenant nous avons des machines à laver la vaisselle, mais nous sommes obligés de mettre la vaisselle dans la machine. Dans vingt ans, un robot débarrassera la table, mettra la vaisselle dans la machine et, ensuite, rangera la vaisselle dans les placards.*

—*Oui, et le robot fera la lessive, les lits, rangera les chambres, préparera les repas, passera l'aspirateur; enfin, il fera tout le travail monotone.*

—*Et qu'est-ce que nous ferons, nous?*

—*Nous aurons le temps de faire des choses intéressantes. Nous irons au cinéma, par exemple.*

—*Mais est-ce qu'il y aura encore des cinémas?* etc.

F. Les métiers et professions qui m'intéressent le plus. Dites à vos camarades quelle sorte de travail vous intéresse le plus et expliquez pourquoi. Pour chaque profession, donnez des exemples de personnes que vous connaissez qui exercent ce même métier.

Suggestion, Ex. F: You don't necessarily have to talk about the profession you're most likely to have in the future (if you know it). You should talk about what interests you most, whether it's likely to come true or not.

Ex. F: groups of 4 or 5

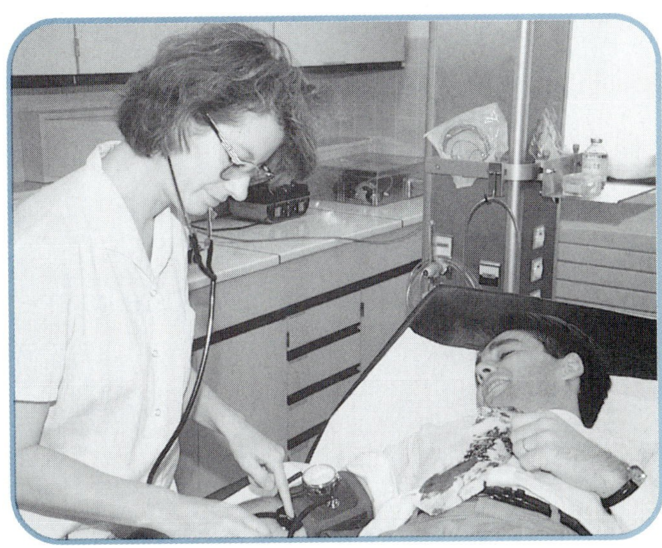

MODÈLE: *Moi, je voudrais être dans la vente. J'ai un oncle qui travaille pour une compagnie d'assurances et il gagne très bien sa vie. Il a aussi l'occasion de voyager beaucoup. Et ma sœur, elle est représentante pour une compagnie qui vend des ordinateurs. Elle rencontre beaucoup de personnes intéressantes et elle a beaucoup de contacts avec ses clients. Moi, ce qui m'intéresse dans la vente, c'est les voyages et le contact avec les autres. Je n'aimerais pas passer tout mon temps dans un bureau.*

Pour communiquer

Écoutez!

Audio CD:
SEGMENT 4–2
CD 3, TRACK 6

Madame Perrine et Monsieur Smar parlent de leur travail et de leur profession. Ils expriment tous les deux les aspects de leur travail qui leur plaisent et ceux qui leur déplaisent.

« Je connais beaucoup des clients qui fréquentent le magasin. Le contact avec les clients, c'est ce que j'aime le plus. »

« J'ai plusieurs interviews et j'espère avoir un poste dans peu de temps. »

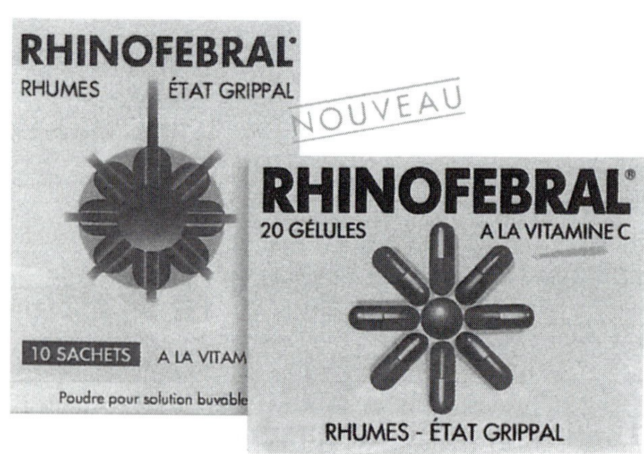

G. Vous avez compris? Répondez aux questions d'après les deux monologues que vous venez d'écouter.

Vocabulaire utile

Madame Perrine

clients	*customers*
fréquentent	*come regularly to*
surveille	*supervise*
insupportable	*unbearable*
À part ça	*Besides that*
me convient	*suits me*
surmenée	*exhausted*
foule(s)	*crowd(s)*
infliger	*to inflict*
mauvaise humeur	*bad mood*
je n'ai donc pas à me plaindre	*so I don't have anything to complain about*

Monsieur Smar

licenciement économique	*layoff for financial reasons*
médicaments	*medicine*
disponibles	*available*
indemnité de chômage	*unemployment benefits*
je jouissais	*I enjoyed*
sans prévenir	*without notice*
ça lui était égal	*he didn't care*
dérangeait	*inconvenienced*

1. Que fait Mme Perrine comme travail?
2. Quelles sont ses responsabilités?
3. Qu'est-ce qu'elle aime le plus dans son travail?
4. Quel problème est-ce qu'elle a dans son travail en ce moment?
5. Est-ce qu'elle est mariée ou divorcée?
6. Qui s'occupe des enfants quand elle est au travail?
7. Est-ce que les enfants ont plus de cinq ans ou moins de cinq ans? Comment le savez-vous?
8. Pendant quelle partie de l'année est-ce qu'elle a le plus de travail au magasin? Pourquoi?
9. Est-ce que M. Smar travaille actuellement? Expliquez.
10. Où est-ce qu'il travaillait et quelles étaient ses responsabilités?
11. Pourquoi est-ce qu'il n'est pas tellement mécontent d'avoir perdu son job?
12. Comment était son patron?
13. Est-ce qu'il voyait souvent sa famille quand il faisait ce travail? Comment est-ce qu'il passait la plupart de son temps?
14. Quel type d'emploi et quelles conditions de travail est-ce qu'il recherche?
15. Est-ce qu'il pense trouver un emploi bientôt? Expliquez.

Réponses, Ex. G: 1. Elle est employée de magasin à la Fnac, à Marseille. 2. Elle fait un peu de tout: elle vérifie le stock, elle s'occupe des commandes; elle supervise le travail des autres employés. 3. Le contact avec les clients. 4. Elle a un employé qui arrive souvent en retard. 5. Elle est divorcée. 6. Ses parents s'occupent des enfants. 7. Ils ont moins de cinq ans parce qu'ils ne vont pas encore à l'école. 8. Au printemps; à cause des examens dans les lycées et les universités. 9. Non. Il est au chômage à cause d'un licenciement économique. 10. Il travaillait dans une firme pharmaceutique. Il distribuait des médicaments aux pharmacies et il renseignait les médecins de la région sur les nouveaux médicaments disponibles. 11. Il avait déjà pensé à changer de travail. 12. Il n'aimait pas beaucoup son patron. Il attendait trop des employés. 13. Il ne voyait pas souvent sa famille. Il passait la plupart de son temps dans la voiture et au téléphone. 14. Il cherche un emploi plus stable dans un bureau; il cherche quelque chose avec un horaire moins compliqué. Il veut passer plus de temps avec sa famille. 15. Oui, il pense trouver un emploi bientôt parce qu'il a déjà plusieurs interviews.

If you would like to listen again to this conversation, you can work with the listening material on your own, using SEGMENT 4-2 of the **Audio CD.**

Parlez!

Pour mieux vous exprimer

Exprimer son contentement

Je suis content(e) de...
Je suis heureux(se) de...
J'aime (bien)...
C'est (très) bien.
C'est parfait.
C'est pas mal.
(Mon travail) me plaît. (Ça me plaît.)
Je suis satisfait(e) de... (se dit de la part d'un supérieur à propos d'une personne qui travaille sous sa direction)
Le travail est... bien payé.
intéressant.
très satisfaisant.

Exprimer son mécontentement

Je suis agacé(e) (ennuyé[e], fâché[e], en colère, furieux[se]).
Ça m'énerve (m'irrite, m'ennuie).
Cette personne (Ça) me casse les pieds (m'embête). *(This person [This] bugs me.)*
Je trouve les conditions épouvantables *(terrible).*
Ça me deplaît.

Se plaindre de son travail

se plaindre *(to complain)*... des heures de travail (de l'horaire)
du salaire (il est trop bas, pas assez élevé)
de son patron
des autres employés
de l'ambiance au bureau
des conditions de travail
être surmené(e) *(to be exhausted)*
avoir beaucoup de stress
ne pas être apprécié(e) par ses supérieurs
ne pas avoir assez de responsabilités
Le travail est... ennuyeux.
mal payé.
peu satisfaisant / peu gratifiant.
trop dur (difficile) / pénible.

Exprimer l'irritation et l'exaspération

C'est insupportable (inadmissible, inacceptable, ridicule, absurde)!
C'est pénible!
Ça me tape sur les nerfs! *(It's making me crazy!)*
C'est incroyable!
C'est pas croyable! (C'est pas possible!)
Ça m'énerve! (Qu'est-ce que c'est énervant!)
Ça m'agace! (Qu'est-ce que c'est agaçant!)
J'en ai assez (J'en ai marre / ras-le-bol / par-dessus la tête)! *(I've had it!)*

H. Ce qui me plaît... ce qui m'énerve. Parlez aux membres de votre groupe de vos sujets de satisfaction et de mécontentement dans la vie universitaire (cours, logement, nourriture, activités culturelles, etc.). Utilisez les expressions ci-dessus.

Ex. H: ⇄ **groups of 4 or 5**

I. Qu'est-ce que c'est énervant! Choisissez une des situations suivantes et discutez-en avec un(e) de vos camarades de classe. Expliquez le problème en utilisant les expressions de mécontentement et d'irritation et plaignez-vous de la situation. Votre camarade va vous donner des conseils.

Ex. I: ⇄ **groups of 2**

MODÈLE: Vous avez un poste que vous n'aimez pas du tout, mais vous avez besoin de gagner de l'argent pour continuer vos études.

—*Je déteste mon job.*

—*Qu'est-ce que tu fais comme travail?*

—*Je suis serveur dans un restaurant en ville.*

—*Pourquoi est-ce que tu n'aimes pas ce que tu fais?*

—*Je dois travailler tous les week-ends et mon patron n'est pas très agréable.*

—*Pourquoi ne pas trouver quelque chose d'autre?*

—*J'y ai déjà pensé. Mais je gagne pas mal d'argent avec les pourboires* (tips) *et c'est très difficile de trouver autre chose.* etc.

1. Vous avez un poste que vous n'aimez pas du tout, mais vous avez besoin de gagner de l'argent pour continuer vos études.
2. Pour avoir votre diplôme, vous avez absolument besoin de suivre deux cours qui sont obligatoires. Chaque fois que vous essayez de vous y inscrire, les cours sont déjà complets *(full, closed)*.
3. Vous habitez avec quelqu'un qui a des habitudes tout à fait contraires aux vôtres. Par conséquent, vous êtes constamment agacé(e).
4. Vous cherchez un poste depuis six mois et vous n'avez encore rien trouvé. Vous avez eu des interviews, mais sans résultats.

***Do* À faire! (4-2) *on page 176 of the* Manuel de préparation.**

Fonction: Comment parler de l'avenir (1)

SUGGESTED LESSON OUTLINE: Students assigned ***À faire! (4-2)*** have reviewed vocabulary to express dreams and aspirations and have worked with present-tense expressions that express future time. Ex. VI and VIII were not self-correcting.

In this class period, do ***Fonction*** (Ex. J), ***Pour parler...*** (Ex. K), and ***Témoignages*** (Ex. L, M).

Transparency: 4-2 **(Le futur immédiat)**

Suggestion, Reprise: Use the transparency with the mechanical exercise to review the use of verbs that express future time. Then proceed to Ex. J.

REPRISE

Le futur immédiat

FUTURE TIME EXPRESSED BY THE PRESENT TENSE

avoir envie de + infinitive	**J'ai envie de faire une promenade.**
vouloir + infinitive	**Elle veut nous accompagner.**
penser + infinitive	**Nous pensons aller en Espagne.**
espérer + infinitive	**J'espère avoir un salaire élevé.**
compter + infinitive	**Elle compte reprendre ses études.**
avoir l'intention de + infinitive	**J'ai l'intention de sortir ce soir.**
aller + infinitive	**Ils vont déjeuner avec nous.**

To make the sentences negative, put **ne... pas** around the conjugated verb.

Note that **avoir l'intention** and **avoir envie** are followed by the preposition **de**.

Ex. J: groups of 4 or 5

J. Le futur immédiat. Parlez à vos camarades de ce que vous allez faire dans les trois jours à venir. Utilisez le futur immédiat (**aller** + infinitif), le présent de verbes comme **penser, compter, avoir l'intention de, vouloir** et le présent d'autres verbes. Vos camarades vont vous poser des questions pour obtenir des renseignements supplémentaires.

MODÈLE:
— *Qu'est-ce que vous faites demain?*
— *Moi, je vais me reposer le matin et étudier pour mon examen de chimie l'après-midi.*
— *Et moi, je fais (vais faire) du shopping.*
— *Toute la journée?*
— *Non. Le matin, je vais aider mes amis à déménager. L'après-midi, j'ai l'intention d'aller au centre commercial.*
— *Qu'est-ce que tu veux acheter?* etc.

Pour parler... de ses rêves et de ses aspirations

K. Ils rêvent. Pour chacun des dessins, indiquez quels sont les rêves et les aspirations des personnes représentées. Utilisez le futur des verbes qui expriment le futur (**aller, vouloir, avoir l'intention de, avoir envie de, espérer, compter, penser**) et des expressions de la *Fiche lexicale* pour raconter ces petites histoires.

Ex. K:  **groups of 3**

Suggestion, Ex. K: To expand on each of the stories, you may wish to ask students to invent some details for each of the people represented in the drawings. For example, they can give the age and a description of each, for the older people they can invent what they do professionally, etc.

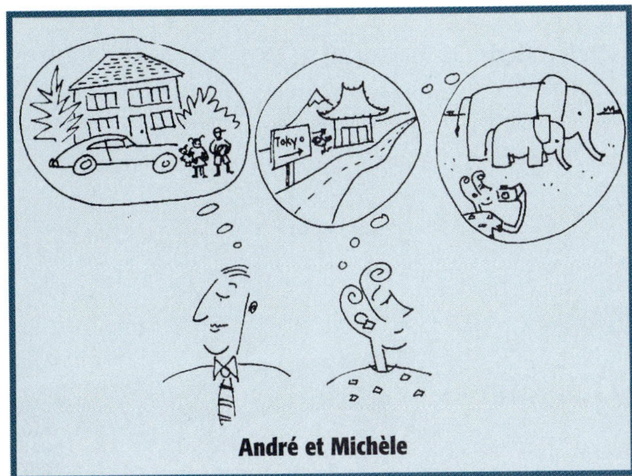

1.

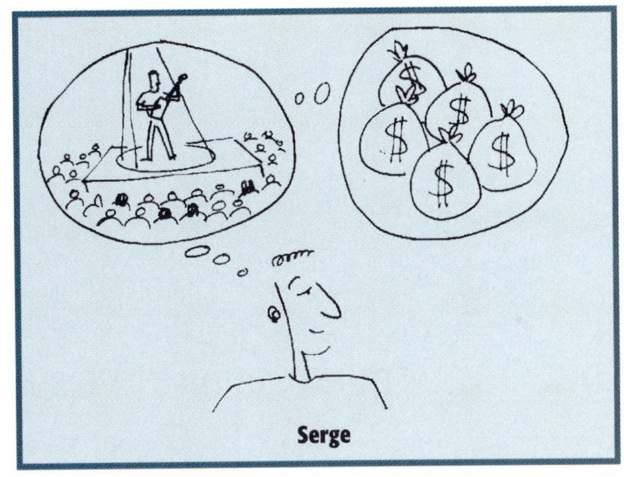

2.

3.

4.

5. Et vous? Quels sont vos rêves et vos aspirations?

Témoignages

«Quels sont les avantages et les inconvénients de votre travail?»

«Dans tout ce qu'on fait dans la vie, il y a toujours des avantages et des inconvénients. Par exemple, dans son travail, il y a des choses qu'on aime beaucoup, des aspects qu'on tolère et d'autres qu'on n'aime pas du tout. Moi, en général, j'aime beaucoup ce que je fais parce que j'ai des responsabilités très variées. Mais, d'un autre côté, il y a des choses qui m'agacent. J'aimerais aussi avoir un salaire plus élevé pour pouvoir mettre de l'argent de côté. Mais j'ai de la chance: au moins, j'ai un poste qui me donne des satisfactions.»

«Eh oui. Il vaut mieux avoir un travail qui ait quelques inconvénients que d'être au chômage, je vous assure. Ma situation n'était pas idéale, mais c'était tout de même mieux que d'être au chômage. Le stress de ne pas travailler me semble pire que les quelques embêtements qu'on peut subir dans son activité professionnelle. Mais il ne faut pas non plus se laisser dominer par le travail. Il faut essayer de faire quelque chose qui vous plaise vraiment. C'est pour ça que je vais bien choisir mon prochain poste.

Vous allez maintenant entendre quatre personnes vous parler de leur travail et de ses avantages et inconvénients. À vous de déterminer si ces personnes semblent contentes de leur situation.»

Écoutez!

Ex. L: groups of 3 or 4

L. Pré-écoute: À vous d'abord! Décrivez votre travail (si vous en avez un) ou le travail que fait quelqu'un que vous connaissez. Parlez ensuite des avantages et des inconvénients de ce travail.

Suggestion, Ex. M: You can verify comprehension after each **témoin** speaks. Or, if you think your class understands easily what is being said, you can have them listen to all four **témoins** and then verify comprehension by asking more general questions, such as the following: **Qui a l'horaire le moins souple? Qu'est-ce que ces quatre personnes ont en commun en ce qui concerne les aspects positifs de leur travail? Qui a le travail le moins stable du point de vue financier? À votre avis, qui a la profession la plus intéressante et pourquoi? Qui exerce un métier qui a pour but d'aider les gens à résoudre leurs problèmes? À votre avis, est-ce que ces personnes sont riches?**

M. Écoutez: Les témoins vous parlent. Répondez aux questions selon les renseignements donnés par les témoins à propos de leur travail.

Audio CD:
SEGMENT 4–3
CD 3, TRACK 7

MIREILLE SARRAZIN Lyon, France

« J'ai la chance que mon travail soit ma passion.»

VOCABULAIRE UTILE: étant *(being)*, **on joue** *(we perform)*, **répétitions** *(rehearsals)*, **on répète** *(we rehearse)*, **metteurs en scène** *(directors in theater)*, **ils ont chacun** *(they each have)*, **se maquiller** *(put on makeup)*, **se rhabille** *(change clothes)*, **c'est-à-dire** *(that is to say)*, **l'inconnu** *(the unknown)*, **ça ne nuit pas** *(it's not detrimental)*, **revenus** *(income)*

Que fait Mireille comme travail? Quelle est la différence entre «répéter» et «jouer»? Pourquoi est-ce que c'est un travail qui n'est jamais fini? Quels sont les inconvénients principaux de son travail? Quel est l'avantage de son travail?

Réponses: *Mireille Sarrazin:* Elle est actrice. On répète tout le temps, l'après-midi, le soir et quelquefois aussi le matin; on joue seulement entre 8 h et 10 h du soir. Le travail n'est jamais fini parce qu'on travaille toujours son rôle et on y réfléchit; on lit beaucoup. Les horaires et l'instabilité du travail; on n'est jamais sûr d'avoir du travail et il y a donc beaucoup de stress. L'avantage, c'est que Mireille a la chance que son travail soit sa passion, c'est-à-dire qu'elle aime beaucoup son travail.

VALÉRIE ÉCOBICHON Saint-Maudez, France

«L'inconvénient, c'est que nous avons quelquefois des tâches répétitives.»

VOCABULAIRE UTILE: au milieu des *(in the middle of the)*, **fait** *(fact)*, **enrichissant** *(enriching)*, **tâches** *(tasks)*, **ranger** *(put away)*, **étagères** *(shelves)*, **fiches** *(cards)*, **taper à la machine** *(type)*, **un fonds** *(collection)*, **laitière** *(dairy)*, **ouvrages** *(books, works)*, **nouveautés** *(most recent books)*, **approfondi** *(thorough)*

Quels sont les deux avantages que Valérie évoque à propos de son travail? Quelles sont les tâches répétitives dont elle parle? Quelle est sa formation? Quelle est la différence entre «bibliothécaire» et «documentaliste»? Selon Valérie, laquelle des deux fonctions est la plus intéressante et pourquoi?

Réponses: *Valérie Écobichon:* Elle aime travailler au milieu des livres toute la journée et elle apprend tous les jours quelque chose; elle trouve son travail enrichissant. Il faut ranger les livres, il faut mettre les fiches dans les livres, il faut taper à la machine pendant plusieurs heures. Elle a une formation de bibliothécaire-documentaliste. Comme bibliothécaire, on travaille sur un fonds de livres très varié dans la bibliothèque d'une ville; comme documentaliste, on travaille sur un fonds (des ouvrages) très spécialisé. Être documentaliste est intellectuellement plus intéressant.

SOPHIE EVERAERT Bruxelles, Belgique

«Les avantages de mon travail, c'est que j'aime vraiment bien ce que je fais.»

VOCABULAIRE UTILE: ne s'entendent pas *(don't get along)*, **d'équipe** *(team)*, **j'interviens** *(I intervene)*, **cardiologue** *(cardiologist / heart specialist)*, **la recherche** *(research)*, **médicaments** *(medications)*, **crises cardiaques** *(heart attacks)*, **il est de garde** *(he's on call)*, **malgré le fait** *(despite the fact)*

Où travaille Sophie? Est-ce qu'elle travaille seulement avec des individus? Quand est-ce qu'elle travaille avec le personnel? Quels sont les avantages du travail de Sophie? Quels en sont les inconvénients? Que fait son mari et où est-ce qu'il travaille? Quels sont les deux aspects de son travail? Quel est l'avantage du travail de son mari? Quels en sont les inconvénients?

Réponses: *Sophie Everaert:* Elle travaille à l'hôpital St-Luc, un hôpital universitaire à Bruxelles. Non, elle travaille aussi avec des couples, des familles et à l'intérieur du personnel. Elle travaille avec le personnel quand il y a des gens qui ne s'entendent pas et qui ont des problèmes pour travailler en équipe. Les avantages sont qu'elle aime son travail et qu'elle a un horaire très souple. Les inconvénients sont qu'elle n'est pas très bien payée et qu'il y a beaucoup de psychologues pour très peu d'emplois. Son mari est cardiologue et il travaille dans un hôpital universitaire. Il voit des patients (des malades) et il fait de la recherche. L'avantage de son travail c'est qu'il aime ce qu'il fait; les inconvénients, c'est qu'il travaille tout le temps et qu'il n'est pas très bien payé parce qu'il n'y a pas beaucoup d'argent pour la recherche.

ROBIN CÔTÉ Rimouski, Québec

«Les avantages de mon travail, c'est un horaire très flexible et une liberté de travail.»

VOCABULAIRE UTILE: me tiennent à cœur *(close to my heart)*, **bien entendu** *(of course)*, **financement** *(financing)*, **se battre** *(to fight)*, **fonds** *(funds, funding)*, **équipe** *(team)*, **un combat de tous les jours** *(a daily battle)*, **rentable** *(profitable)*, **dépenses** *(expenditures)*, **bris** *(damage)*, **récoltes** *(harvests)*, **des hauts et des bas** *(ups and downs)*, **dur** *(difficult)*, **boulot** *(slang: work)*

Quels sont les avantages et les inconvénients de son travail? Pourquoi est-ce qu'il y a beaucoup de compétition dans son domaine? En ce qui concerne ses frères, pourquoi est-ce que le travail à la ferme présente beaucoup d'inconvénients? Pourquoi est-ce que sa sœur, la comédienne, a aussi un travail difficile? Quel est le mot qu'il utilise pour décrire le travail des autres membres de sa famille?

If you would like to listen again to the ***Témoignages,*** you can work with this listening material on your own, using SEGMENT 4-3 of the **Audio CD** and Ex. XII in the **Manuel de préparation.**

Réponses: *Robin Côté:* Les avantages sont qu'il a un horaire très flexible (souple) et une liberté de travail; il peut travailler sur les sujets qui l'intéressent; les inconvénients, c'est qu'il y a très peu de financement pour la recherche et qu'il y a beaucoup de compétition. Il faut montrer à tout le monde qu'on est le meilleur; seulement les meilleurs reçoivent des fonds. A la ferme, il faut être rentable, il faut faire attention aux dépenses, on dépend du temps qu'il fait pour les récoltes et il y a beaucoup de stress. Sa sœur a aussi un travail difficile parce qu'il y a des hauts et des bas dans sa profession; c'est dur de trouver du travail. Il dit que le travail des autres membres de la famille est «constant».

***Do* À faire! (4-3) *on page 179 of the* Manuel de préparation.**

Fonction: Comment parler de l'avenir (2)

SUGGESTED LESSON OUTLINE: Students assigned ***À faire! (4-3)*** have worked with the **futur antérieur.** Ex. XII was not self-correcting.

In this class period, do ***Fonction*** (Ex. N), ***Pour communiquer*** (Ex. O, P).

Transparencies: 4-3 **(Le futur)** and 4-4 **(Le futur antérieur)**

Suggestion, Reprise: Use the transparencies to review the future and the future perfect and do the mechanical exercise before proceeding to Ex. N.

REPRISE

Le futur; le futur antérieur

1. LE FUTUR

Future event:	**J'irai** en Espagne dans deux ans.
Command:	Vous **ferez** cet exercice pour demain.
Polite request:	Tu **iras** à la boulangerie pour moi?
Friendly advice:	Tu **feras** attention aux voitures.
Polite request with service people:	Vous **aurez** ce pull en rouge?
With **quand, dès que, lorsque, aussitôt que:**	Je les **verrai dès qu'**ils **arriveront.**

2. LE FUTUR ANTÉRIEUR

The future perfect is used to indicate an action in the future that comes before another action in the future. The second action is in the future tense.

Quand vous **aurez terminé** cet exercice, vous **ferez** le suivant.
Elle **sera partie** quand tu **arriveras.**
Je me **serai** déjà **couché** quand le film **commencera.**
Aussitôt que tu **auras fait** tes devoirs, tu **iras** chercher du pain.

N. Nous prédisons notre avenir. Faites des prédictions sur votre avenir. Si vous n'êtes pas sûr(e) que vos prévisions vont se réaliser, utilisez un verbe au présent (**compter, avoir l'intention de, penser, espérer**). Si vous êtes sûr(e) de ce qui se passera, utilisez le futur. N'oubliez pas d'utiliser le futur antérieur si nécessaire.

Ex. N: groups of 3

MODÈLE: — *Moi, je travaillerai pour l'État. J'ai l'intention de travailler dans une ambassade ou pour une agence de sécurité.*
— *Moi, je ne suis pas très sûr(e) de ce que je ferai. Je commencerai à chercher un poste dès que j'aurai fini mes études. Je vais peut-être chercher quelque chose dans la vente.*
— *Eh bien, moi, je compte gagner beaucoup d'argent. J'aurai deux maisons, une sur la plage, l'autre dans les montagnes.* etc.

Pour communiquer

Écoutez!

Madame Perrine et Monsieur Smar parlent de leurs rêves et de leurs aspirations. Chacun a des projets d'avenir pour améliorer sa situation.

Audio CD: Segment 4–4
CD 3, track 8

O. Vous avez compris? Répondez aux questions suivantes d'après les monologues que vous venez d'entendre.

Madame Perrine
1. Quel est l'objectif de Mme Perrine pour l'avenir?
2. Qu'est-ce qu'elle fait pour se préparer à réaliser ce projet?
3. Pourquoi est-ce qu'elle pense que son projet est important?
4. Quel est son modèle pour son projet?
5. Qu'est-ce qu'il faut pour réaliser ce projet?
6. Qui va participer au projet?
7. Que fera Delphine?
8. À votre avis, que fera probablement Madeleine et pourquoi?
9. Et la mère de Mme Perrine, quelle est son attitude face à ce projet?
10. Qu'est-ce qu'elle fera pour aider sa fille?
11. Est-ce que la vie sera plus facile ou plus difficile qu'elle ne l'est maintenant?
12. Quand est-ce qu'elles vont mettre en marche le projet?

Réponses, Ex. O:
1. Elle veut être propriétaire d'une librairie-café spécialisée en livres écrits par et pour les femmes.
2. Pour se préparer, elle fait des recherches, elle consulte des profs pour établir les listes d'ouvrages, elle passe ses heures libres à la bibliothèque et elle va dans les librairies pour mieux connaître le marché.
3. Selon Madame Perrine, les femmes ont besoin d'un endroit où elles puissent se détendre et parler des sujets qui les intéressent.
4. Son modèle est une librairie pour femmes qu'elle a vue aux États-Unis.
5. Il faut trouver un endroit accessible et bien situé; il faut des réserves financières pour l'installation de la librairie; il faut de l'argent pour investir dans le stock.
6. Ses deux amies Madeleine et Delphine vont participer au projet.
7. Elle travaillera dans la librairie à plein temps.
8. Elle fera probablement les comptes parce qu'elle est comptable.

(cont. on p. 156)

(cont. from p. 155)

Réponses, Ex. O:

9. Elle est très enthousiaste.
10. Elle travaillera dans la librairie et elle aidera pour la publicité.
11. La vie sera probablement plus difficile.
12. Dans deux ans.
13. Il veut mener une vie plus régulière; il veut avoir plus de temps pour sa famille, pour les loisirs et pour les voyages; il veut améliorer sa vie matérielle.
14. Il veut avoir des heures de bureau bien définies; il veut un horaire plus souple; il ne veut pas passer sa vie sur les routes; il veut un salaire assez élevé.

If you would like to listen again to these monologues, you can work with the listening material on your own, using SEGMENT 4-4 of the **Audio CD.**

15. Il compte passer plus de temps avec eux: il les aidera pour leurs devoirs et il surveillera leurs progrès à l'école; il jouera au foot avec eux; il regardera la télé avec eux; il veut prendre ses repas en famille.
16. Il aimerait passer plus de temps avec elle; il veut faire des petits voyages avec elle, sans les enfants.
17. Parce que la Tunisie leur manque et parce que les enfants ne connaissent pas bien le pays de leurs ancêtres.
18. Une voiture et une maison.
19. Une maison avec assez de place pour tout le monde, avec un petit jardin, dans la sécurité d'un quartier bien; une maison modeste.
20. Dans cinq ans.
21. Ils discutent de leurs projets.
22. Il est important d'avoir des buts réalisables et des rêves qui donnent de l'espoir.

Ex. P: ⇄ **groups of 3**

Suggestion, Ex. P: Ex. P is designed to have students integrate the ***Pour mieux vous exprimer*** and the professions learned earlier in the chapter. To ensure variety, have students refer to the list in the **MP,** or you can make a transparency of it and project it while the exercise is going on.

Follow-up, Ex. P: After groups have worked for a while, bring the class back together and, on the board, do a survey of what they decided are the most desirable and undesirable professions. All students can then contribute reasons for desirability or undesirability.

***Do À faire! (4-4) on page 184 of the* Manuel de préparation.**

Monsieur Smar

13. En termes généraux, qu'est-ce qu'il veut pour l'avenir?
14. Quelles conditions est-ce qu'il attend de son nouveau poste?
15. En ce qui concerne ses enfants, qu'est-ce qu'il compte faire à l'avenir?
16. Qu'est-ce qu'il aimerait faire avec sa femme?
17. Pourquoi est-ce qu'il aimerait retourner en Tunisie?
18. Quelles sont les deux choses qu'il veut acheter?
19. Quelle sorte de maison est-ce qu'il veut avoir?
20. Quand est-ce qu'il pense pouvoir acheter une maison?
21. Qu'est-ce qu'ils font, lui et sa femme, quand les circonstances actuelles les découragent?
22. Selon M. Smar, qu'est-ce qui est important dans la vie?

Parlez!

Pour mieux vous exprimer

Dire ce qu'on veut faire

Je voudrais...
J'aimerais...
J'ai l'intention de...
Je pense...
Je tiens à... *(I insist on...)*
Je compte...
J'ai envie de...
J'espère...

Dire ce qu'on ne veut pas faire

Je (ne) voudrais pas...
J'aimerais (je n'aimerais) pas...
J'ai (Je n'ai) pas l'intention de...
Je (ne) pense pas...
Je (ne) tiens pas...
Je (ne) compte pas...
Je (ne) veux pas (plus)...
J'ai décidé de ne pas...
J'ai (Je n'ai) pas envie de...

Notez que, dans la langue courante, le **ne** est souvent supprimé dans les expressions ci-dessus.

P. Métiers et professions. Indiquez les sortes de métiers que vous voudriez ou ne voudriez pas faire. Expliquez pourquoi.

MODÈLE: —*Je ne voudrais jamais être policier.*
—*Pourquoi pas? C'est un métier très intéressant.*
—*Peut-être. Mais c'est aussi très dangereux, surtout dans le monde où nous vivons. Et les policiers ne sont souvent pas bien payés.* etc.

Perspectives culturelles

«Madame Moreau, chef d'entreprise» (Georges Perec)

Q. Prélecture. Répondez aux questions avant de lire l'extrait du roman de Georges Perec.

1. À votre avis, comment est-ce que la situation de la femme dans le monde du travail a changé? Est-ce que les femmes ont les mêmes chances que les hommes d'avoir des promotions? Est-ce qu'il y a plus de femmes qui sont propriétaires de commerces?
2. À votre avis, quels traits caractéristiques faut-il avoir pour réussir comme chef d'entreprise?

SUGGESTED LESSON OUTLINE: Students assigned ***À faire! (3-4)*** have reviewed the future and the future perfect and have read «Madame Moreau, chef d'entreprise». Ex. XIII, XIV, XV were not self-correcting.

In this class period, do ***Perspectives culturelles*** (Ex. Q, R, S, T) and ***Témoignages*** (Ex. U, V).

R. Lecture: *Madame Moreau, chef d'entreprise.* Lisez les extraits suivants et répondez aux questions pour chaque partie de la lecture.

Ces extraits de Georges Perec sont tirés du roman ***La Vie, mode d'emploi*** *(1978) où l'auteur fait un tableau de la vie des habitants d'un immeuble. Madame Moreau est une vieille dame qui habite l'immeuble depuis son arrivée à Paris. Elle s'y est installée quand elle a pris la direction de l'entreprise familiale, après la mort de son mari.*

Georges Perec (1936–1982) is best known for the two novels *Les Choses* (1965) and *La Vie, mode d'emploi* (1978). He was a writer who experimented with the novel and who was very much concerned with the sociological implications of consumerism.

Questions: lignes 1–21
How old is Madame Moreau? Why did she move to Paris? What type of business did she inherit? What did she discover about herself? How did she reorient her factory when the wood-finishing business collapsed? How well did she do with the business? Does Madame Moreau have children? What are all the things that her business covers now?

À quatre-vingt-trois ans, Madame Moreau est la doyenne° de l'immeuble. Elle est venue y vivre vers mille neuf cent soixante, lorsque le développement de ses affaires la contraignit° à quitter son petit village de Saint-Mouezy-sur-Eon (Indre) pour faire efficacement° face à ses obligations de chef d'entreprise. Héritière° d'une petite fabrique de bois tourné° qui fournissait principalement les marchands de meubles du Faubourg Saint-Antoine, elle s'y révéla rapidement une remarquable femme d'affaires. Lorsque, au début des années cinquante, le marché

oldest resident
forced
efficiently / Heir
wood-finishing factory

collapsed
outlets as costly as they were risky
altar rails / tops / cup and ball toys
set of tools / sensing
rise / do-it-yourself work
beyond
reach / scale, level
formidable
did not delay / lucrative

du meuble s'effondra,° n'offrant plus au bois tourné que des débouchés aussi onéreux qu'aléatoires°—balustrades d'escaliers et de loggias, pieds de lampe, barrières d'autels,° toupies,° bilboquets° et yoyos — elle se reconvertit avec audace dans la fabrication, le conditionnement et la distribution de l'outillage° individuel, pressentant° que la hausse des prix des services aurait pour inévitable conséquence un considérable essor° du marché du bricolage.° Son hypothèse se confirma bien au-delà° de ses espérances et son entreprise prospéra au point d'atteindre° bientôt une envergure° nationale et même de menacer directement ses redoutables° concurrents allemands, britanniques et suisses qui ne tardèrent pas° à lui proposer de fructueux° contrats d'association.

widow
iron hand / flourishing

[...] Aujourd'hui [...] veuve° depuis quarante [...], sans enfant, [...] elle continue, du fond de son lit, à diriger d'une main de fer° une société florissante° dont le catalogue couvre la quasi-totalité des industries de la décoration et de l'installation d'appartements... [...]

Questions: lignes 22–35
When did Madame Moreau's husband die? What did she do after his death? How big was the business at that time? Where did her husband get the business? What kind of business person was her husband? What did Madame Moreau do for the business while her husband was still running it? Besides that, what else did she do and how did she live? Instead of taking over the business, what does she think she should have done? What would her life have been like had she not taken over the business? Does she like Paris, where she has now been living for many years?

carpenters
of graph paper / cloth
ink
peasant / farm yard / kitchen garden
chickens / rabbits / patches
cabbages

Madame Moreau détestait Paris.

En quarante, après la mort de son mari, elle avait pris la direction de la fabrique. C'était une toute petite affaire familiale dont son mari avait hérité après la guerre de Quatorze et qu'il avait gérée avec une nonchalance prospère, entouré de trois menuisiers° débonnaires, pendant qu'elle tenait les écritures sur des grands registres quadrillés° reliés de toile° noire dont elle numérotait les pages à l'encre° violette. Le reste du temps, elle menait une vie presque paysanne,° s'occupait de la basse-cour° et du potager,° préparait des confitures et des pâtés.

Elle aurait mieux fait de tout liquider et de retourner dans la ferme où elle était née. Des poules,° des lapins,° quelques plants de tomates, quelques carrés° de salades et de choux,° qu'avait-elle besoin de plus? Elle serait restée assise au coin de la cheminée, entourée de ses chats placides, écoutant le tic-tac de l'horloge, le bruit de la pluie... [...]

Questions: lignes 36–44
Instead of selling the business, what did Madame Moreau do with it? Does she know why she decided to keep it going? What reason did she give herself? Why would her husband not have recognized the business if he had seen how she had changed it? What's the difference between the business when the husband ran it and when Madame Moreau took charge (e.g., number of employees, etc.)?

had acted in this manner
faithfulness
wood shavings
workers who mill wood / workers who fashion wood / workers who sand wood / assemblers / workers who lay wires
workers who make sketches / model makers / warehouse workers
packers / people who package things
salespeople / representatives
tools

Au lieu de cela, elle avait développé, transformé, métamorphosé la petite entreprise. Elle ne savait pas pourquoi elle avait agi ainsi.° Elle s'était dit que c'était par fidélité° à la mémoire de son mari, mais son mari n'aurait pas reconnu ce qu'était devenu son atelier plein d'odeurs de copeaux:° deux mille personnes, fraiseurs,° tourneurs,° ajusteurs,° mécaniciens, monteurs,° câbleurs,° vérificateurs, dessinateurs, ébaucheurs,° maquettistes,° peintres, magasiniers,° conditionneurs,° emballeurs,° chauffeurs, livreurs, contremaîtres, ingénieurs, secrétaires, publicistes, démarcheurs, V.R.P.,° fabriquant et distribuant chaque année plus de quarante millions d'outils° de toutes sortes et de tous calibres.

Questions: lignes 45–52
What kind of personality does Madame Moreau have? How does she do her work? What is her attitude toward others? Why would she be considered an excellent business person by today's standards?

Elle était tenace et dure. Levée à cinq heures, couchée à onze, elle expédiait toutes ses affaires avec une ponctualité, une précision et une détermination exemplaires. Autoritaire, paternaliste, n'ayant confiance en personne, sûre de ses intuitions comme de ses raisonnements, elle avait éliminé tous ses concurrents, s'installant sur le marché avec une aisance qui dépassait° tous les pronostics, comme si elle avait été en même temps maîtresse de l'offre et de la demande, comme si elle avait su, au fur et à mesure° qu'elle lançait° de nouveaux produits sur le marché, trouver d'instinct les débouchés qui s'imposaient.

went beyond
as / launched

Questions: lignes 53–60
Why is Madame Moreau confined to her bed? Until a few years ago, how did she spend her time?

Jusqu'à ces dernières années, jusqu'à ce que l'âge et la maladie lui interdisent pratiquement de quitter son lit, elle avait inlassablement° partagé sa vie entre ses usines de Pantin et de Romainville, ses bureaux de l'avenue de la Grande Armée et cet appartement de prestige qui lui ressemblait si peu. Elle inspectait les ateliers au pas de course,° terrorisait les comptables et les dactylos, insultait les fournisseurs° qui ne respectaient pas les délais, et présidait avec une énergie inflexible des conseils d'administration où tout le monde baissait la tête dès qu'elle ouvrait la bouche.

tirelessly
on the run
suppliers

Georges Perec, *La Vie, mode d'emploi*,
Paris: Hachette, 1978, pp. 101, 131, 132

Suggestion, Ex. S, T: If you wish, you can have students do these activities in English. Since the purpose of the exercises is reading comprehension, you might have a more successful discussion in English.

Vocabulaire pour la discussion

une femme d'affaires	*businesswoman*
le marché	*market*
un débouché	*outlet*
(se) reconvertir	*to convert (oneself)*
la fabrication	*manufacturing*
prospérer	*to prosper*
un concurrent	*competitor*
prendre la direction de	*to take charge of*
gérer	*to manage*
développer	*to develop*
transformer	*to transform*
diversifier	*to diversify*
lancer un produit	*to launch a product (on the market)*

Ex. S: groups of 3

Suggestion, Ex. S: You might wish to begin the exercise with the whole class before dividing into small groups. At the end of the exercise it might also be advisable to bring students back together and have them report their ideas to the whole class. This will allow you to add any major ideas that might have been missed.

S. Le sens du texte. Faites une description chronologique de la vie professionnelle de Madame Moreau. Chaque membre du groupe doit ajouter quelques idées. Commencez par **Avant la mort de son mari, Madame Moreau...**

Ex. T: groups of 3

Follow-up, Ex. T: After the groups have done their work, bring students together to share their ideas. You might wish to focus on the situation of women in business today and get students to talk about the obstacles that women still face if they want to succeed in business (e.g., **une certaine discrimination qui persiste dans les faits; l'inégalité des chances).**

T. L'art du texte. À travers ce texte qui décrit l'évolution professionnelle de Madame Moreau, Georges Perec réussit à peindre un portrait assez détaillé de cette femme. Faites le bilan des traits caractéristiques de Madame Moreau. En même temps, essayez de montrer lesquels de ces traits sont essentiels pour une personne (et, en particulier, pour une femme) qui veut réussir dans les affaires.

Témoignages

«Quels sont vos rêves et vos aspirations pour l'avenir?»

«Comme je l'ai déjà dit, les rêves et les aspirations sont importants pour la qualité de la vie. Ils nous donnent des buts, ils nous inspirent, ils nous poussent à travailler. Nous savons, par exemple, que, pour les Français, le bonheur dépend de la santé (49%), d'un emploi (32%), de l'amour (32%), de la vie dans une société juste et harmonieuse (26%) et de l'amitié (23%). Seulement 8% des Français disent que le bonheur dépend de l'argent. En tout, 88% des Français se disent heureux et 12% se disent plutôt ou très malheureux.»

«Vous avez tout à fait raison. Et en plus, c'est souvent la période qui précède la réalisation des aspirations qui est la période la plus intéressante. On fait des projets, on attend l'avenir avec impatience et on éprouve des émotions fortes qui nous incitent à l'action.

Il faut donc espérer que les Français, comme tout le monde, aient des projets pour améliorer leur situation, qu'ils se disent heureux ou plutôt malheureux. On sait, par exemple, que les conditions suivantes leur semblent déterminantes pour être parfaitement heureux: 37% veulent voyager davantage, 33% aimeraient avoir plus d'argent, 26% veulent avoir plus de temps, 14% recherchent la vie de couple, 13% aimeraient avoir un métier qui les intéresse, 12% veulent améliorer la qualité de leur vie, 11% voudraient avoir un travail régulier, 10% aimeraient avoir des enfants, 10% recherchent l'amour, 8% cherchent des amis, 7% veulent un meilleur logement et 6% veulent faire plus de sports. Il est intéressant de voir la différence entre ce que les Français disent quand ils parlent des conditions du bonheur et ce qu'ils désirent en réalité. À titre d'exemple, vous avez peut-être remarqué la différence dans le rôle que joue l'argent dans leurs conceptions du bonheur.

Écoutons maintenant des personnes qui vont nous parler de leurs rêves et aspirations.»

Écoutez!

U. Pré-écoute. Dites à vos camarades quelles conditions sont les plus et les moins importantes dans votre définition personnelle du bonheur. Donnez des raisons pour expliquer vos choix. Vous pouvez vous inspirer des commentaires de M. Smar et Mme Perrine que vous venez de lire.

MODÈLE: —*Moi, je cherche avant tout un job intéressant, même si je ne suis pas trop bien payé. Mon but, c'est d'apporter quelque chose à la société et de travailler avec les gens pour essayer d'améliorer la vie de ceux qui ont moins de chance que moi.*

—*Dans ma vie, la chose la plus importante, c'est de fonder une famille. J'aimerais avoir deux ou trois enfants. Mais je veux aussi avoir un travail intéressant, peut-être dans les affaires. Pour moi, l'argent est assez important parce qu'il me permettra de voyager, de vivre à l'aise et de donner des avantages à mes enfants.* etc.

V. Écoutez: Les témoins vous parlent. En écoutant les Français et les francophones, prenez des notes pour établir une liste des rêves et des aspirations qu'ils expriment. Ensuite comparez votre liste à celle de vos camarades et déterminez ce qui semble dominer dans la conception du bonheur des différents témoins.

Audio CD: SEGMENT 4-5 CD 3, TRACK 9

Suggestion, Ex. V: Since the **Témoignages** statements are relatively short and represent more points of view, you might have students listen to all of them and jot down as many as they can of the dreams and aspirations they hear. It's less important to know who hopes for what. It's more important for students to determine the kinds of ambitions that tend to dominate and which ones are either not mentioned at all or are seen as less important.

VOCABULAIRE UTILE POUR LES SEPT PERSONNES: **droit** *(law)*, **but** *(goal)*, **rêve** *(dream)*, **la mienne** *(mine)*, **grandissent** *(grow up)*, **chiffre d'affaires** *(sales)*, **bénéfices** *(profits)*, **l'emporte sur** *(wins out over)*, **se sentir heureux** *(to feel [be] happy)*, **défi** *(challenges)*, **attirée par** *(attracted by)*, **enseigner** *(teaching)*, **je souhaiterais** *(I would like, wish)*, **profiter** *(benefit)*, **ça veut dire** *(that means)*, **suffisamment** *(enough)*, **pouvoir** *(power)*, **niveau** *(level)*, **à tout le moins** *(at the very least)*, **sinon** *(if not)*, **paraître** *(seem)*, **pompeux** *(pompous)*, **boulot** *(slang: work)*, **de le créer** *(to create it)*, **déménager** *(move)*

VÉRONICA ZEIN (étudiante en droit)

HENRI GAUBIL (travaille dans une entreprise de meubles)

ANNE SQUIRE (violoniste)

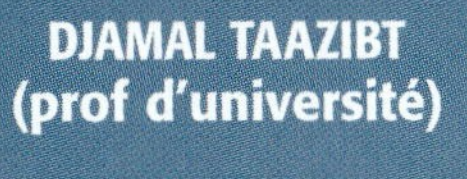

DJAMAL TAAZIBT (prof d'université)

VALÉRIE ÉCOBICHON (bibliothécaire)

PHILIPPE HECKLY (ingénieur)

ROBIN CÔTÉ (chercheur)

If you would like to listen again to the ***Témoignages,*** you can work with this listening material on your own, using SEGMENT 4-5 of the **Audio CD** and Ex. XVI in the **Manuel de préparation.**

Réponses, Ex. V: Given the nature of the exercise, specific answers are not provided. However, the following is a list of dreams and aspirations expressed by the various speakers. This will serve as a list against which to check student comprehension. RÊVES ET ASPIRATIONS: *Véronica Zein*—**devenir avocate, avoir une bonne carrière, avoir une famille, avoir des enfants;** *Henri Gaubil*—**augmenter le chiffre d'affaires de l'entreprise, voir ses enfants heureux;** *Djamal Taazibt*—**se sentir heureux et satisfait, être en contact constant avec le défi;** *Anne Squire*—**jouer dans un orchestre dans une compagnie d'opéra, enseigner l'anglais;** *Valérie Écobichon*—**profiter de la vie, les loisirs, le travail n'est pas important, avoir une famille;** *Robin Côté*—**faire des changements, influencer la société, aider le développement régional;** *Philippe Heckly*—**trouver un travail qui paie plus, déménager dans un logement plus grand, passer plus de temps à la maison.**

***Do* À faire! (4-5) *on page 186 of the* Manuel de préparation.**

Fonction: Comment parler de l'avenir (3)

SUGGESTED LESSON OUTLINE: Students assigned ***À faire! (4-5)*** have studied the present conditional. Ex. XX was not self-correcting.

In this class period, do ***Fonction*** (Ex. W) and ***Pour communiquer*** (Ex. X).

Transparency: 4–5 **(Le présent du conditionnel)**

Suggestion, Reprise: Use the transparency with the mechanical exercise to review the present conditional. Then proceed to Ex. W.

REPRISE

Le présent du conditionnel

Conditional endings:
-ais, -ais, -ait, -ions, -iez, -aient

Regular stems:
infinitive of **er** + **ir** verbs + endings (**je parlerais / tu finirais**)

Regular stems:
infinitive of **-re** verbs (drop -e) + endings (**il prendrait**)

Irregular stems:
stem + endings

aller	**j'irais**	falloir	**il faudrait**
avoir	**tu aurais**	pouvoir	**vous pourriez**
envoyer	**on enverrait**	savoir	**nous saurions**
être	**elle serait**	voir	**ils verraient**
faire	**elles feraient**	vouloir	**je voudrais**

Ex. W: groups of 3

W. Que feriez-vous si... ? Expliquez à vos camarades ce que vous feriez dans les cas suivants. N'oubliez pas d'utiliser l'imparfait avec **si** et le présent du conditionnel pour exprimer la conséquence. Vos camarades vont vous donner des conseils pour suggérer d'autres possibilités.

MODÈLE: Que feriez-vous si vous ne trouviez pas un poste qui vous plaît?
— *Si je ne trouvais pas un poste intéressant, je prendrais n'importe quoi pour gagner un peu d'argent.*
— *Moi, à ta place, j'irais travailler pour mes parents.*
— *Si j'étais toi, je continuerais mes études.* etc.

Que feriez-vous...

1. si un(e) camarade de classe demandait de copier vos devoirs?
2. si votre père (mère, femme, mari) perdait son poste?
3. si vous n'aviez pas assez d'argent pour finir vos études?
4. si vous aviez un problème avec un(e) ami(e)?
5. si vous aviez à vous adapter à une culture étrangère?
6. si vous trouviez un petit chat perdu dans la rue?

Pour communiquer

Ex. X: variable groups

X. Un métier. Décrivez votre métier ou le métier d'une personne que vous connaissez bien (par exemple, celui d'un membre de votre famille). Dites ce que fait cette personne, pour qui il/elle travaille, quels sont les avantages et les inconvénients de son travail, et quels sont les rêves et les aspirations de cette personne. Vos camarades vont vous donner des conseils (avec le présent du conditionnel — **si j'étais ta sœur...**) pour suggérer d'autres solutions.

Do **À faire! (4-6)** *on page 191 of the* **Manuel de préparation.**

Suggestion, Ex. X: Use yourself as a model by describing your teaching job, the advantages and disadvantages, your dreams and aspirations. Then, before you divide students into groups, you might ask each one to make some notes: decide whose job they're going to describe and briefly write down advantages, disadvantages, dreams, and aspirations.

The activity for the next class period involves having students interview a French or Francophone native speaker about his/her work. If you don't have access to any native speakers (other than yourself, if you are one), you could invite someone who speaks French. If you can't find a visitor, you could be the subject of the interview. The assignment in ***À faire! (4-6)*** asks students to prepare questions for the interview. Consequently, when assigning ***À faire! (4-6),*** tell students something about the person they will be interviewing, especially the place of origin, so that they can tailor their questions.

SUGGESTED LESSON OUTLINE: Students assigned ***À faire! (4-6)*** have reviewed the present conditional and have prepared approximately twenty questions to use in their in-class interview. Ex. XXI and XXII were not self-correcting.

In this class period, before beginning the interview, you may wish to give students a few minutes to correct each other's questions. Then do the interview ***(C'est à vous maintenant!,*** Ex. Y) and the ***Perspectives culturelles*** (Ex. Z).

C'est à vous maintenant!

Parlez!

Y. Une interview. Vous allez interviewer un(e) Français(e) ou un(e) francophone ou une personne qui parle français. Vous souhaiterez peut-être commencer par des questions générales pour faire la connaissance de cette personne avant de lui poser des questions sur son métier.

Attention! Vous aurez à rédiger un article sur cette interview. Vous feriez donc bien de prendre des notes pendant l'entretien.

Suggestion, Ex. Y: Even with a large class, this interview can be effectively conducted as a full class. Make sure that as many students as possible ask questions and have them begin with biographical questions to establish the identity of the person. It's very important to remind students that they should be taking notes, writing down both questions and answers. They will need the information to write their interview article at home.

Perspectives culturelles

L'emploi du temps des Français

Les lois qui réduisent le temps de travail

La loi du 13 juin 1998 est une loi «d'orientation et d'incitation».
D'orientation: puisqu'elle a fixé la durée légale du travail en France (hors fonction publique) à 35 heures à partir du 1er janvier 2000 pour les entreprises de plus de 20 salariés et deux ans plus tard pour celles de moins de 20 salariés. Elle redéfinit le temps de travail effectif, l'exercice du temps partiel, etc. Une seconde loi, dite «loi-balai», devra préciser avant la fin de cette année tous les problèmes laissés en suspens (majoration et contingent d'heures supplémentaires, Smic et salaires, formation...).

D'incitation: pour aider les entreprises à anticiper l'échéance, l'État offre des aides dégressives aux entreprises qui réduiront d'au moins 10% la durée du travail et augmenteront leurs effectifs de plus de 6%. Sont exclues des aides une cinquantaine d'entreprises publiques (EDF, SNCF, la Poste, RATP...).
La loi Robien, née en 1996, du nom du député UDF de la Somme Gilles de Robien, était une loi d'incitation: elle offrait des aides aux entreprises dans des conditions proches de celles prévues par la loi Aubry.

EMPLOI DU TEMPS

Sommeil et repas

En ajoutant les repas et la toilette au sommeil, c'est près de la moitié de la journée que les Français — qu'ils soient actifs ou inactifs, hommes ou femmes — consacrent à leurs besoins physiologiques. À noter que le temps de sommeil représente 7h30 en moyenne (contre 9 heures au début du siècle), soit 31% du temps de vie. Nous consacrons 17 minutes au petit déjeuner, 33 minutes au déjeuner et 38 minutes au dîner, soit un total de 1h30 pour nous restaurer.

Travail

Les adultes actifs, du lundi au vendredi, consacrent en moyenne à leur travail (y compris les trajets) 8h50 pour les hommes et 7h40 pour les femmes. Les indépendants travaillent plus longtemps que les salariés et les agriculteurs 2 heures de plus que les citadins.

Travail domestique

Si, comme on l'a vu, les femmes travaillent à l'extérieur 1 heure de moins que les hommes, elles consacrent plus de 4h30 aux tâches domestiques, contre 2h48 pour les hommes. Ces derniers se rattrapent un peu le week-end: ils accordent 4h25 aux travaux de la maison le samedi — y compris les courses, le jardinage et les soins aux enfants — et 3h35 le dimanche. Ce qui n'empêche pas les femmes d'en faire encore un peu plus avec 6 heures le samedi et 5h30 le dimanche. Les femmes au foyer consacrent, elles, 6h20 chaque jour de la semaine au travail domestique.

Le temps passe

L'horloge parlante reçoit 220 000 appels chaque jour avec des pics le 31 décembre et les jours de changements horaires. Qu'elle soit au poignet, dans la poche, autour du cou ou au fond du sac, nous regardons chaque jour 25 fois notre montre.

Enfants

Dans une journée, les mères sont deux fois plus nombreuses que les pères à laver, habiller, faire manger leurs enfants. Et elles leur consacrent deux fois plus de temps. Dans un foyer où les deux conjoints travaillent, la mère consacre 2h30 par jour à son enfant s'il a moins de 2 ans, le père 45 minutes.

Profil d'une journée moyenne

Pour comprendre ce graphique

À 13 heures, la moitié de la France est devant son assiette. D'autres continuent leurs activités professionnelles ou domestiques (un peu plus de 30%). La télévision intéresse à cette heure près de 4% de la population et mord sur les loisirs. Sommeil et toilette ne se rencontrent plus qu'exceptionnellement.

À noter aussi

Si, entre 0 heures et 2 heures du matin, plus de 90% des Français sont dans les bras de Morphée, d'autres travaillent encore (1%), mangent, boivent ou grignotent (1%), font un peu de toilette (1%) ou finissent de regarder les programmes télé (1%). De 7 heures à 9h30, les occupations professionnelles et domestiques sont en progression extrêmement rapide: 17% à 7 heures, 64% à 9h30.
La plage du dîner est plus étalée que celle du déjeuner. Il y a au maximum 36% de personnes qui dînent au même moment. De 20h30 à 22h30: communion devant le petit écran. Plus de la moitié de la population de plus de 15 ans est alors sous l'emprise de la télévision. 22h30: près de 39% des Français dorment. Ils sont deux fois plus nombreux une heure plus tard et 87% à minuit. Tâches ménagères et travail professionnel retiennent encore 9% de la population à 22h30, près de 3% à minuit.

Temps libre

Conclusion logique: chez les actifs citadins, les hommes ont en moyenne 50 minutes de plus de temps libre (3h41) que les femmes (2h51). Un temps consacré pour 40% à regarder la télévision: 1h40 sur les 3h30 de temps libre dont dispose chaque Français de plus de 15 ans. À partir de la cinquantaine, ce temps augmente encore, de même que le temps passé aux autres loisirs d'intérieur: écouter la radio, jouer aux cartes, lire, etc. Tandis que le sport est un loisir de jeunes: presque 20% des 15–19 ans pratiquent une activité sportive dans une journée.
Si les Français ont toujours l'impression d'en manquer, jamais ils n'ont eu autant de temps libre: à l'échelle d'une vie, il est 3 fois plus long que le temps de travail, il a triplé depuis le début du siècle et représente un tiers du temps éveillé. Bien sûr, une partie importante de ce temps n'est disponible qu'au moment de la retraite.

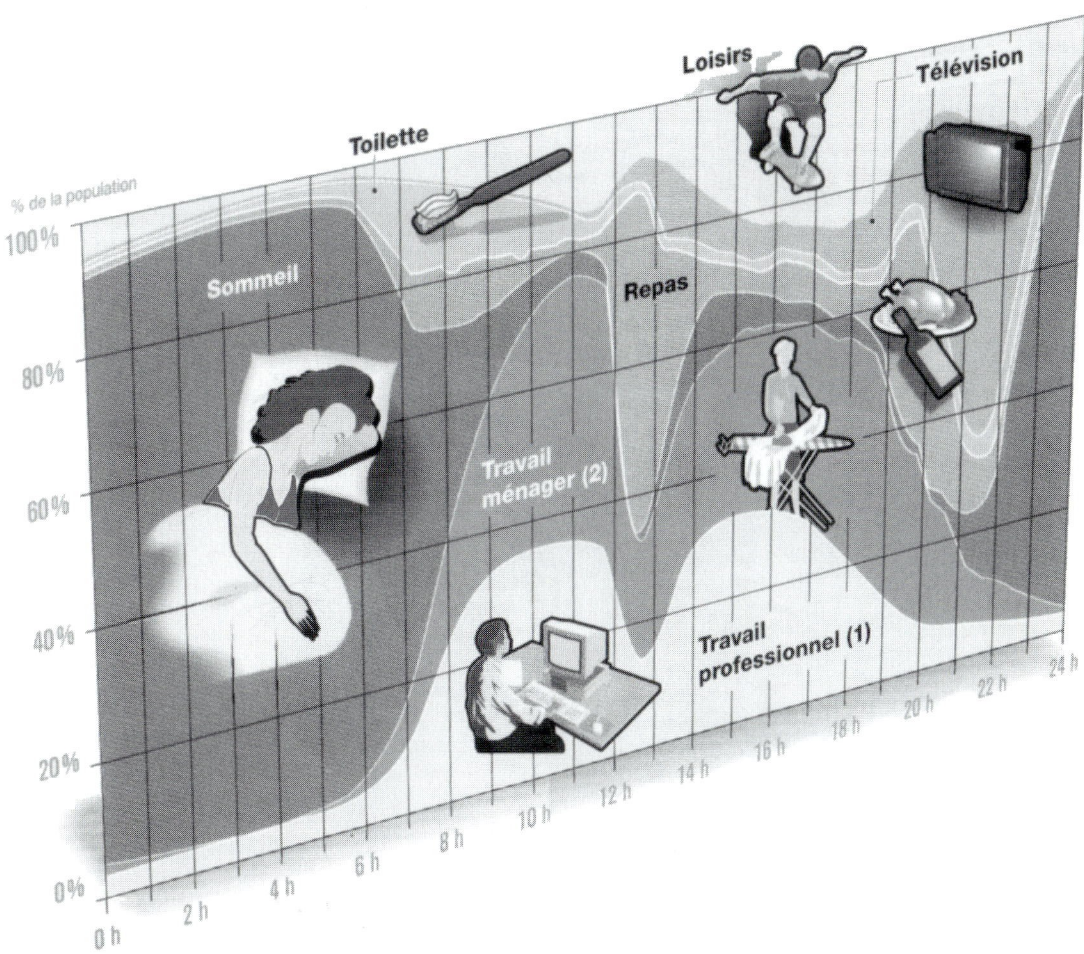

(1) Y compris formation
(2) Y compris soins aux enfants et trajets non liés au travail professionnel

Parlez!

Ex. Z: groups of 3

Do À faire! (4-7) on page 192 of the Manuel de préparation.

Follow-up, Ex. Z: When each group has arrived at the most significant similarities and differences between France and the United States, bring the class together and write the conclusions on the board. While the results are approximate (the exact statistics for the U.S. are not necessary), some valid differences are likely to emerge. Additionally, you may wish to show that the statistics debunk some commonly-held misconceptions/ stereotypes about the French (e.g., they spend many hours each day at meals; they take two hours for lunch, etc.).

Suggestion, Activité écrite, MP, Ex. XXIII: If you plan to have students peer edit the article they will be writing at home ***(À faire! [4–7])*** during the next class period, remind them to bring the draft of the article to class.

Testing: The **Test Bank** includes a chapter test for ***Chapitre 4*** covering the material in the core section of the chapter.

Z. Des comparaisons Inspirez-vous des renseignements que vous venez de lire pour: (1) créer le profil d'une journée moyenne aux États-Unis; et (2) pour faire une liste des similarités et différences entre la France et les États-Unis. Puisque vous n'avez pas les statistiques pour les États-Unis, formulez vos comparaisons en termes approximatifs et (plus ou moins que les Français). Par exemple, les Américains passent en moyenne plus de temps par jour devant la télé que les Français.

CHAPITRE

4

Allons voir les Français et les francophones... au travail!

EXPANSION

MENU

MANUEL DE CLASSE

MANUEL DE PRÉPARATION

Video:
Chapitre 4

SUGGESTED LESSON OUTLINE: Students assigned ***À faire! (4-7)*** have written an article based on the interview done during the last class period. The ***Activité écrite*** in the ***Expansion*** section of this **Manuel de classe** (see page 171) provides the opportunity for peer editing and for revision of the article. Or, if you prefer, you can have students hand their article in to you for revision and correction.

There are no more ***À faire!*** assignments in this chapter. The ***Expansion*** section of the **Manuel de classe** provides activities for as many as five additional class periods. The ***Expansion*** section of the **Manuel de préparation** offers a like number of out-of-class homework possibilities. You can select the number and type of activities you wish to do and to assign, depending on your course calendar, your pedagogical preferences, and your students' interests. You may wish, in certain cases, to allow students to choose the activities they will do in class and for homework.

Première séquence:

Réponses:

Sans le son:
5, 8, 4, 1, 2, 6, 3, 7

Avec le son:
1. F (la population active)
2. V
3. V
4. F (6 semaines avant)
5. F (80%)
6. V
7. F (5 semaines)
8. V
9. V

Vidéo

AVANT LA VIDÉO

Pour chacune des affirmations suivantes qui correspondent aux thèmes des deux passages vidéo, indiquez si vous êtes **d'accord** (D) ou **pas d'accord** (P), en ce qui concerne votre pays.

1. ___ Le pourcentage (%) de la population qui travaille pour le gouvernement fédéral est trop élevé.
2. ___ La semaine de travail doit être limitée à 35 heures.
3. ___ Le nombre de semaines de congés payés n'est pas assez élevé.
4. ___ Tous les travailleurs doivent prendre leur retraite à 60 ans.
5. ___ Il n'y a pas assez de femmes à exercer des professions à hauts risques.

PREMIÈRE SÉQUENCE: Travailler en France

LA VIDÉO: SANS LE SON

Indiquez par des chiffres de 1 à 8 l'ordre des séquences de ce segment.

___ Un homme répare un toit.

___ Un homme d'âge moyen assis devant son ordinateur.

___ Deux agents de police mettent des amendes *(tickets)* pour stationnement *(parking)* illégal.

___ Deux hommes sur un échaffaudage *(scaffolding)*.

___ Plusieurs employés travaillent dans un bureau.

___ Un bébé pleure.

___ Un contrôleur *(conductor)* dans un train.

___ Un homme assis pêche.

LA VIDÉO: AVEC LE SON

Indiquez par **vrai** (V) ou **faux** (F) si les idées suivantes sont présentées dans ce segment. Corrigez les affirmations *(statements)* inexactes.

1. ___ La population française est de 24,8 millions.
2. ___ Les trois quarts (3/4) des femmes françaises entre 25 et 49 ans travaillent.
3. ___ 1 personne active sur 4 travaille pour l'État français.
4. ___ Le congé de maternité est de 8 semaines avant la naissance et de 10 semaines après la naissance.
5. ___ Les femmes en congé de maternité sont payées à cent pour cent (100%) du salaire brut *(gross income)*.
6. ___ La semaine de travail est de 39 heures.
7. ___ Un employé a droit à 4 semaines de congés payés en plus des 11 jours fériés *(public holidays)* par an.
8. ___ Un employé peut prendre sa retraite à l'âge de 60 ans.
9. ___ Les patrons français pensent que les charges *(expenses)* sociales sont trop lourdes.

QUANT À MOI...

Que pensez-vous des avantages sociaux accordés *(granted)* aux travailleurs français? Vous paraissent-ils justes *(fair)*, exagérés, insuffisants? Comparez-les avec les avantages sociaux des travailleurs américains. Quel système préférez-vous et pourquoi?

DEUXIÈME SÉQUENCE: Qu'est-ce que vous faites?

LA VIDÉO: AVEC LE SON

Dans cette vidéo, nous avons rendez-vous avec un pompier, une infirmière et un styliste de mode. Ils répondent tour à tour *(in turn)* à cinq questions concernant leur profession.

Tout d'abord, choisissez parmi les réponses proposées les réponses entendues dans les interviews (il ne s'agit pas d'un transcript). Puis, retrouvez l'auteur de chacune de ces phrases.

NOTE: Florence = **F** Claude = **C** Gaspard = **G**

1. Quelle est votre profession et en quoi consiste-t-elle?
   a. On porte secours aux victimes de la route et du travail.
   b. On transporte des prisonniers.
   c. Je travaille dans le Service d'Aide Médicale d'Urgence *(emergency)*.
   d. Je crée des vêtements pour hommes.
   e. On détruit des nids *(nests)* de guêpes *(wasps)*.
   f. Je suis sapeur-pompier professionnel.
   g. On déplace les voitures en stationnement illégal.
   h. Je porte secours à des patients sur la voie publique *(in the streets)* et à domicile *(in their home)*.
   i. Je travaille à l'hôpital de Toulouse.
   j. Je fais des collections en mon propre nom.
   k. On nous appelle pour combattre le feu.
   l. On débloque *(to free)* les gens bloqués *(stuck)* dans les ascenseurs.

Deuxième séquence:

Réponses:
1. a. C
   c. F
   e. C
   f. C
   h. F
   j. G
   k. C
   l. C

2. Pourquoi avez-vous choisi cette profession?
   a. Je n'ai jamais voulu participer à favoriser la société de consommation.
   b. J'ai toujours dessiné.
   c. Mon père était médecin et il m'a beaucoup influencé.
   d. C'était une vocation depuis petite fille.
   e. Je voulais surtout fabriquer des choses et produire.
   f. J'avais une grande sœur qui aimait s'habiller beaucoup.
   g. Être sapeur-pompier me permettait de combiner mes études et d'échapper à cette société de consommation.
   h. Ma mère était couturière *(seamstress)*.
   i. J'ai fait des études d'ingénieur.

Deuxième séquence:

Réponses:
2. a. C
   b. G
   d. F
   f. G
   h. C
   j. C

Deuxième séquence:

Réponses:

3. b. G
   c. C
   e. F
   f. C
   g. F
   i. C

3. Qu'est-ce qui vous plaît dans ce métier?
   a. J'aime surtout sauver *(to help)* les gens bloqués dans les ascenseurs.
   b. On dit qui on est par le vêtement.
   c. Aider les gens dans la détresse.
   d. Faire la rencontre de grands artistes de la mode.
   e. C'est très gratifiant.
   f. J'aime avoir la responsabilité de 350 pompiers.
   g. Masser *(To resuscitate)* un cœur qui repart, c'est très payant *(gratifying).*
   h. J'aime me déplacer très rapidement.
   i. C'est un travail varié.

Deuxième séquence:

Réponses:

4. a. F
   b. G
   d. F
   f. G
   h. F

4. Comment se passe une journée typique dans votre profession?
   a. L'été, il y a les accidents agricoles *(farming)* (...) et les noyades *(drownings).*
   b. Téléphoner aux journalistes, téléphoner aux fournisseurs...
   c. Choisir des mannequins pour notre défilé.
   d. Au quotidien, les accidents de la circulation *(traffic),* les accidents du travail...
   e. L'été, il y a les accidents en montagne (...) et les noyades.
   f. Notre principale activité c'est répondre au téléphone.
   g. Il faut assister aux défilés de nos concurrents.
   h. L'hiver, nous avons des accidents de ski.

Deuxième séquence:

Réponses:

5. b. C
   c. G
   f. F
   g. G
   h. C
   k. G
   l. G

5. Quels conseils donneriez-vous à des jeunes qui aimeraient faire votre métier?
   a. Il faut faire des études d'ingénieur.
   b. Il faut bien réfléchir *(to think)* avant d'entrer dans ce métier.
   c. Travailler avec des stylistes.
   d. Travailler uniquement *(only)* à Paris.
   e. Il faut faire de longues études médicales.
   f. C'est un métier qui est prenant *(demanding)* physiquement et psychologiquement.
   g. Vivre dans une grande ville.
   h. On est confronté à la détresse et à la mort.
   i. Travailler pour un magazine de mode.
   j. Il faut être physiquement très fort.
   k. Étudier dans une école de stylistes.
   l. Aujourd'hui on ne peut pas être seul pour faire quelque chose.

QUANT À MOI...

Répondez aussi à ces cinq questions à propos du métier que vous aimeriez exercer un jour ou que vous exercez déjà. Si vous travaillez en groupe, comparez vos réponses avec celles de vos camarades.

Activité écrite:
Compte rendu d'interview (C'est à vous maintenant!)

Suggestion, Activité écrite: This activity is the follow-up to Ex. XXIII in the MP (*À faire! 4-7*). Working in groups of three, they read each other's draft and do peer editing, following the suggestions provided in the exercise.

Lisez le compte rendu de l'interview préparé par un(e) de vos camarades de classe (**Manuel de préparation**, Exercice XXIII, page 192), puis répondez aux questions suivantes.

1. De combien de paragraphes le compte rendu se compose-t-il? Quel est le sujet de chaque paragraphe? Est-ce qu'il devrait y avoir plus ou moins de paragraphes? Quelles sont vos suggestions?
2. Combien de fois est-ce que le compte rendu cite directement les paroles de la personne interrogée? Combien de fois donne-t-il un résumé de ce que la personne a dit?
3. Quelles suggestions proposeriez-vous pour rendre le compte rendu plus précis, plus fidèle à l'interview et plus intéressant?
4. Quelles modifications est-ce que vous proposeriez pour corriger les erreurs de grammaire? Par exemple, est-ce que vous avez vérifié les temps des verbes?

Suggestion, Lecture: Although students have prepared this reading at home (see MC, *Expansion*), it might be best to check their basic comprehension (in French or in English) before proceeding to the in-class discussion activity.

Lecture: «Le cousin Achour» (Michel Tournier)

Michel Tournier (1924–) is best known for his novel *La Goutte d'or* (1985). He is an accomplished storyteller who blends the realism of his style with a focus on legends and myths largely forgotten by modern society.

La Goutte d'or est un quartier de Paris où vivent beaucoup de gens originaires d'Afrique du nord.

*Cet extrait du roman **La Goutte d'or** (**The Golden Droplet**) raconte l'histoire d'Idriss, jeune Algérien, qui s'installe à Paris pour faire fortune. Arrivé à Paris, seul, il retrouve son cousin Achour qui, lui, connaît la vie de travailleur étranger en France. Idriss s'installe chez Achour pendant qu'il cherche du travail. Dans cet extrait, nous faisons la connaissance d'Achour.*

Le cousin Achour, de dix ans plus âgé qu'Idriss, était un garçon fort, jovial et débrouillard. Il avait quitté Tabelbala cinq ans auparavant° et envoyait à sa famille, à des intervalles il est vrai capricieux, des lettres optimistes et de modestes mandats.° Mogadem s'était chargé de lui écrire pour lui recommander son neveu, mais Idriss était parti sans attendre sa réponse. Aussi fut-il soulagé° de le retrouver au foyer Sonacotra de la rue Myrha dans le XVIIIe arrondissement. Il y occupait une petite chambre dans une sorte d'appartement qui en comprenait° cinq autres, une salle d'eau et une cuisine commune avec six réchauds à gaz° et six réfrigérateurs cadenassés.° Le foyer groupait ainsi douze logements de six chambres de célibataires, auxquelles s'ajoutaient une salle de prière et un salon de télévision. Achour présenta Idriss au patron de l'établissement, un pied-noir° algérien rapatrié° que tout le monde appelait Isidore, comme s'il se fût agi de° son prénom, alors que c'était son patronyme. Il fut convenu avec lui qu'Idriss partagerait

before

money orders

So he was relieved

included

gas hotplates / padlocked

Algerian-born French person

returned back to France / as if it were

temporarily / stretching of the law

made up for

inexhaustible / tried

ouvrier spécialisé

cleaning out / cross over / footbridge

constricting

explodes / hell

deaf

the worst / disdain

wood

platform sweeper

member of the Algerian or Tunisian Berber tribes

***Régie autonome des transports parisiens** (subway)*

subcontracting / in an uncertain manner

bad faith

been dishwasher / daycare centers

dog groomer / sandwich man (carrying advertising board)

board

attacher

crash

pejorative term for North Africans / person who sets off fireworks

lifeguard

yum-yums

window washer

provisoirement° la chambre de son cousin. Isidore fermerait les yeux sur cette entorse° — assez commune — aux règlements de police.

Achour suppléait° son absence de qualification professionnelle par une aptitude apparemment inépuisable° à toutes les tâches. Certes il avait tâté° du travail d'O.S.° chez Renault peu après son arrivée en France. Mais il avait profité du premier «dégraissage°» de personnel pour ne plus jamais franchir° la passerelle° de l'île Séguin. Il n'était pas l'homme d'un travail régulier, monotone et contraignant.°

— C'est surtout le bruit, expliqua-t-il à Idriss en évoquant cette triste période de sa vie. Ô mon frère! En arrivant dans l'atelier tu as la tête qui éclate.° [...] L'enfer,° je te dis. Moi, tu me connais, je suis musicien, et même danseur. Me faire ça à moi! Le soir en sortant, je n'entendais plus rien. Je suis sûr que je serais devenu sourd° en continuant. Et tu vois, le pire,° c'est le mépris° de l'ouvrier qui se trouve dans ce bruit. Parce que pas un ingénieur n'a jamais pensé à organiser le travail pour diminuer le bruit. Non, aucune importance! Les ouvriers ont des têtes de bois!° Pourquoi se fatiguer?

Ensuite il avait été balayeur de quais° dans le métro, bref épisode dont le seul souvenir qu'il gardait était la fameuse grève des nettoyeurs qui avait duré quatre semaines. Les services publics français n'ayant pas le droit de faire travailler des étrangers, les neuf cents travailleurs arabes, kabyles° et sénégalais du métro ne pouvaient être employés par la R.A.T.P.° que par l'intermédiaire d'entreprises privées de sous-traitance,° de telle sorte que leur grève tombait en porte-à-faux° sur deux employeurs d'égale mauvaise foi.° [...]

Ensuite il avait «fait plongeur°» dans plusieurs établissements, crèches,° milk-bars, restaurants d'entreprise, fast-foods, libre-service, cantine scolaire. Le seul charme de ces emplois, c'était leur brièveté... [...]

Il avait été aussi toiletteur de chiens,° homme-sandwich° («Pour un timide comme moi, l'avantage c'est que tu passes complètement inaperçu. On peut même dire que tu deviens invisible. Eh oui! Les passants, ils regardent le panneau° que tu portes sur tes épaules, toi ils ne te voient même pas!»), colleur° d'affiches, promeneur de vieilles dames («Il y en avait une vraiment gentille, tu sais. Je marchais lentement à son pas, en lui donnant le bras, comme un bon fils respectueux et tout. Et puis un jour patatras,° on passe devant le square de Jessaint, elle me dit: "N'entrons pas là, c'est plein de bougnoules°!" Elle m'avait regardé?»), artificier° («Pour les feux d'artifice du 13 juillet, il leur faut du monde, tu penses! Mais alors ça, c'est vraiment l'emploi saisonnier!»), maître-baigneur° dans une piscine («J'ai pu leur dissimuler deux mois que je ne savais pas nager. Un record, non?»), représentant de *Toutou*, la pâtée des chiens de luxe («Le patron nous obligeait à ouvrir une boîte de *Toutou* en plein magasin et à en manger à grosses cuillerées avec des miams-miams° gourmands devant la clientèle. Après ça il fallait aller déjeuner!»), laveur de carreaux,° laveur de voitures, laveur de cadavres à la morgue («C'est pas croyable ce que j'aurai pu laver dans ma vie! L'ennui, c'est que ça te décourage de te laver toi-même. Les laveurs de quoi que ce soit sont toujours sales comme des cochons.»).

Michel Tournier, *La Goutte d'or,*
Paris: Gallimard, 1986, pp. 135–139

Discussion: Le travailleur immigré en France. Discutez des questions suivantes avec les membres de votre groupe.

1. Comment décrire Achour? Parlez surtout de ses traits de caractère et de l'opinion qu'il a de lui-même.
2. À votre avis, pourquoi est-ce qu'il quitte toujours son emploi pour en prendre un autre?
3. À votre avis, pourquoi est-ce que les travailleurs étrangers quittent leur pays pour aller travailler en France? Donnez des idées générales sur le monde du travail dans leur pays d'origine.
4. Qu'est-ce qui, dans ce passage de Michel Tournier, peut vous faire penser que les travailleurs immigrés sont exploités?
5. Qu'est-ce qui caractérise les emplois qu'a eus Achour? Qu'est-ce qu'ils ont en commun?

Discussion: variable groups

Follow-up, Discussion: When the groups have done their work, you can bring the class back together and get the feedback from the groups.

Activité orale:

Discutons!

Activité orale: groups of 3

Avec deux autres camarades de classe, discutez d'un des sujets suivants. Utilisez les expressions ci-dessous et à la page 174 pour commencer et faire avancer l'échange.

Vocabulaire pour la discussion

COMMENCER UNE DISCUSSION / INTRODUIRE LE SUJET

À propos de (e.g., du travail), + *one of the phrases below*

J'ai entendu dire que...	*I heard that...*
On dit que...	*It's said that...*
Quelqu'un m'a récemment dit que...	*Somebody just told me that...*
À mon avis...	*In my opinion...*
Es-tu (Êtes-vous) d'accord que (avec)... ?	*Do you agree that (with)...?*
Les gens disent que...	*People say that...*
Que penses-tu (pensez-vous) de... ?	
Est-ce que tu penses (vous pensez) que... ?	

FAIRE AVANCER UNE DISCUSSION

Demander des précisions

Comment ça se fait?
Comment se fait-il que... ?
Qu'est-ce que tu veux (vous voulez) dire par là?
Ça veut dire quoi, exactement?
Explique (Expliquez) un peu.
Par exemple?
Je ne comprends pas.
Et ensuite? / Et alors?

Demander qu'on répète

Comment?
Pardon?
Qu'est-ce que tu dis (vous dites)?
Tu peux (Vous pouvez) répéter, s'il te (vous) plaît?
Quoi? (Hein?) *(very familiar)*

Demander des renseignements supplémentaires

Les questions d'information: combien, où, comment, quand, pourquoi, qui, quel, etc.

RÉAGIR

Montrer la surprise

Vraiment?
C'est pas vrai!
C'est pas croyable!
C'est pas possible!
Ça alors!
Oh là là!
C'est super (formidable, incroyable, chouette, etc.)!

Montrer qu'on comprend

Oui... oui.
Je comprends.
C'est ça!

Montrer qu'on est d'accord

Ça se comprend.
Ça (ne) m'étonne pas.
Absolument!
C'est vrai (ça)!
Tu as (Vous avez) raison!
Oui, tout à fait.
Je suis tout à fait d'accord.

Sujets de discussion

1. Il est plus difficile pour une femme que pour un homme d'être chef d'entreprise.
2. Il faut avoir certains traits de caractère pour réussir dans le monde des affaires.
3. Les professeurs n'ont aucune idée de ce qu'est la vie de l'étudiant d'aujourd'hui.
4. En général, on travaille trop dans notre société. On ne sait plus s'amuser.

Exercice d'écoute:
Deux autres témoignages

Suggestion, Exercice d'écoute: : Have students take notes while they listen to each interview. Then have them compare notes in small groups, listen again (if necessary), and then discuss the answers to the questions with the whole class.

Vous allez entendre deux personnes parler de leur activité professionnelle. En les écoutant, prenez des notes pour pouvoir ensuite parler de leur travail. Considérez, par exemple, les questions suivantes: Que fait Henri Gaubil? Quels sont les avantages de son travail? Où se trouve la maison-mère de son entreprise? Quels sont les inconvénients de son travail? Quelle solution l'entreprise adoptera-t-elle peut-être pour résoudre le problème de la clientèle? Quelles sont ses aspirations professionnelles? Que fait Nezha? Comment sont les étudiants marocains? Que fait le père de Nezha? Et sa sœur? Quels sont les avantages du travail de Nezha? Quels en sont les inconvénients? Quel est son rêve pour l'avenir? Savez-vous qui a écrit la pièce *Le Bourgeois gentilhomme?*

«On a un contact direct avec le public, c'est très intéressant.»

VOCABULAIRE UTILE: meubles *(furniture)*, **de haut de gamme** *(of high quality, top of the line)*, **à l'heure actuelle** *(at this point in time)*, **les prix suivent** *([the furniture] is priced accordingly, i.e., it's expensive)*, **patrons** *(bosses)*, **marque** *(brand name)*, **nous versons** *(we pay)*, **la maison-mère** *(company headquarters)*, **étant donné que** *(given that)*, **meublés** *(furnished)*, **atteindre** *(reach)*, **ceux** *(those)*, **on envisage** *(we're thinking about)*

«Je ne travaille que trois ou quatre heures par jour.»

VOCABULAIRE UTILE: génies *(geniuses)*, **infirmière** *(nurse)*, **la compagnie des chemins de fer** *(railroad company)*, **ce qui fait que** *(which means that)*, **pièces théâtrales** *(plays)*

Réponses: *Henri Gaubil:* Il travaille dans une entreprise de meubles (des meubles de haut de gamme). Les avantages de son travail: il a un contact direct avec le public, il est son propre patron, il bénéficie de la publicité de la marque des meubles. La maison-mère est à Paris. Les inconvénients: Comme la Corse est une île, la clientèle est très limitée; la plupart des Corses ont déjà des meubles et on ne peut donc vendre qu'aux touristes ou à ceux qui s'installent. Ils envisagent de se tourner vers le sud de la France ou vers l'Italie. Ses aspirations professionnelles, c'est d'augmenter le chiffre d'affaires et donc les bénéfices de l'entreprise.

Réponses: *Nezha Le Brasseur:* Elle est professeur de sciences naturelles dans un lycée. Les étudiants marocains sont très disciplinés et ils respectent leurs professeurs. Le père de Nezha travaille pour la compagnie des chemins de fer et la sœur de Nezha est infirmière. Les avantages de son travail: elle ne travaille que trois ou quatre heures par jour; elle a donc beaucoup de temps pour faire ce qu'elle veut; elle a deux mois et demi de vacances en été pour voyager en Europe. Les inconvénients: son travail est routinier parce qu'elle enseigne toujours le même programme, elle répète toujours la même chose. Elle aimerait devenir une actrice célèbre. *Le Bourgeois gentilhomme* a été écrit par Molière (XVIIe siècle).

If you would like to listen again to the ***Témoignages,*** you can work with this listening material on your own, using SEGMENT 4–6 of the **Audio CD.**

Quant à moi...

Témoignages des Français et des francophones

DEUXIÈME PARTIE

CHAPITRE 5

Récits et portraits

CHAPITRE 6

Questions sociales

CHAPITRE 7

Le monde d'aujourd'hui et de demain

ANTOINE DE SAINT-EXUPÉRY

MARGUERITE DURAS

CHRISTINE OCKRENT

JACQUES CARTIER

AIMÉ CÉSAIRE

AFP PHOTO

CHAPITRE

5

Récits et portraits

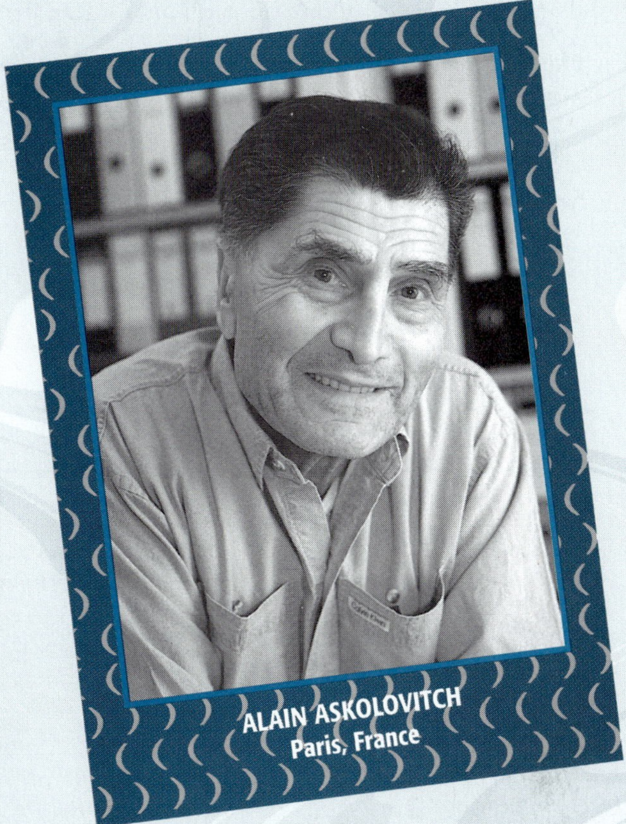
ALAIN ASKOLOVITCH
Paris, France

CHAPTER SUPPORT MATERIALS (STUDENT)

MP: pp. 205–230

Audio CD: Segments 5-1 to 5-3

SYLLABUS: The minimum amount of time needed to cover the core material of ***Chapitre 5*** is eleven class periods.

CHAPTER SUPPORT MATERIALS (INSTRUCTOR)

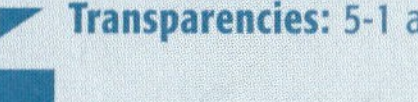
Transparencies: 5-1 and 5-2

Audio CD: Segments 5-1 to 5-3

Video: Chapitre 5: Séquences 1–4

Test Bank: Chapitre 5

SUGGESTED LESSON OUTLINE: Do ***Compte rendu*** (Ex. A) and ***Textes-modèles*** (Ex. B, C).

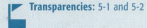

OBJECTIVES

In this chapter, you will learn:

- to read and write short film reviews;
- to read and write informal narratives;
- to express time relationships;
- to use the passive voice;
- to read and write personal portraits.

Compte rendu

«Bonjour. J'enseigne l'histoire du cinéma à l'université de Grenoble et je suis l'auteur d'une biographie du célèbre cinéaste français, Jean Renoir. Oui, c'est un des fils du peintre impressionniste.»

Écoutez!

Audio CD:
SEGMENT 5-1
CD 4, TRACK 1

Un des films de Renoir qu'Alain aime beaucoup, c'est «Boudu sauvé des eaux». Il nous raconte l'intrigue de ce film en faisant un portrait de son personnage principal, Boudu.

Vocabulaire utile

un clochard	*tramp*	la noce	*wedding party*
les bas de soie	*silk stockings*	s'enfuir	*to flee*
cracher	*to spit*	le rivage	*river bank*
Balzac	*French novelist of the 19th century*	partager	*to share*
		une chèvre	*goat*

«Après avoir repoussé son seul ami, un petit chien errant, Boudu se retrouve seul et se jette dans la Seine. Mais il est repêché par un certain M. Lestingois...»

«Bourgeois idéaliste, Lestingois décide d'aider Boudu à se réinsérer dans la société.»

«... Boudu tombe amoureux d'Anne-Marie, la bonne des Lestingois, qui accepte finalement de l'épouser... »

A. Vous avez compris? Répondez aux questions suivantes d'après le résumé de «Boudu sauvé des eaux» que vous venez d'entendre.

1. Qui est Boudu? Que fait-il au début du film?
2. Pourquoi ne meurt-il pas?
3. Quel est le projet de M. Lestingois?
4. Boudu se laisse-t-il transformer facilement? Expliquez.
5. Quelles sont les caractéristiques principales du personnage de Boudu?
6. Vers la fin du film, qu'est-ce qui suggère que M. Lestingois a réalisé son projet?
7. A-t-il vraiment réussi? Expliquez.

If you would like to listen again to the monologue, you can work with this listening material on your own, using SEGMENT 5-1 of the **Audio CD.**

Textes-modèles: Les films de la semaine

Réponses, Ex. A:

1. Boudu est un clochard. Au début du film, il se jette dans la Seine après avoir repoussé son seul compagnon, un petit chien errant.
2. Il est repêché par M. Lestingois, le propriétaire d'une librairie.
3. M. Lestingois veut aider Boudu à se réinsérer dans la société.
4. Non, il résiste. Il refuse de prendre des bains, il mange avec ses doigts, il astique ses chaussures avec les bas de soie de Mme Lestingois et il crache même sur un livre de Balzac.
5. Il n'est pas un intellectuel, mais il n'est pas bête. Il est un peu comme un animal sauvage: naturel, spontané, libre. Il ne fait que ce qu'il veut.
6. Vers la fin du film, Boudu semble devenu un honnête bourgeois: il a de l'argent et il va se marier avec Anne-Marie, la bonne des Lestingois.
7. Il n'a pas réussi: pendant la noce, Boudu se jette à l'eau et s'enfuit pour reprendre sa vie de vagabond.

Lisez!

Vous avez sans doute déjà eu l'occasion de lire des comptes rendus de films tirés de *Pariscope*. En voici quelques autres. En les lisant, faites surtout attention à la façon dont ils sont composés, car vous devrez à votre tour imiter cette structure pour rédiger vos propres comptes rendus.

PO **AFFLICTION** 1998. 1h55. FILM POLICIER AMÉRICAIN EN COULEURS DE PAUL SCHRADER AVEC NICK NOLTE, JAMES COBURN, SISSY SPACEK, WILLEM DAFOE...

À Lawford, ville ravagée par le marasme économique, les habitants vivotent et dépriment. Parmi eux, un homme divorcé souffre de solitude et du peu d'intérêt que sa fille lui manifeste. Mais lors d'une chasse, un homme est tué et ce fait divers va lui changer les idées: il se lance dans sa propre enquête. Une nouvelle de Russell Banks adaptée par le scénariste et réalisateur de 'Hardcore' et "Mishima'. ◆**UGC Ciné Cité Les Halles** v.o. ◆**UGC Odéon** v.o. ◆**Gaumont Opéra Français** v.o. ◆**Les 7 Parnassiens** v.o.

FO **LE FANTÔME DE L'OPÉRA** 1998. 1h45. FILM FANTASTIQUE ITALIEN EN COULEURS DE DARIO ARGENTO AVEC JULIAN SANDS, ASIA ARGENTO, ANDREA DI STEFANO...

Opéra de Paris, 1877. Une jeune soprano séduit le fantôme du lieu alors que de mystérieux assassinats défrayent la chronique. Une adaptation du fameux roman de Gaston Leroux, par un maître du cinéma fantastique et horrifique italien. **◆UGC Ciné Cité Les Halles** v.o. **◆Rex** v.f. **◆Paramount Opéra** v.f. **◆UGC Ciné Cité Bercy** v.o. **◆UGC Ciné Lyon-Bastille** v.f. **◆Gaumont Gobelins** v.f.

CO **ASTÉRIX ET OBÉLIX CONTRE CÉSAR** 1998. 1h45. COMÉDIE FRANÇAISE EN COULEURS DE CLAUDE ZIDI AVEC GÉRARD DEPARDIEU, CHRISTIAN CLAVIER, ROBERTO BENIGNI, GOTTFRIED JOHN, MICHEL GALABRU, LAETITIA CASTA, ARIELLE DOMBASLE, SIM, DANIEL PRÉVOST, CLAUDE PIEPLU...

Toute la Gaule est soumise à César et à ses légions romains. Toute? Non, car un petit village résiste encore et toujours à l'envahisseur, un village peuplé de Gaulois paillards, braillards, gavés de potion magique. La BD d'Uderzo et Goscinny version live. **◆UGC Ciné Cité Les Halles ◆Le Grand Rex ◆Le Bretagne ◆MK2 Hautefeuille ◆UGC Danton ◆UGC Montparnasse ◆Gaumont Marignan**

SIGNIFICATION DES LETTRES **AN** = films d'animation; **AV** = aventure; **CD** = comédie dramatique; **CM** = comédie musicale; **CO** = comédie; **CT** = court métrage; **DA** = dessin animé; **DC** = documentaire; **DP** = drame psychologique; **DR** = drame; **EP** = film d'épouvante; **ER** = érotique; **ES** = espionnage; **FA** = fantastique; **FC** = film catastrophe; **FD** = film de danse; **FH** = film historique; **FM** = film musical; **FN** = film noir; **FO** = film d'opéra; **GC** = grand classique; **GR** = guerre; **GS** = grand spectacle; **HO** = horreur; **KA** = karaté; **PO** = policier; **SC** = science fiction; **TH** = thriller; **WS** = western

Réponses, Ex. B:

1. Tous les éléments sauf *c, d, e, g.*
2. *m, b, f, h, i, j, a, k, l*
3. La première phrase (ou les deux premières) donne(nt) un résumé du film; la dernière (ou les deux dernières) donne(nt) des renseignements supplémentaires et souvent un rapide jugement sur le film.
4. Phrases complètes: les trois premières phrases de «Affliction», la première et la troisième phrase de «Astérix et Obélix contre César» et la deuxième phrase du «Fantôme de l'Opéra» Phrases incomplètes: la première et la troisième phrase du «Fantôme de l'Opéra» et la dernière phrase de «Affliction» et de «Astérix et Obélix.

Suggestion, Ex. C: Have two or three students write their reviews on the board while the rest are working at their seats. When they've finished writing, go over the reviews on the board, checking first the organization and then the language. Students at their seats can then do peer correction of each other's reviews.If you have time, have the students, singly or in pairs, work on a second movie review.

B. L'organisation d'un compte rendu. Répondez aux questions suivantes d'après les trois comptes rendus que vous venez de lire.

1. Lesquels des éléments suivants ne font pas partie du compte rendu de film tel qu'on le trouve dans *Pariscope?* (a) les acteurs principaux du film (b) l'année où le film est sorti (c) la compagnie qui a produit le film (d) le compositeur de la musique du film (e) le coût du film (f) la durée du film (g) une courte évaluation du film (h) le genre du film (i) le(s) pays où le film a été produit (j) le réalisateur du film (k) un court résumé du film (l) la (les) salle(s) de cinéma où passe le film (m) le titre du film
2. Dans quel ordre apparaissent les éléments qui font partie du compte rendu?
3. Le petit paragraphe au milieu du compte rendu comprend généralement deux ou trois phrases. En quoi la première (ou les deux premières) phrase(s) diffère(nt)-t-elle(s) de la dernière (ou des deux dernières)?
4. Ces phrases ne sont pas toujours des phrases grammaticalement complètes. Trouvez un exemple de phrase complète (c'est-à-dire, avec un sujet et un verbe principal) et un exemple de phrase incomplète (c'est-à-dire, sans verbe principal).

Écrivez!

***Do* À faire! (5-1) *on page 206 of the* Manuel de préparation.**

C. Un compte rendu de film. Choisissez un film que vous avez vu. Rédigez un compte rendu de ce film en imitant les modèles tirés de *Pariscope.*

Texte-modèle: «L'Appât»

SUGGESTED LESSON OUTLINE: Students assigned ***À faire! (5-1)*** have read and written a movie review, as well as worked on imitating French sentence structure. Ex. II and III were not self-correcting.

In this class period, do ***Texte-modèle*** (Ex. D) and ***Pour communiquer*** (Ex. E, F, G).

Lisez!

Quand on rend compte d'un film, il n'est pas nécessaire de se limiter au style de *Pariscope*. Voici un exemple un peu plus long de compte rendu de film.

«L'Appât°»

Les années 90, à Paris, dans la banlieue. Trois jeunes de 20 ans: Éric, le fils à papa rebelle (Olivier Sitruk); Bruno, son copain un peu débile° (Bruno Putzulu); et la petite amie d'Éric, Nathalie (Marie Gilain). Ce trio rêve d'aller faire fortune aux États-Unis, mais comment s'y prendre°?

La belle Nathalie, qui fréquente déjà à son jeune âge les milieux du show-business, servira d'appât à ses deux compagnons. Elle attirera des play-boys à qui elle promettra d'aller leur rendre visite à leur domicile. Munie des° adresses et des numéros de téléphone, elle fera entrer chez eux ses copains, qui se chargeront du reste.

Tout se complique pourtant lorsque l'homme choisi comme leur première victime déclare n'avoir rien de valeur chez lui. Pris de panique et de colère, les deux garçons le tuent pendant que Nathalie met son Walkman pour ne pas entendre les cris. Ce crime déclenche° une série d'actions meurtrières commises par ces jeunes devenus des assassins par hasard et pourtant sans remords.

«L'Appât» est un film français, tourné à Paris par le cinéaste Bertrand Tavernier, sur un thème d'actualité: l'inconscience morale d'une génération de jeunes asservis° au culte de l'argent et de la réussite. Le film, inspiré d'un fait-divers d'il y a quelques années, met en relief le contraste entre la banalité de la vie de ces jeunes gens déboussolés° et la violence de certains de leurs actes. Il y a des moments intenses de violence, d'émotion et de terreur. Un film à voir.

bait

mentally deficient (colloquial)

go about it

armed with

sets in motion

enslaved

disoriented

Note: Exercises dealing directly with this reading text are found in the **Manuel de classe.** Students assigned ***À faire (5-1)*** will bring to class a movie review of their own, modeled after the review of **«L'Appât».**

Écrivez!

D. Un compte rendu de film. En lisant le compte rendu rédigé par un(e) camarade de classe (Exercice III dans votre **Manuel de préparation**), considérez les questions suivantes:

1. ORGANISATION: Quel est le sujet de chaque paragraphe du compte rendu? Est-ce que le contenu correspond à celui du compte rendu-modèle?
2. STYLE: Est-ce que l'auteur a réussi à imiter les phrases-modèles tirées du texte?
3. CONTENU: Est-ce que vous avez vu le film dont parle votre camarade? Si oui, êtes-vous d'accord avec ce qu'il/elle dit au sujet du film? Sinon, aimeriez-vous voir le film? Pourquoi (pas)?

Pour communiquer

Lisez!

La jeunesse de Jean Renoir

Voici quelques renseignements sur certains aspects de la jeunesse du futur cinéaste. Ils sont tirés du livre de Célia Bertin, ***Jean Renoir, cinéaste*** *(1994).*

JEAN RENOIR DESSINANT

Jean, le deuxième enfant d'Aline et Pierre-Auguste Renoir, naît le 15 septembre 1894. Le bébé manifeste une grande vigueur de tempérament et Mme Renoir est contente de pouvoir s'en remettre à° une jeune fille de quinze ans, Gabrielle Renard, une cousine qu'elle a engagée pour s'occuper de lui. [...] Gabrielle emmène° le petit Jean partout. Tous deux s'amusent du spectacle de la vie quotidienne° à Montmartre; ils s'attablent à une terrasse avec Toulouse-Lautrec,° bavardent avec les voisins [...]. Jean n'a que deux ans quand ils assistent à une séance de cinéma que Dufayel, grand marchand de meubles, offre à ses clients. Dès que l'obscurité envahit la salle, Jean a peur et il hurle° si fort qu'ils doivent s'enfuir.° [...]

Après son baccalauréat, Jean ne sait pas quoi faire. Son frère Pierre est devenu acteur, comme il le souhaitait.° Pourquoi pas entrer dans l'armée? [...] Bientôt la guerre éclate. Après un hiver passé dans le froid et la boue° des tranchées, en avril 1915, Jean est grièvement blessé à la jambe—il boitera° jusqu'à la fin de ses jours. Sa mère va le voir à l'hôpital mais, rentrée à Cagnes, épuisée° par le diabète et les émotions de ce voyage, elle meurt deux mois plus tard. Convalescent, Jean rejoint à Paris son père qui est très affecté par la perte° de sa compagne. [...] Quand il n'est pas retenu par les besognes° dont il s'est chargé auprès du peintre, Jean va au cinéma. Il découvre Charlot° et les films américains—il trouve les films français trop «intellectuels». [...] Mais la guerre continue. Malgré sa jambe blessée, il s'engage de nouveau, dans l'aviation. L'appareil qu'il pilote est abattu,° Jean est blessé une seconde fois. Il rejoint alors son père à Paris, puis le suit à Cagnes. À la fin de la guerre, il démissionne° de l'armée.

À Cagnes est venue les rejoindre une superbe rousse,° Andrée Heuschling, dite Dédée. Réfugiée alsacienne, née avec le siècle, elle cherchait du travail et Matisse, trouvant qu'elle était «un vrai Renoir», l'a envoyée aux Collettes. Dédée s'intègre

to hand over to
takes
daily
famous Montmartre painter
screams / to flee
desired
mud
will limp
worn out
loss
tasks
Charlie Chaplin, famous silent screen actor
shot down
resigns
redhead

rapidement et ramène la gaieté dans la maison. Très vite, Jean s'éprend d'°elle; il l'épouse le 24 janvier 1920, quelques semaines après la mort de son père qui les laisse, l'un et l'autre, dévastés. Et riches. [...] Jean n'oublie pas que son père a glorifié la beauté de Dédée sur ses toiles.° La jeune femme se sait belle et, partageant son enthousiasme pour le cinéma américain, elle se compare tout naturellement aux vedettes des films dont ils vont se gaver° à Nice, puis à Paris: Mary Pickford, Theda Bara ou Lilian Gish. Bientôt Jean désire autant qu'elle la voir devenir star.

falls in love with

canvases

to stuff themselves (i.e., be addicted to)

En effet, Dédée, devenue Catherine Hessling, tiendra le rôle principal dans le premier film de Renoir, «La fille de l'eau», qu'il a tourné en 1924 mais qui n'est sorti que trois ans après.

Célia Bertin, *Jean Renoir, cinéaste,*

AUGUSTE RENOIR AVEC ANDRÉE HEUSCHLING

E. Quand? Dans ces extraits sur la jeunesse de Renoir, l'auteur fait allusion—tantôt directement (en donnant une date précise), tantôt indirectement (en situant un moment par rapport à un autre)—à des dates importantes dans la vie de Renoir. En relisant ces extraits, essayez de préciser autant que possible les dates suivantes:

1. la naissance de Jean Renoir
2. sa première expérience du cinéma
3. son engagement dans l'armée
4. la mort de sa mère
5. sa découverte du cinéma américain
6. sa démission de l'armée
7. son mariage
8. la mort de son père
9. le tournage de son premier film
10. la sortie de son premier film

Réponses, Ex. E:

1. 15.9.1894
2. 1896
3. 1914
4. juillet 1915
5. après juillet 1915
6. 1918
7. 24 janvier 1920
8. décembre 1919
9. 1924
10. 1927

Écrivez!

Pour mieux vous exprimer

Pour situer un événement par rapport au présent

aujourd'hui
demain
hier
après demain *(the day after tomorrow)*
avant-hier *(the day before yesterday)*
il y a trois jours *(three days ago)*
dans six mois
la semaine dernière (passée), le mois dernier (passé), l'année dernière (passée)
la semaine prochaine, le mois prochain, l'année prochaine

Pour situer un événement par rapport à un autre événement au passé ou au futur

ce jour-là, cette semaine-là, ce mois-là, cette année-là
la veille *(the day before)*
  la veille au matin *(the morning before)*, la veille au soir
le lendemain *(the day after)*
  le lendemain matin, le lendemain après-midi, le lendemain soir
l'avant-veille *(two days before)*
le surlendemain *(two days later)*
trois jours avant *(three days before/earlier)*
six mois après *(six months afterwards/later)*
la semaine précédente (la semaine d'avant), le mois précédent (le mois d'avant), l'année précédente (l'année d'avant)
la semaine suivante (la semaine d'après), le mois suivant (le mois d'après), l'année suivante (l'année d'après)

Un petit truc

When your point of reference is the present (today, now), you use expressions such as **hier, demain, la semaine dernière, l'année prochaine** to talk about the past and the future. However, when you want to show the relationship of a past or future occurrence to another past or future event, then you use the expressions in the chart. **Nous devions partir le 22, mais la veille au soir** *(the night before)* **elle s'est foulé la cheville. / Mes parents seront dans notre maison de campagne à partir du 15 et nous y arriverons le lendemain** *(the next day)*.

Un petit truc

The expressions **le lendemain** and **la veille** can be followed by **de** and a noun: **le lendemain de notre arrivée** *(the day after we arrive[d])*, **la veille de notre départ** *(the day before we leave [left])*.

Avant and **après** can be combined with quantities of time: **trois jours avant, six mois après.**

F. Une petite leçon d'histoire. L'explorateur Jacques Cartier, le colonisateur Samuel de Champlain et le général Montcalm sont trois noms célèbres dans l'histoire du Québec. À l'aide des renseignements donnés et en utilisant les expressions de *Pour mieux vous exprimer* (page 188), racontez la vie de chaque personnage historique.

Ex. F: variable groups; then groups of 3

Suggestion, Ex. F: Divide the class into three large groups and assign one historical figure to each group. Working alone or in pairs, students prepare a brief summary of the life of their person. Then reorganize the class into small groups of three, one student from each large group. If students are reluctant to use the expressions, impose "quotas" (for example, a minimum of 10 expressions in each summary).

CARTIER, Jacques: navigateur français (1491–1557)

1534 expédition vers le Nouveau-Monde: 20 avril (départ de Saint-Malo), 10 mai (Terre-Neuve), 10 juillet (la baie des Chaleurs), 24 juillet (Gaspé), 5 septembre (retour à Saint-Malo)

1535 deuxième expédition vers le Nouveau-Monde: septembre (Saint-Laurent jusqu'à Hochelaga, la future Montréal), hiver (havre de Sainte-Croix, près de l'actuelle ville de Québec), mai 1536 (retour au port)

1541 troisième expédition vers le Nouveau-Monde: 23 mai (départ de Saint-Malo), été: dispute avec Roberval (gouverneur du Canada), retour en France

CHAMPLAIN, Samuel de: colonisateur français (1567–1635)

1603 premier voyage en Nouvelle-France

1604 deuxième voyage en Nouvelle-France: l'Acadie, île Sainte-Croix, Port-Royal (1605), retour en France (1607)

1608 troisième voyage en Nouvelle-France: fondation de la ville de Québec

1609 alliance avec les Algonquins et les Hurons contre les Iroquois; expédition jusqu'au futur lac Champlain; retour en France

1610 quatrième voyage en Nouvelle-France: combat avec les Iroquois, rentrée en France pour se marier, retour au Canada

1615–16 grand voyage d'exploration: découverte du lac Huron et du lac Ontario

1618–29 lieutenant-gouverneur de la colonie

1629 les Français sont vaincus par les Anglais

1633 dernier voyage au Canada

MONTCALM DE SAINT-VÉRAN, Louis Joseph, marquis de: général français (1712–1759)

juin 1759 arrivée de la flotte anglaise à Québec où Montcalm commande l'armée française

12 septembre arrivée de l'armée anglaise commandée par Wolfe dans la région de Québec

13 septembre débarquement des troupes anglaises; Wolfe et Montcalm sont tués

18 septembre occupation de Québec par les Anglais

avril 1760 bataille de Sainte-Foy (victoire des Français); siège de Québec

9 mai arrivée des renforts anglais

10 mai victoire des Anglais

8 septembre prise de Montréal par les Anglais à qui les Français cèdent toute la Nouvelle-France

G. Ton voyage à (en)... Posez des questions à un(e) camarade de classe au sujet d'un voyage qu'il/elle a fait dans le passé en utilisant quelques-unes des expressions suivantes: **ce matin (soir)-là, la veille de ton départ, le lendemain de ton arrivée, la semaine suivante, l'année d'après,** etc.

MODÈLE: *Où est-ce que tu es allé(e)? Quand est-ce que tu es parti(e)? À quel moment de la journée? Qu'est-ce que tu as fait ce jour-là, avant ton départ? Est-ce que tu avais tout préparé la veille? Pourquoi (pas)?*, etc.

***Do À faire! (5-2) on page 208 of the* Manuel de préparation.**

Fonction: Comment exprimer les rapports temporels

SUGGESTED LESSON OUTLINE: Students assigned ***À faire! (5-2)*** have studied time expressions and have read and studied a personal anecdote. Ex. IX was not self-correcting.

In this class period, do ***Fonction*** (Ex. H) and ***Texte-modèle*** (Ex. I, J, K).

Transparency: 5-1 **(Les conjonctions et les prépositions)**

REPRISE

Les conjonctions et les prépositions

1. LES RAPPORTS DE SIMULTANÉITÉ

   un sujet: **en** + participe présent
   deux sujets: **pendant que** + indicatif

2. LES RAPPORTS D'ANTÉRIORITÉ

   un sujet: **avant de** + infinitif
   deux sujets: **avant que** + présent du subjonctif
   avant + nom ou pronom

3. LES RAPPORTS DE POSTÉRIORITÉ

   un sujet: **après** + passé de l'infinitif
   deux sujets: **après** + nom ou pronom

Ex. H: groups of 2

Suggestion, Ex. H: After students work in pairs, go over the exercise with the class.

H. Avant? Après? En même temps? Répondez aux questions en vous inspirant des dessins. Il y a souvent plus d'une réponse possible. Suivez les modèles.

MODÈLES: Elle écoute la radio, puis elle travaille, non?
Non, elle écoute la radio en travaillant. OU
Elle travaille en écoutant la radio. OU
Elle écoute la radio pendant qu'elle travaille. OU
Elle travaille pendant qu'elle écoute la radio.

Elle finit son travail, puis elle déjeune, non?
Non, elle déjeune avant de finir son travail. OU
Elle finit son travail après avoir déjeuné. OU
Elle finit son travail après le déjeuner.

Quand est-ce qu'elle rentre chez elle?
Elle rentre chez elle après avoir fini son travail. OU
Elle rentre chez elle après avoir travaillé. OU
Elle rentre chez elle après le travail.

1. Elles disent au revoir à leurs parents, puis elles font enregistrer leurs bagages, non? Elles font des gestes d'adieu après être montées dans l'avion, non? Quand est-ce qu'elles voient les deux jeunes gens?

2. Il a mangé son petit déjeuner, puis il a pris une douche, non? Il s'est fait mal au bras pendant qu'il mangeait, non? Quand est-ce qu'il a décidé de retourner au lit?

3. Tes parents partiront en vacances, puis tu inviteras tes amis à une soirée? Tu prépareras la nourriture avant l'arrivée de tes amis, non? Quand est-ce que tu nettoieras la maison?

Texte-modèle: «Un Français à Yosemite»

Lisez!

Philippe Heckly raconte ce qui lui est arrivé au cours de son premier séjour aux États-Unis.

Après avoir passé quelques semaines chez des amis américains, mon copain Didier et moi, nous avons décidé de faire un peu de camping avant de rentrer en France. J'avais emporté une tente et nous nous sommes donc dirigés vers le parc national de Yosemite. On était très fier parce qu'on voyait tous les Américains avec leurs gros «mobile homes» et nous, on allait camper dans le parc pour un dollar la nuit.

Le dernier jour de camping, au milieu de l'après-midi, vers quatre ou cinq heures, on était en train de préparer à dîner quand tout à coup on a entendu des gens qui criaient: «Il y a un ours, il y a un ours!» (sauf qu'ils criaient en anglais, bien entendu!). On s'est précipité pour voir et il y avait effectivement un ours qui traversait lentement le terrain de camping. Chaque fois qu'on s'approchait de lui, il allait de l'autre côté.

Puisque j'avais mon appareil-photo, Didier m'a dit: «Tu devrais prendre une photo. Ça nous fera un beau souvenir.» À vrai dire, je n'étais pas très enthousiaste, mais j'ai commencé à m'approcher de l'ours. Cette fois, au lieu de s'éloigner, il a fait un pas de mon côté. Moi, j'ai reculé. Il a fait encore un pas en avant; moi, deux pas en arrière. Pendant que je me disais, «Si je ne me sauve pas tout de suite, il va me sauter dessus», Didier répétait: «Mais prends-la, ta photo! Qu'est-ce que tu attends?» Enfin, j'ai appuyé sur le bouton et il y a eu un flash. L'ours a hésité un moment, puis il a fait demi-tour et il s'en est allé.

De retour en France, très fier de mon exploit, je mourais d'impatience de montrer ma photo à ma famille. Mais quand ils l'ont vue, ils se sont tous mis à rigoler: j'avais tellement reculé qu'on le voyait à peine, mon ours; il avait l'air tout petit!

Ex. I: variable groups

Suggestion, Ex. I: If you wish to take the time, have one set of groups rework the story from the perspective of Didier and another set from that of the bear. Then have them share their versions with the class. You can use this exercise to underline the importance of choosing a point of view before starting to tell your story.

I. Analysons le récit! Discutez des questions suivantes avec quelques camarades de classe.

1. Cette histoire est racontée du point de vue de Philippe. Quelle image avons-nous de lui? de son ami Didier? de l'ours?
2. Si on racontait l'histoire du point de vue de Didier, quels éléments demeureraient les mêmes? Quels éléments changeraient?
3. Et si on adoptait le point de vue de l'ours, en quoi le récit serait-il différent?

Écrivez!

J. Une petite séance de remue-méninges. *(A brainstorming session.)* On va vous demander de rédiger un court récit à propos de quelque chose qui vous est arrivé dans le passé. Pour vous aider à choisir un sujet, discutez brièvement des thèmes suivants avec un(e) camarade de classe.

1. le moment le plus effrayant *(frightening)* de votre vie (où étiez-vous? que faisiez-vous? pourquoi est-ce que vous avez eu peur?)
2. le moment le plus embarrassant de votre vie (quel âge aviez-vous? où étiez-vous? qu'est-ce que vous avez fait d'embarrassant?)
3. la première fois que vous êtes tombé(e) amoureux(se) (quel âge aviez-vous? où étiez-vous? de qui êtes-vous tombé[e] amoureux[se]? est-ce que vous le/la connaissiez depuis longtemps ou est-ce que vous êtes tombé[e] amoureux[se] la première fois que vous l'avez vu[e]?)
4. la première fois que vous avez conduit une voiture (quel âge aviez-vous? où étiez-vous? qui d'autre se trouvait dans la voiture? qu'est-ce qui s'est passé?)

S'il le faut, continuez à chercher un sujet en parlant brièvement des thèmes suivants:

5. votre premier jour à l'école (à l'université)
6. votre premier voyage en avion (par le train)
7. votre premier job
8. la première fois que vous avez vu votre meilleur(e) ami(e)
9. la première fois que vous avez quitté les États-Unis

Ex. J:  **groups of 2**

Suggestion, Ex. J: Tell students that they don't need to go into great detail now. The purpose of this activity is to get them to remember some incidents about which they might wish to write.

K. Pour organiser un récit. Choisissez parmi les sujets de l'Exercice J (ou, si vous préférez, un autre incident de votre choix) celui que vous voulez traiter. Puis complétez le schéma suivant. Utilisez une autre feuille de papier.

DÉBUT

qui?

où?

quand?

pourquoi?

DÉVELOPPEMENT

l'événement qui déclenche *(sets in motion)* l'action

les différentes étapes *(stages)* de l'action

l'événement qui met fin à l'action

CONCLUSION

vos sentiments, vos idées quand vous vous rappelez ce moment, cet incident, cette époque de votre vie

PERSPECTIVE

le point de vue que vous allez adopter pour raconter votre histoire

***Do* À faire! (5-3) *on page 215 of the* Manuel de préparation.**

Fonction: Comment mettre l'accent sur l'objet de l'action

SUGGESTED LESSON OUTLINE: Students assigned ***À faire! (5-3)*** have written a personal anecdote and studied the passive voice. Ex. X was not self-correcting.

In this class period, do ***Fonction*** (Ex. L) and ***Pour communiquer*** (Ex. M, N, O).

Transparency: 5-2 **(Le pronom on; la voix passive)**

REPRISE

Le pronom on; *la voix passive*

1. LE PRONOM ON

   On annoncera les résultats demain.
   On parle français dans une partie de la Suisse.

2. LA VOIX PASSIVE SANS AGENT

   Mitterrand **a été élu** président pour la première fois en 1981.
   Le magasin **a été cambriolé.**

3. LA VOIX PASSIVE AVEC AGENT

   Ils **seront accueillis par** le président de l'université.
   Tous ses frais **ont été payés par** ses parents.

4. LA VOIX PASSIVE À VALEUR DESCRIPTIVE

   Ce professeur **est respecté de** tous ses étudiants.
   L'école **est entourée d'**arbres.

L. Dans notre université. Utilisez les mots suggérés ci-dessous pour faire une description de votre université. Utilisez autant que possible le pronom **on** et la voix passive.

MODÈLE: *Dans notre université, on prend cinq ou six cours chaque semestre. La plupart des cours sont enseignés par des assistants.* etc.

Vocabulaire utile

le président
les vice-présidents
le doyen/la doyenne *(dean)*
le chef du département
les professeurs
les étudiants
un comité (de professeurs. d'étudiants, d'administrateurs) / organiser les programmes d'études

enseigner les cours
corriger les devoirs
corriger les examens
passer des examens
prendre des cours
établir les règles
engager les nouveaux professeurs
organiser les activités
remettre les diplômes

Pour communiquer

Écoutez!

Le professeur Askolovitch nous raconte une petite anecdote. Il se souvient de la première fois qu'il est allé au cinéma.

Audio CD:
SEGMENT 5-2
CD 4, TRACK 2

«C'est de cette époque que date mon intérêt pour le cinéma.»

M. Vous avez compris? Répondez aux questions suivantes d'après le récit du professeur Askolovitch que vous venez d'écouter.

1. Quel âge avait-il quand il a vu son premier film?
2. Où est-il allé? Avec qui? À quelle occasion?
3. Qu'est-ce qu'il a oublié à propos de cette sortie?
4. Qu'est-ce qu'il n'a pas oublié?
5. Qu'est-ce qu'il a fait peu de temps après?
6. Pourquoi ces deux sorties ont-elles toujours de l'importance pour lui?

Réponses, Ex. M:
1. Il avait huit ou neuf ans.
2. Il est allé au cinéma Rex avec ses parents, à l'occasion de son anniversaire.
3. Il a oublié le titre du film qu'il a vu.
4. Il n'a pas oublié le grand écran, la salle immense et, surtout, le spectacle qui a précédé le film, avec des lumières, des fontaines et de la musique.
5. Quelques semaines après, il est allé voir *La Grande Illusion* de Renoir.
6. Elles ont influencé sa carrière; maintenant, il enseigne l'histoire du cinéma et il est spécialiste de Jean Renoir.

If you would like to listen again to the monologue, you can work with the listening material on your own, using SEGMENT 5-2 of the **Audio CD.**

Écrivez!

Pour mieux vous exprimer

Situer l'action d'un récit

quand?

C'était en 19...
C'était le jour où...
C'était à l'époque où...

où?

Nous étions...
Je me trouvais...
À l'époque, j'habitais...

qui?

C'est moi qui...
J'ai (un frère) qui...
Ce que je vais vous raconter est arrivé à (mon oncle).

pourquoi?

J'étais là pour...
Nous avions décidé de...
On lui avait (donné)...

Raconter une suite d'événements

D'abord...
Puis... / Ensuite... / Alors...
Après... / Avant (de)...
Un peu plus tard...
Le jour suivant... (Le lendemain...)
(Trois jours) après... / (Quelques instants) avant...
Au même moment...
Tout s'est compliqué quand...

Pour conclure et pour résumer

Enfin... / Finalement...
Tout s'est terminé par...
Jusque là... / Jusqu'alors...
Et voilà comment...
Et c'est ainsi que...

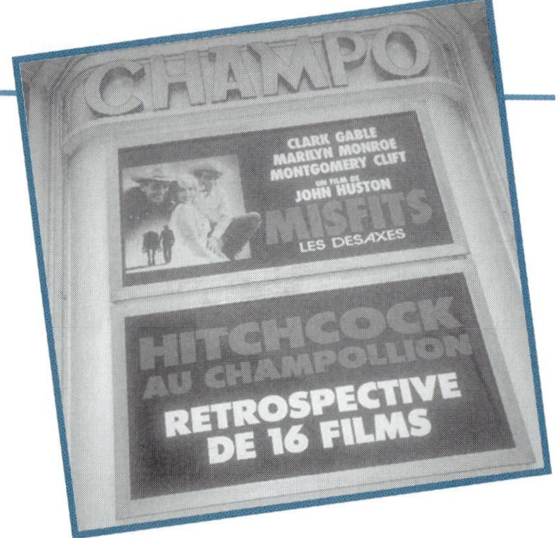

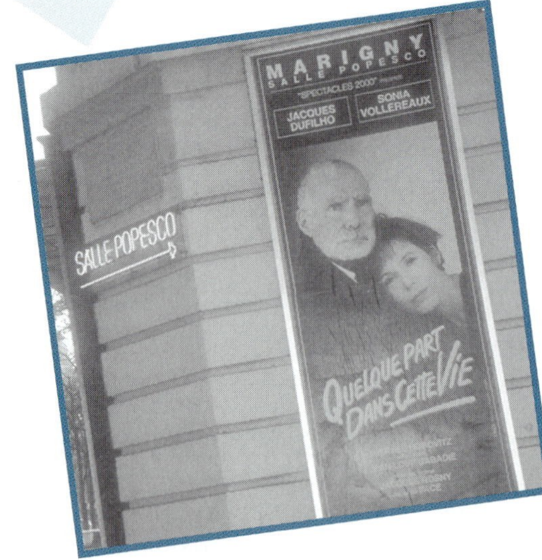

N. Un petit récit: le week-end de Dominique. En vous inspirant des dessins ci-dessous et à la page 198, créez une petite histoire avec un début, un développement et une fin. Racontez les événements du point de vue de Dominique et inventez la fin de l'histoire. Faites un effort pour utiliser des expressions tirées de la liste à la page 196.

Vocabulaire utile

une tempête de neige *(blizzard)*	leurs affaires
les pistes	être fâché
les skieurs	être annulé
une station de ski	rater (un examen)
beaucoup de monde	réussir à (un examen)
le quai	

Ex. N:  **groups of 2**

Suggestion, Ex. N: To encourage students to use the expressions, you can hold a competition. Have several groups volunteer to give their version of the story while the class counts the number of expressions used.

VENDREDI APRÈS-MIDI

VENDREDI SOIR

SAMEDI APRÈS-MIDI

SAMEDI SOIR

DIMANCHE APRÈS-MIDI

MARDI SOIR

Suggestion, Ex. O: Have students, working in groups of two or three, read each other's anecdotes (Ex. X in the **MP**) and make suggestions of how to incorporate more of the expressions from ***Pour mieux vous exprimer.*** Students will then be able to incorporate a revised version of their anecdote into their next writing assignment (Ex. XV in the **MP**).

O. Votre anecdote. Faites lire votre anecdote (Exercice X dans le **Manuel de préparation**) à un(e) ou deux camarades de classe. Ils vous poseront des questions afin de solliciter *encore des détails* et vous feront des suggestions à propos de l'emploi d'*expressions tirées de la liste à la page 196.*

***Do* À faire! (5-4) *on page 220 of the* Manuel de préparation.**

Texte-modèle: «Une lettre personnelle»

Lisez!

Jean-Christophe, étudiant français, est aux États-Unis pour poursuivre ses études. Il écrit une lettre à son ami Régis pour lui parler de ses activités récentes.

SUGGESTED LESSON OUTLINE: Students assigned ***À faire! (5-4)*** have read and written a personal letter. Ex. XVI was not self-correcting.

In this class period, do ***Texte-Modèle*** (Ex. P), ***Témoignages*** (Ex. Q, R), ***Texte-modèle*** (Ex. S), and ***Pour communiquer*** (Ex. T, U). If you find yourself short of time, have students do Ex. T or Ex. U.

State College, le 3 avril

Cher Régis,

Comment vas-tu? Ici tout se passe très bien, l'université est très grande et j'ai beaucoup de choses à faire. En plus, c'est un endroit où l'on se fait beaucoup d'amis alors je ne m'ennuie jamais. Il faut que je te raconte une histoire assez incroyable: hier j'étais à une soirée organisée par mes camarades de chambre, et là, j'ai rencontré quelqu'un qui est allé en France plusieurs fois et qui connaît très bien Évian! Alors j'ai tout de suite pensé à toi puisque tu y travailles depuis l'été dernier. Il faut croire que le monde est petit!

Évian-les-Bains, a resort town located on Lac Léman, near the Swiss border; the source for the famous mineral water Évian is located here.

Sinon, il y a quelques jours, je suis allé voir un film qui s'appelle "Pulp Fiction" et qui est de Quentin Tarentino. C'est un très bon film "culte" où l'on retrouve John Travolta en "tueur-philosophe", et c'est un rôle qui lui va très bien alors je te conseille d'aller voir ce film.

Voilà, je vais m'arrêter là,

j'espère recevoir bientôt de tes nouvelles.

Salut!

Jean-Christophe

Révisez!

Ex. P: groups of 2

P. Permettez-moi de vous aider. Échangez la lettre que vous avez écrite (Exercice XVI dans le **Manuel de préparation**) contre celle d'un(e) camarade de classe. Lisez la lettre de votre camarade en faisant les choses suivantes:

(1) Cochez [✔] les phrases qui contiennent des détails précis et qui vous permettent de bien imaginer ce dont l'auteur parle.

(2) Soulignez [____] les phrases qui sont trop abstraites ou peu claires.

(3) Mettez des parenthèses [( )] autour des phrases et des expressions que vous ne comprenez pas.

(4) Entourez [◯] les expressions qui viennent de la liste de la page 196.

Votre partenaire fera de même en lisant votre lettre.

Témoignages

«De quelle personne célèbre voudriez-vous faire la connaissance?»

«En tant que professeur de l'histoire du cinéma, j'ai eu l'occasion de faire la connaissance de nombreuses personnalités de l'industrie du spectacle—cinéastes, réalisateurs, acteurs, actrices. Mais il y a des célébrités dans tous les domaines de l'activité humaine. On a demandé à neuf Français et francophones de parler des personnes célèbres dont ils voudraient faire la connaissance.»

Écoutez!

Q. Pré-écoute: À vous d'abord! Posez les questions suivantes à des camarades de classe.

1. Est-ce que tu as jamais eu l'occasion de voir de près quelqu'un de célèbre? Qui? Où? Quand? Comment était-il/elle?
2. De quelle(s) personne(s) célèbre(s) voudrais-tu faire la connaissance? Pourquoi?

Ex. Q:  **groups of 2, 3, or 4**

Follow-up, Ex. Q: Quickly survey the class to find out what famous people the students would like to meet. You may wish to establish categories on the board, for example: **le monde du spectacle, le monde artistique, le monde scientifique, l'histoire,** etc.

Audio CD:
SEGMENT 5–3
CD 4, TRACK 3

Suggestion, Ex. R: Depending on the amount of time you wish to devote to this listening activity, you can play the tape all the way through as students write down the names of the famous people or you can stop after each person's answer to discuss not only who but also why.

Réponses, Ex. R:
1. Yourcenar
2. Ousmane, Kane, Wonder, Christine Ockrent
3. Beethoven
4. Einstein
5. Duras, Mitterrand
6. Dolto
7. Césaire
8. Goscinny
9. de Gaulle

R. Écoutez: Les témoins vous parlent. Associez les célébrités suivantes aux témoins français et francophones qui en parlent.

VOCABULAIRE UTILE

Anne Squire–le Maine *(state of Maine, USA)*, **l'Académie française** *(group of French writers whose goal is to preserve the French language)*, **piédestal** *(pedestal)*, **les asseoir** *(to sit them down)*
Dovi Abe–réalisateur *(movie director)*, **en dehors de** *(outside of)*, **présentatrice** *(TV anchorwoman)*, **assister à** *(to attend)*, **chaînes** *(channels)*, **a acquis** *(has acquired)*, **maîtrise** *(control, mastery)*
Florence Boisse-Kilgo–vient à l'esprit *(comes to mind)*, **sourd** *(deaf)*, **étant** *(being)*, **ça serait dommage** *(that would be a shame)*
Robin Côté–physiciste *(physicist)*, **mécanique quantique** *(quantum mechanics)*
Mireille Sarrazin–sur le plan humain *(on the human level)*, **en tête-à-tête** *(in a one-to-one conversation)*
Alain Bazir–porte-parole *(spokesperson)*, **Antillais** *(inhabitants of the Caribbean)*, **négritude** *(movement designed to restore the importance of black culture and values)*, **politique** *(political figure)*, **député** *(representative)*, **îles** *(islands)*, **à mi-chemin** *(halfway between)*
Philippe Heckly–louange *(praise)*, **niveaux** *(levels)*, **Astérix, Lucky Luke** *(French comic book series)*, **Le Petit Nicolas** *(French children's book series)*
Henri Gaubil–serrer la main *(to shake hands)*

1. Anne Squire (Levallois-Perret, France)
2. Dovi Abe (Dakar, Sénégal)
3. Florence Boisse-Kilgo (Carpentras, France)
4. Robin Côté (Rimouski, Québec)
5. Mireille Sarrazin (Lyon, France)
6. Sophie Everaert (Bruxelles, Belgique)
7. Alain Bazir (Pointe-à-Pitre, Guadeloupe)
8. Philippe Heckly (Asnières, France)
9. Henri Gaubil (Ajaccio, Corse)

RENÉ GOSCINNY
(1926–1977)
auteur de la célèbre bande dessinée *Astérix*

MARGUERITE DURAS
(1914–1996)
femme de lettres et cinéaste française qui s'intéresse beaucoup à l'amour et au rôle des femmes

LUDWIG VAN BEETHOVEN
(1770–1827)
célèbre compositeur romantique allemand qui a composé beaucoup d'œuvres joyeuses malgré sa surdité *(deafness)*

Françoise Dolto
L'IMAGE
INCONSCIENTE
DU CORPS

aux Éditions du Seuil, Paris

FRANÇOISE DOLTO
(1908–1988)
neuropsychiatre et psychanalyste française; elle a beaucoup travaillé avec les enfants

AIMÉ CÉSAIRE
(1913–   )
poète et homme politique martiniquais; père de la «négritude»; auteur du *Cahier d'un retour au pays natal*

ALBERT EINSTEIN
(1879–1955)
physicien allemand qui est l'auteur de la théorie de la relativité

CHARLES DE GAULLE
(1890–1970)
général et homme politique français; chef de la France libre pendant la Seconde Guerre mondiale; deux fois président de la France

CHRISTINE OCKRENT
(1944–)
présentatrice à la télévision; directrice du magazine d'information *L'Express*

CHEIKH HAMIDOU KANE
(1928–)
écrivain sénégalais; auteur de *L'aventure ambiguë*

OUSMANE SEMBENE
(1923–)
cinéaste et écrivain sénégalais; chef de file du cinéma africain

MARGUERITE YOURCENAR
(1903–1987)
femme de lettres de nationalités française et américaine; première femme élue à l'Académie française

STEVIE WONDER
(1950–)
chanteur populaire américain qui, bien qu'aveugle, a connu un grand succès

FRANÇOIS MITTERRAND
(1916–1996)
homme politique français; socialiste; président de la France de 1981 à 1995

If you would like to listen again to the ***Témoignages,*** you can work with this listening material on your own, using SEGMENT 5-3 of the **Audio CD** and Ex. XVII in the **Manuel de préparation.**

Texte-modèle: Portrait de Mallaury Nataf

Lisez!

« De nos jours, beaucoup de célébrités viennent du monde de la télévision. La jeune vedette Mallaury Nataf joue le rôle de Lola dans *Le miel et les abeilles,* une série télé française rivalisant avec les séries américaines *Beverly Hills 90210* et *Sauvés par le gong.* »

Nom: Nataf

Prénom: Mallaury

Née le: 19 mars 1972 à Lille

Signe astrologique: Poissons

Taille: 1,71 m (5 ft. 7 in.)

Poids: 46 kg (112 lbs.)

Yeux: bleus

Cheveux: naturellement châtains, actuellement blonds

☆ SES PARENTS

Maman m'a appris très vite à me débrouiller toute seule. Elle avait 17 ans quand elle a rencontré mon père. Elle vivait encore chez ses parents et ne connaissait rien à la vie... J'étais en cinquième quand ils ont divorcé.

☆ MARIAGE

J'ai toujours fantasmé sur les robes de mariées, j'ai déjà dessiné la mienne.

☆ FONCEUSE

La vie n'est que risques et si on ne fonce pas quand on nous en donne la chance, on finit par le regretter toute sa vie.

☆ FUTUR

Mon rêve désormais serait de jouer aux États-Unis avec des metteurs en scène prestigieux. Ensuite, m'épanouir en tant que femme, devenir mère et avoir des enfants.

☆ CONSEIL

La meilleure et la seule façon d'aborder la journée c'est d'avoir le sourire. Je l'ai toujours constaté, si je sors de chez moi sans sourire, je passe une mauvaise journée!

☆ OPTIMISTE DE NATURE !

Je pense que dans la vie, on peut tout faire! Chaque être humain a une âme, un esprit, un corps et s'il rassemble tout ça vers le même objectif, il ne peut pas échouer.

OK PODIUM, no. 48, p. 10; quotes reprinted from "La reine des abeilles. À la vie, à l'amour," Éditions Manitoba.

S. Vous avez compris? Lesquels des adjectifs suivants décrivent le mieux la vedette de télévision Mallaury Nataf?

ambitieuse / audacieuse / costaud / cynique / grande / heureuse / indépendante / jeune / mince / optimiste / pessimiste / petite / résolue / timide / triste / vieille

Réponses, Ex. S: ambitieuse, audacieuse, grande, heureuse, indépendante, jeune, mince, optimiste, résolue

Pour communiquer

Parlez!

Pour mieux vous exprimer

Décrire les personnes (caractéristiques physiques)

- avec le verbe **être**
  Il/Elle est (très, assez, plutôt) + adjectif
  Son nez (Ses cheveux) est (sont) + adjectif

- avec le verbe **avoir**
  Il/Elle a les yeux (bleus).
  Il/Elle a un (petit) nez.

- avec la préposition **à**
  J'ai vu un vieux monsieur au dos courbé.
  La femme aux longs cheveux blonds s'appelle Mariette.

Décrire les personnes (caractère)

- avec le verbe **être**
  Il/Elle est (très, assez, plutôt) + adjectif

- avec le verbe **avoir**
  Il/Elle a du charme.
  Il/Elle (n') a (pas) beaucoup de tact.
  Il/Elle a toujours l'air triste.

- avec le verbe **trouver**
  Je le/la trouve (un peu) froid(e).

Les articles et les parties du corps

- PART OF BODY + ADJECTIVE:
  Use **avoir** + definite article **(le, la, les)**
  Elle a les cheveux frisés.
  Il a le nez pointu.
- ADJECTIVE + PART OF BODY:
  Use **avoir** + indefinite article **(un, une, des)**
  Elle a un petit nez.
  Il a des grosses lèvres.
- PART OF BODY NOT COMMON TO EVERYONE:
  Use **avoir** + indefinite article (regardless of position of adjective)
  Il a une moustache noire.
  Il a une longue barbe.

T. Mallaury Nataf. En vous inspirant du portrait à la page 204 et en utilisant des expressions de ***Pour mieux vous exprimer,*** faites une description de la vedette de télévision Mallaury Nataf.

U. Petites descriptions. Choisissez quelqu'un (ami[e], camarade de classe, membre de la famille, etc.) que vous aimeriez bien décrire à vos camarades. Ils vous poseront des questions afin de vous faire préciser votre description.

QUESTIONS POSSIBLES:
Quel âge a-t-il/elle?
Est-il/elle grand(e) ou petit(e)?
De quelle couleur sont ses cheveux (yeux)?
Point de vue caractère, comment est-il/elle d'habitude?

Ex. T: groups of 3

Ex. U: groups of 3 or 4

Suggestion, Ex. U: In doing this exercise, students have to rely on the vocabulary they already know. Their next assignment in the **Manuel de préparation** will provide them with an extensive list of words and expressions that will allow them to improve on these preliminary descriptions.

***Do* À faire! (5-5) *on page 221 of the* Manuel de préparation.**

Pour écrire

Donner des précisions

Good writing can often be recognized by the large number of specific details that allow the reader to visualize what is being described. Good writing also contains a variety of sentence forms to avoid monotony. In this section, you will get some suggestions about how to make your mini-portrait more vivid while at the same time eliminating some of the (no doubt) numerous sentences with the verbs **être** and **avoir.**

La description des caractéristiques physiques

Although many of your sentences necessarily use the verbs **être** and **avoir,** you should try to vary this sentence pattern by using a different verb. One possibility is the verb **ressembler (à):**

> **Ce beau garçon aux longs cheveux ondulés et aux favoris** *(sideburns)* **noirs ressemble au jeune Elvis.**
>
> **Le nez pointu, les cheveux gris en désordre, les yeux à moitié fermés, ma grand-tante Élise ressemblait un peu à une sorcière** *(witch).*

In the first example, the physical traits (**les longs cheveux ondulés, les favoris noirs**) are attached to the noun by the preposition **à.** In the second, the physical traits (**le nez pointu, les cheveux gris en désordre, les yeux à moitié fermés**) are given in a list before the person is mentioned.

You can also use expressions such as **faire penser à** or **donner (à qqn) l'air (de);** in this case, the physical traits become the grammatical *subject* of the sentence:

> **Ses petits yeux ronds et son nez retroussé font penser à une petite souris** *(mouse).*
>
> **Son menton carré, son nez cassé, ses petits yeux noirs lui donnent l'air d'un boxeur.**

SUGGESTED LESSON OUTLINE: Students assigned ***À faire! (5-5)*** have worked with vocabulary used to describe people and have written a short portrait of a person of their choice. Ex. XVIII and XIX were not self-correcting.

In this class period, do ***Pour écrire*** (Ex. V) and ***Textes-modèles*** (Ex. W).

Suggestion, Pour écrire: Devote the first half of the class period to a kind of writing workshop. First, have students read this section on their own. They then can put the suggestions immediately to use by revising the portrait (Ex. XIX in the **Manuel de préparation)** they have brought to class (Ex. V). If you wish, have students hand in the revised versions (still in rough form); otherwise, ask them to complete the rewrite for the next class meeting.

Notice that in both examples, i.e., when the body feature is the grammatical subject of the sentence, it is accompanied by a possessive adjective (**son, sa, ses,** etc.).

By using these expressions to make a comparison, you add variety to your sentence structure while also giving additional information about the subject of your portrait.

La description du caractère

When describing character or personality, the temptation is to use the verb **être** and one, two, or even a whole list of adjectives. Not only is this monotonous, but it also only gives a conclusion (the adjectives you choose) without providing the basis (the conduct or behavior that leads you to the conclusion).

One solution is to begin with a description of behavior and then conclude with a summarizing adjective:

> **Jean-Jacques parle beaucoup et écoute très peu. Si on discute d'un sujet qui l'intéresse, on ne peut pas le faire taire; par contre, si le sujet ne l'intéresse pas, il ouvre un livre et ne fait plus attention à la conversation. Bref, il est assez égoïste.**

Another possibility is to begin with one or more adjectives, without the verb **être,** and then continue by describing behavior:

> **Généreuse et très sentimentale, Nathalie ramasse tous les chiens et chats perdus, adore s'occuper de ses petits cousins et cousines et pleure toujours quand le héros embrasse l'héroïne à la fin d'un film.**

Once again, by providing justification for the adjectives you choose, you have added variety to your sentences while also making your portrait more believable.

Now let's see you put some of these suggestions to work as you revise the portrait you prepared for this class.

Révisez!

V. Un mini-portrait (suite). En vous inspirant des suggestions faites ci-dessus, revoyez le portrait (Exercice XIX dans votre **Manuel de préparation**) que vous avez préparé pour aujourd'hui. Il *ne* s'agit *pas* de refaire tout ce que vous avez écrit. Choisissez seulement quelques phrases à retravailler.

Textes-modèles: Deux écrivains célèbres

Lisez!

«Grâce à la longue tradition littéraire qui existe depuis des siècles en France, les écrivains connaissent eux aussi une grande célébrité. Voici le portrait de deux écrivains particulièrement appréciés des jeunes—Antoine de Saint-Exupéry et Marguerite Duras.»

ANTOINE DE SAINT-EXUPÉRY

ANTOINE DE SAINT-EXUPÉRY (1900–1944)

Cinquante ans après sa mort, Antoine de Saint-Exupéry est célébré en France. Des conférences, des spectacles, des expositions, des projections de films, des émissions télévisées rendent hommage à Antoine de Saint-Exupéry. Les élèves des lycées et des collèges redécouvrent ses textes tout au long de cette année (1994).

Il est lyonnais. Il est né en 1900. Il perd son père à l'âge de trois ans. Malgré ce drame, Antoine a une enfance relativement heureuse, avec ses frères et ses sœurs, au château familial. À douze ans, un événement très important se produit. Il passe son baptême de l'air.° Deux ans plus tard, en 1914, la Première Guerre mondiale éclate.

first airplane flight

Pendant ces années de guerre, Antoine passe son baccalauréat et s'inscrit aux Beaux-Arts, à Paris. Après son service militaire, il décide de devenir pilote civil. Il pense alors: «J'adore ce métier, ce calme, cette solitude... à 4 000 mètres.» Il a la passion des avions et vit cette passion en transportant le courrier par avion, de Toulouse à Casablanca, puis de Dakar à Casablanca.

Il vit entre ces deux villes étrangères, et c'est là-bas qu'il a écrit son premier livre, *Courrier Sud.* Il est ensuite parti pour l'Amérique latine et a travaillé sur la ligne de Comodoro Rivadavia à Punta Arenas. C'était en Patagonie, un autre désert. Dans cet autre pays lointain, il a écrit son deuxième livre, *Vol de nuit.* Les vols vers les destinations lointaines se sont succédés: Saïgon, Tombouctou, une tentative de raid° entre New York et Terre de Feu,° le Maroc, etc... Pendant toutes ces années avant la Seconde Guerre mondiale, il est peu à peu devenu un pilote poète. Il a remporté° des prix de littérature et des honneurs de pilote.

long-distance flight / Tierra del Fuego, the southern tip of South America

to win

En 1939, la Seconde Guerre mondiale éclate. Pendant ces nouvelles années de guerre, il a d'abord vécu en France, puis à New York. Mais comme il désirait toujours voler et écrire, il est donc reparti pour plusieurs missions aériennes. Il a publié *Pilote de guerre* en 1942 et *Le Petit Prince* en 1943. Basé au Maroc puis en Sardaigne, il a rejoint en 1944 sa dernière base militaire, la Corse. Et le 31 juillet, à huit heures et quarante-cinq minutes, il est parti pour sa neuvième mission. Il n'en est jamais revenu.

Chez nous, Vol. 38, No. 1, sept.–oct. 1994, p. 11

MARGUERITE DURAS (1914–1996)

MARGUERITE DURAS

Les livres de Marguerite Duras sont des miroirs. Ils reflètent son passé. Le lecteur se demande pourtant souvent à la lecture de ces livres quelle est la part du réel et de la fiction. En tant que° lecteur de roman, n'aimez-vous pas vous-même découvrir la part du vrai et du faux? Qu'est-ce qui est autobiographique et qu'est-ce qui ne l'est pas? Telles sont les questions qui hantent le lecteur des romans de Marguerite Duras.

Quelquefois, la réponse est évidente. Ainsi: Elle est née à Giadinh, en Indochine,° en 1914. Dans ses romans *Un Barrage contre le Pacifique* (1950) et *Le Vice-Consul* (1966), elle décrit ces années passées dans ce pays d'outre-mer.° Dans le premier des deux romans, on y retrouve sa mère, institutrice, veuve,° luttant° contre son destin: c'est l'histoire de sa famille appauvrie qui lutte en Indochine.

Autre fait sur lequel elle ne peut pas brouiller les pistes,° c'est la guerre. Dans un de ses romans, qu'elle publiera beaucoup plus tard, dans les années 80, elle va aller jusqu'à ouvrir son journal intime en publiant *La Douleur.* Elle ne prend même plus le souci° de tomber dans le romanesque.

Elle raconte l'attente insoutenable° du retour d'un mari déporté dans un camp de concentration. Un récit intime où le lecteur a du mal,° cette fois, à accepter une réalité parfois trop violente.

Son succès auprès du public est un peu lié° à son goût du scandale. Elle disait toujours ce qu'elle pensait, même si cela choquait les gens. Elle racontait ainsi ce qui ne se disait pas.° Les amours interdits,° les douleurs insupportables,° la folie. Un de ses romans les plus célèbres mais aussi les plus controversés, c'est *L'Amant.* Ce livre, publié en 1984, lui a valu le prix Goncourt° et s'est vendu à plus de deux millions d'exemplaires. En 1992, Jean-Jacques Annaud (metteur en scène français) en a fait un film, portant le même titre, qui a remporté un très grand succès en Europe.

Marguerite Duras n'était pas seulement romancière, elle écrivait aussi pour le théâtre et pour le cinéma. Elle a écrit même des articles à scandale pour des grands quotidiens° français comme le journal *Libération.*

Même si elle dérangeait, Marguerite Duras était appréciée et respectée du public. Ce qu'elle disait n'était pas toujours facile à entendre ou à comprendre mais c'était souvent la vérité et les lecteurs du monde entier aiment les histoires vraies. La preuve° en est, *L'Amant* a été traduit en une trentaine de langues.

Adapté de *Chez nous,* Vol. 38, No. 5, avril 1995, p. 11

as

former Indochina, now Vietnam, Laos, and Cambodia

overseas

widow / battling

cover the traces

no longer bothers to

unbearable

difficulty

tied

is not said / forbidden / unbearable

most prestigious of the annual French literary awards

daily newspapers

proof

W. Avez-vous compris?

ANTOINE DE SAINT-EXUPÉRY

Indiquez si les phrases suivantes sont vraies ou fausses en vous appuyant sur le portrait d'Antoine de Saint-Exupéry que vous venez de lire.

1. Saint-Exupéry est né à Paris.
2. Il était orphelin *(orphan)*.
3. C'est pendant la Première Guerre mondiale qu'il a volé pour la première fois.
4. Il a travaillé dans la poste aérienne pendant plusieurs années.
5. Il a passé du temps en Europe, en Afrique, en Amérique du Nord et du Sud.
6. C'est pendant qu'il était en Amérique du Sud qu'il a écrit son premier roman.
7. Ce «pilote poète» est surtout connu pour ses poèmes.
8. Il a été tué pendant la Seconde Guerre mondiale.

MARGUERITE DURAS

Répondez aux questions suivantes d'après le portrait de Marguerite Duras que vous venez de lire.

1. Pourquoi peut-on dire que les livres de Duras sont des miroirs?
2. En quoi son premier roman *(Un Barrage contre le Pacifique)* est-il autobiographique?
3. À quoi le titre de son roman *La Douleur* fait-il allusion?
4. Qu'est-ce qu'il y a de scandaleux chez *(in the writings of)* Duras?
5. Laquelle de ses œuvres a eu le plus grand succès? Expliquez.

Réponses, Ex. W:

Saint-Exupéry:
1. faux 2. faux 3. faux 4. vrai 5. vrai 6. faux 7. faux 8. vrai

Duras:
1. Ses romans sont en partie autobiographiques; ils reflètent la vie de l'auteur. 2. Il raconte sa jeunesse en Indochine avec sa famille. 3. Il fait allusion au fait que son mari a été envoyé dans un camp de concentration; la douleur, c'est celle de l'auteur qui l'attend à Paris. 4. Elle dit ce qu'elle pense; elle écrit sur des sujets dont beaucoup de personnes préfèrent ne pas parler—les amours interdits, les douleurs insupportables, la folie. 5. *L'Amant.* Le roman et le film ont eu un grand succès: l'auteur a gagné un prix littéraire important; on a vendu plus de 2 000 000 d'exemplaires du livre; le livre a été traduit en une trentaine de langues; le film a été joué dans toute l'Europe.

***Do* À faire! (5-6) *on page 224 of the* Manuel de préparation.**

Révisez!

X. Un moment ou une époque importants de la vie. Échangez le paragraphe que vous avez écrit (Exercice XXIII dans le **Manuel de préparation**) contre celui d'un(e) camarade de classe. Vous essayerez tous (toutes) les deux de répondre aux questions suivantes au sujet du paragraphe que vous lisez. Puis vous en discuterez avec votre partenaire.

1. Pouvez-vous identifier l'idée principale?
2. Y a-t-il des idées complémentaires? Lesquelles?
3. Y a-t-il des exemples? Lesquels?
4. Est-ce qu'il y a des phrases qui ne sont pas liées au sujet du paragraphe?
5. Après avoir lu ce paragraphe, avez-vous des questions à poser? Lesquelles? Quelles autres choses voudriez-vous savoir au sujet de ce moment ou de cette époque de la vie de la personne décrite?

SUGGESTED LESSON OUTLINE: Students assigned ***À faire! (5-6)*** have set up a biographical outline of the life of a person they know, studied paragraph organization, and have written a paragraph dealing with one moment or period in that person's life. Ex. XXI and XXIII are not self-correcting.

In this class period, do ***Révisez!*** (Ex. X), ***Textes-modèles*** (Ex. Y, Z).

Suggestion, Ex. X: In an effort to help students concentrate on the "larger" writing question of paragraph unity, the instructions do not mention grammar or spelling. Once students have dealt with the content of the paragraph, you can have them reread the paragraph, looking for common types of errors (in particular, agreement).

In the next assignment ***[À faire! (5-7)]***, students begin work on the culminating writing project for this chapter. In order to provide them with your feedback, you may wish to collect this paragraph at the end of class so that it can be returned at the next class meeting.

Textes-modèles: Deux jeunes «stars»

«En France comme aux États-Unis, les vedettes du cinéma rivalisent avec celles de la musique pour conquérir la faveur du public. Voici le portrait de deux célébrités qui ont eu la chance de réussir à un assez jeune âge—l'actrice Béatrice Dalle et la chanteuse Black Box.»

BÉATRICE DALLE

BÉATRICE DALLE

Aujourd'hui cette belle actrice de cinéma fascine le public dans chaque film qu'elle fait. Et pourtant, il y a seulement quatre ans, Béatrice Dalle était tout à fait inconnue.

Née à Brest, grande ville industrielle et port de Bretagne dans l'ouest de la France, Béatrice a grandi dans une HLM de la ville du Mans (là où la célèbre compétition automobile, les 24 heures du Mans, a lieu tous les ans). Mais elle s'ennuyait dans cette ville de province et, à l'âge de seize ans, Béatrice est allée vivre avec une copine à Paris. Un jour, un photographe l'a prise en photo dans la rue. Le cinéaste Jean-Jacques Beineix (metteur en scène de *Diva)* a vu cette photo. Il a alors offert à Béatrice le rôle principal dans son film, *37°2 le matin.* Plusieurs films ont suivi.

Franche et directe, elle admet qu'il n'est pas toujours facile de travailler avec elle: «Je suis forte et simple. Je suis têtue°... je dis toujours ce que je pense...» Même pendant le tournage,° paraît-il. Souvent elle change les dialogues. Comme actrice, elle est instinctive. Elle déteste apprendre de grandes tirades° par cœur. Elle préfère plutôt «vivre» son rôle, se glisser dans la peau° du personnage.

stubborn
filming
speeches
slip into the skin
outside

En dehors° des studios, Béatrice n'a pas une vie de star. «Je déteste le côté superficiel et show-biz de ce métier», dit-elle. Et malgré son succès, Béatrice n'a pas vraiment changé son style de vie. Pour elle, une soirée idéale, c'est une soirée passée chez elle devant la télé!

Et l'avenir? «L'Amérique m'ouvre les bras», dit Béatrice. Espérons que ce sera le début d'une carrière étincelante° à Hollywood pour Béatrice!

sparkling

Chez nous, vol. 33, no. 6, p. 4

BLACK BOX

Je m'appelle Katrin et je suis née le 15 janvier à Corbeil-Essonne, dans la région parisienne, sous le signe du Capricorne. Je suis d'origine guadeloupéenne, mais ma famille vivait à Paris. J'étais assez bonne élève jusqu'en classe de troisième. Puis je suis partie deux ans dans une école d'esthéticienne° et, de là, je me suis inscrite dans une agence de mannequins,° qui m'a envoyée pour trois mois en Italie à l'âge de 17 ans! De retour à Paris, je ne rêvais que d'une seule chose: y retourner! Depuis cinq ans, j'habite en Italie, à Venise.

beautician
models

J'ai toujours aimé la musique, surtout black. Mes idoles sont Prince et Donna Summer. Je chantais, je dansais de temps en temps dans les discothèques et je rêvais de faire un disque. Un soir, j'ai rencontré dans la célèbre boîte° «Cenerentola» (Cendrillon°) à Bologne, le DJ qui était aussi directeur artistique de l'endroit et le guitariste de Spagna.° Il m'a invitée dans son studio pour faire des chœurs.°

night club
Cinderella
a singer from the 80's / was a backup singer

Le temps a passé jusqu'au jour où l'on m'a proposé «Ride on time». J'ai tout de suite craqué° sur cette chanson! Après vingt-quatre heures de réflexion, on a choisi le nom «Black Box». Ce disque n'a pas été fait pour du fric.° Qui aurait pensé qu'il ferait un tel parcours° en Angleterre puis en Europe (pendant six semaines, la première place des hit-parades européens)?

to go wild, freak out
money (slang)
run

J'ai eu de la chance, mais je ne sais pas de quoi sera fait l'avenir. On travaille sur le prochain titre et sur un album, mais j'évite° les plans, j'ai trop peur d'être déçue.° Quand j'ai appris que j'étais numéro 1 en Angleterre, j'ai crié et je me suis mise à pleurer. Aujourd'hui, j'ai encore du mal à réaliser ce qui m'est arrivé! [...]

avoid
disappointed

Venise me fascine. C'est toujours dans cette ville que je veux continuer à vivre. Là-bas, j'ai mon fiancé, mes amis et le soleil, très important dans mon équilibre. J'adore lire, aller au cinéma, faire du sport, du cheval, voir des gens, m'amuser! Je ne peux jamais tenir en place bien longtemps sans faire quelque chose. Côté caractère, je n'aime pas le mensonge,° je suis romantique, je suis très sensible et je sens tout de suite le côté positif et négatif des gens. J'aime séduire,° mais je ne joue pas avec les sentiments.

lie
to seduce, charm, captivate

OK PODIUM, no. 217, p. 20

Réponses, Ex. Y:
1. les deux
2. Béatrice Dalle
3. les deux
4. les deux
5. les deux
6. Béatrice Dalle
7. Black Box
8. Béatrice Dalle
9. Béatrice Dalle
10. Black Box
11. Black Box
12. les deux

Y. Avez-vous compris? En vous basant sur les deux portraits que vous venez de lire, indiquez si les phrases suivantes s'appliquent à Béatrice Dalle, à Black Box ou bien aux deux stars à la fois.

1. Elle est née en France.
2. Elle habite actuellement en France.
3. Elle a quitté l'école avant de finir ses études.
4. Elle a eu du succès avant l'âge de 20 ans.
5. Elle a commencé sa carrière grâce à une rencontre de hasard *(chance encounter)*.
6. Elle a été reconnue comme une star dès le début.
7. Elle a été très surprise de son succès.
8. Elle préfère passer son temps libre chez elle à ne rien faire de spécial.
9. Elle est assez «difficile» quand elle travaille.
10. Elle va peut-être se marier bientôt.
11. Elle est assez sportive.
12. Elle a des projets pour l'avenir.

Ex. Z: groups of 2

Suggestion, Ex. Z: The purpose of these two ***textes-modèles*** is to provide students with guides for the two remaining writing assignments in this chapter—a self-portrait and a portrait of a classmate. After students have worked with Ex. Z in pairs, you may want to have them share results with the class as a way of assuring that everyone has a good idea of how to go about doing the next assignments.

Z. Structure des portraits. Discutez des questions suivantes avec un(e) camarade afin de dégager le contenu et l'organisation des deux portraits que vous venez de lire.

1. Quel est le sujet principal de chaque paragraphe du portrait de Béatrice Dalle?
2. Dans le portrait de Black Box, quels paragraphes traitent d'un sujet qu'on trouve aussi dans le portrait de Béatrice Dalle? Y a-t-il des paragraphes qui donnent d'autres sortes de renseignements? Lesquels?
3. Est-ce qu'on traite les sujets dans le même ordre dans les deux portraits? Expliquez.
4. Quels autres sujets auriez-vous aimé qu'on traite dans ces deux portraits? Auriez-vous des questions supplémentaires à poser au sujet de ces deux vedettes?
5. Si vous deviez faire votre autoportrait (c'est-à-dire, faire un portrait de vous-même), quels sujets voudriez-vous traiter?

***Do* À faire! (5-7) *on page 228 of the* Manuel de préparation.**

Révisez!

AA. Autoportrait. Échangez l'autoportrait que vous avez rédigé (Exercice XXVI dans le **Manuel de préparation**) contre celui d'un(e) camarade de classe. Vous essayerez tous (toutes) les deux de répondre aux questions suivantes au sujet de l'autoportrait de votre partenaire. Ensuite, vous en discuterez.

1. De combien de paragraphes l'autoportrait se compose-t-il? Quel est le sujet principal de chaque paragraphe?
2. L'ordre des paragraphes vous semble-t-il logique? Pourquoi (pas)?
3. Y a-t-il des paragraphes où l'auteur ne donne pas assez de renseignements? Lesquels? Quelles questions voudriez-vous lui poser à ce sujet?
4. Y a-t-il des paragraphes où l'auteur donne trop de renseignements? Lesquels? Expliquez.

SUGGESTED LESSON OUTLINE: Students assigned ***À faire! (5-7)*** have assembled material, made an outline, and written a draft of a self-portrait. None of the exercises was self-correcting.

In this class period, do ***Révisez!*** (Ex. AA) and ***Parlez!*** (Ex. BB).

Ex. AA and BB:  **groups of 2**

Suggestion, Ex. AA and BB: The purpose of the self-portraits students have written is to prepare them for the final writing assignment of this chapter–a portrait (in the third person) of their classmate/partner (the person whose self-portrait they are reading). The purpose of the questions they are to answer about the self-portrait (Ex. AA) is not only to help in the revision process but also to provide them with as much information as possible about the subject of the portrait they will do in ***À faire! (5-8)*** and ***(5-9).*** Ex. BB, which asks students to try to imagine who they will be or would like to be in the year 2015, is designed to make the portrait more than just a transposition (first person to third person) of the self-portrait. We suggest that you spend a few moments at the beginning of the class period alerting students to what they are going to be assigned and making clear the function of the two activities (Ex. AA and BB) they are about to do in class.

Parlez!

BB. En l'an 2015. Imaginez votre vie en l'an 2015. Qui serez-vous? Quelqu'un de célèbre? Quelqu'un d'ordinaire? Quelqu'un qui ressemble à ce que vous êtes aujourd'hui? Quelqu'un de très différent? Répondez aux questions suivantes que va vous poser votre partenaire. Vous les lui poserez ensuite. N'oubliez pas de prendre des notes sur ce qu'il/elle vous dit.

1. Quel âge aurez-vous en l'an 2015? Où habiterez-vous? Avec qui?
2. Quelle sorte de travail ferez-vous?
3. Quels événements faudra-t-il ajouter à votre tableau biographique?
4. Votre apparence physique aura-t-elle beaucoup changé?
5. Et votre caractère? Aurez-vous les mêmes qualités qu'aujourd'hui? les mêmes défauts?

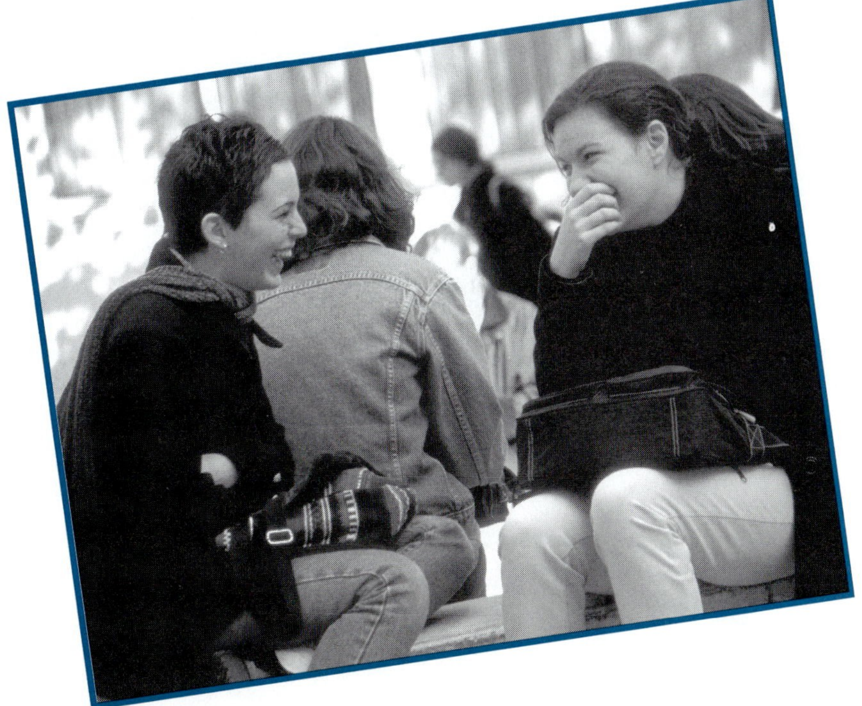

***Do* À faire! (5-8) *on page 229 of the* Manuel de préparation.**

C'est à vous maintenant!

Révisez!

SUGGESTED LESSON OUTLINE: Students assigned ***À faire! (5–8)*** have written a first draft of a portrait of their partner/classmate.

In this class period, do ***Révisez!*** (Ex. CC) and ***Parlez!*** (Ex. DD).

Ex. CC: **groups of 2**

Suggestion: Ex. CC: This time students should work with different partners–i.e., you should separate the people who worked together on the self-portrait/portrait. In this way, writers will get a third perspective on what they have written.

When students finish describing and discussing the content and form of the portrait, have them reread again for common errors (such as agreement).

CC. Portrait d'un(e) camarade de classe. Échangez le portrait que vous avez rédigé (Exercice XXVII dans le **Manuel de préparation**) contre celui d'un(e) camarade de classe. Vous essayerez tous (toutes) les deux de répondre aux questions suivantes au sujet du portrait écrit par votre partenaire. Ensuite, vous en discuterez.

1. Comment le portrait est-il organisé? Quel est le sujet principal de chaque paragraphe?
2. Les paragraphes sont-ils bien développés? Pouvez-vous y trouver facilement l'idée principale? Y a-t-il des idées complémentaires et/ou des exemples?
3. Y a-t-il des renseignements qui manquent? Lesquels? (Quelles questions supplémentaires voudriez-vous poser à propos de la personne dont on fait le portrait?) Y a-t-il des renseignements superflus (i.e., qui ne sont pas nécessaires)? Lesquels?

Parlez!

Ex. DD: **groups of 4 or 5**

Suggestion, Ex. DD: Organize the class into groups, splitting up students who have been working together during the past three class sessions. Then ask them, depending on the amount of time you have, to read or summarize the portrait they wrote without naming the subject of that portrait. The other group members can then try to guess. The guessing aspect of this activity will only work if the class is fairly large. If your class is small, you may simply wish to have students circulate their portraits so that they can see how different people have dealt with this assignment.

Testing: The **Test Bank** includes a chapter test for **Chapitre 5.**

DD. Qui est-ce? Faites le portrait d'un(e) camarade de classe sans le/la nommer. Vos partenaires essaieront de l'identifier.

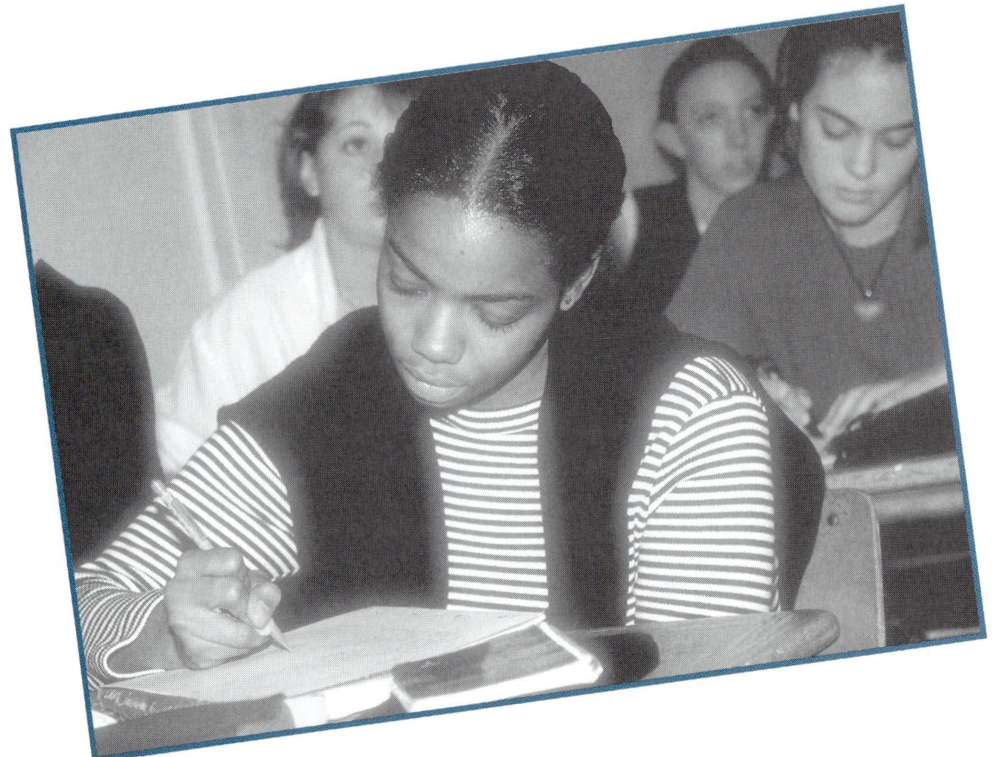

Vidéo

Video:
Chapitre 5

AVANT LA VIDÉO

Répondez aux questions suivantes concernant quelques aspects de la culture française.

1. Quels personnages historiques français connaissez-vous?
2. Quels artistes (peintres, chanteurs, acteurs, danseurs, musiciens, sculpteurs, écrivains, etc.) français ou francophones connaissez-vous?
3. Quels sont les pays francophones que vous connaissez ou que vous avez visités?

PREMIÈRE SÉQUENCE: Portrait d'un empereur

LA VIDÉO: AVEC LE SON

David Chanteranne a 24 ans. Il est historien spécialiste de l'époque napoléonienne. Il nous résume en quelques dates la vie de Napoléon I.

Remettez dans l'ordre les différentes étapes de la vie de l'empereur.

Première séquence:
Réponses:
Avec le son:
7, 3, 10, 1, 2, 6, 9, 4, 8, 5

___ Il abdique en 1814.

___ Jeune officier du roi Louis XVI, il participe aux campagnes militaires italiennes et à l'expédition d'Égypte.

___ Il meurt d'un cancer du foie *(liver)* en 1821.

___ Naissance de Napoléon Bonaparte en Corse en 1769.

___ Napoléon Bonaparte fuit la Corse pour résister à l'insurrection paoliste pro-britannique.

___ Il se met le reste de l'Europe à dos *(to turn someone against oneself)*.

___ Il est exilé à l'île de Sainte-Hélène.

___ Il dirige un coup d'état contre le Directoire en 1799.

___ Il est exilé à l'île d'Elbe.

___ Il est sacré empereur des Français en 1804.

QUANT À MOI...

À votre tour, écrivez un paragraphe pour faire le portrait d'un personnage de l'histoire américaine de votre choix.

DEUXIÈME SÉQUENCE: Portrait d'un hôtel

LA VIDÉO: AVEC LE SON

Raymond Scarella travaille comme portier *(doorman)* pour un célèbre hôtel de Nice dans le sud-est de la France. Il évoque *(to recall)* pour nous le passé de l'hôtel Négresco.

Deuxième séquence:

Réponses:

Avec le son:

1. b
2. a
3. a
4. c
5. b
6. a

Reconstruisez l'histoire du Négresco en choisissant les réponses correctes.

1. M. Negrescou, qui a donné son nom à l'hôtel, était...
   a. hongrois
   b. roumain
   c. tchèque
2. Avant d'être propriétaire du Négresco, M. Negrescou était...
   a. maître d'hôtel *(butler)*
   b. constructeur de voitures
   c. portier
3. Le Négresco a été construit en...
   a. 1912
   b. 1914
   c. 1920
4. Pendant la Première Guerre mondiale, l'hôtel...
   a. a été occupé par les Allemands
   b. a été détruit par les bombardements
   c. a servi d'hôpital pour les blessés
5. Mme Augier est...
   a. la veuve de M. Negrescou
   b. la propriétaire de l'hôtel depuis 1957
   c. l'architecte qui a reconstruit l'hôtel après la guerre
6. Aujourd'hui, sur les 450 chambres disponibles à l'origine, il reste...
   a. 150 chambres
   b. 250 chambres
   c. 350 chambres

QUANT À MOI...

Existe-t-il un bâtiment historique dans la ville ou le village où vous habitez? Comment s'appelle-t-il? Où se trouve-t-il? À quoi sert-il? Racontez brièvement son histoire et décrivez son importance dans la vie communautaire de votre ville.

TROISIÈME SÉQUENCE: Portrait d'une femme mécène

LA VIDÉO: AVEC LE SON

Mireille Mercier-Munch est galeriste à Nice, dans le sud-est de la France, depuis huit ans. Elle s'occupe d'ateliers d'art pour enfants et adultes et d'une galerie qui expose de jeunes peintres francophones.

Indiquez par **vrai** (V) ou **faux** (F) si les idées suivantes sont présentées dans ce segment. Corrigez les affirmations *(statements)* inexactes.

1. ___ L'activité de mécénat est très répandue aujourd'hui en France.
2. ___ En général, les artistes ne sont pas sûrs d'eux.

3 ___ Mireille suit l'évolution des jeunes artistes pendant trois ans en général.
4. ___ Puis elle organise une exposition de leurs travaux.
5. ___ Mireille s'occupe de les faire connaître à l'étranger et dans le reste de la France.
6. ___ Elle s'occupe aussi d'artistes du Québec.
7. ___ Elle s'intéresse à l'activité de mécénat depuis l'âge de 13 ans.

Troisième séquence:

Réponses:

Avec le son:
1. F (Il n'y en a presque plus.)
2. V
3. F (pendant un an)
4. V
5. V
6. F (artistes de la Caraïbe: Cuba, Haïti, République dominicaine, Martinique, Guadeloupe, Jamaïque)
7. F (15 ans)

QUANT À MOI...

Imaginez que vous avez la possibilité d'être mécène vous aussi. Quel genre d'artistes aideriez-vous? Pourquoi? Dans quel pays et dans quelle ville préféreriez-vous exercer cette profession? Pourquoi?

QUATRIÈME SÉQUENCE: Portrait d'un acteur marocain

LA VIDÉO: AVEC LE SON

Mohamed Marahoui est marocain. Il a 45 ans et il travaille comme acteur et figurant *(extra)* pour la télévision marocaine depuis 1982.

Trouvez la (les) réponse(s) correcte(s) de M. Marahoui aux questions qui lui sont posées.

1. Pour quels genres de rôles êtes-vous choisi en général?
   a. un docteur
   b. des personnages étrangers (non marocains)
   c. des rôles historiques
   d. un ermite
   e. un inspecteur
   f. un soldat *(soldier)* américain
2. Comment pourriez-vous définir la manière de penser marocaine?
   a. paisible
   b. intuitive
   c. extrovertie
   d. qui respecte les bonnes mœurs
3. Où habitiez-vous avant de venir à Casablanca?
   a. à Rabat
   b. en Égypte
   c. à Fès
4. Quel âge aviez-vous quand vous êtes arrivé à Casablanca?
   a. 10–11 ans
   b. 13–14 ans
   c. 16–17 ans

Quatrième séquence:

Réponses:

Avec le son:
1. b, c, e, f
2. a, d
3. c
4. b

QUANT À MOI...

À votre tour, donnez une définition de la manière de penser des Américains. Quelles en sont les valeurs? Partagez-vous ces valeurs? Pourquoi?

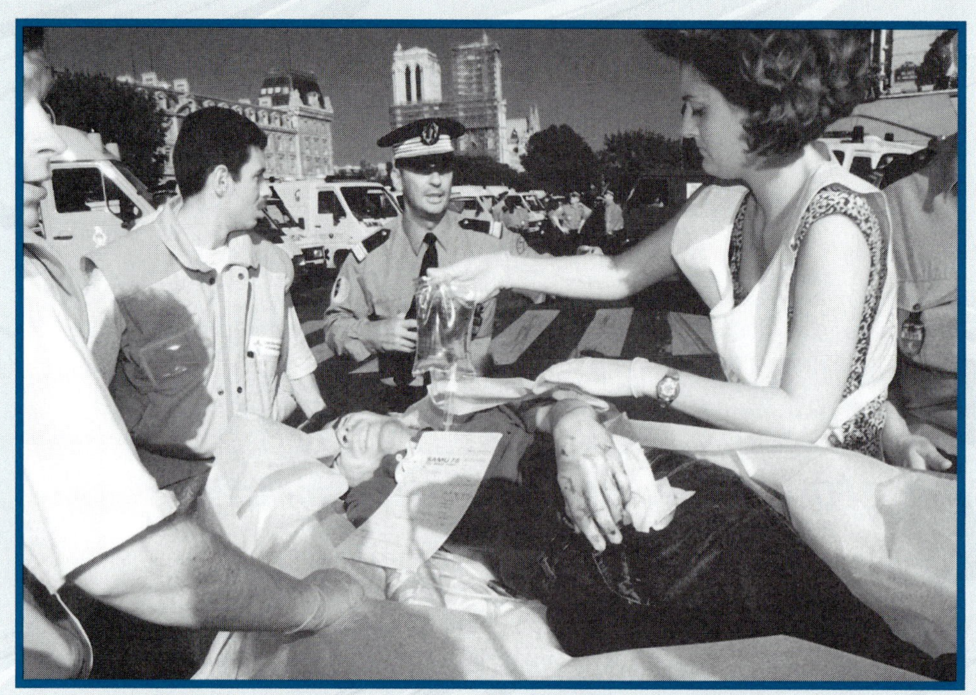

POURQUOI LA CRIMINALITÉ ET LA VIOLENCE AUGMENTENT-ELLES?

COMMENT PROTÉGER L'ENVIRONNEMENT?

QUE FAIRE POUR LES CHÔMEURS?

Questions sociales

CHAPTER SUPPORT MATERIALS (STUDENT)

MP: pp. 231–262

Audio CD: SEGMENTS 6-1 to 6-5

SYLLABUS: The minimum amount of time needed to cover the core material of ***Chapitre 6*** is eleven class periods.

CHAPTER SUPPORT MATERIALS (INSTRUCTOR)

Transparencies: 6-1 to 6-3

Audio CD: SEGMENTS 6-1 to 6-3

Video: Chapitre 6: Séquences 1–3

Test Bank: Chapitre 6

SUGGESTED LESSON OUTLINE: Do ***Témoignages*** (Ex. A, B).

OBJECTIVES

In this chapter, you will learn:

- to discuss current social issues and problems;
- to express certainty and doubt;
- to express necessity, will, and emotion;
- to use effective discussion strategies.

Témoignages

«À votre avis, quelles sont les questions sociales les plus graves de notre époque?»

Suggestion, Témoignages: The introduction to the ***Témoignages*** contains a statement by Jacqueline Laffont (the guide for the chapter) and survey statistics about the issues that most preoccupy the French. You can have students skim the statement very quickly and ask them: **Que fait Jacqueline Laffont dans la vie? Sur quoi est-ce qu'elle fait ses recherches? Quels sont les problèmes sociaux qu'elle distingue?**

Then ask them questions about the statistical information: **Quel est le pourcentage des Français qui pense que les Français consommeront moins d'alcool après l'an 2000? Combien de Français pensent que les Français seront plus racistes? Quelle est l'attitude générale des jeunes devant le monde qu'ils vont hériter des générations plus âgées?** etc.

«Bonjour. Je suis sociologue.

Dans mes recherches, je me concentre surtout sur les problèmes sociaux de notre époque, c'est-à-dire sur les conditions dans lesquelles vivent les Français et les tensions qui en résultent. Je n'ai pas de parti pris politique. Je m'intéresse plutôt à étudier les causes et les conséquences des actions sociales, les changements démographiques, l'évolution des rôles masculins et féminins et les conditions qui favorisent la délinquance et la criminalité. Bien sûr, j'ai aussi mes opinions personnelles. Par exemple, à mon avis, la protection de l'environnement devrait être une de nos priorités politiques et sociales. Nous autres êtres humains, nous avons tendance à croire qu'il n'y a pas de limites à nos ressources naturelles. Quelle arrogance!

Dans tous les domaines de notre existence politique et personnelle, il y a donc un certain nombre de questions qu'il faut absolument poser: Que faut-il faire pour préserver la nature pour les générations à venir? Quel rôle joue le travail dans notre vie et comment éviter le chômage et ses conséquences néfastes? Comment garantir un toit et une nourriture suffisante à tous nos citoyens? Quelles sont les causes de la criminalité et de la violence dans notre société? Comment réduire les préjugés contre les femmes, les noirs et contre toute différence? Questions difficiles qui suscitent des réponses multiples.

Et maintenant, vous allez entendre plusieurs Français et francophones vous donner leurs points de vue sur les questions sociales qui se posent dans notre monde.»

Les paris de l'an 2000

Des indications sur la perception de l'an 2000 par les Français.

- 84% pensent que le travail à temps partiel sera plus répandu (8% de l'avis contraire).
- 81% pensent que plus de personnes feront leur travail ou une partie de celui-ci chez eux sur un ordinateur (10% de l'avis contraire).
- 72% pensent qu'un nombre croissant d'étrangers viendront vivre en France (18% non).
- 71% pensent que plus de Français iront à l'étranger pour trouver du travail (19% non).
- 66% estiment que les divorces seront plus nombreux (22% non).
- 66% pensent que la culture française sera davantage dominée par la télévision et le cinéma américains (22% de l'avis contraire).
- 50% pensent que la scolarité sera rendue obligatoire jusqu'à 18 ans (37% de l'avis contraire).
- 48% considèrent que la délinquance s'accroîtra (15% qu'elle diminuera, 22% qu'elle restera stable).
- 44% pensent que le travail de femmes mariées sera moins répandu (45% de l'avis contraire).
- 43% estiment que les Français seront plus polis (43% moins, 10% autant).
- 37% estiment que les Français seront plus travailleurs (10% moins, 51% autant).
- 36% estiment que les Français seront plus heureux (42% moins, 15% autant).
- 35% estiment que les Français consommeront plus d'alcool (41% moins, 17% autant).
- 31% seulement estiment que le taux de chômage sera plus bas qu'aujourd'hui (57% de l'avis contraire).
- 30% estiment que les Français seront plus patriotes (49% moins, 12% autant).
- 29% pensent que les Français seront plus individualistes (9% moins, 57% autant).
- 29% pensent que les Français seront plus généreux (55% moins, 13% autant).
- 27% estiment que les Français seront plus tolérants (53% moins, 17% autant).
- 24% estiment que les Français seront plus racistes (10% moins, 60% autant).

TMO juin 1994

L'héritage empoisonné

Comment jugez-vous l'héritage qui est laissé aux jeunes Français par les générations plus âgées dans les domaines suivants...» (pourcentages(1) et notes moyennes(2)):

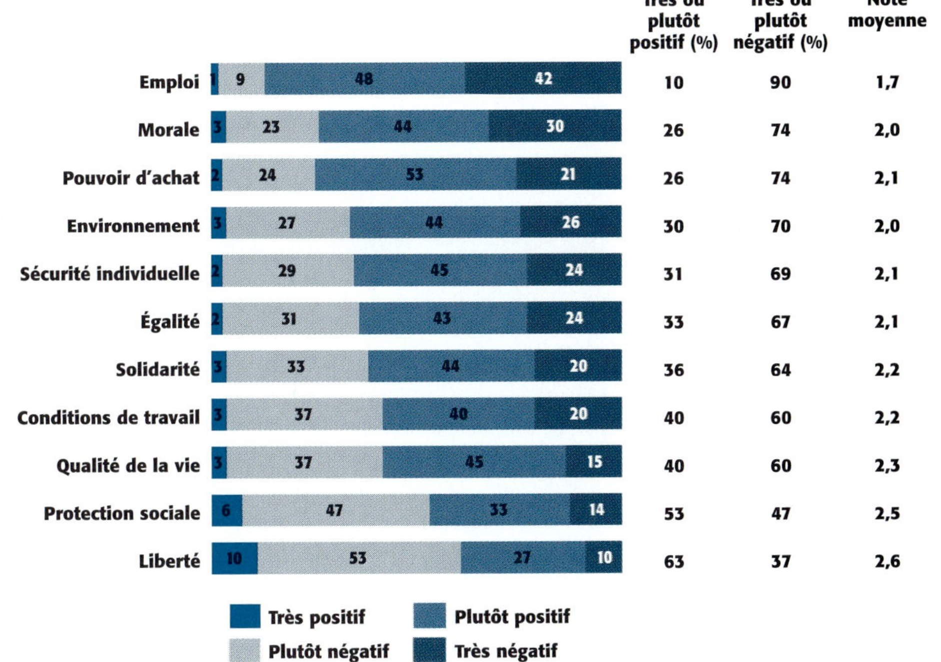

	Très ou plutôt positif (%)	Très ou plutôt négatif (%)	Note moyenne
Emploi	10	90	1,7
Morale	26	74	2,0
Pouvoir d'achat	26	74	2,1
Environnement	30	70	2,0
Sécurité individuelle	31	69	2,1
Égalité	33	67	2,1
Solidarité	36	64	2,2
Conditions de travail	40	60	2,2
Qualité de la vie	40	60	2,3
Protection sociale	53	47	2,5
Liberté	63	37	2,6

(1) Calculés sur les réponses exprimées.
(2) La note 1 est attribuée pour la réponse «très négatif», 2 pour «plutôt négatif», 3 pour «plutôt positif», 4 pour «très positif». On fait ensuite la moyenne pondérée.

Francoscopie/TMO, juin 1998

Écoutez!

Ex. A: groups of 3 or 4

Follow-up, Ex. A: After each group has arrived at a list of four problems, have one spokesperson report to the entire class. If you have the complete list on the board or on a transparency, you can put a check each time a topic is mentioned. By the end of the exercise, you'll have the list of the social problems that students consider the most serious. In general terms, you can then ask them their reasons for choosing any of the particular issues.

Suggestion, Ex. B: You may wish to have students listen to all the **témoins** and write down the ideas each one considers important.

Audio CD:
SEGMENT 6-1
CD 4, TRACK 4

A. Pré-écoute: À vous d'abord! Étudiez la liste ci-dessous et, avec vos camarades, mettez-vous d'accord sur les **quatre** problèmes qui vous semblent les plus graves. Trouvez ensemble **une** raison pour justifier chacun de vos choix.

la criminalité et la violence	la pollution
la drogue	le sida *(AIDS)* et les maladies graves
le chômage	les sans-abri *(homeless)*
l'inégalité entre les sexes	l'intolérance
la désintégration de la famille	la corruption politique
le matérialisme et l'argent	les manipulations génétiques
l'influence des médias	la dette nationale
la prolifération nucléaire	l'analphabétisme *(illiteracy)*

B. Écoutez: Les témoins vous parlent. Répondez aux questions selon les points de vue exprimés par les témoins.

DJAMAL TAAZIBT Alger, Algérie

«Je crois que le travail, le logement, la sécurité, la santé sont les préoccupations classiques de toutes les sociétés et de tous les temps.»

VOCABULAIRE UTILE: davantage d'ampleur *(greater importance)*, **décennies** *(decades)*, **tout d'un coup** *(suddenly)*, **un arrêt brut** *(abrupt stop)*, **envahi** *(invaded)*

Selon Djamal, pourquoi est-ce que la situation est pire *(worse)* en Algérie?

Réponses: *Djamal Taazibt:* Parce que des forces anti-développement et anti-progrès dominent la scène politique et culturelle algérienne.

DOMINIQUE CLÉMENT Paris, France

«En France, c'est le chômage, le racisme et, dans le monde, c'est la prolifération nucléaire et les guerres ethniques.»

VOCABULAIRE UTILE: les guerres ethniques *(ethnic wars)*, **plus qu'ailleurs?** *(more than anywhere else?)*, **sont liés** *(are linked)*, **c'est-à-dire** *(that is to say)*, **inégalités** *(inequalities)*, **je crois** *(I think, believe)*, **le quartier des Minguettes** *(immigrant neighborhood of the city of Lyon)*

Selon Dominique, est-ce qu'il y a beaucoup de racisme en France? Comment est-ce qu'il décrit le racisme en France?

Réponses: *Dominique Clément:* Oui, il y a beaucoup de racisme en France. Le racisme est basé non seulement sur les différences raciales mais aussi sociales; le racisme en France est lié à la situation sociale et aux circonstances sociales en France; il y a des ghettos comme le quartier des Minguettes où il y a souvent de la violence entre la police et les jeunes immigrés.

NEZHA LE BRASSEUR Casablanca, Maroc

« Les questions les plus graves de notre époque, c'est la drogue.»

VOCABULAIRE UTILE: se droguent *(take drugs),* **mal fichue** *(terrible),* **d'améliorer** *(to improve)*

Selon Nezha, quel est le problème des jeunes? Que représente la drogue pour les jeunes? À votre avis, est-ce que la drogue est surtout un problème qui concerne les jeunes?

Réponses: *Nezha Le Brasseur:* Les jeunes se droguent de plus en plus; leur vie est donc mal fichue et ils n'essaient pas d'améliorer leur situation. La drogue, c'est un refuge. *(Answers will vary.)*

VÉRONICA ZEIN Savigny-sur-Orge

«Le sida, bien sûr. C'est un fléau, c'est une maladie terrible.»

VOCABULAIRE UTILE: le sida *(AIDS),* **un fléau** *(plague, epidemic),* **ma tranche d'âge** *(my age group),* **on a un petit peu peur** *(we're a little afraid),* **autour de nous** *(around us)*

Pourquoi est-ce que le sida est le problème qui préoccupe le plus Véronica? Pourquoi est-ce que Véronica et ses amis en discutent souvent?

Réponses: *Véronica Zein:* Parce que c'est la maladie qui touche sa tranche d'âge. Parce qu'ils ont peur que ça leur arrive ou que ça arrive à quelqu'un qu'ils connaissent.

DOVI ABE Dakar, Sénégal

«... au Sénégal, le problème numéro un, c'est probablement celui du développement économique... »

VOCABULAIRE UTILE: selon *(depending on),* **je crois** *(I think, believe),* **vite** *(quickly),* **vu la croissance démographique** *(given the population increase),* **les besoins** *(needs)*

Selon Dovi, est-ce qu'il y a eu au Sénégal beaucoup de progrès dans le domaine économique durant ces trente dernières années? Quelles sont les deux raisons qu'il donne pour agir vite dans ce domaine?

Réponses: *Dovi Abe:* Non, il n'y a pas eu beaucoup de progrès. La croissance démographique et les besoins de cette population.

If you would like to listen again to the ***Témoignages,*** you can work with this listening material on your own, using SEGMENT 6-1 of the **Audio CD** and Ex. I in the **Manuel de préparation.**

***Do* À faire! (6-1) *on page 232 of the* Manuel de préparation.**

Dossier: L'environnement

SUGGESTED LESSON OUTLINE: Students assigned ***À faire! (6-1)*** have studied the vocabulary dealing with the environment, have read the texts about the environment (**MC**), and have done preliminary work with discussion strategies. Ex. III and V were not self-correcting.

In this class period, do ***Dossier*** (Ex. C), ***Pour discuter*** (Ex. D), and ***Discutez!*** (Ex. E, F).

Note, Dossier: The texts in the ***Dossier*** are taken from various authentic sources. In order to preserve the authenticity of the articles, no margin glosses have been included. Because of the relatively easy style and the readily accessible vocabulary, students should not have difficulty understanding the main ideas of each article. If necessary, vocabulary was provided in the **MP** comprehension exercises.

JACQUELINE LAFFONT

«Quand on fait le bilan des problèmes de notre planète, il est certain que la protection de l'environnement est une des priorités urgentes. Mais ce même sujet soulève également des controverses très difficiles à résoudre. Les articles suivants vous présentent plusieurs aspects de la question de l'environnement et divers points de vue à propos des mesures à prendre.»

En trente ans, une vingtaine d'espèces animales en voie de disparition ont été réintroduites: bisons, loups, chevaux sauvages, ours, vautours...

Gardons
cet espace propre.
"ensemble,
RATP

L'environnementalisme progresse.

BDDP Corporate

Les craintes environnementales se généralisent.

Les accidents liés au développement technologique ont provoqué en France, comme dans d'autres pays industrialisés, une montée des inquiétudes concernant l'environnement, apparente dans toutes les enquêtes. Ainsi, 59% des Français estiment qu'il faut agir en priorité contre la pollution de l'air, 39% contre celle de l'eau, 20% en faveur de l'élimination des déchets, 20% contre les risques du nucléaire, 17% pour la sauvegarde des plantes et des animaux, 13% pour la protection des paysages, 12% contre le bruit. Seuls 11% estiment qu'il faut continuer à construire des centrales nucléaires, contre 67% de l'avis contraire. 48% pensent que l'eau potable manquera un jour en France, 47% non. L'écologie est devenue une dimension incontournable de la vie sociale, politique, industrielle et philosophique. [...]

87% des Français estiment que la catastrophe de Tchernobyl a encore aujourd'hui des conséquences sur l'environnement, 6% non.

La ville de Paris compte 480 000 arbres. En mai 1991, 18% des 17 000 arbres du bois de Boulogne étaient atteints de maladie et 26% des 18 000 arbres du bois de Vincennes étaient attaqués par un champignon.

- Si ça se trouve, l'air qu'on respire c'est pas de l'air.

Thomas 8 ans

fondation ushuaïa

Ma planète ça me regarde.

Groupe Siquier Courcelle

En avril 1996, 67% des Français estimaient qu'un accident nucléaire grave est possible en France (contre 81% en avril 1990). 26% étaient de l'avis contraire (contre 12%).

Eau de vie

L'eau est le produit de première nécessité qui a connu la plus forte hausse. Entre 1960 et 1991, le prix moyen du mètre cube en agglomération parisienne est passé de 0,40 F à 7,80 F alors qu'il ne devrait coûter que 2,89 F s'il avait suivi l'inflation. Alors que les prix de la plupart des produits ont baissé si on les exprime en temps de travail d'un salarié moyen, celui de l'eau a augmenté: 7,5 minutes par m^3 en 1991 contre 6,7 en 1960, 5,9 en 1980.

40% des Français estiment que la France est plus sale qu'il y a 10 ans, 21% plus propre, 34% ni plus propre ni plus sale.

Poubelles: 330 kg par Français

La production annuelle de déchets des Français augmente au rythme de 2% par an. Elle représentait 18 millions de tonnes en 1991 et 20 millions de tonnes en 1995 (450 kg par personne, artisans, commerçants et bureaux non compris), contre 14 millions en 1979 et 16 millions en 1988. Ces déchets proviennent pour 57% de l'alimentation, 15% de la culture-loisirs (journaux, magazines), 14% des produits liés à l'habitation (produits d'entretien), 6% du courrier, 5% des produits d'hygiène, 3% de l'habillement.

Les matières animales et végétales (légumes et fruits frais, restes de nourriture) représentent 34% du tonnage, devant le papier-carton (30%), le verre (13%), les matières plastiques (10%), les métaux (7%), le bois (4%) et le textile (2%).

Le gaspillage représente une part non négligeable des déchets. Sur 63 kg de pain achetés en moyenne en 1988, chaque Français en a jeté 9,5 kg. 385 000 tonnes de pain sont donc passées directement du four du boulanger à la poubelle.

CREDOC

Concurrence

Les métiers liés à l'environnement devraient connaître un fort développement.

L'innovation technologique a engendré des nuisances importantes, parfois de véritables menaces, dont les citoyens sont de plus en plus conscients. Les préoccupations écologiques vont donc imposer de nouvelles contraintes aux entreprises qui devront «produire propre» sous peine de sanctions légales et d'une détérioration de leur image. Les métiers et emplois liés à la protection de l'environnement devraient donc croître au cours des années à venir, à la fois à l'intérieur et à l'extérieur des entreprises. Autant qu'une spécialité à part entière (ingénieurs ou techniciens de l'environnement), la dimension écologique devra être intégrée aux métiers existants et concernera tous les secteurs de l'industrie.

Des disciplines comme la chimie, la biologie, l'agronomie, la géologie, l'hydrologie, mais aussi le droit ou l'informatique seront particulièrement touchées par la contrainte écologique. Les problèmes de traitement des eaux et des déchets, de rejet de matières toxiques dans l'air devront être progressivement résolus avant que les techniques de fabrication non polluantes ne se généralisent.

CIRCULER SANS POLLUER.
Ademe
POUR VOUS INFORMER, POUR AGIR.
AGENCE DE L'ENVIRONNEMENT ET DE LA MAITRISE DE L'ÉNERGIE.

Richard Peyrat & Associés

Une préoccupation quotidienne

Nos Oreilles ne sont pas des poubelles à décibels!
Ademe
36 15 BRUIT
Le bruit, soyons plus à en faire moins.

Grenade

Le bruit, déchet de l'activité humaine

Voilà ce qu'on lui dit nous, à la pollution.
RATP
LA MEILLEURE FAÇON D'AVANCER

Euro RSCG BETC

L'environnement, une préoccupation croissante

Sauvons l'air!

Nous avons absolument besoin d'air pour vivre. Moins il sera pollué, mieux nous vivrons. Cela, tous les pays l'ont compris. Maintenant, il faut continuer à agir.

Limitons la pollution

En France, le fuel, qui fait fonctionner de nombreuses usines, ne doit pas contenir plus d'une certaine quantité de soufre. En effet, lorsqu'il brûle, le soufre dégage des gaz très polluants. Les fumées doivent être lavées dans l'eau et de la chaux, avant d'être rejetées dans l'air. Les poussières contenues dans les fumées doivent aussi être filtrées. Les grosses usines ne sont pas les seules concernées par cette réglementation: les teintureries, les ateliers de menuiserie ou de réparation de voitures doivent respecter les mêmes obligations.

Depuis 1993, les constructeurs automobiles de l'Union européenne sont obligés d'équiper les voitures neuves d'un pot catalytique. Ces pots d'échappement purifient les gaz polluants. De plus, ces voitures roulent au super sans plomb, moins polluant que l'essence ordinaire ou le super. Le gasoil, qui fait avancer les voitures diesel, contient de moins en moins de soufre.

Unissons nos efforts

La pollution atteint tous les pays du monde. [...] Dans les pays pauvres, la principale préoccupation est que tout le monde ait à manger. Alors, tous les moyens sont bons pour rendre une terre cultivable ou une usine rentable. On brûle les forêts, on utilise le combustible le moins cher pour faire fonctionner les usines. Cela entraîne souvent une grave pollution.

C'est pourquoi les sept plus grosses compagnies d'électricité mondiales, dont Électricité de France (EDF), essaient de trouver des solutions pour aider ces pays à se développer tout en respectant leur environnement.

Surveillons l'atmosphère

Surveiller l'air, comme le fait Airparif, c'est en prendre soin. Aussi, en France, le ministère de l'Environnement prévoit d'étendre la surveillance de la qualité de l'air à toutes les villes de plus de 100 000 habitants, d'ici l'an 2000. Peu à peu, dans les journaux régionaux, les habitants des grandes villes pourront connaître la qualité de l'air qu'ils respirent grâce à un indice nommé Atmo. Cet indice, gradué de 1 à 10, est symbolisé par une girafe, bleue et souriante lorsque la qualité de l'air est bonne, rouge et en colère lorsque l'air est très pollué...

Pour mieux se rendre compte des évolutions du climat, l'Organisation météorologique mondiale a installé des stations de surveillance un peu partout dans le monde, y compris au milieu des océans. Les chercheurs étudient en particulier la couche d'ozone au-dessus de l'Antarctique. Dans l'espace, des satellites surveillent aussi le changement global du climat.

Okapi, N° 557

Les villes les plus polluées

(par ordre alphabétique)

Monde

Bangkok,
Bombay,
Los Angeles,
Mexico,
Pékin.

Europe

Athènes,
Cracovie,
Milan,
Rome.

France

Amiens,
Grenoble,
Marseille,
Montpellier,
Nantes,
Paris.

Okapi, N° 635

Les voitures électriques commencent peu à peu à faire leur apparition. Elles devraient permettre une réelle diminution de la pollution atmosphérique dans les villes... Mais leur prix d'achat reste très élevé.

15e Avenue

La technologie au secours de l'environnement

Suggestion, Ex. C: Have students work in small groups for a few minutes before discussing as a class. You may wish to ask each group to concentrate on one of the discussion topics.

C. Qu'est-ce que vous avez compris? Commentez les phrases extraites des textes sur l'environnement en vous référant aux informations que votre lecture vous a fournies. N'oubliez pas d'utiliser le vocabulaire que vous avez appris dans la **Fiche lexicale.**

1. «Les accidents liés au développement technologique ont provoqué en France une montée des inquiétudes concernant l'environnement...»
2. «... Les Français n'ont cependant pas tous encore le réflexe, à l'échelon individuel, de participer à cet effort [de protéger la nature].»
3. «La production annuelle de déchets des Français augmente au rythme de 2% par an. Elle représentait... 20 millions de tonnes en 1995 (450 kg par personne...).»
4. «L'eau est le produit de première nécessité qui a connu la plus forte hausse.»
5. «Les métiers liés à l'environnement devraient connaître un fort développement.»
6. «Moins il [l'air] sera pollué, mieux nous vivrons.»
7. «La pollution atteint tous les pays du monde.»
8. Les voitures électriques «devraient permettre une réelle diminution de la pollution atmosphérique dans les villes...»

Pour discuter

REPRISE

Les stratégies pour la discussion

1) question → statement → reaction

2) question → statement with example → reaction

D. Qu'est-ce que vous pouvez donner comme exemple? Choisissez un des points de vue possibles à l'égard de chaque sujet et donnez un exemple pour appuyer votre choix.

Ex. D:  **groups of 2**

Suggestion, Ex. D: After students have worked in pairs, bring the class together and turn each exercise item into a small discussion by having different groups contribute their examples.

1. En ce qui concerne l'environnement, les jeunes sont plus (moins) actifs que les adultes.
2. Les gens qui habitent à la campagne sont plus (moins) consciencieux que les citadins en ce qui concerne la protection de l'environnement.
3. Je suis très (Je ne suis pas très) consciencieux(se) en ce qui concerne le recyclage.
4. Certains pensent que les écologistes protègent la nature (flore et faune) aux dépens de l'homme.
5. Nous faisons assez (Nous ne faisons pas assez) pour protéger les espaces naturels.

Discutez!

E. Exemples d'actions. Pour chacun des problèmes mentionnés dans les articles sur l'environnement, proposez des actions individuelles ou collectives qui ont pour but de protéger l'environnement. Inspirez-vous des solutions proposées dans les textes sur l'environnement et ajoutez-en d'autres.

1. le problème des déchets nucléaires
2. la pollution produite par les voitures
3. les déchets ménagers
4. la pollution de l'eau
5. la protection des forêts
6. la protection des plantes et des animaux

F. Les déchets des humains. Lisez les articles suivants sur le recyclage et la pollution de la Méditerranée et discutez ensuite des questions à la page 233 en utilisant les stratégies de discussion (et en vous basant sur des exemples).

Comment recycle-t-on les ordures?

Bouteilles, cartons, boîtes de conserve: Les déchets ménagers sont de plus en plus nombreux. Chaque année, les Français en jettent 22 millions de tonnes. C'est 3 000 fois le poids de la tour Eiffel! Difficile de tout entasser. Heureusement, le recyclage leur donne une seconde vie.

En 2002, les décharges seront interdites. Depuis le vote de cette loi en 1991, les mairies doivent s'occuper des déchets de leur ville. Les plus performantes s'occupent de tous les emballages. Les habitants classent les ordures par «famille»: papier, plastique, verre... et le reste dans un sac. Ensuite, ils jettent les déchets dans des bennes ou des conteneurs différents. L'aluminium, lui, est récupéré par des sortes de machines à sous dans certains supermarchés: en y déposant sa canette de soda, on peut gagner un cadeau!

On compacte les déchets dans une presse

Les groupes de déchets sont apportés au centre de tri, où ils sont soigneusement vérifiés par des ouvriers. Car le moindre morceau de verre glissé dans une benne à papier risquerait de ruiner tous les efforts de recyclage. Même les sacs des «restes» peut être trié: de gros aimants attirent toutes les boîtes en acier, qui seront, elles aussi, recyclées.
Les déchets de la même famille (sauf le verre) sont alors compactés dans une grande presse. Ils en ressortent aplatis, sous forme d'un gros cube, plus facile à transporter jusqu'à l'usine spécialisée.

Le recyclage préserve la forêt

Pour fabriquer une tonne de papier, il faut 17 arbres, beaucoup d'eau et une grande quantité de pétrole. En recyclant le papier, on protège la forêt et on fait faire des économies d'énergie. Pour séparer les fibres de cellulose qui composent le papier, on le plonge dans des grands bacs d'eau et on le réduit en bouillie pour former une nouvelle pâte à papier. Elle est étalée, puis séchée, et redevient ainsi du papier... presque neuf. Grâce à ce moyen, les emballages en papier et en carton sont transformés en papier sanitaire, en carton ou en papier journal.
L'aluminium est le seul matériau à pouvoir ête réutilisé indéfiniment. Une canette de boisson vide, par exemple, est nettoyée puis broyée en tout petits morceaux. Le métal est ensuite chauffé dans un four où il fond rapidement. Il peut partir vers une entreprise de fonderie. Là, il deviendra un cadre de fenêtre, un aérosol ou... une nouvelle canette. [...]

Dans une autre usine, on s'occupe du verre. Les bouteilles sont lavées et concassées jusqu'à être réduites en une poudre qu'on appelle «calcin». Mélangé à du sable et du calcaire, le calcin est cuit à 1500° C. Ce mélange donne une pâte liquide que l'on verse dans un moule pour fabriquer une nouvelle bouteille de verre!

Un pull-over en plastique de bouteille d'eau

Le plastique est le matériau le plus étonnant à recycler. Celui des bouteilles de jus de fruits sert à fabriquer des talons de chaussures ou des murs antibruit. Les emballages de lessive sont transformés en flacons ou en tuyaux.
Mais le plus amusant, c'est le plastique des bouteilles d'eau minérale: 27 suffisent pour tricoter un pull-over! Les bouteilles sont d'abord nettoyées puis broyées. L'usine transforme alors la poudre en fibres qu'elle étire et file. Exactement comme la laine. Les fibres sont teintées et mises en bobine. Il ne reste plus qu'à tricoter! Les chasseurs et les pêcheurs adorent ces vêtements car ils ne gardent pas la pluie. Le recyclage sert à tout...

Céline Lison

Okapi, Hors Série 1998

Méditerranée:

Alerte à la pollution!

L'homme a toujours déversé ses déchets en mer. Mais aujourd'hui, nous rejetons de plus en plus de produits toxiques. La Méditerranée serait-elle une poubelle?

Ce que nous appelons le «tout-à-l'égout», c'est bien souvent le «tout-à-la-mer». Ainsi, les villes côtières déversent en Méditerranée, chaque jour, par les égouts, 25 millions de mètres cubes d'eaux usées, soit l'équivalent de 10 000 piscines!

Et il n'y a pas que les égouts: les fleuves apportent aussi leur dose de pollution venue de l'intérieur des terres; et certaines industries rejettent directement des produits chimiques en mer. Résultat: tous ces produits arrivent en masse dans les eaux côtières, justement là où se concentre la vie! [...]

Mer fermée, mer-poubelle

Et puis, surtout, il y a le pétrole. Saviez-vous que 20% du trafic mondial du pétrole passe par la Méditerranée? [...] La Méditerranée détient le record mondial de la pollution par «l'or noir». Quand les pétroliers n'ont pas de fuites accidentelles, ils nettoient souvent illégalement leurs cuves en mer.

Ajoutez le pétrole rejeté par les fleuves et les raffineries: on arrive à 650 000 tonnes de pétrole déversées chaque année en Méditerranée! Le gros problème, c'est que la Méditerranée concentre ces pollutions. Normal: c'est une mer fermée, et tout ce qu'on y met y reste!

[...]

Le saviez-vous?

- **Les nitrates et les phosphates ne sont pas toxiques. Mais, s'il y en a trop dans la mer, en été, les algues se développent en grande quantité: la décomposition de cette énorme masse de végétaux consomme alors la plus grande partie de l'oxygène dissous dans l'eau, et les animaux marins s'asphyxient.**
- **Les polluants sont aussi transportés par le vent et la pluie. Ainsi, le mistral répand sur toute la Méditerranée les fumées des usines de la vallée du Rhône et les gaz d'échappement des voitures. La moitié des métaux lourds qui polluent la Méditerranée arrive par les vents!**
- **Le vent peut même apporter en Méditerranée des éléments radioactifs: on a détecté en baie de Monaco des substances radioactives provenant de la centrale de Tchernobyl, accidentée en 1986.**
- **L'Espagne, la France et l'Italie déversent 70% à 80% des produits polluants en Méditerranée. Ce sont les trois pays qui ont le plus d'industries, et qui utilisent le plus d'engrais en Europe.**

Okapi, N° 519

L'importance du recyclage. Utilisez ce que vous avez appris dans le texte sur le recyclage pour discuter des questions suivantes.

1. D'abord, faites un résumé de la situation du recyclage en France. Où en est-on en ce qui concerne le recyclage systématique?
2. Quelles sont toutes les raisons que vous pouvez trouver pour justifier le recyclage systématique?
3. Qu'est-ce qui se passe dans le processus du recyclage? Utilisez une des «familles» de produits et décrivez ce qui arrive a ce produit du début à la fin. Par exemple, on achète une bouteille d'eau minérale au supermarché. La bouteille est en plastique. Qu'est-ce qui arrive une fois qu'on a vidé la bouteille?
4. Comparez l'évolution du recyclage aux États-Unis à la situation en France.

La Méditerranée. Avec vos propres mots, faites le résumé des problèmes de la Méditerranée. Pourquoi est-ce qu'il y a tant de problèmes de pollution? À votre avis, qu'est-ce qu'il faut faire pour sauver la Méditerranée?

***Do* À faire! (6-2) *on page 240 of the* Manuel de préparation.**

Fonction: Comment exprimer la certitude et le doute

SUGGESTED LESSON OUTLINE: Students assigned ***À faire! (6-2)*** have worked with the indicative and the subjunctive to express certitude and doubt, have studied the vocabulary dealing with unemployment, and have read the articles in the ***Dossier.*** Ex. VIII was not self-correcting.

In this class period, do ***Fonction*** (Ex. G), ***Témoignages*** (Ex. H, I), ***Dossier*** (Ex. J, K), and ***Discutez!*** (Ex. L, M). If you run short of time, you may wish to save Ex. M for the next day.

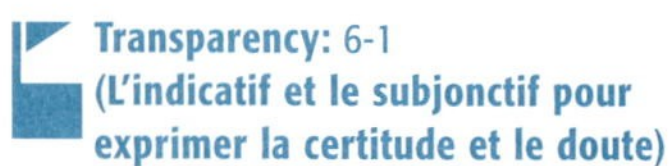

Transparency: 6-1 **(L'indicatif et le subjonctif pour exprimer la certitude et le doute)**

Suggestion, Reprise: Use the transparency as a quick review of the grammar, then do Ex. G. After students have worked in small groups, you may wish to do a quick verification by having students give their reactions to the whole class.

REPRISE

L'indicatif et le subjonctif pour exprimer la certitude et le doute

1. LA CERTITUDE (EXPRESSIONS DE CERTITUDE + INDICATIF)

il est certain que	être sûr(e) que
il est clair que	être certain(e) que
il est évident que	penser que (croire que)
il est sûr que	il est probable que
il est vrai que	

2. LE DOUTE (EXPRESSIONS DE DOUTE + SUBJONCTIF)

il est possible que	il est douteux que
il se peut que	il est impossible que
douter	ne pas penser (croire) que
ne pas être sûr(e) que	ne pas être évident que
être sûr(e) (certain[e]) que?	être évident que?
penser (croire) que?	

Ex. G: groups of 3 or 4

G. Thomas l'incrédule. *(Doubting Thomas.)* Les personnes dans votre groupe ne sont jamais sûres de rien! Pour chaque affirmation, montrez votre incrédulité en utilisant une expression de doute. N'oubliez pas le subjonctif et ajoutez un exemple ou un commentaire supplémentaire pour soutenir votre point de vue. Évidemment, si vous êtes sûr(e) de quelque chose, utilisez l'indicatif.

MODÈLE: Je suis sûr(e) que l'alcool est mauvais pour la santé.
—*Eh bien, moi, je ne trouve pas que l'alcool soit mauvais pour la santé. Par exemple, ma grand-mère boit un verre de vin chaque jour et elle a déjà 95 ans.*
—*Je pense que tu as raison. Il n'est pas du tout évident que l'alcool soit mauvais pour la santé. Surtout si on en boit avec modération.*

1. Nous trouvons que les policiers sont assez payés pour le travail qu'ils font.
2. Je pense que les Américains sont plus matérialistes que les Européens.
3. À mon avis, il y a assez de logements à loyer modéré aux États-Unis.
4. Je pense que l'anglais va un jour dominer l'Europe.
5. Il trouve que le gouvernement fait assez pour aider les pauvres.
6. Elle est sûre que la pollution va nous tuer.
7. Nous pensons que les guerres sont inévitables.
8. Je suis certain(e) que les jeunes n'ont plus de respect pour les traditions.

Témoignages

«À votre avis, quels sont les problèmes sociaux les plus graves de notre époque?»

«Comme vous allez entendre, nos témoins sont sûrs d'une chose: un des problèmes les plus graves de notre époque est le chômage. Et, comme vous pouvez l'imaginer, les conséquences du chômage touchent tous les aspects de la vie. Plus particulièrement, c'est le chômage qui accélère le phénomène des sans-abri et augmente le nombre d'exclus de la société. Et le pire, c'est que les solutions ne sont pas évidentes. Comment notre société va-t-elle assumer ses responsabilités devant l'énorme vague de personnes pour qui les rues sont devenues la seule option?

Écoutez maintenant les points de vue de quelques Français et francophones au sujet du chômage.»

Écoutez!

H. Pré-écoute: À vous d'abord! Avec vos camarades, faites une liste des conséquences possibles du chômage sur les étudiants comme vous. Par exemple, est-ce que le souci de travailler vous influence dans le choix de votre spécialisation? Est-ce que vous êtes obligés de travailler pour payer vos frais d'inscription? Est-ce que vous pensez poursuivre vos études supérieures parce que vous avez peur de ne pas trouver de job? Est-ce que la peur du chômage a une influence sur vos attitudes et vos valeurs? Dans votre discussion, soutenez vos constatations avec des exemples.

Ex. H:  **groups of 3 or 4**

Follow-up, Ex. H: Once students have worked in small groups, you may wish to bring the students together and make a class list of the effects that the fear of unemployment can have on students' outlook.

Audio CD:
SEGMENT 6–2
CD 4, TRACK 5

I. Écoutez: Les témoins vous parlent. Écoutez ce que les témoins vous disent au sujet du chômage et faites une liste des conséquences du chômage qu'ils mentionnent.

FLORENCE BOISSE-KILGO Carpentras, France

«La question sociale la plus saillante serait le fossé entre les plus riches et les plus pauvres... »

VOCABULAIRE UTILE: saillante *(salient, striking)*, **le fossé** *(gap)*

Selon Florence, qu'est-ce qui est à la base du crime, de la drogue et de la délinquance?

Réponse: *Florence Boisse-Kilgo:* Le fossé entre les plus riches et les plus pauvres.

ROBIN CÔTÉ Rimouski, Québec

«Il y a un taux de chômage trop élevé, donc il faut essayer de régler le problème de l'emploi.»

VOCABULAIRE UTILE: niveau *(level)*, **taux de chômage** *(unemployment rate)*, **élevé** *(high)*, **régler** *(take care of)*, **dette** *(debt)*, **façon de vivre** *(lifestyle)*, **vivent** *(live)*, **au-dessus** *(above)*, **moyens** *(means)*, **l'assurance santé** *(health insurance)*, **est remis en question** *(is put into question)*

Selon Robin, quels sont les deux problèmes principaux au Canada? Que veulent les Canadiens? Qu'est-ce qu'ils ne sont pas prêt à faire? Quel en est le résultat?

Réponses: *Robin Côté:* Le taux de chômage et la dette nationale. Ils veulent beaucoup de services. Ils ne sont pas prêts à payer pour les services qu'ils reçoivent. La dette nationale augmente et les services comme l'assurance santé sont remis en question.

SOPHIE EVERAERT Bruxelles, Belgique

«Même avec un diplôme universitaire, ça prend assez longtemps pour trouver du travail.»

VOCABULAIRE UTILE: incroyable *(unbelievable)*, **ceux** *(those)*, **s'ouvre** *(opens up)*, **se présentent** *(apply)*, **je ne recommanderais pas** *(I wouldn't recommend)*

Est-ce qu'il est facile de trouver un emploi avec un diplôme universitaire? Combien de personnes posent leur candidature quand une place s'ouvre? Que font les employeurs que Sophie ne recommande pas? À votre avis, quelles sortes de questions les employeurs posent-ils aux candidats?

Réponses: *Sophie Everaert:* Non, ça prend assez longtemps pour trouver un travail. Il y a 150 personnes qui se présentent quand une place s'ouvre. Ils demandent aux candidats de passer des tests psychologiques. Dans les tests psychologiques ils posent des questions très personnelles.

Suggestion, Ex. I: Rather than answer questions for each segment, students are asked to listen to all the témoins and simply make a list of the effects of unemployment that are mentioned (i.e., **la criminalité, la drogue, la délinquance, la dette nationale, l'assurance santé est remise en question, la compétition pour l'emploi est incroyable, les jeunes commencent des études supérieures même si ça ne les intéresse pas, beaucoup de jeunes continuent à vivre avec leurs parents, des gens très qualifiés acceptent des emplois qui sont au-dessous de leurs qualifications et à des salaires bas**).

DELPHINE CHARTIER Toulouse, France

«Quel que soit l'âge des Français, ils sont tous préoccupés par le chômage.»

VOCABULAIRE UTILE: quel que soit *(whatever)*, **un effet pervers** *(here: unfortunate)*, **doués** *(talented)*, **reculer** *(to put off)*, **il faudra chercher** *(will have to find)*, **quelles que soient** *(whatever)*, **faibles** *(low)*, **une allocation logement** *(housing allowance)*, **les droits d'inscription** *(tuition)*, **s'inscrire** *(to enroll)*, **les frais de scolarité** *(tuition)*, **des petits boulots** *(small jobs)*, **sous le toit familial** *(at home)*, **est inquiet** *(is worried)*, **en se disant** *(saying to themselves)*, **pourvu que** *(as long as)*, **licencié** *(let go, fired)*, **me remplacer** *(to replace me)*, **de longue durée** *(extended)*, **non renouvelables** *(non-renewable)*, **une demi-douzaine** *(half a dozen)*

Selon Delphine, qui est particulièrement touché par le chômage? Pourquoi est-ce qu'ils font souvent des études supérieures? S'ils n'ont pas beaucoup d'argent, que fait l'État pour les étudiants? Combien paient les étudiants français pour s'inscrire dans une université? Que font les étudiants pour gagner un peu plus d'argent? Que font certains étudiants s'ils n'ont pas de logement? Est-ce que les jeunes sont les seuls à être touchés par le chômage? Que font les personnes plus âgées si elles ne trouvent pas d'emploi après avoir été licenciées?

Réponses: *Delphine Chartier:* Les jeunes sont particulièrement touchés par le chômage. Pour reculer le moment où il faudra chercher un emploi, l'État leur accorde une allocation logement. Ils paient 200 dollars. Ils font des petits boulots: ils font du baby-sitting, ils distribuent des journaux, ils sont serveurs dans des restaurants. Ils continuent à habiter chez leurs parents. Non, le chômage touche tous les âges de la population; tout le monde est inquiet. Ils acceptent des emplois qui sont au-dessous de leurs qualifications et au-dessous du salaire qu'ils avaient précédemment.

If you would like to listen again to the ***Témoignages,*** you can work with this listening material on your own, using SEGMENT 6–2 of the **Audio CD** and Ex. XI in the **Manuel de préparation.**

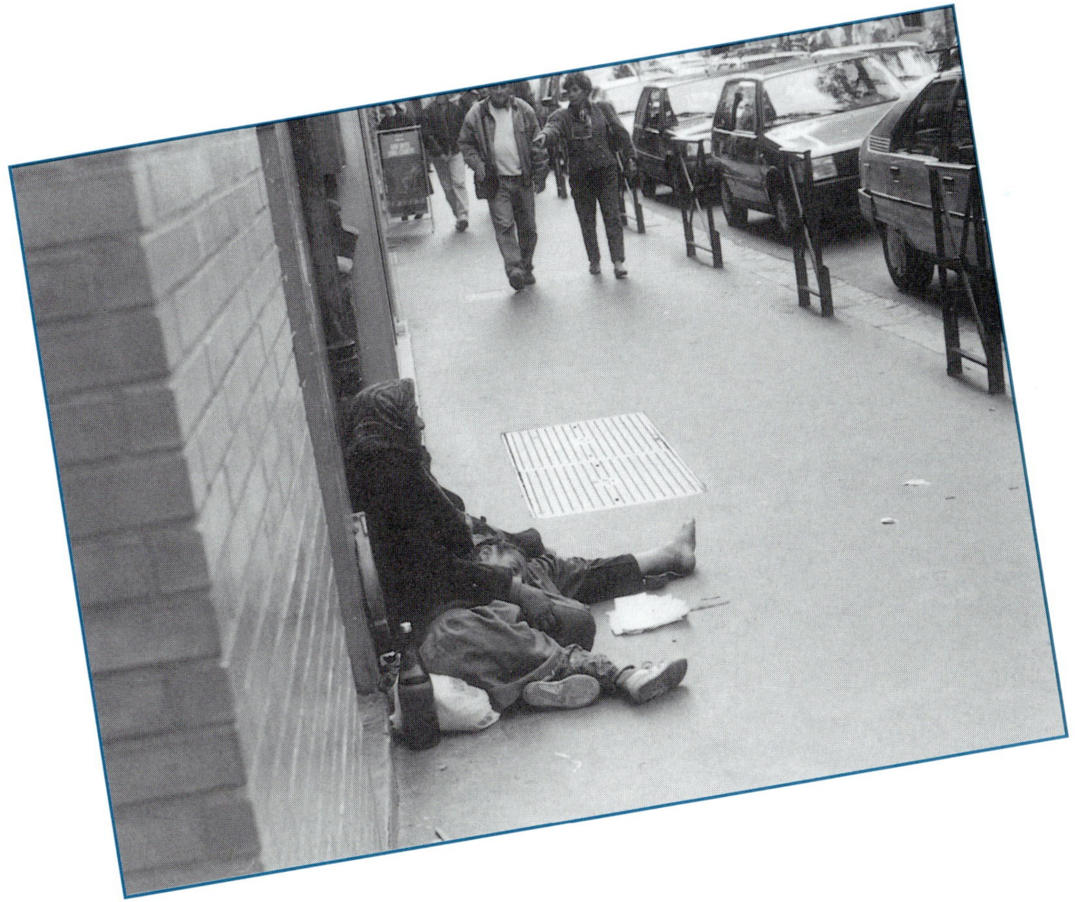

Dossier: Le chômage

La France à la traîne

Taux de chômage dans les pays de l'Union européenne, aux États-Unis et au Japon (mars 1998, en % de la population active):

Luxembourg	2,3
Japon	3,8
Autriche	4,4
Pays-Bas	4,6
États-Unis	4,7
Danemark	4,9
Royaume-Uni	6,5
Portugal	6,6
Suède	8,7
Belgique	9,0
Irlande	9,5
Allemagne	10,0
Italie	12,0
FRANCE	12,1
Grèce	12,5
Finlande	12,9
Espagne	19,5

* Taux standardisés.

Eurostat, OCDE

Les femmes sont davantage concernées que les hommes.

14% des femmes actives étaient au chômage en mars 1998, contre 10% des hommes. Dans toutes les tranches d'âge, les femmes sont plus souvent sans emploi: 30% contre 22% chez les 15–24 ans: 13% contre 9% parmi les 25–49 ans. L'écart est beaucoup moins marqué à partir de 50 ans (9% contre 8%). On observe une tendance à sa réduction en période d'accroissement du chômage et au contraire à son accroissement en période de diminution.

La durée moyenne de chômage est également un peu plus longue pour les femmes que pour les hommes: 16,4 mois contre 15,5 mois. 42% d'entre elles étaient sans emploi depuis plus d'un an en mars 1998, contre 40% des hommes. L'écart se vérifie à tous les âges.

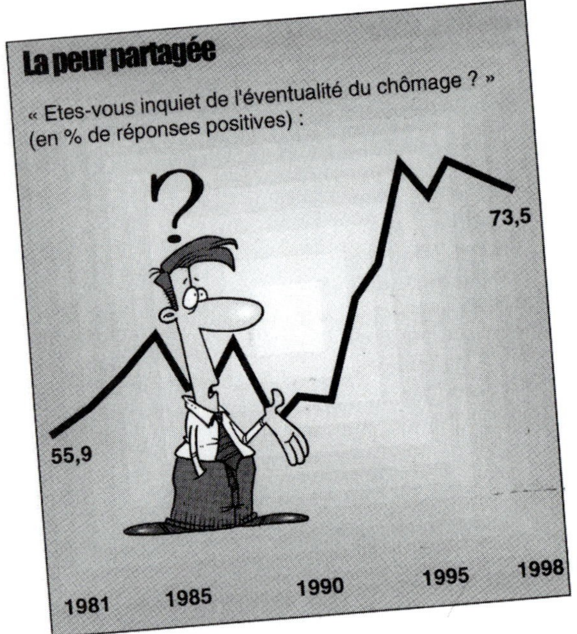

CREDOC

80% des salariés du privé ont une bonne opinion de leur patron. Ils sont plus de 80% à le qualifier de travailleur, compétent, courageux, énergique, gestionnaire, honnête, 70% à le trouver visionnaire et autoritaire. 52% le trouvent distant.

Pour faire baisser le chômage, 46% des Français estiment qu'il vaut mieux réduire les charges des entreprises, 36% qu'il faut diminuer le temps de travail, 13% les deux.

36% des Français pensent que par rapport aux emplois qui leur sont proposeés, les jeunes ne sont pas assez qualifiés, 30% qu'ils sont trop qualifiés, 29% qu'ils sont suffisamment qualifiés.

Le stress du chômage

Contrairement à ce que l'on pourrait croire, le stress induit par l'activité professionnelle engendre moins de difficultés psychologiques que l'inactivité. La consommation de médicaments psychotropes des hommes qui sont au chômage est ainsi trois fois plus élevée que celle des hommes actifs occupés; elle augmente d'un tiers chez les femmes. Les femmes au foyer sont également plus concernées que les femmes actives, même lorsque celles-ci sont au chômage.

Sexe, âge et chômage

Évolution du taux de chômage par sexe et par âge (en % de la population de 15 ans et plus):

	1975		1998	
	Hommes	**Femmes**	**Hommes**	**Femmes**
• 15–24 ans	6,7	10,1	21,9	30,0
• 25–49 ans	2,0	4,5	9,5	13,3
• 50 ans et plus	2,1	5,4	7,8	9,2
Ensemble	**2,7**	**5,4**	**10,2**	**13,8**

INSEE

En France, la moitié des jeunes sont entrés sur le marché du travail à 22 ans, contre 20 ans en moyenne dans les pays de l'Union européenne (16 ans au Danemark, 17 ans au Royaume-Uni, 19 ans en Allemagne, 21 ans en Italie et en Espagne.

♦ Courrier des lecteurs ♦

Nous sommes tous responsables du chômage. La remarque la plus pertinente est émise par M. Longuet, qui exprime une réflexion élémentaire mais combien réaliste: «Le consommateur ne peut pas à la fois prendre sa retraite à 60 ans, exiger cinq semaines de congés, être indemnisé en cas de chômage et acheter des voitures japonaises ou des costumes fabriqués en Chine.» [...] Réfléchissons très sérieusement à cette plaie qui risque de nous emporter et, par pitié, n'accusons pas Pierre, Paul ou Jacques, mais admettons que notre égoïsme individuel et collectif est le principal responsable de la situation.

P. Blondeau, *Marseille.*

Quel est donc ce pays où, pour créer des emplois, certains suggèrent de réinventer les domestiques, de supprimer les charges sociales (pour les nouvelles embauches), de renvoyer les femmes au foyer, de baisser le smic, de diminuer les impôts pour les hauts revenus, de travailler la nuit et le dimanche? Est-ce cela, le progrès?

Yves Junet, *Saint-Priest.*

D'office, pour l'entrepreneur français, les Caddie-boys deviennent une question de coût supplémentaire nécessairement répercuté sur le prix à la consommation. Or, aux États-Unis, les Caddie-boys sont chose courante et n'ont aucun effet inflationniste sur les prix. Le consommateur ne choisit tout simplement pas le supermarché n'offrant pas cette facilité. Le service global est considéré comme un dû et fait partie du jeu concurrentiel de l'entreprise américaine. [...] En général, le concept de service échappe complètement aux entreprises françaises. Elles ont trop tendance à confondre leur niveau de profit avec leur survie. [...] Effectivement, les «hard discounters» allemands vont s'implanter avec leurs magasins spartiates et leurs prix planchers... et certainement avec leurs Caddie-boys ou bien d'autres services élémentaires. [...]

Christopher O'Brien, *Paris.*

Je me range parmi les 83% de Français qui souhaitent la mise à la retraite anticipée des salariés les plus âgés pour permettre d'embaucher des jeunes à leur place. Toutefois, la seule solution juste consisterait à laisser partir à la retraite uniquement ceux qui ont totalisé 37,5 ans de cotisations, même s'ils ont moins de 60 ans.

Jean-Claude Cayzeele, *Malakoff.*

J. Comment résoudre le problème du chômage Imaginez d'abord les questions qui ont été posées par le journaliste pour le *Courrier des lecteurs* à ces quatre personnes. Ensuite, dites quelles sont les réponses de ces lecteurs au problème du chômage: qui est responsable du chômage, quelles solutions sont proposées, quelles solutions sont rejetées.

Partage du travail ?

Les avis sont partagés

Trois millions de chômeurs en 93. Angoisse des Français, panique des politiques, perplexité des économistes. Des solutions miracles, il n'y en a pas. Les spécialistes eux-mêmes naviguent à vue et proposent des remèdes parfois contradictoires. Travailler moins, pourquoi pas? Mais à quel prix? Partager le travail comme un camembert pour que chacun y trouve sa part? L'idée est belle, généreuse et peut-être utopique. Et pas vraiment efficace. Les entreprises qui ont réduit horaires et salaires n'ont pas toujours créé de nouveaux emplois. Quant aux salariés, les uns y trouvent leur compte, d'autres pas.

«Partage du travail?», de Dominique Louise Pélegrin, paru dans *Télérama* n° 2255, p. 62

Modes d'emplois partiels

Christine, 36 ans: «13 jours de travail par mois pour le même salaire.»

Alors que la plupart des entreprises d'informatique sont en difficulté, chez Hewlett Packard, à Grenoble, on «partage le travail». Et on embauche! Il y a six mois, pourtant, personne ne pavoisait. Pour les 250 personnes d'atelier où l'on répare du matériel de très haute technologie, le couperet est passé très près: au siège mondial de la multinationale américaine, on envisageait purement et simplement de transférer l'unité française à Singapour, pour augmenter sa productivité à moindre coût.

À Grenoble, il fallait trouver très vite une solution pour éviter la catastrophe. Pour produire plus et moins cher, il faut faire tourner les machines jour et nuit, sept jours sur sept, donc réorganiser le travail, jusqu'alors réparti entre une équipe du matin et une de l'après-midi. Après des semaines de discussions, négociations, un accord est finalement voté en janvier dernier.

Les deux équipes déjà existantes travaillent désormais 8 h 30 par jour, quatre jours par semaine, plus deux samedis par mois, soit 34 heures hebdomadaires, payées sur la base de 37 h 30. Trois équipes nouvelles, constituées de volontaires et de nouveaux embauchés, assurent les nuits, les dimanches et deux jours par semaine, soit 27 heures hebdomadaires, toujours payées sur la base de 37 h 30. L'originalité de ce plan est de remplacer les traditionnelles primes de nuit ou de week-end par une réduction substantielle du temps de travail.

Christine, 36 ans, célibataire, n'a pas hésité longtemps à se porter volontaire pour l'«équipe alternante». Après deux mois à ce nouveau régime, elle reconnaît qu'elle n'a pas vraiment trouvé le rythme, qu'elle ne dort pas beaucoup après une nuit de travail. *«Mais pour moi, c'est un progrès de travailler moins. Ce système m'offre une semaine libre par mois, que je peux organiser comme je veux. En fait, je ne travaille que treize jours par mois, pour le même salaire! Lundi, je pars faire du ski!»*

Marie-Jo, elle, a préféré rester dans son équipe d'après-midi. *«Mon mari a fait les trois huit pendant six ans: le rythme de nuit, ça ne réussit pas à tout le monde.»* Et puis, pour elle, les week-ends en famille sont sacrés. Elle a bien été obligée, pourtant, d'abandonner à l'entreprise deux samedis par mois. *«J'ai une journée libre par semaine, ça compense. Et puis on n'a pas le choix, on est déjà privilégiés de ne pas être obligés d'intégrer une équipe alternante. On ne peut pas avoir des avantages d'un côté sans inconvénients de l'autre...»*

Yves, 40 ans: «Laisser les pleins-temps aux plus jeunes.»

Il avait 40 ans, une belle maison, un salaire mirobolant. Sa carrière «fulgurante» l'avait propulsé à un poste important, dans une entreprise prestigieuse — et basée dans le sud de la France, ce qui assurait à sa famille une excellente qualité de vie. Quelle mouche a donc piqué Yves Vidal, brillant directeur des ressources humaines, pour qu'il renonce à grimper encore un échelon, à négocier un salaire encore plus somptueux dans une entreprise encore plus puissante, à travailler encore plus pour être encore plus performant? L'ennui. La perspective de vivre à Paris. La sensation de ne pas très bien connaître ses enfants. L'envie d'inventer autre chose, et de vivre autrement.

Alors, Yves Vidal a demandé un mi-temps, qu'on a eu l'intelligence de lui accorder, malgré l'incongruité d'une telle situation pour un cadre supérieur. Il a pris son bâton de pèlerin, pour démarcher des petites entreprises de 50 à 70 salariés qui n'ont ni les moyens ni le besoin de s'offrir à temps plein les services d'un cadre de si haut niveau. Yves Vidal leur a proposé ses compétences à temps partiel: un jour par semaine ici, un jour et demi par là. Le résultat fut concluant. Ses multiples employeurs ont rapidement mesuré le bénéfice de leur investissement dans un homme expérimenté; sa famille a apprécié son emploi du temps plus lâche et mieux géré.

Bientôt, sa région tout entière a entendu parler de l'expérience, peu ordinaire. De conférences en séminaires, Yves Vidal défend son «concept de cadre à temps partagé». Il fait des adeptes et écrit même un mode d'emploi (1). Heureux, il répète son credo à qui veut l'entendre: *«Laisser les postes à temps plein aux plus jeunes; prendre le temps de vivre; créer des ponts entre grosses et moyennes entreprises; dispenser nos compétences et notre expérience, c'est une manière de réguler l'emploi des cadres. Le temps partagé contribue à partager le travail.»*

(1) *Cadres à temps partagé, l'optimisation du temps et des compétences,* ESF Éditeur.

Jacques, 58 ans: «Parce que ma femme gagne sa vie.»

Jacques Leheurteur, 58 ans, est employé du groupe GMF. Il est l'unique homme de sa société a avoir choisi, depuis six ans, de travailler à temps partiel. *«J'avais de l'argent de côté; ma femme, brodeuse en haute couture, n'avait pas la possibilité de travailler moins. Nos deux filles étaient encore petites, j'ai pris du temps pour elles.»* Dans la petite agence où il travaille, les jours chômés de Jacques Leheurteur sont des jours pénibles pour ses collègues à plein temps: aucun poste n'a été créé pour compenser son absence.

Pourtant, Bruno Seydoux, directeur des ressources humaines du groupe GMF, estime «grosso modo» qu'une centaine d'emplois ont été créés depuis dix ans pour absorber le travail des 400 personnes (soient 10% des salariés) à temps partiel. *«Lorsque nous avons mis cette formule en place,* explique-t-il, *c'était une idée nouvelle, fort peu courante dans les entreprises; un progrès social, pour faciliter la vie des nombreuses mères de familles que nous employons.»* La formule s'est révélée avantageuse: un salarié heureux dans sa vie quotidienne travaille mieux; il est moins souvent absent, plus motivé. Et puis... *«plus il y a de salariés, plus il y a de vendeurs potentiels: notre clientèle se recrute aussi chez les familles, les voisins, les amis»*...

Aujourd'hui, au groupe GMF comme ailleurs, le travail à temps partiel est surtout devenu une mesure de crise, un moyen de régler les problèmes de sureffectif... Il n'est jamais imposé, mais vivement encouragé: on promet notamment aux éventuels volontaires qu'ils seront les derniers sur la liste en cas de licenciements économiques.

«Si j'avais eu 40 ans, je n'aurais jamais fait ce choix, explique Jacques Leheurteur. *J'ai mis plus de cinq ans à obtenir une promotion — les pleins-temps étaient toujours prioritaires, ce qui n'est plus le cas aujourd'hui. En fait, j'ai simplement organisé et financé moi-même une sorte de préretraite; j'ai pu le faire parce que ma femme gagne sa vie. Autrement, avec un petit salaire comme le mien, c'est ingérable: «partager le travail» de cette façon, c'est une vue de l'esprit.»* •

V.P.

«Modes d'emplois partiels», de Valérie Péronnet, paru dans *Télérama* n° 2255, pp. 65–66

K. Est-ce que vous avez compris? Répondez aux questions suivantes selon ce que vous avez appris des articles sur le chômage.

1. Selon les statistiques, quelle est la situation de la France par comparaison à d'autres pays en ce qui concerne le chômage?
2. Quelle est la situation des femmes vis-à-vis des hommes en ce qui concerne le chômage? Et la comparaison entre les jeunes de 15 à 24 ans et les autres? À votre avis, comment s'expliquent les différences entre les différents groupes de la population?
3. Quelles sont quelques solutions proposées au problème du chômage? Lesquelles vous semblent les plus logiques?
4. Quelle est l'attitude de Christine en ce qui concerne les emplois partiels? Qu'en pense Yves? Et Jacques? Quelles raisons donnent ces personnes pour soutenir leurs points de vue?

Ex. K: groups of 3 or 4

Follow-up, Ex. K: Once each group has answered the questions, you can combine two groups and have them share (verify) the answers with their classmates.

Sexe, profession et chômage

Taux de chômage selon la catégorie socio-professionnelle et le sexe en 1997 (en % de la population de chaque catégorie):

	Hommes	Femmes	Ensemble
• Agriculteurs exploitants	0,7	0,2	0,5
• Artisans, commerçants, chefs d'entreprise	4,9	4,4	4,7
• Cadres et professions intellectuelles supérieures	4,6	6,1	5,1
dont			
- *professions libérales*	*0,7*	*2,9*	*1,5*
- *cadres d'entreprise*	*5,6*	*8,5*	*6,3*
• Professions intermédiaires	6,4	7,7	7,0
• Employés	12,9	14,9	14,4
• Ouvriers	14,6	20,4	15,8
dont			
- *ouvriers qualifiés*	*10,7*	*18,3*	*11,6*
- *ouvriers non qualifiés*	*24,8*	*21,4*	*23,5*
- *ouvriers agricoles*	*17,0*	*23,9*	*18,8*
Total	**10,8**	**14,2**	**12,3**

INSEE

Les solutions au chômage

• 69% des Français sont favorables à l'embauche d'un grand nombre de salariés dans le secteur public (83% des sympathisants de gauche, 62% de ceux de droite), 29% plutôt opposés.
• 58% des Français sont favorables à une baisse importante de la durée du travail (71% des sympathisants de gauche, 45% de ceux de droite), 39% opposés.
• 53% des Français sont favorables à la poursuite des privatisations d'entreprises (34% des sympathisants de gauche, 75% de ceux de droite), 42% opposés.
• 33% des Français sont favorables à l'interdiction des licenciements économiques (38% des sympathisants de gauche, 28% de ceux de droite), 62% opposés.
• 33% des Français sont favorables à la suppression du SMIC pour favoriser l'embauche des jeunes (30% des sympathisants de gauche, 39% de ceux de droite), 64% opposés.

L'Expansion/Sofres, mars 1997

Discutez!

Ex. L: groups of 4

Suggestion, Ex. L: Either have each group talk about each of the topics or assign one topic to each group (if possible have two groups do the same topic). When the groups are finished, you can then either bring the students together for a class discussion or put two groups with the same topic together to compare their ideas.

L. Nos idées à nous. Avec vos camarades, discutez d'un ou plusieurs des sujets suivants. Donnez des exemples pour soutenir vos points de vue et utilisez les expressions de certitude (avec l'indicatif) et de doute (avec le subjonctif) si possible.

1. À votre avis, combien d'heures de travail par semaine sont raisonnables? Est-ce que la semaine de 40 heures aux États-Unis restera possible à l'avenir? Pourquoi (pas)?
2. Quel est le cercle vicieux dans lequel se trouvent les gens au chômage? À votre avis, qu'est-ce qu'il faut faire pour rompre ce cercle?
3. Que peuvent faire les jeunes d'aujourd'hui pour essayer d'assurer leur avenir?
4. À votre avis, quelles sont les meilleures solutions au chômage?

Ex. M: groups of 3

Suggestion, Ex. M: Have students read the text in groups of three and help each other re-create the portrait of each of the young people in the article. Then bring the class together and talk about what these young people have in common.

M. Vingt ans, sans domicile fixe. Lisez le texte à la page 243 et faites le portrait de chacune des jeunes personnes suivantes: Momo, Nedjma, Véronique, Gus.

VINGT ANS SANS DOMICILE FIXE

À Paris, des centaines de jeunes vivent cachés comme des rats. Ils ont vingt ans et la rue pour maison. Lili Réka et la photographe Francine Bajande les ont rencontrés dans les gares, les entrées d'immeubles et les caves. Ils racontent le désespoir.

Combien de jeunes issus de familles à problèmes se retrouvent à la rue avant vingt ans? «Mon père n'a jamais eu un sou, ma mère buvait, et c'est toujours moi qui prenais!» s'exclame Franck avec haine. Il a été viré à quatorze ans. «Mon père est mort, j'avais dix-huit ans, mes frères m'ont jeté, explique Momo. J'avais fait des bêtises. Avec mon CAP (Certificat d'Aptitude Professionnelle) d'ajusteur, mes boulots ne me plaisaient pas. J'avais la haine, j'ai plongé dans l'alcool, et je me suis retrouvé dans la rue. J'étais jeune, j'avais besoin d'aide, et la seule chance que mes frères m'ont donnée, c'est de mourir dans un caniveau.»

Pour Nedjma, dix-sept ans, la route était toute tracée. La petite voleuse toxico-alcoolo au visage d'ange, qui zone dans les squats avec les zoulous des Halles, n'a fait que suivre les traditions familiales. «Mon père boit, mes sœurs sont défoncées, mon frère est en prison, il a descendu mon beau-frère. En foyer de la DDASS (Direction départementale de l'action sanitaire et sociale) à partir de huit ans, en famille d'accueil ou chez mes sœurs, je n'ai jamais arrêté de cogner ou de fuguer. Je suis une galérienne qui vit dans la rue. Je ne sais que voler.»

Véronique, vingt ans, n'a connu que la vie en institution. «J'ai été confiée à la DDASS à trois ans. L'an dernier, j'ai raté mon CAP de boulangère, alors je suis montée à Paris pour changer de vie. Et je me retrouve dans un foyer d'urgence pour deux nuits. En institution, comme toujours: je n'ai rien, ni famille, ni boulot, ni argent, ni logis.»

Gus, vingt-cinq ans, lui non plus n'a pas eu de chance. Un père malade, une mère chômeuse, une scolarité qui plafonne au niveau cinquième, et l'espoir qu'en quittant sa banlieue tout ira mieux. Mais Gus vit dans un squat à Pigalle. Une bougie, un matelas, pas d'eau ni de chauffage. Pourquoi? Parce que quand on gagne le SMIC dans une pizzeria, il est impossible de se loger dans la ville où les loyers flambent depuis dix ans. «Avec mes économies, j'ai pu tenir deux mois à l'hôtel, explique Gus. Maintenant avec mon seul salaire, je ne peux plus. Vraiment. Je travaille comme un con, et ça me sert à quoi? De toute façon, je vis comme un chien.»

Georges-André, chauffeur intérimaire, Anita, secrétaire volante, Tony, garçon de café extra, et Diego, le coursier endetté, ont tous le même problème, une scolarité perturbée et des revenus insuffisants ou encore irréguliers qui ne leur permettent ni de louer un appartement ni de se payer l'hôtel.

Marie Claire, avril 1991, pp. 82, 87

Suggestion, MP, À faire! (6-3): Ex. XV in the **MP** is intended as preparation for the next class period. Remind students to bring it to class so that they can use it to do Ex. N. If some students forget to do so, however, this will not prevent them from taking an active part in the discussion.

***Do* À faire! (6-3) *on page 245 of the* Manuel de préparation.**

Pour discuter

SUGGESTED LESSON OUTLINE: Students assigned ***À faire! (6-3)*** have optionally done a follow-up to the ***Témoignages,*** have done an additional listening exercise, (**Audio CD:** SEGMENT 6-3) have done a follow-up exercise on expressing certainty and doubt and have learned two more patterns for discussion. Ex. XIII and XIV were not self-correcting.

In this class period, do ***Pour discuter*** (Ex. N [use MP, Ex. XV as the basis], O, P).

Les stratégies pour la discussion

1) **question** → **statement with example** → **reaction with counter-example**

2) **statement with question** → **statement with example** → **reaction with counter-example**

Ex. N: ⇄ **groups of 3 or 4**

Suggestion, Ex. N: Emphasize the use of examples in the discussion. You might also reiterate that the discussion patterns are not fixed and that the various elements can be alternated in any way that seems appropriate. For example, a discussion could start with a reversal of the "statement-question" format (i.e., question-statement): **Est-ce que tu comprends cette histoire de dette nationale? Pour moi, c'est un mystère. Je comprends le principe de base, mais je ne vois pas très bien comment tout ça a des effets sur notre vie quotidienne.** Students should also realize that they can make more than one statement in a row, ask more than one question, or give more than one example before an answer is elicited.

N. Que peut-on faire? Employez les stratégies pour la discussion que vous avez apprises pour discuter du problème du chômage. Utilisez les idées que vous avez développées dans l'Exercice XV du **Manuel de préparation.** N'oubliez pas que vous avez maintenant à votre disposition plusieurs stratégies pour enrichir la discussion: **constatations et questions, réponses avec exemples, réactions avec exemples.**

O. Forum sur Internet. Maintenant que vous avez eu votre discussion sur le chômage, votre groupe décide de participer à un forum sur Internet avec des personnes de langue française. La question générale posée aux participants est la suivante: «Pouvez-vous proposer des solutions à un aspect du problème du chômage?»

Pour préparer votre réponse, décidez entre vous...

1. l'aspect du chômage que vous allez présenter.
2. quels exemples illustrent cet aspect du problème.
3. quelles sont deux ou trois solutions qui semblent raisonnables pour remédier au problème que vous avez identifié.

P. Forum sur Internet (suite). En groupe ou individuellement, rédigez la réponse que vous allez envoyer au forum.

***Do* À faire! (6-4) *on page 250 of the* Manuel de préparation.**

Dossier: La criminalité et la violence

JACQUELINE LAFFONT

« Comme vous allez le voir dans les articles suivants, la criminalité et la violence touchent tout le monde d'une façon ou d'une autre. Le pire c'est qu'il y a très peu de solutions qui soient efficaces. Faut-il mettre plus de policiers dans la rue (ce qui donne un peu l'impression d'une occupation militaire)? Est-ce qu'il faut construire davantage de prisons? Vaut-il mieux juger les jeunes délinquants comme des adultes? Est-ce qu'il est préférable de légaliser la drogue, comme en Hollande? Ne vaut-il pas mieux s'attaquer aux causes du crime et de la violence (la prévention)? Qui sait? Mais une chose est sûre: il faut absolument que nous nous renseignions et que nous soyons conscients de ce qui se passe autour de nous. Est-il vraiment prudent de s'armer sous prétexte de se défendre contre les criminels potentiels? Comment protéger les droits des victimes aussi bien que ceux des accusés? Tous les points de vue s'expriment quand on se lance dans de telles discussions. Les controverses abondent mais, malheureusement, ne présentent que très peu de solutions. »

SUGGESTED LESSON OUTLINE: Students assigned ***À faire! (6-4)*** have worked with the subjunctive following expressions of necessity, volition, and emotion, have learned to use the past subjunctive with expressions of emotion, have learned vocabulary dealing with crime and violence, and have completed a comprehension exercise on the ***Dossier*** on crime and violence. All exercises were self-correcting.

In this class period, do ***Dossier*** (Ex. Q, R, S, T) and ***Fonction*** (Ex. U).

Dossier: To preserve the authenticity of the readings, no margin glosses have been included. Students have already studied a ***Fiche lexicale*** that includes many of the expressions in the readings.

Le nombre des délits a baissé depuis 1995

Pour la première fois en six ans, on avait assisté en 1995 à une diminution (6,5%) du nombre de crimes et délits constatés par les services de police et de gendarmerie. Cette baisse a été confirmée en 1996, avec 3 559 617 constats (–2,9%), soit 61 pour mille habitants.

Cette baisse a été d'abord sensible dans le domaine des infractions économiques et financières (-12,9%), devant les vols (–2,9%). Les crimes et délits contre les personnes ont en revanche augmenté de 3,6% et les autres infractions (dont les stupéfiants) de 0,4%.

10 000 délits par jour

Évolution de la criminalité et de la délinquance (en nombre de délits) :

	1950	1960	1970	1980	1990	1995	1996
• Vols (y compris recels)	187 496	345 945	690 899	1 624 547	2 305 600	2 400 644	2 331 000
• Infractions économiques et financières	43 335	71 893	250 990	532 588	551 810	357 104	310 910
• Crimes et délits contre les personnes	58 356	53 272	77 192	102 195	134 352	191 180	198 155
• Autres infractions, dont stupéfiants	285 102	216 656	116 540	369 178	500 950	716 392	719 552
TOTAL	**574 289**	**687 766**	**1 135 621**	**2 627 508**	**3 492 712**	**3 665 320**	**3 559 617**
• Taux pour 1 000 habitants	13,73	15,05	22,37	48,90	67,18	63,17	61,10

Ministère de l'Intérieur

* La criminalité informatique constitue un danger préoccupant pour l'avenir de la société.

* Les crimes et délits contre les personnes augmentent.

* Les deux tiers des délits constatés aujourd'hui sont des vols.

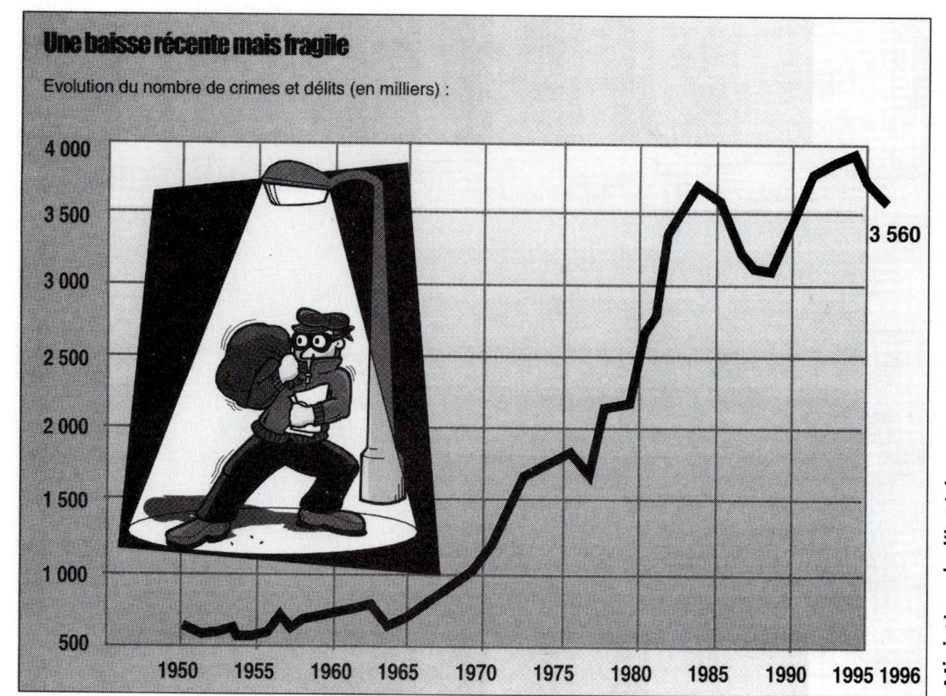

Ministère de l'intérieur

Plus de violence

Évolution du nombre de délits contre les personnes:

	1995	1996	Variation
• Homicides	1 336	1 171	– 12,3%
• Tentatives d'homicides	1 227	1 214	– 1,1%
• Coups et blessures volontaires	71 095	75 425	+ 6,1%
• Autres atteintes volontaires contre les personnes	51 700	52 765	+ 2,0%
• Atteintes aux mœurs	29 132	29 628	+ 1,7%
• Infractions contre la famille et l'enfant	36 690	37 952	+ 3,4%
TOTAL	**191 180**	**198 155**	**+ 3,6%**

Ministère de l'Intérieur

* 83% des crimes et délits sont commis dans les départements de plus de 500 000 habitants.

* Sur 100 vols de deux-roues à moteur, on compte 48 scooters, 40 cyclomoteurs, 12 motocyclettes.

* La délinquance reste un phénomène essentiellement masculin.

* La part des mineurs s'accroît de façon inquiétante.

* On compte deux fois plus de vols et de cambriolages à Paris qu'à New York, mais deux fois moins d'agressions et de meurtres.

Moins de vols

Évolution du nombre des vols:

	1995	1996	Variation
• Vols à main armée	9 147	9 428	+ 3,1%
• Autres vols avec violence	65 400	70 031	+ 7,1%
• Vols avec entrée par ruse	17 005	16 012	- 5,8%
• Cambriolages	433 266	436 414	+ 0,7%
• Vols liés à l'automobile et aux deux roues à moteur	1 198 555	1 148 722	- 4,2%
• Autres vols simples au préjudice de particuliers	496 862	469 158	- 4,1%
• Autres vols simples (étalage, chantiers...)	137 710	146 911	- 2,7%
• Recels	42 669	34 324	- 6,5%
Total des vols	**2 400 644**	**2 331 000**	**- 2,9%**

Ministère de l'intérieur

Violence et insécurité

Les nouvelles préoccupations de la France

Le président Jacques Chirac, comme le Premier ministre Lionel Jospin, ont fait de la lutte contre l'insécurité une des grandes priorités [...]. Depuis un an, en effet, malgré des mesures visant à une plus grande rigueur dans le traitement des actes d'agression ou d'incivilité, la délinquance et les violences urbaines n'ont guère cédé le pas. Les Français, de leur côté, «souhaitent une plus grande fermeté des pouvoirs publics» en matière de sécurité, selon un récent rapport de l'Institut des hautes études de la sécurité intérieure (IHESI). Les Français donnent de plus en plus la «priorité à la répression», demandant en outre «plus de sévérité pour les délinquants avérés et moins de prison pour les petits délinquants». [...]

Dans les grandes villes françaises, les chauffeurs de bus, cette année encore, ont été victimes d'agressions. Et les scènes de pillage lors de manifestations lycéennes à Paris ont confirmé que la violence urbaine n'est plus confinée aux quartiers «chauds». Ce dernier point a été jugé préoccupant par le président Jacques Chirac, qui a insisté sur le fait que «la violence ne touchait plus seulement les quartiers sensibles, mais de plus en plus de villes et de régions rurales».

La région parisienne, en particulier, est de plus en plus confrontée aux bandes «qui ont pris leurs marques», selon le diagnostic de sécurité récemment établi par la préfecture de police. En janvier, le rectorat de Créteil, près de Paris, a décidé, afin de préserver la sécurité des élèves, de fermer le collège Louise Michel de Clichy-sous-Bois (Seine-Saint-Denis) en grève depuis quatre semaines contre la violence. Cette décision faisait suite à une nouvelle bagarre entre deux bandes rivales à l'extérieur de l'établissement.

En janvier aussi, une vingtaine de voitures ont été incendiées à Givors (Rhône), au sud de Lyon. La veille au soir, une bande d'une vingtaine de jeunes gens dont le visage était masqué par des foulards, avaient répandu de l'essence devant des commerces, mais, mis en fuite par des policiers, ils n'avaient pas eu le temps d'y mettre le feu.

Les autorités ne voient à priori «aucune explication» à cette flambée de violence. Dans les banlieues, les policiers sont souvent «accueillis» par une bande de jeunes, entre 12 et 20 ans, certains encagoulés, très mobiles et ouvertement hostiles aux forces de l'ordre, qui leur lancent également des pierres. «C'est notre lot quotidien», rapporte un policier de la banlieue parisienne en observant, lui aussi un «rajeunissement» des délinquants et en se déclarant «peu optimiste» quant à l'avenir.

Des solutions sont réclamées. Daniel Cohn-Bendit, tête de liste des Verts aux élections européennes du mois de juin, a souhaité «un débat sérieux sur la sécurité» et a demandé au gouvernement d'examiner les expériences menées dans ce domaine dans plusieurs villes européennes. «Je suis pour un ordre dans la société», mais avec «des règles intelligentes», a déclaré l'ancien leader de Mai 68. Il faut aussi, a-t-il ajouté, «s'occuper de la famille» et mettre en œuvre «une politique de la ville qui aide les gens à conquérir leur autonomie dans les quartiers les plus défavorisés».

Philippe Goujon, adjoint au maire de Paris, chargé de la sécurité, au retour d'un voyage à New York avec des élus parisiens, a estimé que certaines méthodes appliquées dans cette ville, où la délinquance a chuté spectaculairement, pourraient être transposées à Paris.

Séverine Gamazic de l'AFP

Le Journal Français, mars 1999

Q. Que nous disent les chiffres? Utilisez les statistiques et l'article sur la violence et l'insécurité pour répondre aux questions suivantes.

1. Quelles catégories de crimes ont augmenté entre 1995 et 1996? Comment est-ce que ces chiffres sont soutenus par les problèmes identifiés dans l'article «Violence et insécurité»?
2. Selon l'article, quelle sorte de violence semble augmenter en France (donnez des exemples précis)? Quelles sont les régions les plus touchées par cette violence?
3. Selon l'article, les autorités ne savent pas vraiment pourquoi la violence augmente. Est-ce que vous avez des idées là-dessus? Quelles explications pouvez-vous proposer?
4. Selon les statistiques, il y a moins de vols (1996) en France. Par contre, il y a une augmentation dans les crimes et délits contre les personnes. Quelles solutions sont proposées dans l'article pour remédier à cette situation?

En plein dans l'actu

Expliquez-vous

Bernard Charlot, professeur de sciences de l'éducation

Pourquoi toute cette violence à l'école?

Okapi: Un lycéen tué au pistolet à Tourcoing, deux collégiens américains qui tirent sur leur classe... Peut-on rapprocher ces deux événements?

Bernard Charlot: Ce sont bien sûr deux cas tragiques de violence à l'intérieur de l'école. Mais la situation aux États-Unis n'a pas grand-chose à voir avec la nôtre. Là-bas, les armes sont en vente libre. Des bandes se partagent le territoire des villes, et on retrouve dans l'école les rivalités du dehors. Dans certaines écoles, on a installé des portiques de détection d'armes, comme dans les aéroports!

Va-t-on y venir en France?

B.C.: Nous n'en sommes pas là. Jusqu'à présent, l'école en France a réussi à être un peu «à part», les élèves s'y conduisent moins violemment que dans leur cité ou dans leur famille. C'est important, ça, qu'elle soit un lieu à l'abri du brouhaha de la société, sans en être coupée, et qu'elle apporte ce qu'on ne peut pas trouver ailleurs.

Mais on sent un malaise à l'école, un climat de violence...

B.C.: Les adultes n'arrêtent pas de dire aux enfants que s'ils n'ont pas de diplôme, ils ne trouveront pas de

travail. C'est là le problème. Les élèves ont l'impression qu'à chaque seconde, toute leur vie est en jeu. Cela entretient chez eux une tension terrible. En plus, aujourd'hui, un diplôme ne garantit même pas un travail... Imaginez un collégien dans une banlieue. Il voit son grand frère avec un emploi qui ne correspond pas du tout à son niveau d'études. Et il se dit: «À quoi ça sert d'étudier? Il a les diplômes et il fait un boulot de beauf»!

Alors l'école ne remplit pas bien son rôle?

B.C.: Elle permet de moins en moins aux élèves d'explorer les connaissances pour le plaisir. Elle devient pour eux plus une corvée qu'une chance, alors qu'elle devrait leur offrir des clés pour mieux comprendre le monde, donc pouvoir le transformer. Le «droit à l'école», pour eux, ne veut plus rien dire. Certains se reconnaissent surtout le droit de ne pas aller dans ce «magasin à diplômes»... Ils ne font même plus semblant de s'y intéresser. Ils «sèchent» carrément, ils sont grossiers, violents, ils «explosent» littéralement...

Comment apaiser cette violence?

B.C.: Il faudrait apprendre, comme disait avec humour un élève, à «s'injurier poliment». Dans leurs conflits avec les professeurs, les élèves ne trouvent pas les mots, et s'ils se sentent humiliés, ils s'énervent. Au fond, arriver à se parler, exprimer franchement ce qui ne va pas, ce serait déjà un grand progrès!

Propos recueillis par Monique Scherrer

Bernard Charlot est professeur de sciences de l'éducation à l'université Paris 8-Saint-Denis et président du comité scientifique constitué par deux ministères sur les violences à l'école.

Okapi, N° 626, 15 avril 1998, p. 6

La violence à la télé? Oui, mais à petites doses!

Des jeunes de 12 à 13 ans s'expriment au sujet de la violence à la télé.

Ça me réveille un peu...

“Je regarde la télévision presque seulement quand il y a des films violents. Ça me réveille un peu. Autrement je trouve que la télé est ennuyeuse. Ma sœur a peur de ce genre de films et ça m'excite encore plus de les lui raconter, sans oublier une goutte de sang bien sûr!”

Julie, 12 ans

Ce n'est pas la réalité

“Personnellement, je ne boycotte pas car je ne crains pas la violence à la télé. Il y en a dans presque tous les films, mais ce n'est pas la réalité. Alors qu'aux informations, quand je vois les gens qui sont tués et couverts de sang, ça m'effraie vraiment.”

Bertrand, 12 ans

Violence = délinquance

“La violence à la télé provoque des bagarres au bahut ou bien de la délinquance. Il y a des parents qui laissent leurs enfants regarder n'importe quoi. Ils sont inconscients des dangers que ça peut apporter. Moi, je suis contre les violences à la télé. Et mes parents ont raison de ne pas me conseiller ce genre de films!”

Aline, 13 ans

Je regarde sans le vouloir

“S'il n'y a que des coups de feu ou des bagarres et que le sujet m'intéresse, je regarde. Si le film est très violent, je ne veux pas regarder mais je ne peux pas m'en empêcher! C'est comme pour un accident dans la rue: on tourne toujours la tête.”

Joumana, 12 ans 1/2

L'horreur, j'adore!

“J'adore les films d'horreur. Surtout quand il y a du suspense et des scènes de combat. Mais je boycotte quand il y a des opérations chirurgicales car je déteste ça.”

Jérôme, 12 ans

Non à la grande violence

“Les films où il y a beaucoup de sang et de violence, je boycotte. Je pense que la grande violence devrait être interdite à la télévision. Ce n'est pas étonnant qu'il y ait autant de violence partout dans le monde!”

Laetitia, 12 ans

Si c'est trop violent, je m'en vais

“Ma mère ne veut pas que je regarde la télé s'il y a des films d'horreur. Mais avec mon père, je peux les regarder. Dès que je vois quelque chose de trop violent, je change de chaîne, ou je vais dans ma chambre et je retourne le regarder 10 minutes plus tard!”

Cyrille, 11 ans 1/2

Mauvais exemple

“Je ne regarde jamais de films d'horreur sans un coussin dans les bras! Je pense qu'il ne faut pas montrer ces films aux jeunes, car ça leur donne de mauvais exemples.”

Neslikan, 12 ans

Okapi, No. 634, 15 septembre 1998, p. 40

R. Les jeunes et la violence. Répondez aux questions selon ce que vous avez appris dans les deux articles sur les écoles et l'influence de la télévision.

1. Quels sont les problèmes que Bernard Charlot identifie pour expliquer la violence chez les jeunes?
2. À son avis, que devraient faire les écoles pour remédier aux problèmes?
3. Est-ce que vous êtes d'accord avec Bernard Charlot? Si vous étiez dans une position d'autorité, quelles solutions est-ce que vous proposeriez pour réduire la violence dans les écoles?
4. À votre avis, est-ce que la télé, les jeux vidéo et l'Internet contribuent à la violence chez les jeunes? Donnez des raisons pour soutenir votre point de vue.

Écoutez!

Audio CD:
SEGMENT 6–4
CD 4, TRACK 7

Suggestion, Audio CD: Have students listen to the mini-lecture once without taking notes. Then have them listen again and list the main ideas that they understood. Then list the main ideas on a transparency or on the board, adding the ones that students left out. Finally have them listen again and answer the questions in Ex. S. Main ideas: **Quand il y a une crise économique, la criminalité et la violence augmentent. La famille a beaucoup d'influence sur le comportement des jeunes. Les jeunes qui sont malheureux chez eux tombent facilement sous l'influence de ceux qui leur promettent une vie meilleure. Les jeunes sont pessimistes à cause de tous les problèmes qu'ils voient autour d'eux. Les gangs représentent la solidarité et la valorisation pour beaucoup de jeunes. Il faut que les parents et les profs consacrent du temps aux jeunes et qu'ils leur donnent de l'attention. Beaucoup de jeunes vivent dans des milieux peu favorables à leur développement.**

En tant que sociologue, Jacqueline Laffont fait souvent des conférences *(lectures)* au sujet des problèmes qui se posent à la société d'aujourd'hui. Dans une de ces conférences, elle s'adresse à des profs de lycée réunis pour discuter de la croissance de la criminalité et de la violence dans les écoles.

VOCABULAIRE UTILE: à l'égard de *(about)*, **le crime gratuit** *(gratuitous crime)*, **le crime irréfléchi** *(unpremeditated, impulsive crime)*, **le vol** *(theft, burglary)*, **un délit** *(a crime)*, **signes de reconnaissance** *(gang emblem)*, **le soutien** *(support)*, **s'enrôler** *(to join)*, **la pression d'autrui** *(peer pressure)*, **recherchent la compagnie** *(look for companionship)*, **cherchent à se faire reconnaître** *(look for acceptance)*, **affirmer leur identité** *(to assert their identity)*, **valorisé** *(validated)*, **néfastes** *(harmful)*

«Pendant les périodes de crise économique, la criminalité et la violence augmentent proportionnellement au désespoir et à la misère dans lesquels se trouvent les gens.»

Réponses, Ex. S: 1. Une crise économique. 2. On n'arrive pas à se nourrir. 3. Des effets sérieux sur le comportement de l'enfant. 4. L'enfant vit dans une famille de chômeurs. 5. Ça ne va pas bien à la maison. 6. Il tombe facilement sous l'influence de quelqu'un qui lui promet une vie meilleure. 7. L'augmentation du crime et de la violence. 8. L'enfant devient indifférent aux images des horreurs de la vie. 9. Elle cherche souvent le soutien de gangs. 10. S'enrôler dans un gang. 11. Rechercher la compagnie; chercher à se faire reconnaître, à affirmer son identité, à regagner de l'importance. 12. Les parents et les profs consacrent du temps aux jeunes.

If you would like to listen again to Jacqueline Laffont's lecture you can work with this listening material on your own, using SEGMENT 6–4 of the **Audio CD.**

S. Causes et effets. Selon ce que vous avez compris de la conférence de Jacqueline Laffont, donnez soit la cause soit l'effet de chacun des phénomènes suivants. Attention: Il y a beaucoup d'exceptions et il ne faut surtout pas généraliser sur les causes et les conséquences des problèmes de notre société. Par exemple, il y a beaucoup de jeunes qui viennent de familles éclatées et qui ne tombent pas dans le crime et la violence. Les causes et effets ci-dessous indiquent des tendances et des causes possibles, et non absolus.

1. *Cause:* ? *Effet:* Le crime et la violence augmentent.
2. *Cause:* Le manque d'argent. *Effet:* ?
3. *Cause:* Une jeune personne sans famille. *Effet:* ?
4. *Cause:* ? *Effet:* L'enfant devient pessimiste à l'égard de son avenir.
5. *Cause:* ? *Effet:* L'adolescent se tourne vers des copains.
6. *Cause:* Un adolescent sans espoir. *Effet:* ?
7. *Cause:* Les enfants se sentent abandonnés par la société. *Effet:* ?
8. *Cause:* ? *Effet:* Le développement d'une attitude criminelle chez les jeunes.
9. *Cause:* Une jeune personne se sent déshéritée. *Effet:* ?
10. *Cause:* Pression d'autrui. *Effet:* ?
11. *Cause:* ? *Effet:* S'enrôler dans un gang.
12. *Cause:* ? *Effet:* Les jeunes ont moins tendance à s'associer avec des gangs.

Discutez!

T. Quelles sont les causes de la criminalité? Il y a toutes sortes de théories qui expliquent la criminalité que nous constatons aujourd'hui. En utilisant votre propre expérience et vos connaissances aussi bien que les renseignements ci-dessus, discutez avec vos camarades de vos théories concernant la question de la criminalité. N'oubliez pas d'utiliser les stratégies que vous avez apprises pour la discussion (i.e., donnez des exemples précis pour soutenir vos idées).

Ex. T: groups of 3 or 4

Suggestion, Ex. T: Since students have not yet formally learned the pertinent vocabulary to deal with the issues of crime and violence, remind them that they should be discussing causes of crime and violence (rather than specific outcomes) and that they can therefore rely on the vocabulary for family, work, etc. that they've already learned.

Follow-up, Ex. T: When the groups have compiled a list of the causes for crime and violence, compile a class list on the board or on a transparency. Then have students list the causes in order of perceived importance.

Fonction: Comment exprimer la nécessité, la volonté et l'émotion

REPRISE

L'emploi du subjonctif

1. L'INFINITIF ET LE SUBJONCTIF AVEC LES EXPRESSIONS DE NÉCESSITÉ

Il faut **attendre.**	Il faut que **tu attendes.**
Il est nécessaire de **faire** attention.	Il est nécessaire que **vous fassiez** attention.
Il est important d'**étudier.**	Il est important que **nous étudiions.**
Il vaut mieux **partir** tôt.	Il vaut mieux qu'**ils partent** tôt.
Il est essentiel de **faire** des études.	Il est essentiel que **je fasse** des études.

2. L'INFINITIF ET LE SUBJONCTIF AVEC LES VERBES VOULOIR ET PRÉFÉRER

Je veux le **faire** moi-même.	Je veux que **tu** le **fasses.**
Ils préfèrent **rester** à la maison.	Ils préfèrent que **vous restiez** à la maison.

3. L'INFINITIF ET LE SUBJONCTIF AVEC LES EXPRESSIONS D'ÉMOTION

Je suis content d'**aller** à Rome.	Je suis content que **tu ailles** à Rome.
Tu es heureuse d'**être** avec nous?	Tu es heureuse qu'**il soit** avec nous?

Expressions d'émotion: **regretter / être navré(e) / être désolé(e) / être content(e) / être heureux(se) / être soulagé(e) / être ravi(e) / être surpris(e) / être étonné(e) / être fâché(e) / être déçu(e)**

4. LES EXPRESSIONS D'ÉMOTION + LE PASSÉ DU SUBJONCTIF
   Je suis content que **tu aies fait** tes devoirs.
   Nous sommes fâchés qu'**elle soit rentrée** si tard.
   Elle est déçue qu'**il ne se soit pas souvenu** de son oncle.

Transparencies: 6-2 and 6-3 **(L'emploi du subjonctif)**

Suggestion, Reprise: Use the transparencies to review the various expressions and the use of the infinitive and the subjunctive. Then proceed to Ex. U.

Ex. U: groups of 3

Suggestion, Ex. U: The purpose of this exercise is to have students use as many expressions (with infinitive or subjunctive) as possible. However, since it isn't natural to use too many of these structures in a row, you shouldn't insist on their exclusive use throughout the exercise.

Follow-up, Ex. U: After the groups have finished, bring the class together and compile the ideas, having as many students as possible contribute.

***Do* À faire! (6-5) *on page 261 of the* Manuel de préparation.**

U. Les parents et les profs. Utilisez les expressions suggérées pour préciser les attitudes des parents et des profs à l'égard des jeunes. Établissez d'abord des généralités; donnez ensuite un ou plusieurs exemples de votre vie personnelle. Vous pouvez utiliser l'infinitif, le présent du subjonctif ou le passé du subjonctif.

MODÈLES: vouloir
En général, les parents veulent que leurs enfants réussissent.
Par exemple, ma mère veut que je devienne médecin.
Et mon père veut que mon frère fasse des études de droit.

être important / vouloir
Les profs pensent qu'il est important de faire ses devoirs régulièrement. Prends, par exemple, mon prof d'histoire.
Il veut qu'on lise au moins 20 pages tous les soirs.

EXPRESSIONS: il faut / il est nécessaire / il est important / il vaut mieux / il est essentiel / vouloir / préférer / regretter / être navré(e) / être désolé(e) / être content(e) / être heureux(se) / être soulagé(e) / être ravi(e) / être surpris(e) / être étonné(e) / être fâché(e) / être déçu(e)

Dossier: De la peur à la haine de l'autre

SUGGESTED LESSON OUTLINE: Students assigned *À faire! (6-5)* have done a follow-up exercise on the use of the subjunctive, have listened to another **témoin** talking about the status of women in France, and have made an outline to prepare for an in-class discussion. Ex. XXIII and XXV were not self-correcting.

In this class period, do ***Dossier*** (Ex. V) and ***C'est à vous maintenant!*** (Ex. W, X). Note: If you wish and have time, you can have students listen to the last ***Témoignages*** **(Audio CD:** SEGMENT 5-5) and go over the questions they answered for homework.

Ex. V:  groups of 2

V. La discrimination. La violence et la criminalité ne sont pas toujours motivées par le désespoir de la pauvreté. Une forme de violence qui semble être en croissance est due à la discrimination, au racisme, à un sentiment de supériorité (ou d'infériorité) de certains groupes de personnes. Lisez les textes suivants, consultez le vocabulaire pour la discussion et discutez d'*une* des questions proposées.

93% des Français estiment que les Juifs sont Français comme les autres. 61% pensent que le racisme est plus fort aujourd'hui qu'il y a dix ans.

Le racisme ne progresse pas

51% des Français sont d'accord avec l'idée qu'il y a une inégalité entre les races (46% non), 50% avec l'idée qu'en France, aujourd'hui, on ne se sent plus chez soi (49% non). 28% trouvent normal de donner à l'embauche la priorité aux Français sur les immigrés, mais 69% pensent que c'est la qualification, la compétence et le sérieux qui doivent être pris en compte et non les origines. Les études sociologiques montrent pourtant que les sentiments de xénophobie et de racisme ne progressent pas depuis le début de la décennie dans l'ensemble de la société. [...]

Sofres

La violence raciste est le plus souvent perpétrée sans réelle préméditation, par des individus isolés appartenant généralement aux milieux ultranationalistes ou à des bandes de skinheads.

Tahar Ben Jelloun: «Le racisme expliqué à ma fille» (extrait)

Tahar Ben Jelloun, sociologue et romancier, est né à Fès (Maroc) en 1944. Il a obtenu le prix Goncourt en 1987 pour ***La nuit sacrée.***

—Dis, Papa, c'est quoi le racisme?

—Le racisme est un com-portement assez répandu, commun à toutes les sociétés, devenu, hélas!, banal dans certains pays parce qu'il arrive qu'on ne s'en rend pas compte. Il consiste à se méfier, et même à mépriser, des personnes ayant des caractéristiques physiques et culturelles différentes des nôtres. [...]

La **différence**, c'est le contraire de la ressemblance, de ce qui est identique. La première différence manifeste est le sexe. Un homme se sent différent d'une femme. Et réciproquement. [...]

Par ailleur, celui qu'on appelle «différent» a une autre couleur de peau que nous, parle une autre langue, cuisine autrement que nous, a d'autres coutumes, une autre religion, d'autres façons de vivre, de faire la fête, etc. Il y a la différence qui se manifeste par les apparences physiques (la taille, la couleur de la peau, les traits du visage, etc.), et puis il y a la différence du comportement, des mentalités, des croyances, etc.

—Alors le raciste n'aime pas les langues, les cuisines, les couleurs qui ne sont pas les siennes?

—Non, pas tout à fait; un raciste peut aimer et apprendre d'autres langues parce qu'il en a besoin pour son travail ou ses loisirs, mais il peut porter un jugement négatif et injuste sur les peuples qui parlent ces langues. De même, il peut refuser de louer une chambre à un étudiant étranger, vietnamien par exemple, et aimer manger dans des restaurants asiatiques. Le raciste est celui qui pense que tout ce qui est trop différent de lui le menace dans sa tranquillité.

—C'est le raciste qui se sent menacé?

—Oui, car il a peur de celui qui ne lui ressemble pas. Le raciste est quelqu'un qui souffre d'un complexe d'infériorité ou de supériorité. Cela revient au même puisque son comportement, dans un cas comme dans l'autre, sera du mépris.

—Il a peur?

—L'être humain a besoin d'être rassuré. Il n'aime pas trop ce qui risque de le déranger dans ses certitudes. Il a tendance à se méfier de ce qui est nouveau. Souvent, on a peur de ce qu'on ne connaît pas. On a peur dans l'obscurité, parce qu'on ne voit pas ce qui pourrait nous arriver quand toutes les lumières sont éteintes. On se sent sans défense face à l'inconnu. On imagine des choses horribles. Sans raison. Ce n'est pas logique. Parfois, il n'y a rien qui justifie la peur, et pourtant on a peur. On a beau se raisonner, on réagit comme si une menace réelle existait. Le racisme n'est pas quelque chose de juste ou de raisonnable. [...]

—C'est quoi un **étranger?**

—Le mot «étranger» vient du mot «étrange», qui signifie du dehors, extérieur. Il désigne celui qui n'est pas de la famille, qui n'appartient pas au clan ou à la tribu. C'est quelqu'un qui vient d'un autre pays, qu'il soit proche ou lointain, parfois d'une autre ville ou d'un autre village. Cela a donné le mot «**xénophobie**», qui signifie hostile aux étrangers, à ce qui vient de l'étranger. Aujourd'hui, le mot «étrange» désigne quelque chose d'extraordinaire, de très différent de ce qu'on a l'habitude de voir. Il a comme synonyme le mot «bizarre».

—Quand je vais chez ma copine, en Normandie, je suis une étrangère?

—Pour les habitants du coin, oui, sans doute, puisque tu viens d'ailleurs, de Paris, et que tu es marocaine. Tu te souviens quand nous sommes allés au Sénégal? Eh bien, nous étions des étrangers pour les Sénégalais.

—Mais les Sénégalais n'avaient pas peur de moi, ni moi d'eux!

—Oui, parce que ta maman et moi t'avions expliqué que tu ne devais pas avoir peur des étrangers, qu'ils soient riches ou pauvres, grands ou petits, blancs ou noirs. N'oublie pas! On est toujours l'étranger de quelqu'un, c'est-à-dire qu'on est toujours perçu comme quelqu'un d'étrange par celui qui n'est pas de notre culture. [...]

—Alors, qu'est-ce qu'on peut faire?

—Apprendre. S'éduquer. Réfléchir. Chercher à comprendre toute chose, se montrer curieux de tout ce qui touche à l'homme, contrôler ses premiers instincts, ses pulsions...

—C'est quoi une **pulsion?**

—C'est l'action de pousser, de tendre vers un but de manière non réfléchie. Ce mot a donné «répulsion», qui est l'action concrète de repousser l'ennemi, de chasser quelqu'un vers l'extérieur. Répulsion veut dire aussi dégoût. Il exprime un sentiment très négatif.

—Le raciste, c'est celui qui pousse l'étranger dehors parce qu'il le dégoûte?

—Oui, il le chasse même s'il n'est pas menacé, simplement parce qu'il ne lui plaît pas. Et pour justifier cette action violente, il invente des arguments qui l'arrangent. Parfois, il fait appel à la science, mais la science n'a jamais justifié le racisme. Il lui fait dire n'importe quoi, parce qu'il pense que la science lui fournit des preuves solides et incontestables. Le racisme n'a aucune base scientifique, même si des hommes ont essayé de se servir de la science pour justifier leurs idées de **discrimination.**

—Que veut dire ce mot?

—C'est le fait de séparer un groupe social ou ethnique des autres en le traitant plus mal. C'est comme si, par exemple, dans une école, l'administration décidait de regrouper dans une classe tous les élèves noirs parce qu'elle considère que ces enfants sont moins intelligents que les autres. Heureusement, cette discrimination n'existe pas dans les écoles françaises. Elle a existé en Amérique et en Afrique du Sud. Quand on oblige une communauté, ethnique ou religieuse, à se rassembler pour vivre isolée du reste de la population, on crée ce qu'on appelle des **ghettos.**

—C'est une prison?

—Le mot «ghetto» est le nom d'une petite île en face de Venise, en Italie. En 1516, les Juifs de Venise furent envoyés dans cette île, séparés des autres communautés. Le ghetto est une forme de prison. En tout cas, c'est une discrimination. [...]

Le respect est essentiel. D'ailleurs, les gens ne réclament pas qu'on les aime mais qu'on les respecte dans leur dignité d'être humain. Le respect, c'est avoir de l'égard et de la considération. C'est savoir écouter. L'étranger réclame non de l'amour et de l'amitié, mais du respect. L'amour et l'amitié peuvent naître après, quand on se connaît mieux et qu'on s'apprécie. Mais, au départ, il ne faut avoir aucun jugement décidé d'avance. Autrement dit, pas de préjugé. Or le racisme se développe grâce à des idées toutes faites sur les peuples et leur culture. [...] Le raciste est celui qui généralise à partir d'un cas particulier. S'il est volé par un Arabe, il en conclura que tous les Arabes sont des voleurs. Respecter autrui, c'est avoir le souci de la justice. [...]

—Est-ce que les racistes peuvent guérir?

—Tu considères que le racisme est une maladie!

—Oui, parce que ce n'est pas normal de mépriser quelqu'un parce qu'il a une autre couleur de peau...

—La guérison dépend d'eux. S'ils sont capables de se remettre en question ou pas.

—Comment on se remet en question?

—On se pose des questions, on doute, on se dit «peut-être que j'ai tort de penser comme je pense», on fait un effort de réflexion pour changer sa façon de raisonner et de se comporter.

—Mais tu m'as dit que les gens ne changent pas.

—Oui, mais on peut prendre conscience de ses erreurs et accepter de les surmonter. Cela ne veut pas dire qu'on change vraiment et entièrement. On s'adapte. Parfois, quand on est soi-même victime d'un rejet raciste, on se rend compte à quel point le racisme est injuste et inacceptable. Il suffit d'accepter de voyager, d'aller à la découverte des autres pour s'en rendre compte. Comme on dit, les voyages forment la jeunesse. Voyager, c'est aimer découvrir et apprendre, c'est se rendre compte à quel point les cultures diffèrent et sont toutes belles et riches. Il n'existe pas de culture supérieure à une autre culture. [...]

Extraits de Tahar Ben Jelloun, *Le racisme expliqué à ma fille.* Paris: Éditions Seuil, 1998.

L'ÉGALITÉ, C'EST POUR QUAND?

Vocabulaire utile

le racisme (un[e] raciste)
un préjugé racial
raciste
antiraciste
les relations raciales *(f.)*
les émeutes raciales *(f.)*
la discrimination
la discrimination à l'envers *(reverse discrimination)*
être l'objet de discrimination *(to be discriminated against)*
la ségrégation
un préjugé
être étroit(e) d'esprit *(to be narrow-minded)*
avoir un esprit ouvert *(to be open-minded)*
la tolérance (l'intolérance *[f.]*)
avoir des préjugés contre *(to be prejudiced against)*
l'antisémitisme *(m.)*
l'égalité (l'inégalité) *(f.)*
revendiquer ses droits *(to demand one's rights)*
l'action *(f.)* en faveur des minorités *(affirmative action)*
prendre pour victime *(to victimize)*
l'homophobie *(f.)* *(homophobia)*
la couleur de la peau *(skin color)*
le sexisme (un sexiste, sexiste)

«Il ne faut pas confondre différence et inégalité.»
Jean Rostand

Questions:

1. À votre avis, est-ce que l'État américain devrait maintenir la loi d'action en faveur des minorités?
2. À votre avis, quelles sont les causes de la haine de l'autre?
3. À votre avis, quelles sont les solutions à la discrimination?
4. Quelles formes de discrimination est-ce que vous avez observées vous-même? Soyez précis(e) et donnez des exemples.
5. Qu'est-ce que vous pourriez faire personnellement pour combattre la discrimination dans votre communauté ou dans votre université?
6. À votre avis, est-ce que la violence dans le sport a des influences néfastes sur les enfants?

C'est à vous maintenant!

Discutez!

Ex. W: groups of 2

Suggestion, Ex. W: Be sure to remind students that they should pair up with someone who selected the same general subject to prepare for discussion. If the groups don't work out evenly in pairs, you can put three or four people into the same group. Remind them also that they are simply to compare their outline for the discussion and to help each other refine it.

Ex. X:  groups of 3 or 4

Suggestion, Ex. X: Remix the groups to have different students from Ex. W with the same general topic come together to have the discussion.

Follow-up, Ex. X: Hold a full class discussion on each of the topics that the groups selected. Have the relevant small groups report back to the class. If you wish, you can create outlines of the main ideas on the board or on a transparency. At this point, it's very important that you encourage students to challenge each other and that all students participate to the extent possible in the discussion of each of the topics.

Testing: The **Test Bank** includes a chapter test for **Chapitre 6.**

W. Le plan de la discussion. Trouvez un(e) camarade de classe qui a choisi le même sujet de discussion que vous dans l'Exercice XXIV du **Manuel de préparation.** Avec ce(tte) camarade, comparez vos idées et le plan que vous avez préparé. Expliquez pourquoi vous avez choisi ce sujet, quelles sont vos idées principales et complémentaires, quels exemples vous avez choisis pour soutenir votre point de vue et enfin, quelles activités vous proposez pour aider à résoudre le problème en question. Votre camarade va vous poser des questions s'il y a des choses qu'il/elle ne comprend pas dans votre plan.

X. Discutons! Vous allez maintenant vous engager dans la discussion du sujet que vous avez préparé. Présentez le sujet et votre point de vue à vos camarades et n'oubliez pas de donner des exemples. Quand c'est possible, utilisez des expressions de certitude, de doute, de nécessité, de volonté et d'émotion (avec l'infinitif ou le subjonctif) dans la discussion.

Vidéo

Video:
Chapitre 6

AVANT LA VIDÉO

Pour chacune des affirmations suivantes qui correspondent aux thèmes des trois passages vidéo, indiquez si vous êtes **d'accord** (D) ou **pas d'accord** (P), en ce qui concerne votre pays.

1. ___ Les immigrants sont souvent rendus responsables des maux *(troubles)* sociaux en temps de crise économique.
2. ___ Le chômage est un facteur qui contribue à la montée *(rise)* du racisme.
3. ___ Les États-Unis sont un pays nationaliste.
4. ___ La société américaine est une société violente.
5. ___ Les États-Unis forment une société homogène.

PREMIÈRE SÉQUENCE: Fodé Sylla, président de SOS-Racisme

LA VIDÉO: AVEC LE SON

Fodé Sylla a 35 ans. Il nous présente l'association antiraciste dont il est le président.

Trouvez le(s) renseignement(s) juste(s) donné(s) par M. Sylla à propos de son association.

1. SOS-Racisme existe depuis ____ .
   a. 1984
   b. 1985
   c. 1986
2. Ce mouvement est né en réaction contre ____ .
   a. la montée de l'extrême droite
   b. le succès de l'extrême droite aux élections européennes
   c. une vague *(wave)* d'immigration dans les années 80
   d. une vague de crimes racistes dans les années 80
3. L'extrême droite, représentée par le parti du Front National, est un mouvement ____ .
   a. fraternel
   b. interdit
   c. xénophobe
4. SOS-Racisme comprend ____ adhérents.
   a. 17 000
   b. 18 000
   c. 19 000
5. L'association met au service *(to provide)* de ceux qui connaissent des problèmes dûs au racisme ____ .
   a. un service de police
   b. des logements
   c. des avocats bénévoles

Première séquence:

Réponses:

Avec le son:
1. b
2. a, b, d
3. c
4. a
5. c

Première séquence:

Réponses (suite):

Avec le son:

6. a, b, c, d, e
7. b
8. a, c, d

6. Les «maisons des potes *(buddies)*» offrent ____ .
   a. du soutien scolaire pour les enfants
   b. de l'animation administrative
   c. des activités pour les enfants après l'école
   d. un endroit pour faire des fêtes
   e. des ateliers pour la prévention contre le sida et la toxicomanie
7. SOS-Racisme est un mouvement non communautaire, c'est-à-dire que ____ .
   a. les régions françaises possèdent chacune leur mouvement indépendant
   b. des jeunes qui sont juifs *(Jewish)*, noirs, blancs et arabes militent côte à côte
   c. le mouvement réunit *(to gather)* surtout des Espagnols, des Allemands et des Français.
8. Les adhérents du mouvement sont ____ .
   a. surtout des jeunes
   b. surtout des cadres
   c. les jeunes des quartiers difficiles
   d. les jeunes scolarisés

QUANT À MOI...

À votre avis, pour lutter contre le racisme, vaut-il mieux des organismes non communautaires comme SOS-Racisme, des organismes au niveau de chaque région ou de chaque état, des organismes regroupant des personnes selon leur groupe ethnique? Pourquoi? Quels sont les avantages et inconvénients de chaque modèle?

DEUXIÈME SÉQUENCE: Sources du racisme en France

LA VIDÉO: AVEC LE SON

Raquel Garido a 24 ans et elle est étudiante en droit. Elle est aussi militante de l'association SOS-Racisme. Raquel et Fodé nous présentent quelques exemples des problèmes sociaux qui contribuent, selon eux, à la montée du racisme en France.

Cochez les problèmes évoqués par Raquel et Fodé dans la liste de gauche. Puis, dans la liste de droite, suggérez des «remèdes» à ces problèmes.

Deuxième séquence:

Réponses:

Avec le son:

2, 4, 5, 7, 8, 10, 12

PROBLÈMES	REMÈDES
1. la pauvreté	
2. le chômage	
3. la drogue	
4. une société violente	
5. la baisse des premiers salaires de 20% à 30%	
6. le prix élevé des logements	
7. le désespoir	
8. l'ignorance	
9. l'envie	
10. la peur	
11. l'ennui	
12. le rejet de soi-même	

QUANT À MOI...

Quels autres problèmes pouvez-vous ajouter à la liste de Raquel et Fodé? Quels en seraient les «remèdes»? Pourquoi?

TROISIÈME SÉQUENCE: Black, blanc, beur

LA VIDÉO: AVEC LE SON

Dans ce dernier segment, Raquel évoque ce qui représente pour elle la société française contemporaine.

Encerclez la (les) réponse(s) correcte(s). (Ceci n'est pas un transcript).
NOTE: beur = arabe

La Coupe du Monde c'est une **représentation / manifestation** en soi. Ce qu'on a vu à la Coupe du Monde en France, c'était que «Vive la France» ça voulait dire «vive l'équipe de France qui est **beur, black et blanche / transparente**» et nous qui sommes Français, quand on se regarde on voit bien qu'on est black, blanc ou beur. On s'est aperçu que la France «bleue, blanc, rouge» et la France «black, blanc, beur» c'était pareil. [...] On a voulu insister sur cet aspect des choses pour bien signifier **à l'extrême droite / Jacques Chirac** qui est **socialiste / nationaliste** que la France c'est nous [...] que la France est une nation qui est fondée sur des valeurs **d'égalité, de liberté et de fraternité / raciales et économiques.** L'extrême droite a toujours voulu remettre en cause *(to question)* ce fondement de la nation française, (et) fonder la nation sur la race, sur une histoire avec les rois *(kings)*... Quand on a célébré le **nom / drapeau** de la France, les joueurs français et l'équipe de France, de fait on était dans une situation de grande **fraternité / solidarité** entre tous les habitants.

Troisième séquence:
Réponses:
Avec le son:
manifestation
beur, black et blanche
l'extrême droite
socialiste
d'égalité, de liberté et de fraternité
drapeau
fraternité

QUANT À MOI...

Pouvez-vous penser à des exemples similaires de solidarité et de fraternité dans la société américaine? Lesquels? Pourquoi?

LE CAFÉ ORBITAL: UN CYBERCAFÉ À PARIS

LA CITÉ DES SCIENCES ET DE L'INDUSTRIE DE LA VILLETTE

Le monde d'aujourd'hui et de demain

CHAPITRE

7

BERNARD ET CHRISTINE RIOU
Saint-Quentin-en-Yvelines, France

CHAPTER SUPPORT MATERIALS (STUDENT)

MP: pp. 263–284

Audio CD: SEGMENTS 7-1 to 7-3

SYLLABUS: The minimum amount of time needed to cover the core material of ***Chapitre 7*** is nine class periods.

CHAPTER SUPPORT MATERIALS (INSTRUCTOR)

Audio CD: SEGMENTS 7-1 to 7-3

Video: Chapitre 7: Séquences 1–3

Test Bank: Chapitre 7

SUGGESTED LESSON OUTLINE: Do ***Témoignages*** (Ex. A, B, C) and ***Perspectives culturelles*** (Ex. D).

OBJECTIVES

In this chapter, you will learn:

- to talk about technology and the future;
- to describe how objects work;
- to express opinions and ask for explanations;
- to discuss;
- to write an essay.

Aperçus futuristes

«Il y a de tout à la Villette!»

«Bonjour. Avec mon mari Bernard, nous allons vous servir de guides dans ce dernier chapitre qui a pour sujet le monde d'aujourd'hui, avec surtout ses aspects scientifiques et technologiques, et le monde de demain. Nous habitons avec nos deux enfants, Nicolas (12 ans) et Florence (7 ans), à Saint-Quentin-en-Yvelines, une ville nouvelle dans la banlieue sud-ouest de Paris. Mais il nous arrive régulièrement de nous rendre à Paris, à la Villette.»

«Christine a raison. Nous y allons assez souvent parce qu'à la Villette on trouve des choses qui intéressent tous les membres de la famille. La Villette, comment vous l'expliquer? Ça se trouve à l'est de Paris. L'ensemble comprend un très grand parc, le plus vaste de la capitale, à l'intérieur duquel on trouve une salle de cinéma sphérique avec le plus grand écran du monde (la Géode), une petite salle de cinéma qui bouge en simulant l'activité qu'on regarde (le Cinaxe), un sous-marin qu'on peut visiter (l'Argonaute), une salle de concerts consacrée à la musique de variétés et de rock (le Zénith), une grande salle de festivals et de spectacles (la Grande Halle), une école de musique et de danse (la cité de la Musique) et un musée des sciences, des techniques et des industries (la cité des Sciences et de l'Industrie). C'est ce dernier que nous allons visiter aujourd'hui.»

LE ZÉNITH

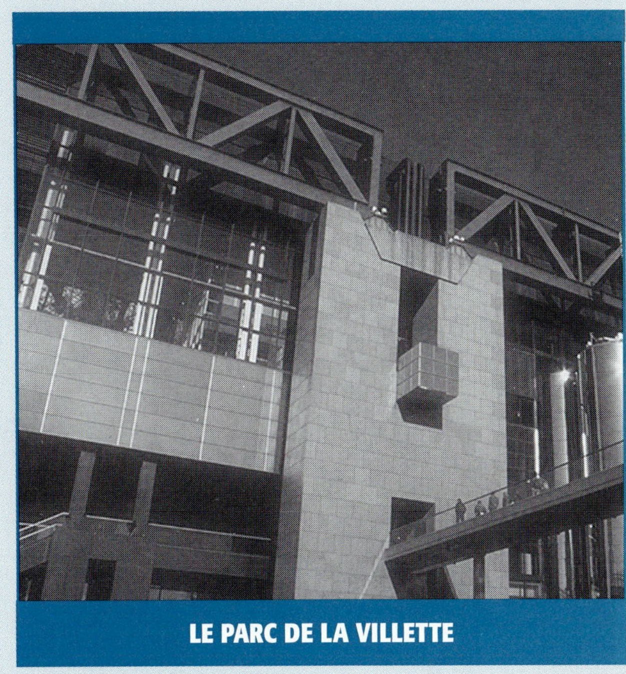

LE PARC DE LA VILLETTE

LA GÉODE

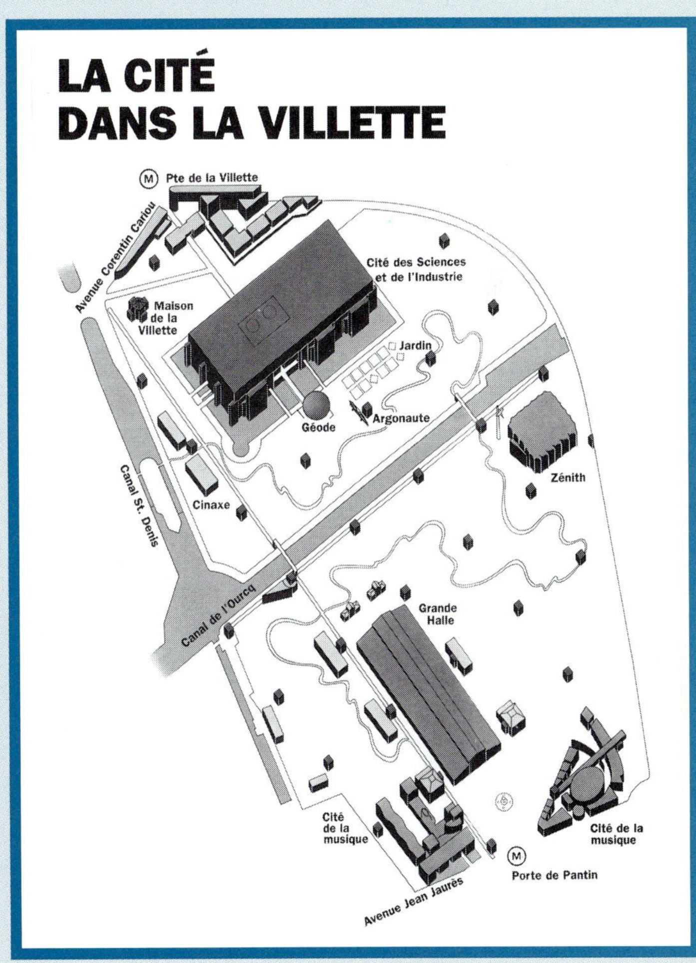

L'ARGONAUTE

Écoutez!

Audio CD:
SEGMENT 7–1
CD 4, TRACK 9

L'espace principal du musée de la Villette, c'est Explora, où se trouvent les expositions permanentes. Explora est organisé en îlots (petites îles) et chaque îlot a un thème—par exemple, les mathématiques, les sons, l'énergie, l'océan, etc. Aujourd'hui Bernard Riou accompagne sa fille Florence à la cité des Enfants, où on trouve des expositions destinées aux petits, pendant que Nicolas amène sa mère à l'îlot informatique.

If you would like to listen again to the conversation, you can work with this listening material on your own, using SEGMENT 7–1 of the **Audio CD** and Ex. IV in the **Manuel de préparation.**

Vocabulaire utile

un télémanipulateur *(remote control)*
la poignée *(handle)*
décoller *(to take off)*
atterrir *(to land)*
s'inscrire *(to sign up)*

«Je voudrais voir les robots, papa.»

«C'est facile. Ça reproduit les mouvements de ta main. Vas-y, essaie!»

«J'ai déjà vu ça plusieurs fois avec papa... Moi, je veux aller au simulateur de vol.»

«... c'est vraiment génial. Tu t'installes aux commandes d'un avion... »

A. Avez-vous compris? Répondez aux questions selon ce que vous entendez en écoutant les deux conversations.

1. Qu'est-ce que Florence veut voir d'abord?
2. À quoi sert ce robot?
3. Quelle autre machine voit-elle dans cette exposition?
4. Quelle sorte d'exposition est-ce que Christine voudrait visiter?
5. Nicolas est-il d'accord? Pourquoi (pas)?
6. Qu'est-ce que c'est qu'un simulateur de vol?
7. Pourquoi est-ce qu'il faut attendre?
8. Que peut-on faire en attendant?

Réponses, Exercice A:

1. Elle veut voir les robots.
2. Il sert à manipuler des produits dangereux sans les toucher.
3. Elle voit une machine qui ressemble à un bras divisé en quatre parties.
4. Elle voudrait voir une exposition sur les ordinateurs.
5. Non. Il a déjà vu cette exposition plusieurs fois avec son père. Il sait ce que c'est qu'un ordinateur.
6. C'est un appareil qui permet de simuler le rôle d'un pilote d'avion.
7. Il y a beaucoup d'autres gens qui veulent l'essayer.
8. On peut regarder un film et un audiovisuel qui expliquent ce qu'il faut faire.

Parlez!

Pour mieux vous exprimer

Pour identifier quelque chose et en demander la fonction

Qu'est-ce que c'est que ça? / C'est quoi, ça?

Qu'est-ce que c'est que ce truc (ce machin, ce gadget)?

À quoi sert ce truc (ce machin, ce gadget)?

À quoi ça sert? / Ça sert à quoi, ça?

Pour indiquer le nom ou la fonction de quelque chose

C'est un(e)... / Je pense que c'est un(e)...

On l'utilise pour... / On s'en sert pour...

C'est un truc (un machin, un gadget) qui sert à... / Ça sert à...

Pour décrire le fonctionnement de quelque chose

Comment fait-on pour... ? / Comment est-ce que je fais pour... ?

Qu'est-ce qu'on fait pour... ? / Qu'est-ce qu'il faut faire pour... ? / Qu'est-ce que je fais pour... ?

Il faut (appuyer sur ce bouton). / Eh bien, on (le branche). / D'abord, tu (utilises ces boutons pour sélectionner la chaîne que tu veux). / Pour (avancer ou reculer), tu (appuies ici et là).

Ex. B: groups of 2 or 3

B. C'est quoi, ça? Comment ça marche? Vous venez de recevoir la visite d'un habitant de la planète Mars. Comme il ne connaît pas les noms des choses, il vous pose beaucoup de questions. Pour chaque question, indiquez-lui d'abord le nom de l'objet et sa fonction. Ensuite expliquez comment l'objet fonctionne en utilisant le vocabulaire suggéré.

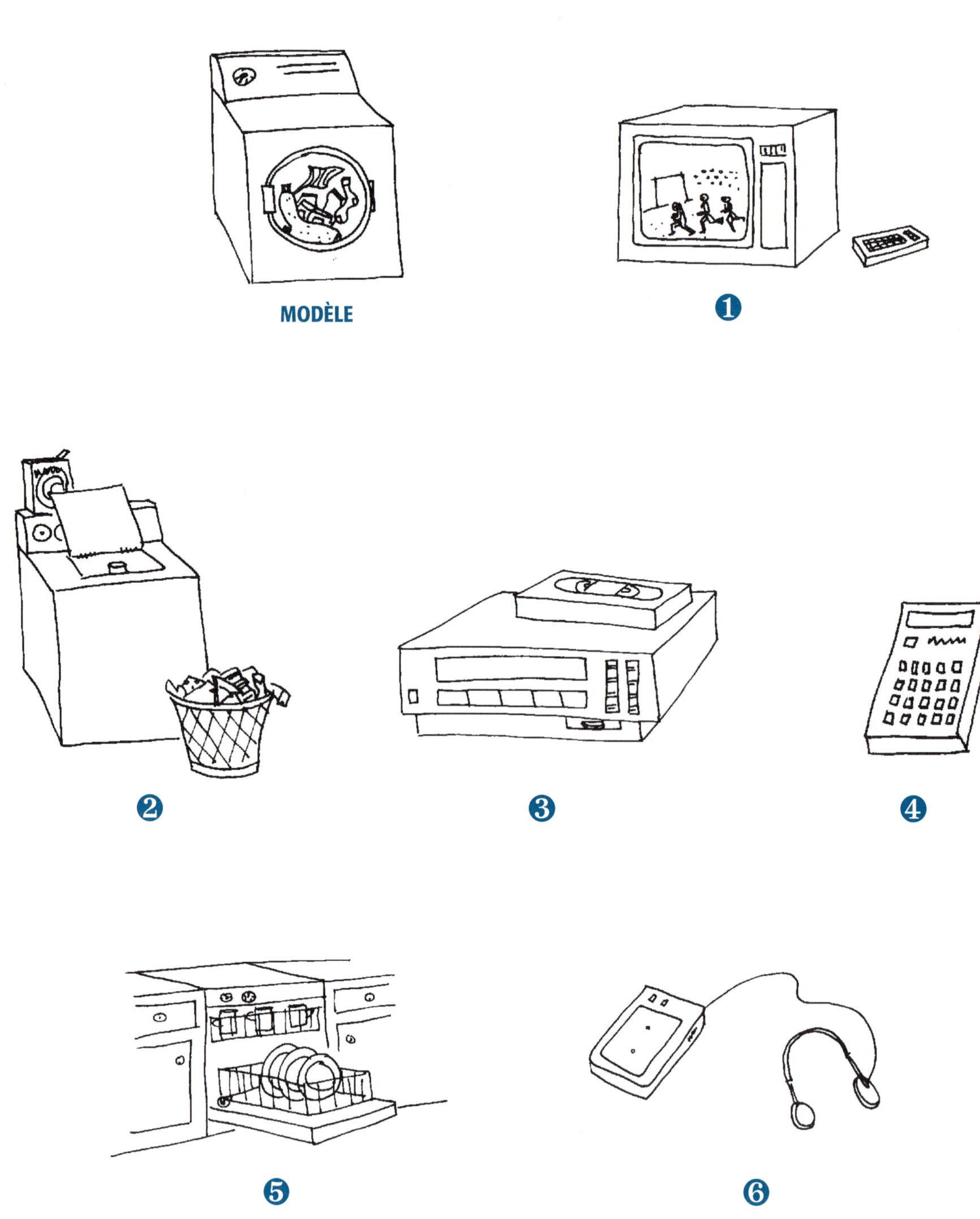

Vocabulaire utile

allumer (le gaz, une lampe, le chauffage, la télé) *(to turn on)*
éteindre (le gaz, une lampe, le chauffage, la télé) *(to turn off)*
faire démarrer *(to get started)*
mettre en marche, faire marcher *(to get running)*
arrêter (un appareil)
appuyer sur *(to push [the button])*
poser *(to put something down)*
soulever *(to lift)*
ouvrir (le robinet, une fenêtre, etc.)
fermer (le robinet, une fenêtre, etc.)
brancher *(to plug in)*
débrancher *(to unplug)*
tourner
attacher
détacher
remplir *(to fill)*
vider *(to empty)*

MODÈLE: ouvrir / mettre les vêtements / sélectionner la température / mettre le minuteur *(timer)* / fermer / appuyer sur l'interrupteur *(starting switch)*
—*Qu'est-ce que c'est que ce truc?*
—*C'est un sèche-linge.*
—*À quoi ça sert?*
—*On l'utilise pour sécher les vêtements après les avoir lavés.*
—*Qu'est-ce que je fais pour le faire marcher?*
—*C'est facile. Tu ouvres, tu mets tes vêtements, puis tu sélectionnes la température, tu mets le minuteur, pour une demi-heure, par exemple, tu fermes et tu appuies sur l'interrupteur. Et voilà, ça marche. Une demi-heure après, tu reviens et tu sors tes vêtements.*

1. appuyer / télécommande / sélectionner la chaîne
2. mettre les vêtements / mettre du détergent / appuyer / tourner / sélectionner la température
3. brancher au téléviseur / appuyer / faire avancer / faire reculer la vidéo
4. mettre des piles *(batteries)* / allumer / appuyer / éteindre
5. mettre la vaisselle sale / mettre la lessive dans le réservoir / sélectionner le programme / appuyer ou tourner
6. mettre des piles / allumer / mettre une cassette / appuyer / éteindre

C. Tu as... ? C'est facile à utiliser? Circulez dans la classe en demandant à vos camarades s'ils ont quelques-uns des produits technologiques mentionnés ci-dessous. Quand vous recevez une réponse affirmative, demandez à ce(tte) camarade de vous expliquer comment l'objet fonctionne.

Ex. C: circulate

un magnétoscope / un lecteur de compact discs / un caméscope / un télécopieur *(fax machine)* / un répondeur automatique *(telephone answering machine)* / un ordinateur / un radio-réveil / un Walkman CD

Perspectives culturelles

Le mois prochain à la Villette

À l'origine conçue comme un musée des sciences, la Villette est devenue un énorme centre culturel attirant des gens de tous les âges et répondant à des intérêts très divers, comme le suggèrent ces extraits du programme.

théâtre

à la grande halle

■ **Roméo et Juliette**
De William Shakespeare
Mise en scène Eran Baniel et Fouad Awad
La plus fabuleuse histoire d'amour, celle de Roméo, le Palestinien, et de Juliette, l'Israélienne, réunis pour le meilleur et pour le pire. Un spectacle-défi enrichi de débats, concerts, monologues...
Du 6 au 17 décembre
Du Mar au Sam à 20h30 - Dim à 17h (représentation suivie d'un débat avec les comédiens). Entrée : 140F (T.R : 100F)

AU PROGRAMME
Concert de Sabreen : le 12 décembre à 20h30
Entrée : 60F (T.R : 50F)
Monologues de Mohammed Bakri :
les 9 et 10 décembre à 18h
Entrée : 60F (T.R : 50F)
Débat public : le 10 décembre à 15h
Entrée libre

■ **Le fil d'Ariane**
Mise en scène Enrique Vargas
En parcourant chemins, carrefours et passages secrets dans le noir, les mots cèdent la place au silence, aux parfums, puis à la mémoire. Une aventure sensorielle chargée de mystère.
Du 20 décembre au 20 janvier
Tlj sf Lun de 12h à 21h. Entrée : 100F

cinéma

à la géode

■ Sur écran géant et panoramique, des images et des sons saisissants ! En avant-programme et pour chaque séance : **Le petit prince,** un hommage en nouvelles images à Antoine de Saint-Exupéry.
Du Mar au Dim de 10h à 21h - Lun 21/12 de 10h à 18h
Entrée : 55F (T.R : 40F) - 60F pour 2 films à partir de 19h

AU PROGRAMME
Jusqu'au 3 janvier
La nature et ses secrets : à 10h, 12h, 14h et 16h
Africa, le Sérengeti : à 11h, 13h, 15h, 18h et 20h
Yellowstone : à 17h, 19h et 21h

au cinaxe

■ **Alpha Bravo** vous entraîne dans une poursuite dont vous êtes le héros. Attention sensations !
Du Mar au Dim de 11h à 18h - A partir du 27/12 de 11h à 19h - Lun 26/12 de 14h à 19h. Entrée : 32F (T.R : 29F)

à la cité des Sciences

■ **Tendre et sauvage,** un voyage en trois dimensions au cœur de la savane africaine.
Du Mar au Dim de 10h à 18h - Dim de 10h à 19h. Entrée : cité-pass

danse

au conservatoire

■ **Le junior ballet du conservatoire**
Quatre chorégraphes d'écritures et de styles différents au service des jeunes talents du conservatoire : Carolyn Carlson, Félix Blaska, Richard Alston et Jennifer Müller.
Du 13 au 16 décembre à 20h30
Entrée : libre. Rés : (1) 40 40 46 33

la Villette

D. Qu'en pensez-vous? Discutez des questions suivantes avec quelques camarades de classe.

Ex. D: variable groups

1. Faites l'inventaire des différents types d'attractions qu'on trouve à la Villette. Lesquels vous intéresseraient particulièrement?
2. Y a-t-il dans votre ville un centre culture comparable à celui de la Villette? Si oui, comparez les deux. Sinon, essayez d'expliquer à un Parisien pourquoi il n'y en a pas.

***Do* À faire! (7-1) *on page 264 of the* Manuel de préparation.**

expositions

à la cité des Sciences

Emballage

L'emballage séduit, informe, protège... Issu du domaine de la haute technologie, il croise des secteurs aussi variés que l'écologie, l'économie, la culture. Découvrez, hors des supermarchés, les étiquettes et les boîtes qui ont marqué l'histoire de l'emballage, le ballet des machines industrielles qui fabriquent et qui recyclent.
À partir du 22 novembre
Du Mar au Sam de 10h à 18h - Dim de 10h à 19h
Entrée : cité-pass

Boîtes à malice

Tubes de dentifrice, malettes en carton, emballages à sorcières, histoires naturelles emballantes... Une exposition pour les enfants de 5 à 12 ans à manipuler comme un gros paquet cadeau !
À partir du 22 novembre
Du Mar au Sam de 10h à 18h - Dim de 10h à 19h
Entrée : cité-pass

Les canaux de Paris

L'histoire des canaux de Paris : leur naissance, les aménagements urbanistiques dont ils font l'objet, leur représentation artistique.
À partir du 29 novembre
Du Mar au Sam de 10h à 18h - Dim de 10h à 19h
Entrée : cité-pass

à la grande halle

On a retrouvé le trésor du San Diego !

Exposition organisée par l'AFAA
Englouti pendant près de 400 ans au large des Philippines, le San Diego refait surface dans la grande halle et révèle ses trésors. L'exposition, baignée de bleu et de silence, nous plonge dans un des épisodes les plus passionnants de la conquête des océans et des territoires.
Jusqu'au 8 janvier
Tlj de 10h à 19h30 sf Mar de 12h à 22h
Entrée : 50F (T.R. : 35F), Groupes : (1) 40 03 75 73
Visites-conférences : 60F (Mar à 19h30 et Jeu à 12h30)

musique

au conservatoire

Le conservatoire national supérieur de musique et de danse de Paris invite à venir entendre les grands musiciens de demain.
Entrée libre (dans la limite des places disponibles)

AU PROGRAMME
Journées de la musique de chambre : les 4 novembre à 18h et 20h30 et 5 novembre à 17h et 20h30
Jeunes solistes : les 7, 8, 14, 21, 22 novembre, 5, 6 et 12 décembre à 19h
Journées de l'Australie : les 8 novembre à 12h30 et 19h et 9 novembre à 19h
Série Jean-Sébastien Bach : les 10 novembre et 8 décembre à 19h

au zénith

La salle préférée des mordus du rock et fans de variétés.
Rés: FNAC, Virgin et sur place à la folie billetterie 1h avant le concert. Rens : (1) 42 08 60 00

AU PROGRAMME
MC Solaar : le 1er novembre à 20h
Status quo : le 3 novembre à 20h
George Benson : le 8 novembre à 20h
Elton John : à partir du 11 novembre à 20h
Rides & Charlatans : le 19 novembre à 20h
Richard Cocciante : le 22 novembre à 20h

au hot brass

Les meilleurs groupes de jazz et de musiques latines pour danser jusqu'au petit matin.
Programme complet sur minitel : 11 hot brass - Paris

AU PROGRAMME
Lokua Kanza : du 3 au 5 novembre à 20h
Robin Kenyatta : les 11 et 12 novembre à 20h
Angelique Kidjo : le 14 novembre à 20h
Africa fête : du 24 au 27 novembre à 20h
Jean-Jacques Milteau & friends : le 29 novembre à 20h
Jimmy Smith : du 30 novembre au 2 décembre à 20h

Témoignages

«Quel rôle est-ce que la technologie joue dans votre vie?»

«Puisque nous parlons dans ce chapitre du monde d'aujourd'hui et de demain, il semble logique qu'on y aborde la question de la technologie. Comme nous l'avons vu au cours de notre visite au musée de la Villette, la technologie est en train de transformer notre monde et cette transformation se poursuivra, sans aucun doute, au XXIe siècle.»

«Vous allez écouter deux Français et deux francophones vous parler du rôle que joue la technologie dans leur vie. Ils vous diront aussi ce qu'ils trouvent être les avantages et les inconvénients des réalisations technologiques de ces dernières années.»

SUGGESTED LESSON OUTLINE: Students assigned ***À faire! (7-1)*** have worked with technology vocabulary and prepared topics for in-class discussion. Ex. II and III were not self-correcting.

In this class period, do ***Témoignages*** (Ex. E, F) and ***Discutez!*** (Ex. G, H).

Écoutez!

Ex. E:   **groups of 2, 3, or 4**

Follow-up, Ex. E: After students have worked in pairs or groups, survey the class to determine the general attitude toward technology. Suggestion: write on the board—(1) survey results **(La technologie joue un grand/assez grand/faible rôle dans ma vie.)**; (2) list of advantages; (3) list of disadvantages. If you wish, tell students to respond to your questions with information learned from their classmates.

E. Pré-écoute: À vous d'abord! Posez les questions suivantes à des camarades de classe afin de vous renseigner au sujet de leurs attitudes à l'égard de la technologie.

1. La technologie joue-t-elle un rôle important dans ta vie? Justifie ta réponse en mentionnant les produits de la technologie que tu utilises (ou n'utilises pas) régulièrement?
2. À ton avis, les effets de la technologie sont-ils surtout positifs ou négatifs?

F. Écoutez: Les témoins vous parlent. En écoutant quelques Français et francophones vous parler de la technologie, essayez de répondre aux questions.

Audio CD:
SEGMENT 7–2
CD 4, TRACK 10

Suggestion, Ex. F: You can verify answers to questions after each interview or, if you prefer, have students listen to all four interviews and ask the following general questions: **Quels produits technologiques sont mentionnés dans ces interviews? Quels sont les avantages de la technologie selon les personnes interrogées? Quels en sont les inconvénients?** You can compare these answers with the lists you have on the board.

SOPHIE EVERAERT Bruxelles, Belgique

«On a un ordinateur, c'est plus facile... pour travailler à la maison... »

VOCABULAIRE UTILE: répondeur *(answering machine)*, **du courrier** *(mail)*, **portatif** *(portable)*, **de garde** *(on call)*, **le laptop** *(laptop computer)*, **se déconnecter** *(to disconnect)*

À quoi Sophie compare-t-elle le répondeur? À quoi leur sert leur ordinateur? Quelle sorte de téléphone son mari a-t-il? Où s'en sert-il? Est-ce qu'ils utilisent toujours leurs gadgets électroniques? Pourquoi (pas)?

Réponses: *Sophie Everaert:* Elle compare le répondeur au courrier. Leur ordinateur leur sert à faire leur budget, à travailler à la maison le week-end. Son mari a un téléphone portatif; il s'en sert dans la voiture. Non. Quelquefois ils préfèrent tout laisser à la maison pour avoir la paix.

XAVIER JACQUENET Dijon, France

«À mon avis, toutes les nouveautés technologiques ne sont pas très positives.»

VOCABULAIRE UTILE: aboutir *(to result in)*, **réflexion** *(thinking)*, **épuisement** *(exhaustion, depletion)*, **à court terme** *(in the short run)*, **confort** *(comfort)*, **à long terme** *(in the long run)*, **esprits** *(minds)*, **l'environnement** *(environment)*

Quel est le côté positif des autoroutes informatiques? Et leur côté négatif? Selon Xavier, comment les gens envisagent-ils la technologie à court terme? Quels inconvénients y trouvent-ils à long terme?

Réponses: *Xavier Jacquenet:* La communication est plus rapide sur les autoroutes informatiques, mais la rapidité n'est pas toujours un avantage car on réfléchit moins. La technologie présente d'autres aspects négatifs: la pollution, l'épuisement des ressources naturelles. À court terme, on a l'illusion d'un plus grand confort; à long terme, la technologie se révèlera peut-être mauvaise pour l'esprit et pour l'environnement.

PHILIPPE HECKLY Asnières, France

«Je suis fier de la France au niveau technologique.»

VOCABULAIRE UTILE: boulot *(job)*, **fier** *(proud)*, **faire un peu la grimace** *(to make a bit of a face, in disagreement)*, **la Manche** *(English Channel)*, **Minitel** *(telephone, message, and reservation service)*, **abonnement** *(subscription)*

Personnellement, pourquoi est-il content du développement de la technologie? De quelles réussites technologiques françaises est-il particulièrement content? Se sert-il d'un Minitel? Où? Pourquoi est-il moins enthousiaste au sujet de cette invention française?

Réponses: *Philippe Heckly:* Il en est content parce que c'est grâce à la technologie qu'il a un bon travail. Il est particulièrement fier du TGV et du tunnel sous la Manche. Il se sert du Minitel au bureau, mais pas à la maison. Le Minitel coûte cher: en plus de l'abonnement, il faut payer les communications téléphoniques.

DOVI ABE Dakar, Sénégal

« ... il y a une technologie, je dirais, qui est omni-présente... c'est celle des communications, aussi bien les transports que la télécommunication.»

VOCABULAIRE UTILE: croissant *(growing)*, **au cours des** *(during the)*, **joindre** *(to reach by telephone)*, **répandus** *(widespread)*, **taux d'équipement** *(rate of usage, percentage of people or households)*, **aux alentours de** *(around, about)*, **isolement** *(isolation)*, **vous déplacer** *(to move around)*

Quel est l'état de la technologie au Sénégal? Quel changement s'est produit dans le domaine des transports? Quel est l'avantage des télécommunications modernes? Comment voyage-t-on à l'intérieur du Sénégal et dans quelle proportion? Quels produits technologiques trouve-t-on au Sénégal? Quels sont les deux inconvénients de la technologie que signale Dovi?

If you would like to listen again to ***Témoignages,*** you can work with this listening material on your own, using SEGMENT 7-2 of the **Audio CD** and Ex. IV in the **Manuel de préparation.**

Réponses: *Dovi Abe:* La technologie progresse. La vie au Sénégal a changé, doit changer, va changer. Autrefois il fallait 5 ou 6 jours pour aller en France en bateau; aujourd'hui on y va en avion en 5 ou 6 heures. On peut communiquer du Sénégal avec le monde entier. Au Sénégal, on voyage surtout en voiture, et de temps en temps en avion. Plus de 80% des Sénégalais ont une radio; entre 55% et 60%, un téléviseur; moins de 5%, un ordinateur. Les deux inconvénients de la technologie qu'il signale sont la pollution et l'isolement croissant dans la vie des gens.

Discutez!

Ex. G: variable groups

G. Les effets de la technologie. Discutez des idées suivantes avec quelques camarades de classe.

1. Dans l'avenir, on n'aura plus besoin d'écrire des lettres.
2. L'ordinateur remplacera bientôt le professeur dans beaucoup de cours.
3. Le réseau de communication informatique (l'Internet) pourra contribuer à la paix mondiale.

Ex. H: variable groups

***Do* À faire! (7-2) *on page 267 of the* Manuel de préparation.**

H. Les avantages et les inconvénients de la technologie. Discutez des questions suivantes avec quelques camarades de classe.

1. Dans quelle mesure la technologie peut-elle contribuer à améliorer la qualité de notre vie?
2. Dans quelle mesure la technologie risque-t-elle de nuire à la qualité de notre vie?

Micro-Dossier: «Ce que disent Corinne, Benoît et les autres... » (Jacqueline et Raoul Dubois)

SUGGESTED LESSON OUTLINE: Students assigned ***À faire! (7-2)*** have read articles dealing with technology and worked on finding a topic about which to write. Ex. VI was not self-correcting.

In this class period, do the ***Micro-Dossier*** (Ex. I, J, K).

En 1990, Jacqueline et Raoul Dubois ont demandé à des Français et à des francophones (pour la plupart des jeunes) d'imaginer le monde en l'an 2000. Plus de dix ans après, vous allez lire quelques-unes de leurs réflexions pour découvrir dans quelle mesure ils ont su prévoir l'avenir et dans quelle mesure les changements qu'ils proposaient ne se sont pas encore produits.

Lisez!

I. En prenant des notes. Les pensées de Corinne, de Benoît et des autres sont présentées sous forme de petites phrases isolées. En lisant le texte, essayez d'organiser leurs suggestions selon des catégories—par exemple, (1) la vie de tous les jours, la vie politique et sociale, la vie à l'échelle *(on the scale of)* de la planète ou bien (2) ce qui s'est déjà réalisé *(has already come true)*, ce qui ne s'est pas encore réalisé, ce qui ne va probablement jamais se réaliser. Utilisez une autre feuille de papier.

Suggestion, Ex. I: To limit the amount of time spent on the reading, you may wish to assign students to categories before they begin to read. Have them skim the article and note only those ideas that fit their category.

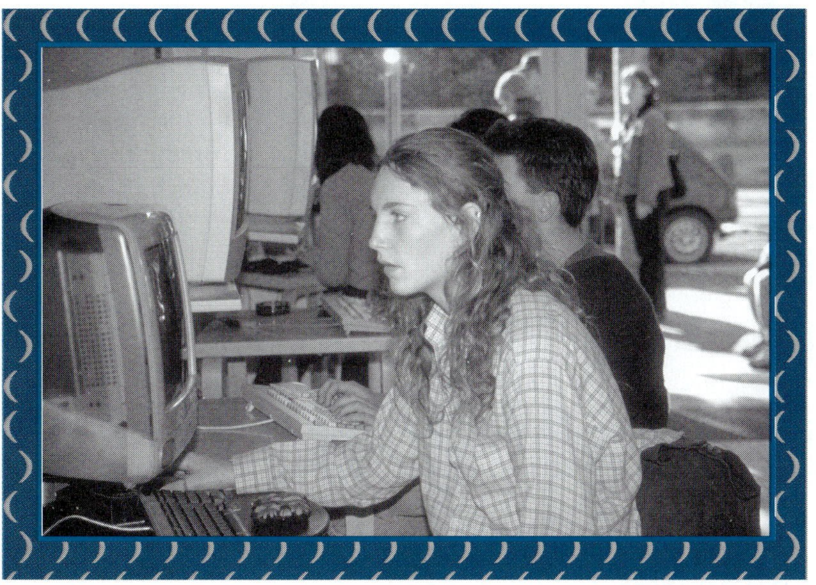

«Chez nous il y aura moins d'habitants en l'an 2000, déjà chaque année ça diminue.»

«On dit que tous les hommes sont égaux, mais ce n'est pas vrai, il y aura toujours des différences de couleurs, de races et des gens qui n'acceptent pas les autres.»

«Les professeurs seront remplacés par des robots. En cas d'erreur, le robot te montrera ton erreur, il fera entendre une sonnerie, puis avec un crayon il mettra une croix pour te la faire voir. Il répondra à toutes les questions.»

«On pourra choisir le sexe des enfants avant leur naissance.»

«Je fais confiance aux chercheurs; pour les maladies on trouvera un remède au cancer et au SIDA.»

«On n'habitera plus dans les villes. On ne s'installera pas comme aujourd'hui. On sera beaucoup plus mobiles.»

«Ma chambre aura la forme d'une bulle d'air avec des meubles en bois massif et tout électrique.»

«On ira en vacances dans l'espace.»

«Je mangerai quatre fois par jour. Mais on ne prendra que des petites pilules qui renferment tous les aliments: entrée, plat de résistance, dessert.»

Dico

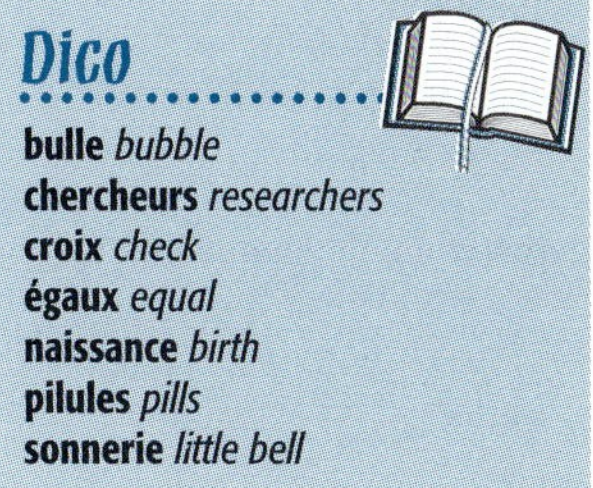

bulle *bubble*
chercheurs *researchers*
croix *check*
égaux *equal*
naissance *birth*
pilules *pills*
sonnerie *little bell*

“Ça sert à rien d'avoir des machines, comment on va faire pour travailler, pour manger, on va tous crever de faim?”

“Les espèces en danger vont continuer à disparaître. Les dirigeants vont continuer à se désintéresser de la nature.”

“Je voudrais être professeur, mais je ne sais pas si ça existera toujours, l'école.”

“L'informatique remplacera les personnes dans le commerce. Dans un magasin on tapera les coordonnées de ce qu'on veut, ça vous arrivera automatiquement.”

“Il n'y aura plus de frontières, on pourra aller partout, il n'y aura plus de guerre.”

“Les routes ne seront pas pareilles. Elles seront faites d'herbe et de gazon avec, au bord, plein de fleurs. Ce sera interdit de les cueillir. Il y aura un plancher invisible et la voiture roulera comme sur une planche.”

“Dans le bain il y aura des robots qui vous déshabilleront. On ira dans le bain, on appuiera sur un bouton pour faire sortir l'eau. Il y en aura de toutes les couleurs.”

“Marié, pas beaucoup d'enfants, un ou deux. Pour des gens mobiles, il n'y aura pas la place pour des familles nombreuses.”

“Une voiture solaire avec moteur à eau, avec un ordinateur pour la conduire. Il guidera et donnera la direction.”

“Il n'y aura plus d'animaux domestiques, ou alors des animaux surdoués avec qui on pourra parler.”

“La télé, ce sera pas pareil, il y aura encore plus de chaînes et ce sera par télécommande. L'image sera meilleure, beaucoup plus d'images par seconde.”

“Je m'habillerai avec des vêtements assez améliorés. Les taches ne pourront pas tenir dessus. Les déchirures seront impossibles. Les couleurs seront fluo, avec plein de badges. Il y aura le chauffage dedans.”

“Il n'y aura plus de journaux. Chaque personne aura un appareil comme un Minitel. Chaque jour en tapant sur une touche, on lira tout ce qui concerne la région. Et dans la ville il y aura des haut-parleurs qui annonceront le journal à ceux qui n'ont pas de Minitel.”

Dico

amélioré *improved*
chaînes *channels*
chauffage *heating*
coordonnées *serial numbers, etc.*
crever de faim *(fam.) starve to death*
cueillir *to pick*
déchirures *tears, rips*
dedans *inside*
dirigeants *people in charge*
fluo *fluorescent*
frontières *borders*
haut-parleurs *loudspeakers*
herbe et gazon *grass and lawn*
pareil *similar*
planche *board*
plein de badges *covered with pins*
surdoués *exceptional*
taches *spots*
télécommande *remote control*
tenir dessus *to stay on*
touche *key*

Jacqueline et Raoul Dubois, *Les aventuriers de l'an 2000,* (La Farandole / Messiaor), pp. 24, 30, 34, 41, 46, 50, 54, 58, 62, 66, 74, 86, 90, 94, 100, 105

J. Qu'est-ce que vous avez compris? Comparez vos listes d'idées avec celles de quelques camarades de classe. Puis présentez vos catégories à la classe.

Ex. J:  **variable groups**

Discutez!

Pour mieux vous exprimer

Pour donner votre avis

À mon avis,...
Je pense que...
Je trouve que...

Pour demander l'avis des autres

Qu'est-ce que tu en penses (vous en pensez)?
Es-tu (Êtes-vous) d'accord avec moi?
Quel est ton (votre) avis?
À ton (votre) avis, est-ce que... ?

K. Des opinions. Discutez des questions suivantes avec quelques camarades de classe en utilisant les lectures que vous avez faites dans le **Manuel de préparation** (pages 269 à 271) et dans le **Manuel de classe** (pages 273 à 274) et en vous servant des expressions proposées ci-dessous.

1. Que pensez-vous de la fécondation in vitro avec transfert d'embryon?
2. Voudriez-vous pouvoir déterminer le sexe de votre enfant?
3. Si les médecins peuvent déceler sur un embryon de quelques semaines le gène d'une maladie génétique, faut-il le dire aux parents?
4. Est-il important de continuer à subventionner l'exploration de l'espace?
5. Serait-il une bonne idée d'installer une station astronomique sur la lune?
6. Devrait-on encourager l'exploitation industrielle de l'espace?
7. Dans quelle mesure les progrès technologiques améliorent-ils la qualité de notre vie?
8. Dans quelle mesure les progrès technologiques contribuent-ils aux problèmes sociaux et économiques?
9. Les gens interrogés par Jacqueline et Raoul Dubois vous semblent-ils plutôt optimistes ou pessimistes à l'égard de l'avenir? Justifiez votre réponse.
10. Et vous, êtes-vous plutôt optimiste ou pessimiste à propos du XXIe siècle? Pourquoi?

Ex. K:  **groups of 4 or 5**

Suggestion, Ex. K: There are more topics than students will probably have time to discuss in the class period. Ask each student to choose one topic that he/she will introduce. If necessary, you can impose a time limit (for example: two or three minutes per topic), thus encouraging students to actually discuss the topic while at the same time allowing for a variety of subjects.

***Do* À faire! (7-3) *on page 274 of the* Manuel de préparation.**

Écrivez!

SUGGESTED LESSON OUTLINE: Students assigned ***À faire! (7-3)*** have worked on developing an outline for their paper and have done a pre-reading activity. All of the exercises were not self-correcting.

In this class period, do ***Écrivez!*** (Ex. L) and the ***Micro-Dossier*** (Ex. M, N).

Ex. L:  groups of 2

L. Votre plan. Regardez le plan que votre camarade a rédigé dans l'Exercice VII du **Manuel de préparation.** Faites-en une critique en considérant les questions suivantes.

1. Pouvez-vous résumer en une seule phrase le sujet du devoir?
2. Quel est le but du devoir? (exposer, raconter, comparer, argumenter)
3. L'ordre des idées principales convient-il au but du devoir?
4. Y a-t-il suffisamment d'idées complémentaires pour développer chaque idée principale?
5. Y a-t-il suffisamment d'exemples pour illustrer les idées complémentaires?
6. Y a-t-il une introduction? Présente-t-elle le sujet du devoir? Annonce-t-elle le plan du devoir?
7. Y a-t-il une conclusion? Résume-t-elle le but du devoir? Élargit-elle le sujet du devoir?

Micro-Dossier: «Un débat qui traverse les siècles»

Les nouvelles idées, les nouvelles découvertes, les nouvelles inventions suscitent toujours de vives réactions. Les discussions et les débats soulevés par les technologies modernes ont leurs antécédents au XVIIIe siècle. À cette époque, on parlait des sciences et des arts (plutôt que de la technologie), mais les différends entre les partisans du progrès et ceux de la tradition se prolongent de nos jours. Vous allez lire des extraits de deux écrivains du Siècle des lumières (ce qu'on appelle en anglais The Enlightenment) *— Voltaire et Rousseau. Comme vous allez le voir, ces deux «philosophes» avaient des idées tout à fait opposées sur la civilisation de leur époque.*

Lisez!

Suggestion, Ex. M: In order to allow time for discussion, divide the class into two groups and assign each group to read either the excerpts from Voltaire or those from Rousseau. While they read, have them take notes on the issues raised in Ex. M.

M. Voltaire et Rousseau. En lisant les écrits de ces deux écrivains du XVIIIe siècle, essayez de préciser leur attitude à l'égard des sujets suivants:

1. les arts et les sciences
2. le progrès
3. le commerce

FRANÇOIS-MARIE AROUET LE JEUNE, DIT VOLTAIRE (1694–1778)

Fils d'un notaire, devenu riche et célèbre grâce à son talent d'écrivain, Voltaire a passé des années en Angleterre, trouvé des protecteurs chez les nobles, servi de conseiller au roi de Prusse avant de s'installer à Ferney, près de la Suisse, d'où il a joué le rôle de patriarche des lettres. Poète, historien, auteur de tragédies, philosophe, il est connu surtout pour ses contes satiriques (par exemple, ***Candide****).*

Grand défenseur de la liberté individuelle, ennemi proclamé de l'injustice, Voltaire croit aussi au progrès. Il se moque de ceux qui (comme Rousseau) regrettent «le bon vieux temps». Il apprécie les bienfaits de l'industrie et du commerce, et voit dans les beaux-arts et le luxe la consécration même de la civilisation. Voici un extrait d'un poème de sa jeunesse qui s'intitule «Le Mondain» ("The Worldly One").

Le Mondain

J'aime le luxe, et même la mollesse,°
Tous les plaisirs, les arts de toute espèce,
La propreté,° le goût, les ornements:
Tout honnête homme° a de tels sentiments.
Il est bien doux pour mon cœur très immonde°
De voir ici l'abondance à la ronde,
Mère des arts et des heureux travaux,
Nous apporter, de sa source féconde,°
Et des besoins et des plaisirs nouveaux.
L'or de la terre et les trésors de l'onde,°
Leurs habitants et les peuples de l'air,
Tout sert au luxe, aux plaisirs de ce monde.
Oh! le bon temps que ce siècle de fer°!
Le superflu,° chose très nécessaire,
À réuni l'un et l'autre hémisphère.

mollesse: indolence, softness
propreté: elegance
honnête homme: gentleman, man of breeding
immonde: base, vile
féconde: fruitful, fertile
onde: waters, seas
fer: iron
superflu: superfluous, extra

Deux idées dominent ***L'Essai sur les mœurs et l'esprit des nations,*** *une histoire du monde de Charlemagne à Louis XIV: d'un côté, l'histoire nous donne l'image d'«un ramas de crimes, de folies et de malheurs»; mais, de l'autre côté, on y trouve de nombreux exemples du progrès matériel et de l'épanouissement des arts et des sciences. La fin de l'essai est plutôt optimiste.*

Dans quel état florissant serait donc l'Europe, sans les guerres continuelles qui la troublent pour de très légers intérêts, et souvent pour de petits caprices!... Les guerres civiles ont très longtemps désolé l'Allemagne, l'Angleterre, la France; mais ces malheurs ont été bientôt réparés, et l'état florissant de ces pays prouve que l'industrie des hommes a été beaucoup plus loin encore que leur fureur... Quand une nation connaît les arts, quand elle n'est point subjuguée et transportée par les étrangers, elle sort aisément de ses ruines et se rétablit toujours.

JEAN-JACQUES ROUSSEAU (1712–1778)

*Fils d'un horloger suisse, Rousseau a quitté sa famille à l'âge de 16 ans et a mené une vie errante jusqu'à sa mort. Recueilli successivement par plusieurs femmes de la noblesse, il a connu une courte période de gloire, mais a passé la plupart de sa vie sous le signe du malheur et de la persécution (réelle ou imaginaire). Romancier, compositeur, philosophe social et politique, il est surtout connu aujourd'hui pour ses écrits autobiographiques (**Les Confessions**).*

*Opposé par tempérament à Voltaire, Rousseau s'oppose à son rival sur le plan philosophique aussi. En réfléchissant sur le sujet d'un concours, le jeune Rousseau a eu l'idée qui est à la base de tous ses écrits: l'homme est naturellement bon, c'est la civilisation qui l'a corrompu. Dans son «**Discours sur les sciences et les arts**», Rousseau soutient le point de vue selon lequel les sciences et les arts encouragent la paresse, détruisent le sens religieux et aident les tyrans à rendre les hommes esclaves. Il conclut son essai ainsi:*

Le luxe va rarement sans les sciences et les arts, et jamais ils ne vont sans lui. Je sais que notre philosophie, toujours féconde en maximes singulières, prétend,° contre l'expérience de tous les siècles, que le luxe fait la splendeur des États; mais [...] osera-t-elle nier° encore que les bonnes mœurs° ne soient essentielles à la durée des empires, et que le luxe soit diamétralement opposé aux mœurs?

claims

will it dare deny / good behavior (moral standards)

*Rousseau poursuit son argument dans son «**Discours sur l'origine de l'inégalité**»: selon lui, tant que les hommes, habitant en petits groupes, suffisaient à leurs propres besoins, ils étaient «libres, sains, bons et heureux».*

... mais dès l'instant° qu'un homme eut besoin du secours° d'un autre, dès qu'on s'aperçut° qu'il était utile à un seul d'avoir des provisions pour deux, l'égalité disparut, la propriété s'introduisit, le travail devint nécessaire et les vastes forêts se changèrent en des campagnes riantes qu'il fallait arroser de la sueur° des hommes, et dans lesquelles on vit bientôt l'esclavage et la misère° germer et croître avec la moisson.°

La métallurgie et l'agriculture furent les deux arts dont l'invention produisit cette grande révolution. Pour le poète, c'est l'or et l'argent; mais pour le philosophe, ce sont le fer et le blé qui ont civilisé les hommes et perdu le genre humain. [...] Dès qu'il fallut des hommes pour fondre° et forger le fer, il fallut d'autres hommes pour nourrir ceux-là°...

starting with the moment / help

noticed

water with the sweat

poverty

germinate and grow with the harvest

melt

the former

En somme, pour Rousseau, les notions de propriété et de division du travail produisent chez les hommes la jalousie, l'ambition, la tromperie, l'avarice et, bien sûr, l'inégalité économique et sociale.

Discutez!

Pour mieux vous exprimer

Pour montrer votre accord

Je suis d'accord avec vous (toi).
Vous avez (Tu as) tout à fait raison.
Je suis de votre (ton) avis.

Pour montrer votre désaccord

Je ne suis pas (tout à fait / du tout) d'accord.
Au contraire,...
Je ne suis pas de votre (ton) avis.

N. Voltaire et Rousseau à l'époque actuelle. Discutez des questions suivantes avec quelques camarades de classe. Utilisez les expressions indiquées ci-dessus pour marquer votre accord ou votre désaccord avec les opinions de vos camarades.

1. Si Voltaire et Rousseau étaient toujours vivants, comment réagiraient-ils face à la technologie moderne? Pourquoi?
2. Quels échos du débat Voltaire-Rousseau sur les sciences et les arts retrouve-t-on aujourd'hui? Chez quels groupes politiques?
3. Dans quelle mesure le point de vue de Voltaire ou celui de Rousseau se rapprochent-ils de votre propre point de vue?

Vocabulaire utile

les libéraux	les démocrates
les modérés	les écologistes
les conservateurs	les républicains
	les socialistes

Do **À faire! (7-4)** *on page 278 of the* **Manuel de préparation.**

SUGGESTED LESSON OUTLINE: Students assigned ***À faire! (7-4)*** have worked on a first draft of their essay. Ex. X was not self-correcting.

In this class period, do ***Écrivez!*** (Ex. O) and ***Témoignages*** (Ex. P, Q).

Écrivez!

O. Faites un plan! Après avoir lu le devoir écrit (Exercice VIII du **Manuel de préparation**) d'un(e) camarade de classe, faites le plan de ce qu'il/elle a écrit. Puis comparez ce plan à celui de l'auteur. Commentez en particulier les idées complémentaires et les exemples.

Ex. O: ⇄ **groups of 2**

Suggestion, Ex. O: It is important that students not be paired with the same student who critiqued their outline (Ex. L). Have readers concentrate on ideas rather than on grammar at this stage. If you wish, have one student write his/her outline on the board before class begins and do this exercise with the whole class in order to model the types of suggestions students might make.

Témoignages

«Comment envisagez-vous l'avenir?»

«Le débat sur la technologie nous a amenés à parler aussi de l'avenir. Nous nous sommes adressés à des jeunes (Corinne, Benoît et leurs amis) et à l'écrivain québécois Claude Jasmin, dont vous allez bientôt lire la nouvelle, «Le Cosmonaute romantique»). Mais nous avons voulu aussi interroger d'autres gens à ce sujet.»

«C'est pour ça que nous avons demandé à quatre Français et francophones de nous parler de leur façon d'envisager l'avenir. Ils ont répondu de manière différente: les uns ont choisi de parler des changements qu'ils prévoyaient, les autres de la possibilité de résoudre les problèmes actuels. L'intéressant, c'est qu'à une exception près, ils se sont tous montrés plutôt pessimistes en ce qui concerne le futur.»

Écoutez!

Ex. P:  **groups of 2, 3, or 4**

Follow-up, Ex. P: After students have worked in pairs or small groups, ask questions in order to determine the attitudes of the entire group concerning the future. If you wish, tell students they are to respond to your questions with the information they learned from their classmates rather than from their own point of view.

P. Pré-écoute: À vous d'abord! Posez les questions suivantes à des camarades de classe afin de vous renseigner au sujet de leurs idées concernant l'avenir.

1. Prévoyez-vous des changements importants dans la vie de tous les jours (cuisine, logement, travail, loisirs) au cours des dix ou vingt années à venir? Si oui, lesquels? Sinon, pourquoi pas?
2. À votre avis, pourra-t-on trouver des solutions aux problèmes sociaux de notre époque (la pauvreté, la criminalité et la violence, la pollution, etc.)? Pourquoi (pas)?
3. Êtes-vous plutôt optimiste ou pessimiste pour l'avenir? Pourquoi?

Q. Écoutez: Les témoins vous parlent. En écoutant quelques Français et francophones vous parler de leur vision de l'avenir, essayez de répondre aux questions.

Audio CD:
SEGMENT 7–3
CD 4, TRACK 11

Suggestion, Ex. Q: You can verify the answers after each **témoin** speaks. Or, if you prefer, you can have students listen to all four **témoins** and then ask them to identify who is optimistic and who is pessimistic about the future. Be sure to have them explain why each person feels that way.

VALÉRIE ÉCOBICHON Saint Maudez, France

«Je crois que... nous cherchons une plus grande qualité de vie.»

VOCABULAIRE UTILE: on s'y met *(they put their minds to it)*

Selon Valérie, que recherchent les gens—en général? en ce qui concerne le logement? Est-elle plutôt optimiste ou pessimiste en ce qui concerne l'avenir?

Réponses: *Valérie Écobichon:* En général, ils recherchent une plus grande qualité de vie, une vie avec de plus en plus de loisirs. En particulier, ils cherchent des logements de plus en plus spacieux, de plus en plus agréables. Elle est plutôt optimiste.

ALAIN BAZIR Saint-Claude et Pointe-à-Pitre, Guadeloupe

«Difficile de répondre... »

VOCABULAIRE UTILE: campagnes *(campaigns),* **prise de conscience** *(awareness),* **moyens** *(means [financial]),* **clochards** *(tramps),* **sans domicile fixe** *(without a fixed address; i.e., homeless),* **cellule familiale** *(family unit),* **gardaient** *(kept),* **«blancs gâchés»** *(wasted whites),* **petits boulots** *(odd jobs),* **se désagréger** *(to break up)*

Selon Alain, à quel problème pourra-t-on trouver une solution? Quels problèmes seront difficiles à résoudre? Quel problème choisit-il comme exemple? Qu'est-ce qui a changé en Guadeloupe récemment? Qu'est-ce que c'est que des «blancs gâchés»? Quelle attitude Alain a-t-il à l'égard de l'avenir?

Réponses: *Alain Bazir:* On pourra sans doute trouver une solution à la pollution, mais pas à la criminalité, à la violence ou à la pauvreté. Il prend comme exemple la pauvreté. Autrefois, il n'y avait pas de clochards en Guadeloupe; depuis un an ou deux, il y a beaucoup de gens sans domicile fixe. On appelle les «blancs gâchés» des gens venus de France en Guadeloupe sans domicile, sans travail; ils font des petits boulots, ils vivent à côté de l'université, mais ils ne cherchent pas de travail stable. Il est plutôt pessimiste, surtout à cause du chômage et du fait que les valeurs changent (par exemple, la cellule familiale se désagrège).

XAVIER JACQUENET Dijon, France

«Peut-être qu'à la faveur d'un événement très grave, les gens pourront prendre conscience... »

VOCABULAIRE UTILE: paraît *(seems),* **chomage** *(unemployment),* **du coup** *(as a result),* **consommer** *(to consume [buy and use]),* **stade** *(stage),* **inégalités** *(inequalities),* **épuisement** *(using up)*

Quels changements Xavier prévoit-il? Est-il optimiste en ce qui concerne la recherche de solutions aux problèmes d'aujourd'hui? Quels problèmes mentionne-t-il?

Réponses: *Xavier Jacquenet:* Il prévoit une réduction progressive du temps de travail; par conséquent, on aura plus de loisir et on consommera davantage. Non, il est plutôt pessimiste. Il mentionne l'inégalité entre les pays du nord et les pays du sud ainsi que l'épuisement de nos ressources naturelles.

ANNE SQUIRE Levallois-Perret, France

«Je pense que les gens ont peur, en fait, et qu'ils ne font pas confiance à l'avenir.»

VOCABULAIRE UTILE: avenir proche *(near future)*, **menacés** *(threatened)*, **traité de Maestricht** *(treaty governing cooperation between countries belonging to the new Europe)*, **appartenance** *(belonging to)*, **menaçante** *(threatening)*, **disparaître** *(to disappear)*

Selon Anne, quelle est l'origine des principaux changements actuels? Ont-ils une grande influence sur la vie de tous les jours? Dans le domaine politique, de quoi les Français ont-ils peur? En quoi sont-ils différents de leurs parents et grands-parents?

If you would like to listen again to the ***Témoignages,*** you can work with this listening material on your own, using SEGMENT 7-3 of the **Audio CD** and Ex. XI in the **Manuel de préparation.**

Réponses: *Anne Squire:* L'origine des principaux changements actuels, c'est que le monde devient de plus en plus global et que les communications deviennent de plus en plus sophistiquées. Mais elle ne pense pas que ces changements aient une grande influence sur la vie de tous les jours. Dans le domaine de la politique, les Français ont peur de la nouvelle Europe, ils ont peur de perdre leur identité et leur culture. Autrefois, les gens voyaient la vie d'une manière un peu plus optimiste qu'aujourd'hui où les gens n'ont plus confiance dans l'avenir.

***Do* À faire! (7-5) *on page 278 of the* Manuel de préparation.**

Écrivez!

SUGGESTED LESSON OUTLINE: Students assigned ***À faire! (7-5)*** have revised the first draft of their essay and done a pre-reading activity. Ex. XII and XIII were not self-correcting.

In this class period, do ***Écrivez!*** (Ex. R) and ***Lecture*** (Ex. S, T).

Ex. R: ⇄ **groups of 2**

Suggestion: Ex. R: Once again it is important to reorganize pairs so that peer readers work with a paper that they haven't seen previously.

R. Votre devoir écrit (suite). Aidez un(e) camarade de classe à retravailler son devoir sur la technologie en suivant les indications données ci-dessous.

1. Lisez le devoir de votre camarade, puis résumez en quelques phrases les intentions de son auteur.
2. Relisez son devoir en soulignant *(underlining)* les mots, les expressions ou les phrases que vous avez de la difficulté à comprendre.
3. Relisez encore une fois le devoir en vérifiant que les verbes s'accordent avec leur sujet, que les articles et les adjectifs s'accordent avec le nom qu'ils qualifient et qu'il n'y a pas de fautes d'orthographe évidentes.

Lecture: «Un monde futuriste» (Claude Jasmin)

Claude Jasmin (1930–) is a native of Montreal. He has written numerous novels *(La Corde au cou)*, short stories, plays *(Le Veau dort)* as well as radio and TV scripts.

Dans sa nouvelle «Le Cosmonaute romantique», l'écrivain québécois Claude Jasmin transporte ses lecteurs dans le monde de l'avenir. En racontant l'histoire de l'amour entre deux Montréalais au début du XXIe siècle, il nous donne sa vision d'une société à venir. Voici quelques extraits de cette nouvelle fantaisiste. Les astérisques (*) signalent des mots inventés par l'auteur pour parler de ce monde futur.

S. En lisant. Pendant que vous lisez ces extraits du «Cosmonaute romantique», relevez tous les détails qui montrent que la vie au XXIe siècle est bien différente de celle que nous connaissons. Vous pourrez considérer, par exemple, qualité et longueur de vie, heures de travail, transports et autres progrès technologiques, etc.

Suggestion, Ex. S: If the peer editing (Ex. R) takes more than half the class period, you may wish to have students read the first few paragraphs and then discuss what they have read while assigning the rest of the excerpts for homework.

Lisez!

«UN MONDE FUTURISTE»

Tous les soirs, c'est la même chose, la même manie.° Après le travail, vers deux ou trois heures de l'après-midi, — ah! l'ancien «9 à 5» est bien fini!—Paulette saute dans le métro et file° vers les pistes aériennes. Comme je travaille sur une autre équipe, de onze à quatre heures, je ne peux pas l'empêcher° de se livrer° à son triste vice. Car c'est un vice: elle passe toutes les soirées... à Paris! Elle en est folle. Folle à lier.° On m'a dit qu'elle y bouquine,° qu'elle traîne° aux terrasses des anciens cafés littéraires, dans les bibliothèques visuelles, dans des caves à disques,° jusqu'à des heures impossibles, parfois trois heures du matin.

Elle ferait pire.° Mais le dernier omnibus pneumatique pour Montréal, le Fusik 6, quitte Paris à cette heure-là. Alors, elle revient, elle n'a pas le choix. Il y a que° je l'aime et cette manie nous sépare. Je ne peux plus lui parler que le matin lorsqu'elle rentre aux bureaux de la compagnie. Elle m'étonne, elle apparaît pour l'heure d'entrée pile,° fraîche et en pleine forme. Oui, j'aime Paulette, sans trop savoir pourquoi. C'est mon type de femme. Je l'ai dans la peau.° C'est sans raison. Je l'aime.

Et je l'ai prouvé. Plus d'une fois. Pour son anniversaire, je lui ai offert un joli plusistor.* Ainsi, elle peut écouter toutes les émissions du globe. M'a-t-elle manifesté de la gratitude? Elle a fait: «Très gentil, ça. Je vais le montrer à mes copains parisiens... Dès ce soir!» Zut!

Et j'en fus quitte° pour aller encore me balader, tout seul, dans le vide cosmique. Je voudrais tant que Paulette aime aussi la nature cosmique comme moi. Dans l'ionosphère,° le soleil est magnifique à examiner.

Je fais du temps supplémentaire à l'usine. Je fais des semaines de vingt heures parfois! Même de vingt-cinq heures certains mois d'hiver. La semaine dernière, la section que je dirige a réussi à sortir mille combinaisons pressurisées.° Ceci grâce à ma vaillance° de chef d'atelier. Je veux m'acheter, au plus tôt, un de ces petits engins° merveilleux, à pile° nucléaire, qui me conduirait partout dans l'ionosphère. Oui, avec un de ces Exik-1, je pourrais m'abandonner à ma manie à moi: les balades dans le vide cosmique. Et tant pis pour Paulette. Je finirai bien par me l'enlever° de la tête.

Je suis le cours du fameux Zimenov à la télévision, tous les mercredis matins, pendant que les ouvriers vont aux bains de vapeur° et au gymnase. Et bientôt, j'irai passer l'examen d'astronaute, grade 7, le plus haut degré chez les amateurs. Quand j'aurai mon certificat, je ferai une demande pour aller travailler sur les quais satellisés, dans les gares spatiales du côté de Vénus ou de Mars. Là où il y a de la vie!

Je m'exilerai loin d'elle.

Rendu là-haut, peut-être, découvrira-t-elle mon existence enfin et que je l'aimais. Elle aura du chagrin.° Saura ce que c'est que l'ennui. Et se décidera enfin à tenir un peu compte de° moi, de mon existence, de ma vie. Car c'est vite passé une vie: deux cents pauvres petites années. [...]

obsession

goes off

prevent / to indulge in

Raving mad / browses for books / hangs out

discothèques

worse

Il y a que = Le problème est que...

on the dot

She's gotten under my skin.

I was left

upper atmosphere of the earth

pressurized suits

bravery

aircraft / battery

to get out of

steam

will be distressed

to take into account

Paulette n'est pas du tout intéressée par les voyages interplanétaires. Elle adore l'art du passé, de la «préhistoire» (les surréalistes, les cubistes); elle se plaît dans «ce Paris-de-musées». Par conséquent, quand le narrateur propose qu'ils aillent vivre tous les deux sur Mars, elle lui répond que c'est impossible.

Bref, elle a catégoriquement refusé de se lier à moi «pour le meilleur et le pire» comme disaient les vieux. Elle veut vivre à Paris. C'est là son idéal, son vœu° le plus cher. Eh bien, qu'elle y aille! Qu'elle y passe ses soirs et ses fins de semaine, sa vie entière. Moi, je n'ai plus qu'à essayer de me défaire de ces liens° que j'avais si patiemment tissés° entre nous deux. Ce sera long, pénible.° J'étais bien ficelé.° Mais je l'oublierai. Elle me rendra mes présents, mes cartes, mes billets doux. J'étais fou, ces cadeaux idiots: le plurimètre* comptable, la machine à peindre, le plusistor...

wish

links, ties

woven / hard / tied up

Si j'arrive pas à l'oublier, je me prêterai aux expériences° du fameux souvenak* dont tout le monde parle. Il paraît que cette merveilleuse machine peut effacer jusque dans le subconscient toute trace de n'importe quel souvenir désagréable. Le père Freud° en baverait° de satisfaction!

will take part in the experiments

father of psychoanalysis / would drool

Le narrateur prend donc le parti de quitter Paulette, qui souffre de ce qu'il appelle «l'aliénation terrestre». Il va par conséquent reprendre sa vie à lui.

Il faut maintenant que j'aille carrément° vers ma vraie nature. Le biologiste-psychologue de l'usine, lors de sa récente visite, m'a bien expliqué l'importance vitale d'être fidèle° à sa nature. Je n'ai pu m'empêcher de lui parler de ma grande Paulette. De son goût de forcenée° pour le passé, pour les vieilles cultures européennes. «C'est un cas», m'a-t-il dit en se frottant le bout du menton, «un cas intéressant, faudrait que je puisse l'examiner pour savoir si elle obéit vraiment à sa nature biologique!» Hein? Mais c'est trop tard.

straight out

faithful

maniac

Je regrette de n'être pas demeuré aux études plus de dix ans. Aujourd'hui je pourrais mieux participer aux nouvelles découvertes. Je pourrais m'inscrire comme chercheur° national dans les équipes de sondage interspatial.

On en est tous las° de nos neuf planètes, de notre petit système solaire!

Des savants° parlent d'un certain point où se trouvent une centaine d'astres-soleils, étoiles clignotantes,° qui se refroidissent et se rallument toutes les heures, dans un ordre précis. C'est, paraît-il, passionnant, le jour, la nuit, d'heure en heure! Ces petits soleils pivotent, gravitent autour d'une planète habitée baptisée «Lumi». Ses habitants sont des géants° sur-doués° mais immobiles. Ils sont plantés comme des arbres, avec des racines° qui croissent,° se multiplient. Étranges sédentaires forcés qui réfléchissent énormément. Ils auraient résolu tous les problèmes de la pensée moderne.

researcher

tired

scientists

blinking

giants / gifted

roots / grow

Déjà, la télévision, à son émission, «Aujourd'hui», y a consacré plusieurs épisodes. Le professeur Martin, le grand savant gaspésien,° prédit qu'il s'agit de l'anti-homme dont il était tant question ces dernières années. Il serait impossible de les toucher! Au moindre contact, ce serait l'explosion. Il n'y aurait qu'à entretenir l'amitié! À moins d'inventer des antennes spéciales. Ne pas pouvoir se toucher! Serait-ce la solution?

from the Gaspé peninsula (Canada)

Tiens, tiens! Pas besoin d'aller si loin, si haut. Voilà ce qui est arrivé entre Paulette et moi. On ne peut plus s'approcher sans exploser! Au moindre contact, paf! Tout nous sépare.

Il me reste à suivre les cours du soir pour l'embarquement. J'irai dans l'ionosphère. Oh! oui, à toute vitesse. Je suis peut-être d'essence anti! J'en ferais le pari.° Je vais pouvoir aller vivre en paix, enfin, avec une de ces anti-femmes. Sans pare-chocs° sans rien, tout nu avec une de ces géantes philosophes, sages comme on n'imagine pas. Et j'aurai, comme on dit, de nombreux petits anti-enfants. Adieu, ma belle Parisienne attardée°!

bet

fenders (protection)

behind the times

Claude Jasmin, «Le Cosmonaute romantique», *Châtelaine*, avril 1965

T. Avez-vous compris? Discutez des questions suivantes avec quelques camarades de classe.

1. Malgré l'amour que le narrateur a pour sa bien-aimée, Paulette et lui forment un couple très mal assorti *(matched)*. Qu'est-ce qui les sépare l'un de l'autre?
2. Selon le dictionnaire, l'adjectif «romantique» veut dire «qui touche la sensibilité, invite à l'émotion, à la rêverie». Dans quel sens le narrateur est-il romantique? Paulette l'est-elle aussi? Comment comprenez-vous donc le titre?
3. À la fin de la nouvelle, le narrateur projette d'embarquer pour la planète «Lumi». À votre avis, cette fin est-elle optimiste ou pessimiste, positive ou négative? Expliquez.

Ex. T: groups of 2, 3, or 4

Do À faire! (7-6) on page 281 of the **Manuel de préparation.**

Discutez!

U. Avant de discuter. Claude Jasmin et les jeunes (Corinne, Benoît et les autres). Prenez des notes afin de vous préparer à discuter des questions suivantes avec vos camarades de classe. Utilisez une autre feuille que vous apporterez en classe.

1. Dans quelle mesure le monde futuriste de Claude Jasmin rejoint-il le monde imaginé par Corinne, Benoît et les autres?
2. En quoi le monde futuriste de Claude Jasmin est-il différent de leur monde?
3. Quelle est votre attitude personnelle à l'égard de l'avenir et des changements envisagés dans ce chapitre? Est-ce que vous identifiez d'avantage au narrateur de Jasmin? à Paulette? à Corinne, Benoît et leurs amis? ni aux uns ni aux autres? Pourquoi?

SUGGESTED LESSON OUTLINE: Students assigned ***À faire! (7-6)*** have written a final version of their essay and prepared for in-class discussion about the future. Ex. XIV and XV were not self-correcting.

In this class period, do ***Discutez!*** (Ex. U) and ***Écrivez!*** (Ex. V).

Ex. U: groups of 4 or 5

Suggestion, Ex. U: In order to reserve time for Ex. V, you may wish to limit the discussion of each question to a certain number of minutes. You can also suggest that a different group member serve as discussion leader for each of the questions.

Écrivez!

V. Sujets de devoir. Vous allez avoir à rédiger un devoir traitant d'un aspect de l'avenir. Explorez avec quelques camarades de classe les questions suivantes afin de vous aider à définir le sujet de votre devoir. Dans cet exercice, il ne s'agit pas d'une discussion mais plutôt d'un *brainstorming* (remue-méninges) visant à faire émerger autant d'idées que possible.

1. Le monde du XXIe siècle est en train de se construire actuellement. Quelles tendances, quelles inventions, quels scénarios vous semblent les plus prometteurs pour l'avenir? Lesquels vous semblent les plus dangereux?
2. Parmi les problèmes sociaux de notre époque, auxquels pourra-t-on peut-être trouver des solutions au cours des vingt années à venir? Comment? Lesquels ne pourra-t-on pas résoudre? Pourquoi?
3. Construisez votre scénario pour le monde des générations à venir en imaginant des changements concrets dans les domaines suivants: les villes, le travail, l'enseignement, les transports, la vie familiale, les rapports entre individus.

Ex. V: groups of 4 or 5

Suggestion, Ex. V: You may wish once again to impose time limits as a way of insisting on the brainstorming aspect of this exercise.

Do À faire! (7-7) on page 283 of the **Manuel de préparation.**

Écrivez!

SUGGESTED LESSON OUTLINE: Students assigned ***À faire!* (7-7)** have brainstormed ideas and made an outline for an essay on the future. Ex. XVI and XVII were not self-correcting.

In this class period, do ***Écrivez!*** (Ex. W) and ***Discutez!*** (Ex. X).

Ex. W: groups of 2

W. Votre plan. Regardez le plan que votre camarade a rédigé dans l'Exercice XVII du **Manuel de préparation.** Faites-en une critique en considérant les questions suivantes.

1. Pouvez-vous résumer en une seule phrase le sujet du devoir?
2. Quel est le but du devoir? (exposer, raconter, comparer, argumenter)
3. L'ordre des idées principales convient-il au but du devoir?
4. Y a-t-il suffisamment d'idées complémentaires pour développer chaque idée principale?
5. Y a-t-il suffisamment d'exemples pour illustrer les idées complémentaires?
6. Y a-t-il une introduction? Présente-t-elle le sujet du devoir? Annonce-t-elle le plan du devoir?
7. Y a-t-il une conclusion? Résume-t-elle le but du devoir? Élargit-elle le sujet du devoir?

Discutez!

Ex. X: variable groups

***Do* À faire! (7-8) *on page 283 of the* Manuel de préparation.**

X. Scénarios pour l'avenir. Discutez des sujets suivants avec quelques camarades de classe.

1. Quel avenir semble nous réserver le monde actuel?
2. Pourra-t-on trouver des solutions dans l'avenir aux problèmes sociaux de notre époque?
3. Comment les futurologues imaginent-ils le monde de l'avenir?

Suggestion, Ex. X: The discussion topics correspond to the three general subjects proposed for the writing assignment. You could thus group students according to which of the three subjects they have chosen. In that case, they can compare the ways they've chosen to treat the subject. Or, you can allow students to group themselves. In this case, they can discuss on the basis of the brainstorming session of the previous class (Ex. V) and the outlines they've just read.

Écrivez!

SUGGESTED LESSON OUTLINE: Students assigned ***À faire!* (7-8)** have written a first draft of their essay on the future. Ex. XVIII was not self-correcting.

In this class period, do ***Écrivez!*** (Ex. Y) and ***Discutez!*** (Ex. Z).

Ex. Y: groups of 3

Suggestion, Ex. Y: Have students change partners to peer readers who did not critique the outline during the last class.

Y. Votre devoir écrit (suite). Deux camarades de classe vont lire votre brouillon afin de répondre aux questions suivantes:

1. Quel est le but de ce devoir? Y a-t-il des paragraphes ou des phrases qui ne contribuent pas à la réalisation de ce but? À qui ce devoir s'adresse-t-il? Est-ce que le devoir convient à cette catégorie de lecteurs?
2. Y a-t-il des exemples pour soutenir les idées principales et complémentaires? Y a-t-il des phases traduites directement de l'anglais?
3. Est-ce que les verbes s'accordent avec leur sujet? Les adjectifs avec le nom qu'ils qualifient? Y a-t-il des fautes d'orthographe? Discutez de ces questions avec vos lecteurs.

Discutez!

***Do* À faire! (7-9) *on page 284 of the* Manuel de préparation.**

Ex. Z: variable groups

Testing: The **Test Bank** includes a chapter test for **Chapitre 7.**

Z. Optimistes ou pessimistes? Selon ce que vos camarades sont en train d'écrire, les considéreriez-vous plutôt optimistes ou pessimistes par rapport à l'avenir? Discutez de cette question avec quelques camarades de classe en faisant allusion aux plans et aux brouillons que vous avez lus.

Suggestion, Ex. Z: Split up the peer critique groups from Ex. Y so that each member of the new group can refer to papers not read by the other members of the group. This will maximize the possible input for this discussion.

Vidéo

Video:
Chapitre 7

AVANT LA VIDÉO

Pour chacune des affirmations suivantes qui correspondent aux thèmes des trois passages vidéo, indiquez si vous êtes **d'accord** (D) ou **pas d'accord** (P).

1. ___ L'homme a raison de s'intéresser à la conquête de l'espace.
2. ___ Seul le progrès technologique peut conduire au progrès de l'humanité.
3. ___ La connaissance des sciences de l'espace joue un rôle important dans notre vie quotidienne.
4. ___ Le premier homme sur la lune constitue l'évènement le plus important de notre siècle.
5. ___ On dépense trop d'argent pour les programmes spatiaux.

PREMIÈRE SÉQUENCE: À la poursuite des étoiles

LA VIDÉO: AVEC LE SON

Bernard Burel nous présente la Cité de l'espace de Toulouse dont il est directeur général depuis 1997.

Trouvez la (les) réponse(s) correcte(s) de M. Burel aux questions qui lui sont posées.

NOTES:
Soyouz: vaisseau *(ship)* spatial russe
ERS: satellite européen utilisé pour observer la topographie sous-marine
Ariane 5: lanceur de satellites européen
MIR: station spatiale russe

1. Quels sont les objectifs de la Cité de l'espace?
   a. expliquer à quoi sert l'espace et comment ça marche *(works)*
   b. devenir *(to become)* un espace européen
   c. comprendre l'importance de l'espace dans notre vie quotidienne
2. Combien de visiteurs recevez-vous?
   a. plus de 2 000 personnes par jour
   b. entre 800 et 1 500 personnes par jour
   c. 320 000 personnes par an
3. Qui sont ces visiteurs?
   a. 60% de familles et 40% de groupes
   b. 30% de nos visiteurs sont des personnes âgées
   c. 50% des gens viennent de Toulouse et de la région toulousaine
   d. 20% de nos visiteurs sont des Européens
   e. 10% de nos visiteurs sont des étrangers
4. Quelle est l'attraction que les visiteurs préfèrent en général?
   a. le Soyouz
   b. la maquette *(real-size model)* d'Ariane
   c. le planétarium
   d. la maquette d'ERS
   e. la station MIR

Première séquence:
Réponses:
Avec le son:
1. a, c
2. b, c
3. a, c, e
4. c

Première séquence:

Réponses (suite):

Avec le son:
5. b
6. c
7. a, b, c

5. À votre avis, quelle invention a le plus marqué le XXe siècle?
   a. le premier homme dans la lune
   b. le lancement en 1957 de Spoutnik, le premier satellite artificiel
   c. l'installation de stations orbitales
   d. la conquête de la lune
6. Combien de Français ont voyagé dans l'espace jusqu'à aujourd'hui?
   a. 10 hommes
   b. 4 hommes et une femme
   c. 5 hommes et une femme
7. Quels sont les grands projets spatiaux à venir?
   a. la mise en fonction de la station spatiale internationale
   b. entreprendre la conquête de Mars
   c. voyager ailleurs dans le système solaire

QUANT À MOI...

Et vous, partiriez-vous dans l'espace? Pourquoi? Êtes-vous attiré(e) *(attracted)* par la frontière de l'espace? Pourquoi? Pensez-vous que l'homme doive étendre *(increase)* ses connaissances du cosmos? Pourquoi?

DEUXIÈME SÉQUENCE: Technologie européenne

LA VIDÉO: AVEC LE SON

Gérard Lunien nous présente un exemple d'invention technologique européenne dont la France est le participant majoritaire: le lanceur de satellites Ariane V.

Indiquez par **vrai** (V) ou **faux** (F) si les idées suivantes sont présentées dans ce segment. Corrigez les affirmations *(statements)* inexactes.

1. ___ Ariane mesure 83 mètres de haut et pèse *(weighs)* 750 tonnes.
2. ___ En haut du lanceur se trouvent les satellites.
3. ___ C'est la vapeur d'eau produite par le réservoir *(tank)* qui fait décoller Ariane.
4. ___ Ariane I pouvait porter 1,8 tonnes de satellites.
5. ___ Ariane V peut transporter 7 tonnes de satellites.
6. ___ Un lanceur coûte 500 millions de francs.

Deuxième séquence:

Réponses:

Avec le son:
1. F (53 mètres de haut)
2. V
3. F (avec l'aide des 2 boosters de chaque côté)
4. F (1,6 tonnes)
5. V
6. V

QUANT À MOI...

Selon vous, à quel genre d'inventions technologiques devrait *(should)* travailler la communauté mondiale? Pourquoi?

TROISIÈME SÉQUENCE: Espoirs pour le troisième millénaire

LA VIDÉO: AVEC LE SON

Dans ce segment, des jeunes gens répondent à la question suivante: quel genre de progrès serait souhaitable dans un avenir proche?

Cochez *(Check)* devant les réponses entendues dans ce segment.

1. ___ On devrait inventer un carburant non polluant.
2. ___ Les machines remplaceront l'homme pour travailler.
3. ___ Un robot fera les devoirs à la place des élèves.
4. ___ J'espère qu'il n'y aura pas de guerres.
5. ___ Le progrès, ce serait d'éliminer la famine dans le monde.
6. ___ Il faudrait réduire le temps des voyages.
7. ___ Peut-être un nouvel instrument de musique?
8. ___ Il faudrait qu'on trouve un remède aux maladies qu'on ne peut pas soigner.
9. ___ Un moyen d'apprendre en dormant.
10. ___ Ne plus se faire diriger par les autres et garder son autonomie.
11. ___ Un jour ou l'autre on n'aura plus besoin de nos mains.

Troisième séquence:

Réponses:

2, 3, 4, 6, 8, 10, 11

QUANT À MOI...

Que pensez-vous de ces réponses? Êtes-vous d'accord avec certaines d'entre elles? Lesquelles? Pourquoi? Est-ce qu'elles vous paraissent peu probables, impensables ou superflues? Pourquoi? Comparez vos réponses avec celles de vos camarades de classe.

OU

Et vous, quel genre de progrès pensez-vous souhaitable dans un avenir proche? Pourquoi? Quels changements importants auront lieu dans la première moitié du siècle prochain? Souhaitez-vous participer à la mise en place *(setup)* de ces changements? Pourquoi? Comparez vos réponses avec celles de vos camarades de classe.

APPENDICE A

Les temps littéraires

There are four literary verb tenses in French. Their use is usually limited to a written context; they are almost never heard in conversation.

It is unlikely that you will be called upon to produce these tenses, but you should be able to recognize them. They appear in classical and much of the contemporary literature that you will read, especially in the **je** and **il** forms. Passive recognition of these tenses is not difficult since the verb endings are usually easy to identify.

The **passé simple** and the **passé antérieur** belong to the indicative mood; the two other tenses, also presented below, are the imperfect subjunctive and the pluperfect subjunctive.

The passé simple

As its name indicates, this is a simple past tense, involving no auxiliary verb. It will be easier for you to recognize it if you become familiar with the endings of the three regular conjugations and certain irregular forms.

A. Regular Forms

To form the **passé simple** of regular **-er** verbs, take the stem of the infinitive and add the appropriate endings: **-ai, -as, -a, âmes, âtes, -èrent.**

parler	
je parl**ai**	nous parl**âmes**
tu parl**as**	vous parl**âtes**
il/elle/on parl**a**	ils/elles parl**èrent**

To form the **passé simple** of regular **-ir** and **-re** verbs, take the stem of the infinitive and add the appropriate endings: **-is, -is, -it, îmes, îtes, -irent.**

réfléchir	
je réfléch**is**	nous réfléch**îmes**
tu réfléch**is**	vous réfléch**îtes**
il/elle/on réfléch**it**	ils/elles réfléch**irent**

rendre	
je rend**is**	nous rend**îmes**
tu rend**is**	vous rend**îtes**
il/elle/on rend**it**	ils/elles rend**irent**

B. Irregular Forms

Most verbs that have an irregularly formed **passé simple** have an irregular stem to which you add one of the following groups of endings:

-is	-îmes	-us	-ûmes
-is	-îtes	-us	-ûtes
-it	-irent	-ut	-urent

Below is a partial list of the most common verbs in each category.

-is		-us	
faire	**je fis**	boire	**je bus**
mettre	**je mis**	croire	**je crus**
prendre	**je pris**	devoir	**je dus**
rire	**je ris**	plaire	**je plus**
voir	**je vis**	pleuvoir	**il plut**
écrire	**j'écrivis**	pouvoir	**je pus**
conduire	**je conduisis**	savoir	**je sus**
craindre	**je craignis**	falloir	**il fallut**
peindre	**je peignis**	valoir	**je valus**
vaincre	**je vainquis**	vouloir	**je voulus**
		vivre	**je vécus**
		connaître	**je connus**
		mourir	**il mourut**

Avoir and **être,** which are frequently seen in the **passé simple,** have completely irregular forms.

avoir	
j'eus	nous **eûmes**
tu **eus**	vous **eûtes**
il/elle/on **eut**	ils/elles **eurent**

être	
je **fus**	nous **fûmes**
tu **fus**	vous **fûtes**
il/elle/on **fut**	ils/elles **furent**

Two additional common verbs with irregular forms in the **passé simple** are **venir** and **tenir.**

venir	
je **vins**	nous **vînmes**
tu **vins**	vous **vîntes**
il/elle/on **vint**	ils/elles **vinrent**

tenir	
je **tins**	nous **tînmes**
tu **tins**	vous **tîntes**
il/elle/on **tint**	ils/elles **tinrent**

C. Use of the *passé simple*

The **passé simple** is often thought of as the literary equivalent of the **passé composé.** To an extent this is true. Both tenses are used to refer to specific past actions that are limited in time.

Victor Hugo **est né** en 1802. (**passé composé**)
Victor Hugo **naquit** en 1802. (**passé simple**)

The fundamental difference between these two tenses is that the **passé simple** can never be used in referring to a time frame that has not yet come to an end. There is no such limitation placed on the **passé composé.**

Look at this sentence: **J'ai écrit deux lettres aujourd'hui.** This thought can only be expressed by the **passé composé,** since **aujourd'hui** is a time frame that is not yet terminated. **Robert Burns a écrit des lettres célèbres à sa femme** could also be expressed in the **passé simple: Robert Burns écrivit des lettres célèbres à sa femme.** The time frame has come to an end.

Descriptions in the past that are normally expressed by the imperfect indicative are still expressed in the imperfect, even in a literary context.

The passé antérieur

A. Formation

The **passé antérieur** is a literary compound tense that is the **passé simple** of the auxiliary verb **avoir** or **être** and a past participle.

parler **j'eus parlé,** etc.
sortir **je fus sorti**(e), etc.
se lever **je me fus levé**(e), etc.

B. Use of the *passé antérieur*

The **passé antérieur** is used to refer to a past action that occurred prior to another past action. It is most frequently found in a subordinate clause following a conjunction such as **quand, lorsque, après que, dès que, aussitôt que.** The conjunction indicates that the action in question immediately preceded another action in the past. The latter action will generally be expressed in the **passé simple** or the imperfect.

Hier soir, après qu'il **eut fini** de manger, il **sortit.**
Le soir, après qu'il **eut fini** de manger, il **sortait.**

The imperfect subjunctive

A. Formation

The imperfect subjunctive is most often encountered in the third-person singular. The imperfect subjunctive is formed by taking the **tu** form of the **passé simple,** doubling its final consonant, and adding the endings of the present subjunctive. The third-person singular (**il/elle/on**) does not follow the regular formation. To form it, drop the consonant, place a circumflex accent (ˆ) over the final vowel, and add a **t.**

aller (tu allas → allass-)	
que j'all**asse**	que nous all**assions**
que tu all**asses**	que vous all**assiez**
qu'il/elle/on all**ât**	qu'ils/elles all**assent**

B. Use of the imperfect subjunctive

Like the other tenses of the subjunctive, the imperfect subjunctive is most often found in a subordinate clause governed by a verb in the main clause that requires the use of the subjunctive. The verb of the main clause is either in a past tense or in the conditional. In order for the imperfect subjunctive to be used in the subordinate clause, the action expressed in this clause must occur at the same time as the action of the main verb or later on.

Je **voulais qu'**elle me **répondît.**
Elle **voudrait qu'**on l'**écoutât.**

The pluperfect subjunctive

A. Formation

The pluperfect subjunctive is formed with the imperfect subjunctive of the auxiliary verb **avoir** or **être** and a past participle. Like the imperfect subjunctive, this tense is mostly used in the third-person singular.

que j'eusse parlé, qu'il eût parlé, etc.
que je fusse sorti(e)**, qu'il fût sorti,** etc.
que je me fusse lavé(e)**, qu'elle se fût lavée,** etc.

B. Use of the pluperfect subjunctive

The pluperfect subjunctive, like the imperfect subjunctive, is usually found in a subordinate clause. It is used when the main verb is either in a past tense or in the conditional and the action expressed in the subordinate clause has occurred prior to the action of the main clause.

Il **déplora qu'elle fût** déjà **partie.**

In reading, you may occasionally encounter a verb form identical to the pluperfect subjunctive that does not follow the usage outlined above. In such cases, you will be dealing with an alternate literary form of the past conditional, and you should interpret it as such.

J'**eusse voulu qu'**elle m'**accompagnât.**
(J'aurais voulu qu'elle m'accompagne.)

In lighter prose and conversation, the imperfect subjunctive is replaced by the present subjunctive, and the pluperfect subjunctive is replaced by the past subjunctive.

Les verbes réguliers

INFINITIF	PRÉSENT	IMPÉRATIF	PASSÉ COMPOSÉ	IMPARFAIT
parler *(to talk, speak)*	je **parle** tu **parles** il **parle** nous **parlons** vous **parlez** ils **parlent**	**parle** **parlons** **parlez**	j'**ai parlé** tu **as parlé** il **a parlé** nous **avons parlé** vous **avez parlé** ils **ont parlé**	je **parlais** tu **parlais** il **parlait** nous **parlions** vous **parliez** ils **parlaient**
finir *(to finish)*	je **finis** tu **finis** il **finit** nous **finissons** vous **finissez** ils **finissent**	**finis** **finissons** **finissez**	j'**ai fini** tu **as fini** il **a fini** nous **avons fini** vous **avez fini** ils **ont fini**	je **finissais** tu **finissais** il **finissait** nous **finissions** vous **finissiez** ils **finissaient**
rendre *(to give back)*	je **rends** tu **rends** il **rend** nous **rendons** vous **rendez** ils **rendent**	**rends** **rendons** **rendez**	j'**ai rendu** tu **as rendu** il **a rendu** nous **avons rendu** vous **avez rendu** ils **ont rendu**	je **rendais** tu **rendais** il **rendait** nous **rendions** vous **rendiez** ils **rendaient**
se laver *(to wash oneself)*	je **me lave** tu **te laves** il **se lave** nous **nous lavons** vous **vous lavez** ils **se lavent**	**lave-toi** **lavons-nous** **lavez-vous**	je **me suis lavé(e)** tu **t'es lavé(e)** il/elle **s'est lavé(e)** nous **nous sommes lavé(e)s** vous **vous êtes lavé(e)(s)** ils/elles **se sont lavé(e)s**	je **me lavais** tu **te lavais** il **se lavait** nous **nous lavions** vous **vous laviez** ils **se lavaient**

PASSÉ SIMPLE	FUTUR	CONDITIONNEL	SUBJONCTIF	PARTICIPE PRÉSENT
je **parlai** tu **parlas** il **parla** nous **parlâmes** vous **parlâtes** ils **parlèrent**	je **parlerai** tu **parleras** il **parlera** nous **parlerons** vous **parlerez** ils **parleront**	je **parlerais** tu **parlerais** il **parlerait** nous **parlerions** vous **parleriez** ils **parleraient**	que je **parle** que tu **parles** qu'il **parle** que nous **parlions** que vous **parliez** qu'ils **parlent**	**parlant**
je **finis** tu **finis** il **finit** nous **finîmes** vous **finîtes** ils **finirent**	je **finirai** tu **finiras** il **finira** nous **finirons** vous **finirez** ils **finiront**	je **finirais** tu **finirais** il **finirait** nous **finirions** vous **finiriez** ils **finiraient**	que je **finisse** que tu **finisses** qu'il **finisse** que nous **finissions** que vous **finissiez** qu'ils **finissent**	**finissant**
je **rendis** tu **rendis** il **rendit** nous **rendîmes** vous **rendîtes** ils **rendirent**	je **rendrai** tu **rendras** il **rendra** nous **rendrons** vous **rendrez** ils **rendront**	je **rendrais** tu **rendrais** il **rendrait** nous **rendrions** vous **rendriez** ils **rendraient**	que je **rende** que tu **rendes** qu'il **rende** que nous **rendions** que vous **rendiez** qu'ils **rendent**	**rendant**
je **me lavai** tu **te lavas** il **se lava** nous **nous lavâmes** vous **vous lavâtes** ils **se lavèrent**	je **me laverai** tu **te laveras** il **se lavera** nous **nous laverons** vous **vous laverez** il **se laveront**	je **me laverais** tu **te laverais** il **se laverait** nous **nous laverions** vous **vous laveriez** ils **se laveraient**	que je **me lave** que tu **te laves** qu'il **se lave** que nous **nous lavions** que vous **vous laviez** qu'ils **se lavent**	**se lavant**

Les verbes en -er avec changement d'orthographe

INFINITIF	PRÉSENT	IMPÉRATIF	PASSÉ COMPOSÉ	IMPARFAIT
acheter *(to buy)*	j'**achète** tu **achètes** il **achète** nous **achetons** vous **achetez** ils **achètent**	**achète** **achetons** **achetez**	j'**ai acheté** tu **as acheté** il **a acheté** nous **avons acheté** vous **avez acheté** ils **ont acheté**	j'**achetais** tu **achetais** il **achetait** nous **achetions** vous **achetiez** ils **achetaient**
Verbs like **acheter:**	**amener** *(to bring [someone])*, **élever** *(to raise)*, **emmener** *(to take away [someone])*, **enlever** *(to take off, remove)*, **peser** *(to weigh)*			
appeler *(to call)*	j'**appelle** tu **appelles** il **appelle** nous **appelons** vous **appelez** ils **appellent**	**appelle** **appelons** **appelez**	j'**ai appelé** tu **as appelé** il **a appelé** nous **avons appelé** vous **avez appelé** ils **ont appelé**	j'**appelais** tu **appelais** il **appelait** nous **appelions** vous **appelez** ils **appelaient**
Verbs like **appeler:**	**épeler** *(to spell)*, **jeter** *(to throw)*, **rappeler** *(to recall, call back)*, **rejeter** *(to reject)*			
préférer *(to prefer)*	je **préfère** tu **préfères** il **préfère** nous **préférons** vous **préférez** ils **préfèrent**	**préfère** **préférons** **préférez**	j'**ai préféré** tu **as préféré** il **a préféré** nous **avons préféré** vous **avez préféré** ils **ont préféré**	je **préférais** tu **préférais** il **préférait** nous **préférions** vous **préfériez** ils **préféraient**
Verbs like **préférer:**	**célébrer** *(to celebrate)*, **espérer** *(to hope)*, **inquiéter** *(to worry)*, **posséder** *(to own)*, **protéger** *(to protect)*, **répéter** *(to repeat)*, **sécher** *(to dry)*, **suggérer** *(to suggest)*			
manger *(to eat)*	je **mange** tu **manges** il **mange** nous **mangeons** vous **mangez** ils **mangent**	**mange** **mangeons** **mangez**	j'**ai mangé** tu **as mangé** il **a mangé** nous **avons mangé** vous **avez mangé** ils **ont mangé**	je **mangeais** tu **mangeais** il **mangeait** nous **mangions** vous **mangiez** ils **mangeaient**
Verbs like **manger:**	**arranger** *(to fix, arrange)*, **changer** *(to change)*, **corriger** *(to correct)*, **déménager** *(to move one's residence)*, **déranger** *(to disturb)*, **diriger** *(to manage, run)*, **nager** *(to swim)*, **négliger** *(to neglect)*, **obliger** *(to oblige)*, **partager** *(to share)*, **plonger** *(to dive)*, **protéger** *(to protect)*, **ranger** *(to put in order, put away)*, **songer à** *(to think of)*, **voyager** *(to travel)*			
commencer *(to start, begin)*	je **commence** tu **commences** il **commence** nous **commençons** vous **commencez** ils **commencent**	**commence** **commençons** **commencez**	j'**ai commencé** tu **as commencé** il **a commencé** nous **avons commencé** vous **avez commencé** ils **ont commencé**	je **commençais** tu **commençais** il **commençait** nous **commencions** vous **commenciez** ils **commençaient**
Verbs like **commencer:**	**annoncer** *(to announce)*, **avancer** *(to move forward)*, **effacer** *(to erase)*, **lancer** *(to throw, launch)*, **menacer** *(to threaten)*, **placer** *(to put, set, place)*, **remplacer** *(to replace)*, **renoncer** *(to give up, renounce)*			
payer *(to pay, pay for)*	je **paie** tu **paies** il **paie** nous **payons** vous **payez** ils **paient**	**paie** **payons** **payez**	j'**ai payé** tu **as payé** il **a payé** nous **avons payé** vous **avez payé** ils **ont payé**	je **payais** tu **payais** il **payait** nous **payions** vous **payiez** ils **payaient**
Verbs like **payer:**	**employer** *(to use, employ)*, **ennuyer** *(to bore, annoy)*, **envoyer** *(to send)* (except in future and conditional), **essayer** *(to try)*, **essuyer** *(to wipe)*, **nettoyer** *(to clean)*			

PASSÉ SIMPLE	FUTUR	CONDITIONNEL	SUBJONCTIF	PARTICIPE PRÉSENT
j'**achetai** tu **achetas** il **acheta** nous **achetâmes** vous **achetâtes** ils **achetèrent**	j'**achèterai** tu **achèteras** il **achètera** nous **achèterons** vous **achèterez** ils **achèteront**	j'**achèterais** tu **achèterais** il **achèterait** nous **achèterions** vous **achèteriez** ils **achèteraient**	que j'**achète** que tu **achètes** qu'il **achète** que nous **achetions** que vous **achetiez** qu'ils **achètent**	**achetant**
j'**appelai** tu **appelas** il **appela** nous **appelâmes** vous **appelâtes** ils **appelèrent**	j'**appellerai** tu **appelleras** il **appellera** nous **appellerons** vous **appellerez** ils **appelleront**	j'**appellerais** tu **appellerais** il **appellerait** nous **appellerions** vous **appelleriez** ils **appelleraient**	que j'**appelle** que tu **appelles** qu'il **appelle** que nous **appelions** que vous **appeliez** qu'ils **appellent**	**appelant**
je **préférai** tu **préféras** il **préféra** nous **préférâmes** vous **préférâtes** ils **préférèrent**	je **préférerai** tu **préféreras** il **préférera** nous **préférerons** vous **préférerez** ils **préféreront**	je **préférerais** tu **préférerais** il **préférerait** nous **préférerions** vous **préféreriez** ils **préféreraient**	que je **préfère** que tu **préfères** qu'il **préfère** que nous **préférions** que vous **préfériez** qu'ils **préfèrent**	**préférant**
je **mangeai** tu **mangeas** il **mangea** nous **mangeâmes** vous **mangeâtes** ils **mangèrent**	je **mangerai** tu **mangeras** il **mangera** nous **mangerons** vous **mangerez** ils **mangeront**	je **mangerais** tu **mangerais** il **mangerait** nous **mangerions** vous **mangeriez** ils **mangeraient**	que je **mange** que tu **manges** qu'il **mange** que nous **mangions** que vous **mangiez** qu'ils **mangent**	**mangeant**
je **commençai** tu **commenças** il **commença** nous **commençâmes** vous **commençâtes** ils **commencèrent**	je **commencerai** tu **commenceras** il **commencera** nous **commencerons** vous **commencerez** ils **commenceront**	je **commencerais** tu **commencerais** il **commencerait** nous **commencerions** vous **commenceriez** ils **commenceraient**	que je **commence** que tu **commences** qu'il **commence** que nous **commencions** que vous **commenciez** qu'ils **commencent**	**commençant**
je **payai** tu **payas** il **paya** nous **payâmes** vous **payâtes** ils **payèrent**	je **paierai** tu **paieras** il **paiera** nous **paierons** vous **paierez** ils **paieront**	je **paierais** tu **paierais** il **paierait** nous **paierions** vous **paieriez** ils **paieraient**	que je **paie** que tu **paies** qu'il **paie** que nous **payions** que vous **payiez** qu'ils **paient**	**payant**

Les verbes irréguliers

In the list below, the number at the right of each irregular verb corresponds to the number of the verb, or of a similarly conjugated verb, in the tables that follow. Verbs conjugated with **être** as an auxiliary verb in the compound tenses are marked with an asterisk (*). All other verbs are conjugated with **avoir.**

absoudre *(to forgive)* 1
accueillir *(to receive, to welcome)* 15
acquérir *(to acquire, to get)* 2
admettre *(to admit)* 26
***aller** *(to go)* 3
***s'en aller** *(to go away)* 3
apercevoir *(to perceive)* 34
apparaître *(to appear)* 10
appartenir *(to belong)* 43
apprendre *(to learn)* 33
***s'asseoir** *(to sit down)* 4
atteindre *(to attain)* 13
avoir *(to have)* 5
battre *(to beat)* 6
***se battre** *(to fight)* 6
boire *(to drink)* 7
combattre *(to combat)* 6
comprendre *(to understand)* 33
conclure *(to conclude)* 8
conduire *(to drive, to conduct)* 9
connaître *(to know)* 10
conquérir *(to conquer)* 2
construire *(to construct)* 9
contenir *(to contain)* 43
convaincre *(to convince)* 41
convenir *(to agree)* 43
coudre *(to sew)* 11
courir *(to run)* 12
couvrir *(to cover)* 29
craindre *(to fear)* 13
croire *(to believe)* 14
cueillir *(to pick, to gather)* 15
cuire *(to cook)* 9
décevoir *(to deceive)* 34
découvrir *(to discover)* 29
décrire *(to describe)* 19
déplaire *(to displease)* 30
détruire *(to destroy)* 9
***devenir** *(to become)* 43
devoir *(must, to have to, to owe)* 16
dire *(to say, to tell)* 17
disparaître *(to disappear)* 10
dormir *(to sleep)* 18
écrire *(to write)* 19
élire *(to elect)* 25
***s'endormir** *(to fall asleep)* 18
envoyer *(to send)* 20
éteindre *(to turn off)* 13
être *(to be)* 21
faire *(to do, to make)* 22
falloir *(to be necessary)* 23
fuir *(to flee)* 24
***s'inscrire** *(to join, to sign up)* 19
interdire *(to forbid, to prohibit)* 17
joindre *(to join)* 13
lire *(to read)* 25
maintenir *(to maintain)* 43
mentir *(to lie)* 38
mettre *(to put, to place)* 26

	INFINITIF	PRÉSENT	IMPÉRATIF	PASSÉ COMPOSÉ	IMPARFAIT
1.	**absoudre** *(to forgive)*	j'**absous** tu **absous** il **absout** nous **absolvons** vous **absolvez** ils **absolvent**	**absous** **absolvons** **absolvez**	j'**ai absous** tu **as absous** il **a absous** nous **avons absous** vous **avez absous** ils **ont absous**	j'**absolvais** tu **absolvais** il **absolvait** nous **absolvions** vous **absolviez** ils **absolvaient**
2.	**acquérir** *(to acquire, to get)*	j'**acquiers** tu **acquiers** il **acquiert** nous **acquérons** vous **acquérez** ils **acquièrent**	**acquiers** **acquérons** **acquérez**	j'**ai acquis** tu **as acquis** il **a acquis** nous **avons acquis** vous **avez acquis** ils **ont acquis**	j'**acquérais** tu **acquérais** il **acquérait** nous **acquérions** vous **acquériez** ils **acquéraient**
3.	**aller** *(to go)*	je **vais** tu **vas** il **va** nous **allons** vous **allez** ils **vont**	**va** **allons** **allez**	je **suis allé(e)** tu **es allé(e)** il/elle **est allé(e)** nous **sommes allé(e)s** vous **êtes allé(e)(s)** ils/elles **sont allé(e)s**	j'**allais** tu **allais** il **allait** nous **allions** vous **alliez** ils **allaient**

*mourir (to die) 27
*naître (to be born) 28
obtenir (to obtain, to get) 43
offrir (to offer) 29
ouvrir (to open) 29
paraître (to appear) 10
parcourir (to travel over) 12
*partir (to leave) 38
*parvenir (to arrive, to succeed) 43
peindre (to paint) 13
permettre (to permit) 26
*se plaindre (to complain) 13
plaire (to please) 30
pleuvoir (to rain) 31
poursuivre (to pursue) 39
pouvoir (to be able, can) 32
prédire (to predict) 17
prendre (to take) 33
prévoir (to foresee) 45
produire (to produce) 9
promettre (to promise) 26
recevoir (to receive, to get) 34
reconnaître (to recognize) 10
reconstruire (to reconstruct) 9
recouvrir (to recover) 29
*redevenir (to become again) 43
réduire (to reduce) 9
remettre (to postpone) 26
reprendre (to take back) 33
résoudre (to resolve, to solve) 35
retenir (to reserve) 43
*revenir (to come back) 43
revoir (to see again) 45
rire (to laugh) 36
rompre (to break) 6
savoir (to know) 37
sentir (to smell) 38
*se sentir (to feel) 38
servir (to serve) 38
*se servir de (to use) 38
*sortir (to go out) 38
souffrir (to suffer) 29
soumettre (to submit) 26
sourire (to smile) 36
soutenir (to support) 43
*se souvenir (to remember) 43
suivre (to follow) 39
suprendre (to surprise) 33
survivre (to survive) 44
*se taire (to be quiet) 40
tenir (to hold) 43
traduire (to translate) 9
transmettre (to transmit) 26
vaincre (to conquer) 41
valoir (to be worth) 42
*venir (to come) 43
vivre (to live) 44
voir (to see) 45
vouloir (to wish, to want) 46

PASSÉ SIMPLE	FUTUR	CONDITIONNEL	SUBJONCTIF	PARTICIPE PRÉSENT
N'existe pas	j'**absoudrai** tu **absoudras** il **absoudra** nous **absoudrons** vous **absoudrez** ils **absoudront**	j'**absoudrais** tu **absoudrais** il **absoudrait** nous **absoudrions** vous **absoudriez** ils **absoudraient**	que j'**absolve** que tu **absolves** qu'il **absolve** que nous **absolvions** que vous **absolviez** qu'ils **absolvent**	**absolvant**
j'**acquis** tu **acquis** il **acquit** nous **acquîmes** vous **acquîtes** ils **acquirent**	j'**acquerrai** tu **acquerras** il **acquerra** nous **acquerrons** vous **acquerrez** ils **acquerront**	j'**acquerrais** tu **acquerrais** il **acquerrait** nous **acquerrions** vous **acquerriez** ils **acquerraient**	que j'**acquière** que tu **acquières** qu'il **acquière** que nous **acquérions** que vous **acquériez** qu'ils **acquièrent**	**acquérant**
j'**allai** tu **allas** il **alla** nous **allâmes** vous **allâtes** ils **allèrent**	j'**irai** tu **iras** il **ira** nous **irons** vous **irez** ils **iront**	j'**irais** tu **irais** il **irait** nous **irions** vous **iriez** ils **iraient**	que j'**aille** que tu **ailles** qu'il **aille** que nous **allions** que vous **alliez** qu'ils **aillent**	**allant**

INFINITIF	PRÉSENT	IMPÉRATIF	PASSÉ COMPOSÉ	IMPARFAIT
4. **s'asseoir** *(to sit down)*	je **m'assieds** tu **t'assieds** il **s'assied** nous **nous asseyons** vous **vous asseyez** ils **s'asseyent**	**assieds-toi** **asseyons-nous** **asseyez-vous**	je **me suis assis(e)** tu **t'es assis(e)** il/elle **s'est assis(e)** nous **nous sommes assis(es)** vous **vous êtes assis(e)(es)** ils/elles **se sont assis(es)**	je **m'asseyais** tu **t'asseyais** il **s'asseyait** nous **nous asseyions** vous **vous asseyiez** ils **s'asseyaient**
5. **avoir** *(to have)*	j'**ai** tu **as** il **a** nous **avons** vous **avez** ils **ont**	**aie** **ayons** **ayez**	j'**ai eu** tu **as eu** il **a eu** nous **avons eu** vous **avez eu** ils **ont eu**	j'**avais** tu **avais** il **avait** nous **avions** vous **aviez** ils **avaient**
6. **battre** *(to beat)*	je **bats** tu **bats** il **bats** nous **battons** vous **battez** ils **battent**	**bats** **battons** **battez**	j'**ai battu** tu **as battu** il **a battu** nous **avons battu** vous **avez battu** ils **ont battu**	je **battais** tu **battais** il **battait** nous **battions** vous **battiez** ils **battaient**
7. **boire** *(to drink)*	je **bois** tu **bois** il **boit** nous **buvons** vous **buvez** ils **boivent**	**bois** **buvons** **buvez**	j'**ai bu** tu **as bu** il **a bu** nous **avons bu** vous **avez bu** ils **ont bu**	je **buvais** tu **buvais** il **buvait** nous **buvions** vous **buviez** ils **buvaient**
8. **conclure** *(to conclude)*	je **conclus** tu **conclus** il **conclut** nous **concluons** vous **concluez** ils **concluent**	**conclus** **concluons** **concluez**	j'**ai conclu** tu **as conclu** il **a conclu** nous **avons conclu** vous **avez conclu** ils **ont conclu**	je **concluais** tu **concluais** il **concluait** nous **concluions** vous **concluiez** ils **concluaient**
9. **conduire** *(to drive, to conduct)*	je **conduis** tu **conduis** il **conduit** nous **conduisons** vous **conduisez** ils **conduisent**	**conduis** **conduisons** **conduisez**	j'**ai conduit** tu **as conduit** il **a conduit** nous **avons conduit** vous **avez conduit** ils **ont conduit**	je **conduisais** tu **conduisais** il **conduisait** nous **conduisions** vous **conduisiez** ils **conduisaient**
10. **connaître** *(to know)*	je **connais** tu **connais** il **connaît** nous **connaissons** vous **connaissez** ils **connaissent**	**connais** **connaissons** **connaissez**	j'**ai connu** tu **as connu** il **a connu** nous **avons connu** vous **avez connu** ils **ont connu**	je **connaissais** tu **connaissais** il **connaissait** nous **connaissions** vous **connaissiez** ils **connaissaient**
11. **coudre** *(to sew)*	je **couds** tu **couds** il **coud** nous **cousons** vous **cousez** ils **cousent**	**couds** **cousons** **cousez**	j'**ai cousu** tu **as cousu** il **a cousu** nous **avons cousu** vous **avez cousu** ils **ont cousu**	je **cousais** tu **cousais** il **cousait** nous **cousions** vous **cousiez** ils **cousaient**

PASSÉ SIMPLE	FUTUR	CONDITIONNEL	SUBJONCTIF	PARTICIPE PRÉSENT
je **m'assis** tu **t'assis** il **s'assis** nous **nous assîmes** vous **vous assîtes** ils **s'assirent**	je **m'assiérai** tu **t'assiéras** il **s'assiéra** nous **nous assiérons** vous **vous assiérez** ils **s'assiéront**	je **m'assiérais** tu **t'assiérais** il **s'assiérait** nous **nous assiérions** vous **vous assiériez** ils **s'assiéraient**	que je **m'asseye** que tu **t'asseyes** qu'il **s'asseye** que nous **nous asseyions** que vous **vous asseyiez** qu'ils **s'asseyent**	**s'asseyant**
j'**eus** tu **eus** il **eut** nous **eûmes** vous **eûtes** ils **eurent**	j'**aurai** tu **auras** il **aura** nous **aurons** vous **aurez** ils **auront**	j'**aurais** tu **aurais** il **aurait** nous **aurions** vous **auriez** ils **auraient**	que j'**aie** que tu **aies** qu'il **ait** que nous **ayons** que vous **ayez** qu'ils **aient**	**ayant**
je **battis** tu **battis** il **battit** nous **battîmes** vous **battîtes** ils **battirent**	je **battrai** tu **battras** il **battra** nous **battrons** vous **battrez** ils **battront**	je **battrais** tu **battrais** il **battrait** nous **battrions** vous **battriez** ils **battraient**	que je **batte** que tu **battes** qu'il **batte** que nous **battions** que vous **battiez** qu'ils **battent**	**battant**
je **bus** tu **bus** il **but** nous **bûmes** vous **bûtes** ils **burent**	je **boirai** tu **boiras** il **boira** nous **boirons** vous **boirez** ils **boiront**	je **boirais** tu **boirais** il **boirait** nous **boirions** vous **boiriez** ils **boiraient**	que je **boive** que tu **boives** qu'il **boive** que nous **buvions** que vous **buviez** qu'ils **boivent**	**buvant**
je **conclus** tu **conclus** il **conclut** nous **conclûmes** vous **conclûtes** ils **conclurent**	je **conclurai** tu **concluras** il **conclura** nous **conclurons** vous **conclurez** ils **concluront**	je **conclurais** tu **conclurais** il **conclurait** nous **conclurions** vous **concluriez** ils **concluraient**	que je **conclue** que tu **conclues** qu'il **conclue** que nous **concluions** que vous **concluiez** qu'ils **concluent**	**concluant**
je **conduisis** tu **conduisis** il **conduisit** nous **conduisîmes** vous **conduisîtes** ils **conduisirent**	je **conduirai** tu **conduiras** il **conduira** nous **conduirons** vous **conduirez** ils **conduiront**	je **conduirais** tu **conduirais** il **conduirait** nous **conduirions** vous **conduiriez** ils **conduiraient**	que je **conduise** que tu **conduises** qu'il **conduise** que nous **conduisions** que vous **conduisiez** qu'ils **conduisent**	**conduisant**
je **connus** tu **connus** il **connut** nous **connûmes** vous **connûtes** ils **connurent**	je **connaîtrai** tu **connaîtras** il **connaîtra** nous **connaîtrons** vous **connaîtrez** ils **connaîtront**	je **connaîtrais** tu **connaîtrais** il **connaîtrait** nous **connaîtrions** vous **connaîtriez** ils **connaîtraient**	que je **connaisse** que tu **connaisses** qu'il **connaisse** que nous **connaissions** que vous **connaissiez** qu'ils **connaissent**	**connaissant**
je **cousis** tu **cousis** il **cousit** nous **cousîmes** vous **cousîtes** ils **cousirent**	je **coudrai** tu **coudras** il **coudra** nous **coudrons** vous **coudrez** ils **coudront**	je **coudrais** tu **coudrais** il **coudrait** nous **coudrions** vous **coudriez** ils **coudraient**	que je **couse** que tu **couses** qu'il **couse** que nous **cousions** que vous **cousiez** qu'ils **cousent**	**cousant**

INFINITIF	PRÉSENT	IMPÉRATIF	PASSÉ COMPOSÉ	IMPARFAIT
12. **courir** *(to run)*	je **cours** tu **cours** il **court** nous **courons** vous **courez** ils **courent**	**cours** **courons** **courez**	j'**ai couru** tu **as couru** il **a couru** nous **avons couru** vous **avez couru** ils **ont couru**	je **courais** tu **courais** il **courait** nous **courions** vous **couriez** ils **couraient**
13. **craindre** *(to fear)*	je **crains** tu **crains** il **craint** nous **craignons** vous **craignez** ils **craignent**	**crains** **craignons** **craignez**	j'**ai craint** tu **as craint** il **a craint** nous **avons craint** vous **avez craint** ils **ont craint**	je **craignais** tu **craignais** il **craignait** nous **craignions** vous **craigniez** ils **craignaient**
14. **croire** *(to believe)*	je **crois** tu **crois** il **croit** nous **croyons** vous **croyez** ils **croient**	**crois** **croyons** **croyez**	j'**ai cru** tu **as cru** il **a cru** nous **avons cru** vous **avez cru** ils **ont cru**	je **croyais** tu **croyais** il **croyait** nous **croyions** vous **croyiez** ils **croyaient**
15. **cueillir** *(to pick,* *to gather)*	je **cueille** tu **cueilles** il **cueille** nous **cueillons** vous **cueillez** ils **cueillent**	**cueille** **cueillons** **cueillez**	j'**ai cueilli** tu **as cueilli** il **a cueilli** nous **avons cueilli** vous **avez cueilli** ils **ont cueilli**	je **cueillais** tu **cueillais** il **cueillait** nous **cueillions** vous **cueilliez** ils **cueillaient**
16. **devoir** *(must,* *to have to;* *to owe)*	je **dois** tu **dois** il **doit** nous **devons** vous **devez** ils **doivent**	**dois** **devons** **devez**	j'**ai dû** tu **as dû** il **a dû** nous **avons dû** vous **avez dû** ils **ont dû**	je **devais** tu **devais** il **devait** nous **devions** vous **deviez** ils **devaient**
17. **dire** *(to say,* *to tell)*	je **dis** tu **dis** il **dit** nous **disons** vous **dites** ils **disent**	**dis** **disons** **dites**	j'**ai dit** tu **as dit** il **a dit** nous **avons dit** vous **avez dit** ils **ont dit**	je **disais** tu **disais** il **disait** nous **disions** vous **disiez** ils **disaient**
18. **dormir** *(to sleep)*	je **dors** tu **dors** il **dort** nous **dormons** vous **dormez** ils **dorment**	**dors** **dormons** **dormez**	j'**ai dormi** tu **as dormi** il **a dormi** nous **avons dormi** vous **avez dormi** ils **ont dormi**	je **dormais** tu **dormais** il **dormait** nous **dormions** vous **dormiez** ils **dormaient**
19. **écrire** *(to write)*	j'**écris** tu **écris** il **écrit** nous **écrivons** vous **écrivez** ils **écrivent**	**écris** **écrivons** **écrivez**	j'**ai écrit** tu **as écrit** il **a écrit** nous **avons écrit** vous **avez écrit** ils **ont écrit**	j'**écrivais** tu **écrivais** il **écrivait** nous **écrivions** vous **écriviez** ils **écrivaient**

PASSÉ SIMPLE	FUTUR	CONDITIONNEL	SUBJONCTIF	PARTICIPE PRÉSENT
je **courus** tu **courus** il **courut** nous **courûmes** vous **courûtes** ils **coururent**	je **courrai** tu **courras** il **courra** nous **courrons** vous **courrez** ils **courront**	je **courrais** tu **courrais** il **courrait** nous **courrions** vous **courriez** ils **courraient**	que je **coure** que tu **coures** qu'il **coure** que nous **courions** que vous **couriez** qu'ils **courent**	**courant**
je **craignis** tu **craignis** il **craignit** nous **craignîmes** vous **craignîtes** ils **craignirent**	je **craindrai** tu **craindras** il **craindra** nous **craindrons** vous **craindrez** ils **craindront**	je **craindrais** tu **craindrais** il **craindrait** nous **craindrions** vous **craindriez** ils **craindraient**	que je **craigne** que tu **craignes** qu'il **craigne** que nous **craignions** que vous **craigniez** qu'ils **craignent**	**craignant**
je **crus** tu **crus** il **crut** nous **crûmes** vous **crûtes** ils **crurent**	je **croirai** tu **croiras** il **croira** nous **croirons** vous **croirez** ils **croiront**	je **croirais** tu **croirais** il **croirait** nous **croirions** vous **croiriez** ils **croiraient**	que je **croie** que tu **croies** qu'il **croie** que nous **croyions** que vous **croyiez** qu'ils **croient**	**croyant**
je **cueillis** tu **creillis** il **cueillit** nous **cueillîmes** vous **cueillîtes** ils **cueillirent**	je **cueillerai** tu **cueillera** il **cueillera** nous **cueillerons** vous **cueillerez** ils **cueilleront**	je **cueillerais** tu **cueillerais** il **cueillerait** nous **cueillerions** vous **cueilleriez** ils **cueilleraient**	que je **cueille** que tu **cueilles** qu'il **cueille** que nous **cueillions** que vous **cueilliez** qu'ils **cueillent**	**cueillant**
je **dus** tu **dus** il **dut** nous **dûmes** vous **dûtes** ils **durent**	je **devrai** tu **devras** il **devra** nous **devrons** vous **devrez** ils **devront**	je **devrais** tu **devrais** il **devrait** nous **devrions** vous **devriez** ils **devraient**	que je **doive** que tu **doives** qu'il **doive** que nous **devions** que vous **deviez** qu'ils **doivent**	**devant**
je **dis** tu **dis** il **dit** nous **dîmes** vous **dîtes** ils **dirent**	je **dirai** tu **diras** il **dira** nous **dirons** vous **direz** ils **diront**	je **dirais** tu **dirais** il **dirait** nous **dirions** vous **diriez** ils **diraient**	que je **dise** que tu **dises** qu'il **dise** que nous **disions** que vous **disiez** qu'ils **disent**	**disant**
je **dormis** tu **dormis** il **dormit** nous **dormîmes** vous **dormîtes** ils **dormirent**	je **dormirai** tu **dormiras** il **dormira** nous **dormirons** vous **dormirez** ils **dormiront**	je **dormirais** tu **dormirais** il **dormirait** nous **dormirions** vous **dormiriez** ils **dormiraient**	que je **dorme** que tu **dormes** qu'il **dorme** que nous **dormions** que vous **dormiez** qu'ils **dorment**	**dormant**
j'**écrivis** tu **écrivis** il **écrivit** nous **écrivîmes** vous **écrivîtes** ils **écrivirent**	j'**écrirai** tu **écriras** il **écrira** nous **écrirons** vous **écrirez** ils **écriront**	j'**écrirais** tu **écrirais** il **écrirait** nous **écririons** vous **écririez** ils **écriraient**	que j'**écrive** que tu **écrives** qu'il **écrive** que nous **écrivions** que vous **écriviez** qu'ils **écrivent**	**écrivant**

INFINITIF	PRÉSENT	IMPÉRATIF	PASSÉ COMPOSÉ	IMPARFAIT
20. **envoyer** *(to send)*	j'**envoie** tu **envoies** il **envoie** nous **envoyons** vous **envoyez** ils **envoient**	**envoie** **envoyons** **envoyez**	j'**ai envoyé** tu **as envoyé** il **a envoyé** nous **avons envoyé** vous **avez envoyé** ils **ont envoyé**	j'**envoyais** tu **envoyais** il **envoyait** nous **envoyions** vous **envoyiez** ils **envoyaient**
21. **être** *(to be)*	je **suis** tu **es** il **est** nous **sommes** vous **êtes** ils **sont**	**sois** **soyons** **soyez**	j'**ai été** tu **as été** il **a été** nous **avons été** vous **avez été** ils **ont été**	j'**étais** tu **étais** il **était** nous **étions** vous **étiez** ils **étaient**
22. **faire** *(to do, to make)*	je **fais** tu **fais** il **fait** nous **faisons** vous **faites** ils **font**	**fais** **faisons** **faites**	j'**ai fait** tu **as fait** il **a fait** nous **avons fait** vous **avez fait** ils **ont fait**	je **faisais** tu **faisais** il **faisait** nous **faisions** vous **faisiez** ils **faisaient**
23. **falloir** *(to be necessary)*	il **faut**	*N'existe pas*	il **a fallu**	il **fallait**
24. **fuir** *(to flee)*	je **fuis** tu **fuis** il **fuit** nous **fuyons** vous **fuyez** ils **fuient**	**fuis** **fuyons** **fuyez**	j'**ai fui** tu **as fui** il **a fui** nous **avons fui** vous **avez fui** ils **ont fui**	je **fuyais** tu **fuyais** il **fuyait** nous **fuyions** vous **fuyiez** ils **fuyaient**
25. **lire** *(to read)*	je **lis** tu **lis** il **lit** nous **lisons** vous **lisez** ils **lisent**	**lis** **lisons** **lisez**	j'**ai lu** tu **as lu** il **a lu** nous **avons lu** vous **avez lu** ils **ont lu**	je **lisais** tu **lisais** il **lisait** nous **lisions** vous **lisiez** ils **lisaient**
26. **mettre** *(to put, to place)*	je **mets** tu **mets** il **met** nous **mettons** vous **mettez** ils **mettent**	**mets** **mettons** **mettez**	j'**ai mis** tu **as mis** il **a mis** nous **avons mis** vous **avez mis** ils **ont mis**	je **mettais** tu **mettais** il **mettait** nous **mettions** vous **mettiez** ils **mettaient**
27. **mourir** *(to die)*	je **meurs** tu **meurs** il **meurt** nous **mourons** vous **mourez** ils **meurent**	**meurs** **mourons** **mourez**	je **suis mort(e)** tu **es mort(e)** il/elle **est mort(e)** nous **sommes mort(e)s** vous **êtes mort(e)(s)** ils/elles **sont mort(e)s**	je **mourais** tu **mourais** il **mourait** nous **mourions** vous **mouriez** ils **mouraient**

PASSÉ SIMPLE	FUTUR	CONDITIONNEL	SUBJONCTIF	PARTICIPE PRÉSENT
j'**envoyai** tu **envoyas** il **envoya** nous **envoyâmes** vous **envoyâtes** ils **envoyèrent**	j'**enverrai** tu **enverras** il **enverra** nous **enverrons** vous **enverrez** ils **enverront**	j'**enverrais** tu **enverrais** il **enverrait** nous **enverrions** vous **enverriez** ils **enverraient**	que j'**envoie** que tu **envoies** qu'il **envoie** que nous **envoyions** que vous **envoyiez** qu'ils **envoient**	**envoyant**
je **fus** tu **fus** il **fut** nous **fûmes** vous **fûtes** ils **furent**	je **serai** tu **seras** il **sera** nous **serons** vous **serez** ils **seront**	je **serais** tu **serais** il **serait** nous **serions** vous **seriez** ils **seraient**	que je **sois** que tu **sois** qu'il **soit** que nous **soyons** que vous **soyez** qu'ils **soient**	**étant**
je **fis** tu **fis** il **fit** nous **fîmes** vous **fîtes** ils **firent**	je **ferai** tu **feras** il **fera** nous **ferons** vous **ferez** ils **feront**	je **ferais** tu **ferais** il **ferait** nous **ferions** vous **feriez** ils **feraient**	que je **fasse** que tu **fasses** qu'il **fasse** que nous **fassions** que vous **fassiez** qu'ils **fassent**	**faisant**
il **fallut**	il **faudra**	il **faudrait**	qu'il **faille**	*N'existe pas*
je **fuis** tu **fuis** il **fuit** nous **fuîmes** vous **fuîtes** ils **fuirent**	je **fuirai** tu **fuiras** il **fuira** nous **fuirons** vous **fuirez** ils **fuiront**	je **fuirais** tu **fuirais** il **fuirait** nous **fuirions** vous **fuiriez** ils **fuiraient**	que je **fuie** que tu **fuies** qu'il **fuie** que nous **fuyions** que vous **fuyiez** qu'ils **fuient**	**fuyant**
je **lus** tu **lus** il **lut** nous **lûmes** vous **lûtes** ils **lurent**	je **lirai** tu **liras** il **lira** nous **lirons** vous **lirez** ils **liront**	je **lirais** tu **lirais** il **lirait** nous **lirions** vous **liriez** ils **liraient**	que je **lise** que tu **lises** qu'il **lise** que nous **lisions** que vous **lisiez** qu'ils **lisent**	**lisant**
je **mis** tu **mis** il **mit** nous **mîmes** vous **mîtes** ils **mirent**	je **mettrai** tu **mettras** il **mettra** nous **mettrons** vous **mettrez** ils **mettront**	je **mettrais** tu **mettrais** il **mettrait** nous **mettrions** vous **mettriez** ils **mettraient**	que je **mette** que tu **mettes** qu'il **mette** que nous **mettions** que vous **mettiez** qu'ils **mettent**	**mettant**
je **mourus** tu **mourus** il **mourut** nous **mourûmes** vous **mourûtes** ils **moururent**	je **mourrai** tu **mourras** il **mourra** nous **mourrons** vous **mourrez** ils **mourront**	je **mourrais** tu **mourrais** il **mourrait** nous **mourrions** vous **mourriez** ils **mourraient**	que je **meure** que tu **meures** qu'il **meure** que nous **mourions** que vous **mouriez** qu'ils **meurent**	**mourant**

	INFINITIF	PRÉSENT	IMPÉRATIF	PASSÉ COMPOSÉ	IMPARFAIT
28.	**naître** *(to be born)*	je **nais** tu **nais** il **naît** nous **naissons** vous **naissez** ils **naissent**	**nais** **naissons** **naissez**	je **suis né(e)** tu **es né(e)** il/elle **est né(e)** nous **sommes né(e)s** vous **êtes né(e)(s)** ils/elles **sont né(e)s**	je **naissais** tu **naissais** il **naissant** nous **naissions** vous **naissiez** ils **naissaient**
29.	**ouvrir** *(to open)*	j'**ouvre** tu **ouvres** il **ouvre** nous **ouvrons** vous **ouvrez** ils **ouvrent**	**ouvre** **ouvrons** **ouvrez**	j'**ai ouvert** tu **as ouvert** il **a ouvert** nous **avons ouvert** vous **avez ouvert** ils **ont ouvert**	j'**ouvrais** tu **ouvrais** il **ouvrait** nous **ouvrions** vous **ouvriez** ils **ouvraient**
30.	**plaire** *(to please)*	je **plais** tu **plais** il **plaît** nous **plaisons** vous **plaisez** ils **plaisent**	**plais** **plaisons** **plaisez**	j'**ai plu** tu **as plu** il **a plu** nous **avons plu** vous **avez plu** ils **ont plu**	je **plaisais** tu **plaisais** il **plaisait** nous **plaisions** vous **plaisiez** ils **plaisaient**
31.	**pleuvoir** *(to rain)*	il **pleut**	*N'existe pas*	il **a plu**	il **pleuvait**
32.	**pouvoir** *(to be able, can)*	je **peux** tu **peux** il **peut** nous **pouvons** vous **pouvez** ils **peuvent**	*N'existe pas*	j'**ai pu** tu **as pu** il **a pu** nous **avons pu** vous **avez pu** ils **ont pu**	je **pouvais** tu **pouvais** il **pouvait** nous **pouvions** vous **pouviez** ils **pouvaient**
33.	**prendre** *(to take)*	je **prends** tu **prends** il **prend** nous **prenons** vous **prenez** ils **prennent**	**prends** **prenons** **prenez**	j'**ai pris** tu **as pris** il **a pris** nous **avons pris** vous **avez pris** ils **ont pris**	je **prenais** tu **prenais** il **prenait** nous **prenions** vous **preniez** ils **prenaient**
34.	**recevoir** *(to receive, to get)*	je **reçois** tu **reçois** il **reçoit** nous **recevons** vous **recevez** ils **reçoivent**	**reçois** **recevons** **recevez**	j'**ai reçu** tu **as reçu** il **a reçu** nous **avons reçu** vous **avez reçu** ils **ont reçu**	je **recevais** tu **recevais** il **recevait** nous **recevions** vous **receviez** ils **recevaient**
35.	**résoudre** *(to resolve, to solve)*	je **résous** tu **résous** il **résout** nous **résolvons** vous **résolvez** ils **résolvent**	**résous** **résolvons** **résolvez**	j'**ai résolu** tu **as résolu** il **a résolu** nous **avons résolu** vous **avez résolu** ils **ont résolu**	je **résolvais** tu **résolvais** il **résolvait** nous **résolvions** vous **résolviez** ils **résolvaient**

PASSÉ SIMPLE	FUTUR	CONDITIONNEL	SUBJONCTIF	PARTICIPE PRÉSENT
je **naquis** tu **naquis** il **naquit** nous **naquîmes** vous **naquîtes** ils **naquirent**	je **naîtrai** tu **naîtras** il **naîtra** nous **naîtrons** vous **naîtrez** ils **naîtront**	je **naîtrais** tu **naîtrais** il **naîtrait** nous **naîtrions** vous **naîtriez** ils **naîtraient**	que je **naisse** que tu **naisses** qu'il **naisse** que nous **naissions** que vous **naissiez** qu'ils **naissent**	**naissant**
j'**ouvris** tu **ouvris** il **ouvrit** nous **ouvrîmes** vous **ouvrîtes** ils **ouvrirent**	j'**ouvrirai** tu **ouvriras** il **ouvrira** nous **ouvrirons** vous **ouvrirez** ils **ouvriront**	j'**ouvrirais** tu **ouvrirais** il **ouvrirait** nous **ouvririons** vous **ouvririez** ils **ouvriraient**	que j'**ouvre** que tu **ouvres** qu'il **ouvre** que nous **ouvrions** que vous **ouvriez** qu'ils **ouvrent**	**ouvrant**
je **plus** tu **plus** il **plut** nous **plûmes** vous **plûtes** ils **plurent**	je **plairai** tu **plairas** il **plaira** nous **plairons** vous **plairez** ils **plairont**	je **plairais** tu **plairais** il **plairait** nous **plairions** vous **plairiez** ils **plairaient**	que je **plaise** que tu **plaises** qu'il **plaise** que nous **plaisions** que vous **plaisiez** qu'ils **plaisent**	**plaisant**
il **plut**	il **pleuvra**	il **pleuvrait**	qu'il **pleuve**	**pleuvant**
je **pus** tu **pus** il **put** nous **pûmes** vous **pûtes** ils **purent**	je **pourrai** tu **pourras** il **pourra** nous **pourrons** vous **pourrez** ils **pourront**	je **pourrais** tu **pourrais** vous **pourrait** nous **pourrions** vous **pourriez** ils **pourraient**	que je **puisse** que tu **puisses** qu'il **puisse** que nous **puissions** que vous **puissiez** qu'ils **puissent**	**pouvant**
je **pris** tu **pris** il **prit** nous **prîmes** vous **prîtes** ils **prirent**	je **prendrai** tu **prendras** il **prendra** nous **prendrons** vous **prendrez** ils **prendront**	je **prendrais** tu **prendrais** il **prendrait** nous **prendrions** vous **prendriez** ils **prendraient**	que je **prenne** que tu **prennes** qu'il **prenne** que nous **prenions** que vous **preniez** qu'ils **prennent**	**prenant**
je **reçus** tu **reçus** il **reçut** nous **reçûmes** vous **reçûtes** ils **reçurent**	je **recevrai** tu **recevras** il **recevra** nous **recevrons** vous **recevrez** ils **recevront**	je **recevrais** tu **recevrais** il **recevrait** nous **recevrions** vous **recevriez** ils **recevraient**	que je **reçoive** que tu **reçoives** qu'il **reçoive** que nous **recevions** que vous **receviez** qu'ils **reçoivent**	**recevant**
je **résolus** tu **résolus** il **résolut** nous **résolûmes** vous **résolûtes** ils **résolurent**	je **résoudrai** tu **résoudras** il **résoudra** nous **résoudrons** vous **résoudrez** ils **résoudront**	je **résoudrais** tu **résoudrais** il **résoudrait** nous **résoudrions** vous **résoudriez** ils **résoudraient**	que je **résolve** que tu **résolves** qu'il **résolve** que nous **résolvions** que vous **résolviez** qu'ils **résolvent**	**résolvant**

	INFINITIF	PRÉSENT	IMPÉRATIF	PASSÉ COMPOSÉ	IMPARFAIT
36.	**rire** *(to laugh)*	je **ris** tu **ris** il **rit** nous **rions** vous **riez** ils **rient**	**ris** **rions** **riez**	j'**ai ri** tu **as ri** il **a ri** nous **avons ri** vous **avez ri** ils **ont ri**	je **riais** tu **riais** il **riait** nous **riions** vous **riiez** ils **riaient**
37.	**savoir** *(to know)*	je **sais** tu **sais** il **sait** nous **savons** vous **savez** ils **savent**	**sache** **sachons** **sachez**	j'**ai su** tu **as su** il **a su** nous **avons su** vous **avez su** ils **ont su**	je **savais** tu **savais** il **savait** nous **savions** vous **saviez** ils **savaient**
38.	**sortir** *(to go out)*	je **sors** tu **sors** il **sort** nous **sortons** vous **sortez** ils **sortent**	**sors** **sortons** **sortez**	je **suis sorti(e)** tu **es sorti(e)** il/elle **est sorti(e)** nous **sommes sorti(e)s** vous **êtes sorti(e)(s)** ils/elles **sont sorti(e)s**	je **sortais** tu **sortais** il **sortait** nous **sortions** vous **sortiez** ils **sortaient**
39.	**suivre** *(to follow)*	je **suis** tu **suis** il **suit** nous **suivons** vous **suivez** ils **suivent**	**suis** **suivons** **suivez**	j'**ai suivi** tu **as suivi** il **a suivi** nous **avons suivi** vous **avez suivi** ils **ont suivi**	je **suivais** tu **suivais** il **suivait** nous **suivions** vous **suiviez** ils **suivaient**
40.	**se taire** *(to be quiet)*	je **me tais** tu **te tais** il **se tait** nous **nous taisons** vous **vous taisez** ils **se taisent**	**tais-toi** **taisons-nous** **taisez-vous**	je **me suis tu(e)** tu **t'es tu(e)** il/elle **s'est tu(e)** nous **nous sommes tu(e)s** vous **vous êtes tu(e)(s)** ils/elles **se sont tu(e)s**	je **me taisais** tu **te taisais** il **se taisait** nous **nous taisions** vous **vous taisiez** ils **se taisaient**
41.	**vaincre** *(to conquer)*	je **vaincs** tu **vaincs** il **vainc** nous **vainquons** vous **vainquez** ils **vainquent**	**vaincs** **vainquons** **vainquez**	j'**ai vaincu** tu **as vaincu** il **a vaincu** nous **avons vaincu** vous **avez vaincu** ils **ont vaincu**	je **vainquais** tu **vainquais** il **vainquait** nous **vainquions** vous **vainquiez** ils **vainquaient**
42.	**valoir** *(to be worth, to deserve, to merit)*	je **vaux** tu **vaux** il **vaut** nous **valons** vous **valez** ils **valent**	**vaux** **valons** **valez**	j'**ai valu** tu **as valu** il **a valu** nous **avons valu** vous **avez valu** ils **ont valu**	je **valais** tu **valais** il **valait** nous **valions** vous **valiez** ils **valaient**
43.	**venir** *(to come)*	je **viens** tu **viens** il **vient** nous **venons** vous **venez** ils **viennent**	**viens** **venons** **venez**	je **suis venu(e)** tu **es venu(e)** il/elle **est venu(e)** nous **sommes venu(e)s** vous **êtes venu(e)(s)** ils/elles **sont venu(e)s**	je **venais** tu **venais** il **venait** nous **venions** vous **veniez** ils **venaient**

PASSÉ SIMPLE	FUTUR	CONDITIONNEL	SUBJONCTIF	PARTICIPE PRÉSENT
je **ris** tu **ris** il **rit** nous **rîmes** vous **rîtes** ils **rirent**	je **rirai** tu **riras** il **rira** nous **rirons** vous **rirez** ils **riront**	je **rirais** tu **rirais** il **rirait** nous **ririons** vous **ririez** ils **riraient**	que je **rie** que tu **ries** qu'il **rie** que nous **riions** que vous **riiez** qu'ils **rient**	**riant**
je **sus** tu **sus** il **sut** nous **sûmes** vous **sûtes** ils **surent**	je **saurai** tu **sauras** il **saura** nous **saurons** vous **saurez** ils **sauront**	je **saurais** tu **saurais** il **saurait** nous **saurions** vous **sauriez** ils **sauraient**	que je **sache** que tu **saches** qu'il **sache** que nous **sachions** que vous **sachiez** qu'ils **sachent**	**sachant**
je **sortis** tu **sortis** il **sortit** nous **sortîmes** vous **sortîtes** ils **sortirent**	je **sortirai** tu **sortiras** il **sortira** nous **sortirons** vous **sortirez** ils **sortiront**	je **sortirais** tu **sortirais** il **sortirait** nous **sortirions** vous **sortiriez** ils **sortiraient**	que je **sorte** que tu **sortes** qu'il **sorte** que nous **sortions** que vous **sortiez** qu'ils **sortent**	**sortant**
je **suivis** tu **suivis** il **suivit** nous **suivîmes** vous **suivîtes** ils **suivirent**	je **suivrai** tu **suivras** il **suivra** nous **suivrons** vous **suivrez** ils **suivront**	je **suivrais** tu **suivrais** il **suivrait** nous **suivrions** vous **suivriez** ils **suivraient**	que je **suive** que tu **suives** qu'il **suive** que nous **suivions** que vous **suiviez** qu'ils **suivent**	**suivant**
je **me tus** tu **te tus** il **se tut** nous **nous tûmes** vous **vous tûtes** ils **se turent**	je **me tairai** tu **te tairas** il **se taira** nous **nous tairons** vous **vous tairez** ils **se tairont**	je **me tairais** tu **te tairais** il **se tairait** nous **nous tairions** vous **vous tairiez** ils **se tairaient**	que je **me taise** que tu **te taises** qu'il **se taise** que nous **nous taisions** que vous **vous taisiez** qu'ils **se taisent**	**se taisant**
je **vainquis** tu **vainquis** il **vainquit** nous **vainquîmes** vous **vainquîtes** ils **vainquirent**	je **vaincrai** tu **vaincras** il **vaincra** nous **vaincrons** vous **vaincrez** ils **vaincront**	je **vaincrais** tu **vaincrais** il **vaincrait** nous **vaincrions** vous **vaincriez** ils **vaincraient**	que je **vainque** que tu **vainques** qu'il **vainque** que nous **vainquions** que vous **vainquiez** qu'ils **vainquent**	**vainquant**
je **valus** tu **valus** il **valut** nous **valûmes** vous **valûtes** ils **valurent**	je **vaudrai** tu **vaudras** il **vaudra** nous **vaudrons** vous **vaudrez** ils **vaudront**	je **vaudrais** tu **vaudrais** il **vaudrait** nous **vaudrions** vous **vaudriez** ils **vaudraient**	que je **vaille** que tu **vailles** qu'il **vaille** que nous **valions** que vous **valiez** qu'ils **vaillent**	**valant**
je **vins** tu **vins** il **vint** nous **vînmes** vous **vîntes** ils **vinrent**	je **viendrai** tu **viendras** il **viendra** nous **viendrons** vous **viendrez** ils **viendront**	je **viendrais** tu **viendrais** il **viendrait** nous **viendrions** vous **viendriez** ils **viendraient**	que je **vienne** que tu **viennes** qu'il **vienne** que nous **venions** que vous **veniez** qu'ils **viennent**	**venant**

INFINITIF	PRÉSENT	IMPÉRATIF	PASSÉ COMPOSÉ	IMPARFAIT
44. **vivre** *(to live)*	je **vis** tu **vis** il **vit** nous **vivons** vous **vivez** ils **vivent**	**vis** **vivons** **vivez**	j'**ai vécu** tu **as vécu** il **a vécu** nous **avons vécu** vous **avez vécu** ils **ont vécu**	je **vivais** tu **vivais** il **vivait** nous **vivions** vous **viviez** ils **vivaient**
45. **voir** *(to see)*	je **vois** tu **vois** il **voit** nous **voyons** vous **voyez** ils **voient**	**vois** **voyons** **voyes**	j'**ai vu** tu **as vu** il **a vu** nous **avons vu** vous **avez vu** ils **ont vu**	je **voyais** tu **voyais** il **voyait** nous **voyions** vous **voyiez** ils **voyaient**
46. **vouloir** *(to wish, to want)*	je **veux** tu **veux** il **veut** nous **voulons** vous **voulez** ils **veulent**	**veuille** **veuillons** **veuillez**	j'**ai voulu** tu **as voulu** il **a voulu** nous **avons voulu** vous **avez voulu** ils **ont voulu**	je **voulais** tu **voulais** il **voulait** nous **voulions** vous **vouliez** ils **voulaient**

PASSÉ SIMPLE	FUTUR	CONDITIONNEL	SUBJONCTIF	PARTICIPE PRÉSENT
je **vécus** tu **vécus** il **vécut** nous **vécûmes** vous **vécûtes** ils **vécurent**	je **vivrai** tu **vivras** il **vivra** nous **vivrons** vous **vivrez** ils **vivront**	je **vivrais** tu **vivrais** il **vivrait** nous **vivrions** vous **vivriez** ils **vivraient**	que je **vive** que tu **vives** qu'il **vive** que nous **vivions** que vous **viviez** qu'ils **vivent**	**vivant**
je **vis** tu **vis** il **vit** nous **vîmes** vous **vîtes** ils **virent**	je **verrai** tu **verras** il **verra** nous **verrons** vous **verrez** ils **verront**	je **verrais** tu **verrais** il **verrait** nous **verrions** nous **verriez** vous **verraient**	que je **voie** que tu **voies** qu'il **voie** que nous **voyions** que vous **voyiez** qu'ils **voient**	**voyant**
je **voulus** tu **voulus** il **voulut** nous **voulûmes** vous **voulûtes** ils **voulurent**	je **voudrai** tu **voudras** il **voudra** nous **voudrons** vous **voudrez** ils **voudront**	je **voudrais** tu **voudrais** il **voudrait** nous **voudrions** vous **voudriez** ils **voudraient**	que je **veuille** que tu **veuilles** qu'il **veuille** que nous **voulions** que vous **vouliez** qu'ils **veuillent**	**voulant**

LEXIQUE

A

à at, in, on, to
à bientôt see you soon
à cause de because of
à côté near; **l'un – de l'autre** side by side
à la traîne to lag behind
à l'égard de towards, concerning
à long terme in the long run
à mesure que as
à moins que unless
à part ça besides that
à partir de (du) from . . . on
à propos de concerning
à quelle heure (at) what time
à tout à l'heure see you soon
abandonner to give up
abattu(e) shot down
abîmer to damage
aboiement *m* barking
abonnement *m* subscription
abords *m pl* outskirts, surroundings; **d'abord** first
aboutir to result in
abri *m* shelter; **sans-abri** *m pl* homeless; **à l'–** sheltered
abricot *m* apricot
abriter to shelter
absolument absolutely
accentuer to stress; **pronoms** *m pl* **accentués** stress pronouns
accidenté(e) an injured person
accord *m* agreement; **d'–** okay, all right; **être d'–** to agree
accorder: s'– to give oneself
accoucher to give birth
accouder: s'– to lean
accrocher to hang; **s'– à** to hold on to
accroissant(e) increasing
accroissement *m* increase, soaring
accroître *(pp* **accru)** to increase
accroupir: s'– to crouch down
accueillant(e) welcoming
accueillir to welcome, receive
achat *m* purchase; **pouvoir d'–** purchasing power
acheminer to transport
acheter to buy
achever to complete, finish
acier *m* steel
acquérir *(pp* **acquis)** to acquire
actualités *f pl* news
actuellement actually, currently
adepte *m f* follower
adhérent(e) member of a group
adieu *m* good-bye, farewell
adonner: s'– à to devote oneself to
adoucir to sweeten, soften
adresser: s'– à to talk to
affaiblir to weaken
affaires *f pl* business; **homme (femme) d'–** businessman(woman)
affamer: être affamé(e) to starve
affecter to assign
affirmer to assert
affligeant(e) distressing, painful
affranchir: s'– to free oneself
affreux(se) terrible, hideous
afin: – de in order to; **– que** so that
agacer *(fam)* to annoy; **ça m'agace** it irritates me
âge *m* age; **du troisième –** senior citizens
agent *m* **– immobilier** real estate agent; **– de change** stockbroker
aggraver to make worse; **s'–** to get worse
agir to act; **s'– de** to be about
agiter to shake
agneau *m* lamb
agrandir to enlarge, make bigger
agréable pleasant
agression assault, mugging
agronomie *f* study of agriculture
aider to help
aigu(ë) acute
ail *m* garlic
ailleurs elsewhere; **d'–** besides; **par –** moreover
aimable lovely, friendly
aimer (bien) to love, to like
aîné(e) oldest, eldest
ainsi in this manner, thus; **c'est – que** that's the way
air *m* **au grand –** outdoors; **avoir l'–** to look like
aisé(e) financially well-off
ajouter to add
ajuster to adjust
ajusteur *m* worker who sands wood
aléatoire risky
alentours: aux – de around, about
alerte agile, nimble
algue *f* seaweed
aliment *m* food
alimentation *f* food, feeding
allégement *m* lightening
Allemagne *f* Germany
aller to go; walk
allocation *f* allowance, compensation; **– familiale** family allowance
allonger: s'– to lie down
allophone *m* who doesn't speak the language of the community
allouer to grant, allocate
allumer to light; **– (la télé, le chauffage)** to turn on
alors then, so
ambiance *f* atmosphere, environment
âme *f* soul
amélioration *f* improvement
aménageable ready to be finished
aménagement *m* planning, management
amener to bring, take along; **– à (au)** to take out
amer(ère) bitter
ami(e) friend
amicalement friendly, with friendship
amitié *f* friendship
amorce *f* beginning
ampleur *f* importance
amuse-gueule *m (fam)* snack
amuser: s'– to have fun/a good time, to enjoy oneself
an *m* year; **Nouvel –** New Year
ananas *m* pineapple
ancien(ne) old, ancient; former
ancre *f* anchor; **jeter l'–** to anchor
anecdote *f* plot, story
anglais(e) English
angoisse *f* anguish
année *f* year; **–s trente** thirties
anniversaire *m* birthday; anniversary
Antarctique *m* Antarctic
août *m* August
apanage *m* privilege
apercevoir *(pp* **aperçu)** to notice, see; **s'–** to become aware
apéro *m (fam)* for **apéritif**
aplatir to flatten
appareil *m* **ménager** appliance
apparition *f* appearance
appartenance belonging to
appartenir *(pp* **appartenu)** to belong
appât *m* bait
appeler to call, phone; **s'–** to be named
appétissant(e) tasty
apporter to bring
apprécier to appreciate
apprendre *(pp* **appris)** to learn, teach
apprenti(e) apprentice
apprentissage *m* learning
approbation *f* approval
approcher: s' (de) to come close (to)
approfondi(e) thorough

appuyer to lean; **– sur** to push (the button)
après after; **d'–** according to; **–-midi** *m* afternoon
aptitude *f* ability
aquaculture *f* cultivation of fish
arachide *f* peanut
arbre *m* tree; **– fruitier** fruit tree
arc-en-ciel *m* rainbow
argent *m* money; silver
argenterie *f* silverware
argile *f* clay
arme *f* weapon
armoire *f* free-standing closet; cabinet; **– de toilette** medicine cabinet
arracher to pull up, uproot
arrestation *f* arrest; **mettre (être) en état d'–** to put (to be) under arrest
arrêt *m* stop; stop; **sans –** increasingly
arrêter to stop; to arrest, to bust
arrière back; **–-plan** *m* background; **en –** to the past
arrivée *f* arrival
arriver: – à to succeed; **y –** to manage it
arroser to water
artichaut *m* artichoke
artisanal(e) artisan, craft
artisanat *m* (arts) craft industry
ascenseur *m* elevator
asile *m* shelter
asphyxier: s'– to suffocate
aspirateur *m* vacuum cleaner
assainissement *m* stabilization
assaisonnement *m* seasoning
assassinat *m* (first degree) murder
asseoir to sit down (somebody); **s'–** to sit (at the table)
asservi(e) enslaved
assez (de) enough
assiduité *f* attendance
assiette *f* plate
assistance help; **– sociale** welfare
assister to help; **– à** to attend, witness
association *f* organization; **– écologiste** environmental organization
assortir to match (up)
assouplir to soften
assourdir to lower, deafen
assouvir to satisfy
assurance *f* insurance; **– santé** health insurance
atelier *m* workshop
athée *m f* atheist
attaque *f* **à main armée** assault with a deadly weapon
attardé(e) behind the times
attarder to make late/behind the time; **s'–** to linger; stay late
atteindre *(pp* **atteint***)* to reach
atteints de maladie *f pl* effects of illness
attenant(e) adjoining
attendre *(pp* **attendu***)* to wait (for); **– avec impatience** to anticipate eagerly, to look forward to; **s'– à** to expect
attention *f* **faire –** to be careful
atterrir to land
attiser to stir; **– le feu** to stir the fire
attitude *f* behavior
attraper to catch
au-delà beyond
au-dessus de beyond
au fur et à mesure as
au revoir *m* good-bye
aubaine *f* godsend
aube *f* dawn
auberge *f* hostel, inn
aubergine *f* eggplant
aubergiste *m f* innkeeper
aucun(e) no, none; no one; **aucune idée** no idea
audacieux(se) daring
augmentation *f* surge, increase
augmenter to increase
aujourd'hui *m* today
aumône *f* handout
auparavant earlier, before
auprès de close to, next to
auquel (à laquelle) to which
aussi too, also; **–... que** as . . . as
aussitôt que as soon as
autant as much; **d'– plus que** especially
autel *m* altar
auteur *m* perpetrator, author
automne *m* autumn, fall
autonome independent
autoritaire authoritarian
autoroute *f* freeway
autour around; **– de nous** around us
autre other
autrefois in the old days, before
autrement otherwise
Autriche *f* Austria
autrui *m* other people, peer; **pression d'–** peer pressure
avaler to swallow up
avance *f* advance
avant before
avare *m f* miser
avec with
avènement *m* coming (advent) [event]
avenir *m* future; **– proche** near future
avérer to recognize, to know
avertir to warn, inform
aveu *m* confession
avion *m* airplane
avis *m* opinion; **à (ton/votre) –** in your opinion
aviser to notice
avocat(e) lawyer
avoine *f* oat
avoir *(pp* **eu***)* to have; **– besoin (de)** to need; **– faim** to be hungry; **– l'air de** to look like; **– lieu** to happen; **– soif** to be thirsty; **n'– que** to only have; **qu'est-ce que tu as (vous avez)** what's the matter
avoisinant(e) nearby
avoisiner to come close to
avortement *m* abortion; **droit à l'–** abortion right
avouer to admit, confess
avril *m* April

B

bagarre *f* brawl, fight; **– d'ivrognes** drunken brawl
bagnole *f (fam)* car
baie *f* bay
baignoire *f* bathtub
bâiller to yawn
bain *m* bath
baisse *f* drop
baisser to lower
balai *m* broom; **–-éponge** *m* sponge mop
balance *f* scale
balayer to sweep
balayeur(se) sweeper; **– de quais** platform sweeper
bananeraie *f* banana plantation
bande *f* group; **en –** in a group; **– dessinée** cartoon
banlieue *f* suburbs, outskirts
banlieusard(e) suburbanite
banquier(ère) banker
baptême *m* baptism
baraque *f* hut
barrage *m* dam
barre *f* block
barrière *f* border; rail
bas *m* stocking
bas(se) low
basse-cour *f* farm yard
bassin *m* pond
bateau *m* boat
bâtiment *m* building
bâtir to build
battre *(pp* **battu***)* to beat; **se –** to fight
battu(e) battered; **femme –** battered wife/woman
bavard(e) talkative, *(fam)* chatterbox
baver to drool
beau (belle) beautiful; **il fait –** it's beautiful weather
beau-père *m* stepfather, father-in-law
beaucoup (de) a lot (of)
belle-mère *f* stepmother, mother-in-law
bénévolement voluntarily
benne *f* trucks
berceau *m* baby crib
besogne *f* task
besoin *m* need; **avoir – de** to need; **vivre dans le –** to live in poverty, be in need
bétail *m* livestock
bête *f* beast
béton *m* concrete, cement
betteraves *f pl* beets
beurre *m* butter; **faux-–** butter substitute; **petit-–** butter cookie
bibliothèque *f* library; bookcase
bien well, good; – **entendu** of course
bienfait *m* godsend, kindness

biens *m pl* property, goods
bienséant(e) proper
bientôt soon; **à –** see you soon
bienvenu(e) welcome
bijou *m (pl* **bijoux)** jewel
bilan *m* list
bilboquet *m* cup-and-ball toy
billet *m* ticket
blague *f* joke
blanc(he) white
blé *m* wheat
blesser to wound, injure
bleu very rare (beefsteak)
blottir: se – to huddle
bobine *f* spool
bœuf *m* beef
boire *(pp* **bu)** to drink; **– un pot** to go out for a drink
bois *m* wood; **charbon** *m* **de –** charcoal
boisson *f* beverage, drink
boîte *f* box; *(fam)* office, shop; **– (de nuit)** nightclub; **en –** canned
boiter to limp
bon(ne) good, nice; **– gré mal gré** whether they liked it or not
bonbons *m pl* candy
bondé(e) crowded
bonheur *m* happiness
bonne *f* housekeeper
bonsoir *m* good evening
bord *m* edge; **au – de** on the banks of
bordelais(e) from Bordeaux
borné(e) narrow-minded, limited
bossu(e) hunchbacked
botte *f* boot; **– au cul** *(fam)* kick in the butt
bouc *m* **– émissaire** scapegoat
bouche *f* mouth
boucher(ère) butcher
boucherie *f* butcher shop; **– au détail** non-prepackaged meat
boue *f* mud
bouffe *f (slang)* food
bouffon(ne) clowning
bouger to move
bougnoul(e) *(pejorative)* North African
bouillie: en – mashed
boulanger(ère) baker
bouleversement *m* disruption
bouleverser to turn upside down
boulot *m (fam)* job, work
bouquin *m* livre
bouquiner *(fam)* to browse for books
bourg *m* village
bourgeois(e)(s) middle-class people
bourse *f* **d'études** scholarship
bout *m* end; **au – de son rouleau** at the end of one's rope
bouteille *f* bottle
braillard(e) people howling
brancher to plug in
braquer to aim
brassage *m* mixing
brave courageous
Bretagne *f* Brittany
bref(ève) short, concise
bricoler (faire du bricolage) to putter, do home repairs, do handiwork
brièvement briefly
briser: se – to break
brosse brush; **en –** crewcut (hair)
brosser to brush
brouhaha *m* hubbub
brouillon *m* first draft
brousse *f* bush
broyer to grind
bruit *m* noise
brûler to burn
brun(e) brown; dark
brut(e) abrupt, rough
bruyant(e) noisy
bûche *f* log
bureau *m* office; desk; **chaise de –** typing chair; **employé(e) de –** office clerk
burlesque comic
but *m* goal, aim

C

ça/cela that
c'est/ce sont it is; **c'est vrai** that's true; **c'est impossible** that's impossible
cabine *f* **de douche** shower stall
cabinet *m* **d'affaires** business agency
câbleur *m* worker who lays wires
cacahuète *f* peanut
cacher to hide, put out; **– à** la vue to put out of sight; **se –** to hide
cadeau *m* gift, present
cadenassé(e) padlocked
cadre *m* executive; **– supérieur** high-level executive
cafard *m* cockroach
cahier *m* notebook
caille *f* quail
caissier(ère) cashier, teller
calciné(e) burnt
calcul *m* calculation, arithmetic
calendrier *m* agenda, calendar
calme quiet
camarade *m f* friend; **– de chambre** roommate
caméscope *m* camcorder
campagne *f* suburb; countryside; campaign
canapé *m* sofa
canard *m* duck
candidature *f* application (for a job)
caneton *m* duckling
caniculaire scorching
canne *f* stick; sugar cane; **– à pêche** fishing pole
canot *m* boat
cantine *f* cafeteria
caoutchouc *m* rubber
CAP *m Certificat d'Aptitude Professionnelle*
car because
car *m* bus; **– de ramassage** school bus
carafe *f* pitcher
cardiologue *m f* cardiologist
Carême *m* Lent
carnet *m* booklet
carré *m* square; patch
carreau *m* tile; **à –x** checked
carrefour *m* crossroads, intersection
carrément straight out
cas *m* case; **dans ce –** in this case
casanier(ère) homebody
case *f* box, compartment
casse-croûte *m* snack
casser to break
cause reason; **à – (de)** because (of)
causer to chat, talk
cavalier(ère) trooper
cave *f* (wine) cellar; **– à disques** discotheque
ce, cet(te) this; **ce que** what; **ce dont** about which
céder to give in
ceinture *f* belt
cela that
célèbre famous
célibataire unmarried
cellule *f* unit; prison; **– familiale** family unit
celui (celle) that; **– -ci** the latter
cendre(s) *f (pl)* ash(es)
Cendrillon Cinderella
centaine *f* hundred
centrale *f* power plant; **– nucléaire** nuclear plant
centre *m* **d'accueil** shelter; **– -ville** *m* downtown
cependant therefore, however
cerise *f* cherry
cerne *m* shadow, ring (eye)
certain(e)s some
cerveau *m* brain
cervelle *f* brain(s)
chacun(e) each, every (one)
chagrin *m* distress, **–s** sorrows
chaise *f* chair; **– de bureau** typing chair
chambre *f* room
champ *m* field
champignon *m* mushroom
chance *f* luck
changer to exchange; to change
chanson *f* song; **– et variété** referring to popular music
chanter to sing
chanteur(se) singer
chantier *m* construction site
chapeau *m* hat; **– melon** bowler hat
chapelet *m* rosary beads
chaque each
char *m* float, tank
charbon *m* **de bois** charcoal
charcuterie *f* butcher's shop
charge *f* burden; freight
chargé(e) busy, full; **– de** in charge of
charger to load; **se – de** to take care of
charges *f pl* utilities; **– comprises** utilities included
chargeur *m* shipper
charmant(e) nice
chasse *f* hunting; **aller à la –** to go hunting
chasseur *m* hunter

chat *m* cat
châtain chestnut
chateau *m* castle
chaud(e) hot, warm; **avoir –** to be warm/hot; **il fait –** it's hot/warm
chauffage *m* heating
chauffeur *m* driver
chaume *m* thatch
chaussette *f* sock
chaussure *f* shoe
chaux *f* lime
chavirer to capsize
chef d'entreprise *m* business owner, company head
chef-d'œuvre *m* masterpiece
chemin *m f* way; **– faisant** en route; **– de fer** railroad
cheminée *f* chimney, fireplace
cheminement *m* advance
cher(ère) expensive; dear, well-loved
chercher à to look for
chercheur *m* researcher; **– -enseignant** teacher-researcher
cheval *m (pl* **chevaux)** horse; **faire du –** to go horseback riding
cheveux *m pl* hair
cheville *f* ankle
chèvre *f* goat
chevreuil *m* deer
chez at; **– moi** at my place; **– soi** one's home
chic fashionable; **dernier –** last fad
chien(ne) dog
chiffon *m* rag
chirurgical(e) surgical
choc *m* shock
chœur *m* backup singer
choisir to choose, select
choix *m (pl)* choice(s)
chômage *m* unemployment; **être au –** to be unemployed; **taux de –** unemployment rate
chose *f* thing; **quelque –** something
chou *m (pl* **choux)** cabbage
chou-fleur *m* cauliflower
chuchoter to whisper; **– des paroles** to whisper words
chute *f* fall; **– de cheval** fallen off a horse
chuter to fall
ci-dessous following, below
ci-dessus above(-mentioned)
ciel *m* sky
cimenté(e) covered in asphalt
cimetière *m* cemetery
ciné *m* **cinéma**
cinéaste *m f* film producer, film-maker
circuler to get around
citadin(e) city-dweller
citoyen(ne) citizen
citron *m* lemon
citronnelle *f* citronelle (lemon bush)
citrouille *f* pumpkin
clandestin(e) underground
clapier *m* rabbit hutch
claquer: faire – to slam
classe *f* grade; **salle de –** classroom
classer to classify
clavier *m* keyboard
clé *f* key
client(e) customer
clientèle *f* customers, clientele
clignotant(e) blinking
climatisation *f* air-conditioning
climatisé(e) air-conditioned
climatiseur *m* air conditioner
clochard *m* tramp
cloche *f* bell
clou *m* nail
co-propriétaire *m f* co-owner
coaltar *m* tar
cocher to check (off)
cochon *m* pig
cocon *m* cocoon
cœur *m* heart
coiffeur(se) barber, hairdresser
coin *m* corner
collectionner to collect
collège *m* junior high school
coller to stick, to attach
colline *f* hill
colloque *m* discussion
colon *m* settler
colonne *f* column
combat *m* fight, battle
combattant(e) *m* fighter; **ancien(ne) –** veteran
combustible *m* fuel
combien how much; **– de** how many; **– de temps** how long
combler to satisfy
comédien(ne) stage actor (actress)
commande order; **– d'ouvrages** book order
comme as, like; **– toujours** as always
commencer to begin, start
comment how
commerçant(e) merchant, shopkeeper
commerce *m* business, trade; **petit –** small store
commode *f* dresser
compagnie *f* house, company; companionship
compagnon *m* friend, fellow
compétence *f* authority, ability
complaisance *f* self-satisfaction
complexe *m* residential subdivision
complice *m* partner in crime
comportement *m* behavior, conduct
comporter: se – to behave
comprendre *(pp* **compris)** to understand; to include; **faire –** to make understand
comptabilisation *f* posting (accounting)
comptabilité *f* accounting
comptable *m f* accountant
compte *m* account; **à bon –** with accomplishment; **– rendu** *m* summary, report; **tenir – de** to take into account
compter to count; to expect; **– sur** to rely on
concasser to crush, grind
concessionnaire *m f* car dealer
concevoir *(pp* **conçu)** to conceive, imagine
conclure to conclude, end
concours *m (pl)* contest(s), competitive exam(s)
concurrent(e) competitor
condamné(e) (pour) convicted (of)
conduire *(pp* **conduit)** to drive; lead; **se –** to behave
conduite *f* conduct; **– de vie** life style
conférence *f* lecture
confier to share, tell about
confiserie(s) *f (pl)* sweets, candies
congé *m* leave (of absence); **– payé** paid leave (of absence)
congélateur *m* freezer
connaissance *f* knowledge
connu(e) known
conquistador *m* Spanish invader
consacrer to devote
conseil *m* advice
conseiller to advise; **–(ère)** advisor
conserve(s) *f (pl)* canned food
consommation *f* consumption
consommer to consume (to buy and use)
constater to notice
construire *(pp* **construit)** to build
conte *m* tale; **– de fée** fairy tale
contenir *(pp* **contenu)** to contain, include
contenu *m* contents
content(e) happy
contenter to please; **se – de** to make do with
conteneur *m* container
conteur *m* storyteller
contestation *f* dispute, protest
contraindre *(pp* **contraint)** to force
contrainte *f* constraint, restriction
contraire opposite; **au –** on the contrary
contre against; **par –** on the other hand
contrefaçon *f* forgery
contremaître *m* foreman
contrepartie: en – in exchange
convaincre *(pp* **convaincu)** to convince
convenable appropriate
convenir *(pp* **convenu)** to agree, to suit
convive *m f* guest
copain (copine) boyfriend (girlfriend), pal
copeau *m* wood shaving
copieux(se) hearty, rich
coq *m* rooster
corbeau *m* crow, raven
corps *m* body
corvée *f* chore
cote: avoir la – to be very popular
côté *m* side; **à –** beside, next to; **– montagne** on the mountain side
côtier(ière) coastal
cou *m* neck
couche *f* diaper; layer; **–s de la société** levels of society
coucher: se – to go to bed
coude *m* elbow; **– à –** close together

couffin *m* baby basket
couleur *f* color; **– de la peau** skin color
couloir *m* hallway, passage
coup *m* hit; **– de feu** shot;**– de soleil** sunburn; **– de téléphone** a (phone) call; du – as a result; **tout à –** all of the sudden; **tout d'un –** suddenly
couper to cut
coupeur(se) cutter
cour *f* courtyard; (school)yard
couramment fluently
courant(e) commune; every-day; **c'est très courant** it's very common
courgette *f* zucchini
courir *(pp* **couru)** to run
courrier *m* mail; **– électronique** e-mail
cours *m (pl)* class(es)
course *f* running; **au pas de –** on the run; **– à pied** running; **–s** *f pl* errands; **faire les –s** to go shopping
court(e) short; **(à) court/long terme** short/long term, in the short/long run
courtier *m* stockbroker
coussin *m* cushion
coût *m* price, cost
couteau *m* knife
coutume *f* habit
coûter to cost
couvert *m* serving; **–(e)** covered
couverture *f* blanket
couvre-lit *m* bedspread
cracher to spit
craindre *(pp* **craint)** to fear, be scared of
crainte *f* fear
craquer *(fam)* to go wild, freak out
crèche *f* day care center
créer to create
crêpe *f* pancake
crépitement *m* crackling, rattling
crépu(e) woolly
creuser to hollow out, to dig
creux *m* hollow
crevettes *f pl* shrimp
crier to shout
crime *m* crime; **– gratuit** a crime for fun
criminalité *f* crime
criminel(le) felon
crise *f* crisis; attack; **– cardiaque** heart attack
croire *(pp* **cru)** to believe
croissance *f* growth
croissant(e) increasing
croître to grow
croyance *f* belief
croyant(e) believer
crustacés *m pl* shellfish
cueillir to pick/gather (flowers)
cuiller/cuillère *f* spoon
cuire *(pp* **cuit)** to cook
cuisine *f* kitchen
cuisiner to cook
cuisinière *f* stove
cuisson *f* cooking; **à quel degré de cuisson** how well cooked
cuit(e) cooked
cultivé(e) cultured
cuivre *m* copper, brass
cul-de-sac *m* dead-end (street)
culture *f* cultivation
curé *m* priest
cuve *f* tank, vat
cyclable: piste – bicycle trail

D

d'abord first (of all), at first
dactylo *f* typist
dames *f pl* ladies; checkers; **jeu** *m* **de –** checkers game
dans in
davantage more
débarbouiller: se – to wash up, to take a sponge bath
débarquer to unload, to land
débarrasser to clear; **se – de** to get rid of
débile mentally deficient
déborder to overflow
débouché *m* outlet
déboussolé(e) disoriented
debout standing
débraillé(e) (people) dressed sloppily
débrancher to unplug
débrouillard(e) smart, resourceful person
début *m* beginning; **au –** at the beginning
décalage *m* staggering
décennie *f* decade
décevoir *(pp* **déçu)** to disappoint
décharges *f pl* discharges
déchéance *f* downward mobility
déchets *m pl* garbage, waste, trash
déchirer: se – to be tearing
déclencher to set in motion, start; **– une bagarre** to start a fight
décoller to take off
décolleté(e) with low-cut neckline
déconnecter to disconnect
déconseiller to advise against
décontracté(e) relaxed
décor *m* setting
découper to cut (up)
décourager to deter
décrire *(pp* **décrit)** to describe
décrocher to get; to hang up (telephone)
décroissant(e) decreasing
déculpabiliser to make feel less guilty
dédaigner to be averse to
dedans inside
défaut *m* flaw; defect
défavorisé(e) underprivileged
défendre *(pp* **défendu)** to forbid; **– ses biens contre** to protect one's property from
défenseur *m* **de l'environnement** environmentalist
défi *m* challenge
défilé *m* parade
dégager to free, clear
dégoût *m* dislike
dégraissage *m* cleaning out
déguster to taste, savor
dehors outside; **en –** outside of, beyond
déjà already
déjeuner *m* lunch; **petit –** breakfast
délabré(e) run-down
délaisser to abandon
délice *m* delight
délinquant *m* law breaker, offender, delinquent
délinquence *f* delinquency; **– juvénile** juvenile crime
délit *m* crime; misdemeanor; **en flagrant –** in the act
demain tomorrow; **après-–** the day after tomorrow
demander to ask
démarrer to start; **faire –** to get started
déménager to move (change lodging)
demeure *f* résidence, home
demeurer to remain, stay
demi(e) half
démissionner to resign
démolition *f* crushing, pulling down
dénoter to show
denrée *f* foodstuff
dent *f* tooth; **brosse à –s** toothbrush
dénuement *m* destitution
départ *m* departure
dépasser to go beyond
dépaysé(e) uprooted
dépêcher: se – to hurry
dépense *f* expenditure, spending
déplacer to move; **se –** to be displaced
déplier to unfold
déposer to put, lay down
déprimant(e) depressing
depuis since, for; **– combien de temps** since when, how long; **– quand** since when; **– que** since
déranger to disrupt, upset, trouble
déraper to slip
dernier(ère) last (before this one); last (in a series)
dérober: se – to run away
derrière behind
désaccord *m* disagreement
désaffection *f* loss of interest
désagréger: se – to break up
désarroi *m* confusion
descendre *(pp* **descendu)** to get off; to go down; **– (dans)** to stay (in); **– de** to get out of
désespéré(e) discouraged
désigner to name, point out
désolé(e) sorry, distress
désormais from now on
desservi(e) served
dessin *m* drawing; **– animé** cartoon
dessus above, on top; **au-– (de)** on top (of); **ci-–** above (mentioned)
destin *m* fate
détaillant *m* retailer
détendre *(pp* **détendu): se** to relax

détenir to hold
détente *f* relaxation
détonner to explode
détournement *m* **de fonds** embezzlement, misappropriation of funds
DEUG *m Diplôme d'Études Universitaires Générales*
deuxième second
devant in front of
développement *m* developing; **pays en voie de –** developing countries
déverser to pour out
deviner to guess
devinette *f* riddle
devoir *(pp* **dû)** to intend to; **se – de** to have the obligation to devote oneself
devoir *m* duty; **–(s)** homework
dévoué(e) devoted
diable *m* devil
diablotin *m* little devil
Dieu *m* God
difficile difficult
dimanche *m* Sunday
diminuer to reduce, decrease
dinde *f* turkey
dindon *m* turkey
dîner *m* dinner
diplôme *m* degree, diploma
dire *(pp* **dit)** to say, tell; **à vrai –** to tell the truth, in other words; **c'est-à--** that is to say; **entendre – que** to hear that; **on dit que** it's said that
diriger: se – (vers) to head (for)
discipline *f* field (of study)
dissoudre *(pp* **dissous)** to dissolve
disparaître *(pp* **disparu)** to disappear
disparition *f* extinction
disponible available; usable
disposer to set; fit; **– de** to have at one's disposal
disputer: se – to fight
distrayant(e) entertaining
divers(es) various, miscellaneous
dizaine *f* ten
doigt *m* finger
domaine *m* field
dominical(e) (of) Sunday
donner to give; **étant donné** given; **– sur** to look out on, overlook
donc then, therefore
donnée(s) *f (pl)* data, information
dont of whom, which, with which
doré(e) golden
d'ores et déjà already
dortoir *m* dormitory; **cité –** bedroom community
dos *m* back; **en avoir plein le –** *(fam)* to have enough
doucement slowly, softly
douceur *f* sweet
douche *f* shower; **cabine de –** shower stall
doué(e) talented; **sur--** gifted
doux(ce) sweet
douzaine *f* dozen; **demi--** half a dozen
doyen(ne) dean; oldest resident
drap *m* sheet
drapeau *m* flag
dresser to stand up; **être dressé(e)** to be well-trained
drogue(s) *f (pl)* drugs
droguer: se – to take drugs
droit *m* law, right; **avoir – à** to be entitle/eligible to; **revendiquer ses –s** to demand one's rights; **–s d'inscription** tuition
droit(e) straight; à droite to the right
drôle funny
duquel/de laquelle of which/whom
dur(e) hard, difficult; **vie dure** hard life
durée *f* length, duration, period of time; **longue –** extended

E

eau *f* water; **–x-fortes** engravings; **salle d'–** shower room, bathroom
éblouissement *m* bedazzlement
éboueur *m* garbage collector
écart *m* distance, gap
échappement *m* exhaust; **tuyau d'–** exhaust pipe
échauffer: s'– to get warm
échec *m* failure; **–s** *m pl* chess
échelle *f* scale; **à grande –** on a large scale
échouer to fail
éclairer to light on
éclat *m* bit, fragment
éclatant(e) glaring
éclatement *m* break-up
écloserie *f* hatchery [of shrimp]
écœurer to make one fell sick
école *f* school; **– primaire** primary school
écolo *m f (fam)* for **écologiste**
écorcher to skin
écouler to move (sell)
écouter to listen
écran *m* screen
écraser to crash
écrire *(pp* **écrit)** to write
écriture *f* writing
écrivain *m* writer; **une femme –** *f* writer
écrouler: s'– to collapse
éculé(e) worn
écureuil *m* squirrel
éducation *f* upbringing; **sur--** overeducating
édulcorant *m* **de synthèse** artificial sweetener
effet *m* **de serre** greenhouse effect
efficace efficient
efficacement efficiently
effigie *f* model, representation
effluent *m* contaminated waste
effondrer: s'– to collapse
efforcer: s'– to make an effort
effrayant(e) frightening
effrayer: se – to be frightened
effriter to crumble (away)
égal(e) same, equal; **ça me serait égal** it shouldn't matter to me
également equally, evenly
égard: à l'– de towards, concerning; **sans –** without regard
égarer: s'– to get lost
église *f* church
égoïsme *m* selfishness
égorger to slit
égouts *m pl* sewers
égoutter to drip, strain
élaborer to work out carefully
élargir to widen
élevé: bien (mal) – well (badly) raised
éloignement *m* distance
élu(e) elected, chosen
émaner to come from
emballage *m* wrapping
emballeur *m* packer
embaucher to hire
embêter to bother, bug someone
emboîter le pas to follow
embouteillage *m* traffic jam
embrasser to kiss
embrasure *f* doorway
émerveillé(e) amazed
émeute *f* riot
emmener to take
émouvant(e) moving
empêche: n'– que all the same, unless
empêchement *m* obstacle
empêcher (de) to prevent (from); **n'empêche que** all the same, unless
empirer to get worse
emplacement *m* place, site
emploi *m* work, job; **– du temps** schedule
employé(e) de bureau office worker, clerical personnel
emporter to take; **se laisser –** to be carried away
empreinte *f* imprint
emprunter to borrow
émulation *f* copycat
en in; **– plus** extra, surplus; moreover; **– bas** down below
enchaîner to link
encore again; **pas –** not yet
encre *f* ink
endettement *m* debt
endormir to put to sleep; **s'–** to fall asleep
endroit *m* spot, place
énerver: s'– to get angry, be upset
enfance *f* childhood
enfant *m f* child
enfer *m* hell
enfermement *m* locking
enfin at last, finally
enfuir: s'– to flee, run away
engager to hire
engendrer to generate, create
engin *m* aircraft

engloutir to swallow
engouement *m* craze, fancy
engrais *m* fertilizer
enivrer: s'– to get drunk
enlever de to get out of
ennui *m* boredom
ennuyeux(se) boring
enquête *f* inquiry, investigation
enrayer to control, remedy; **– la vente d'armes** to control the sale of guns
enseignant *m* instructor
enseignement *m* teaching; **– supérieur** higher education
ensembles: grands –s *m pl* large apartment buildings (projects)
ensoleillé(e) sunny, light
ensuite then, next
entasser to pile up, hoard
entendre *(pp* **entendu)** to hear; **– dire que** to hear that; **s' – bien (mal) avec** to get along well (not well) with
enterrer to bury
entier(ère) whole
entorse *f* stretching (of the law)
entourage *m* (family) circle
entraînement *m* training, practice
entraîner to bring (with it); **– (dans)** to drag (into); **s'–** to work out
entre between
entrebâillé(e) ajar, half-open
entrechoquer: s'– to clash
entrée *f* entrance; entrée, first course
entreprise *f* company, business
entre-temps meanwhile
entretenir *(pp* **entretenu)** to keep up, to maintain; **facile à –** easy to maintain
entretien *m* interview, discussion; maintenance
envahir to invade
envahissant(e) intrusive
envergure *f* scale, level
envers: à l'– reverse
envie: avoir – (de) to feel like
environ about; **aux –s** in the vicinity
environnement *m* **planétaire** global environment
envoyer to send
épais(se) thick
épanouir: s'– to bloom
épanouissement *m* blooming
épargner to save (money, time); to spare
éparpiller to scatter
épater to show off
épaule *f* shoulder
épicé(e) spiced
épinard(s) *m (pl)* spinach
épouvantable terrible
éprouver to feel
époux(se) husband (wife)
éprendre *(pp* **épris): s'– de** to fall in love with
épuisé(e) exhausted, worn out
épuisement *m* exhaustion, depletion, using up
épuiser to wear out
équilibré(e) balanced
équipage *m* crew
équipe *f* team
équitation *f* horseback riding
errer to wander aimlessly
escale *f* stop
escalier *m* stair(s)
escamoter to skip
escargot *m* snail
esclave *m f* slave
escompté(e) anticipated
escroc *m* swindler, con artist
Espagne *f* Spain
espagnol(e) Spanish
espèce *f* sort, type; **– en voie de disparition** endangered species**espérer** to hope
espion(ne) spy
esprit *m* spirit; mind; **étroit d'–** narrow-minded; **avoir un – ouvert** to be open-minded; **mots** *m pl* **d'–** witty remarks
essai *m* test; **– nucléaire** nuclear test
essayer to try
essence *f* gas
essor *m* expansion; rise; **en plein –** in full expansion
essuyer: s'– to dry oneself off
Est *m* East
esthéticien(ne) beautician
établi *m* workbench
étage *m* floor
étagère *f* shelf
étalement *m* display(ing), spreading
étaler to spread
étape *f* stage
état *m* government, State; **– d'esprit** state of mind
étatique state run
Etats-Unis *m pl* United States
été *m* summer
éteindre *(pp* **éteint) – (le gaz, la télé, le chauffage)** to turn off; **s'–** to become dark; to die
étendre *(pp* **étendu)** to hang out; **– le linge** to hang out the laundry
ethnie *f* ethnicity; ethnic group
étincelant(e) sparkling
étincelle *f* spark
étirer to stretch
étoile *f* star
étonnant(e) surprising
étourdiment *m* carelessly
étranger(ère) foreign, stranger
être *(pp* **été)** to be; **– à l'heure** to be on time; **– en panne** to be out of order; **– en train de faire** to be (in the process of) doing; *(n m)* being (person)
étroit(e) narrow
étude *f* study(ies); **–s générales** general education
étudiant(e) student
évanouir: s'– to faint; to fade away
éveiller to awake
événement *m* event
évertuer: s'– to struggle
évidemment evidently
évier *m* sink
éviter to avoid
examen *m* test, exam; **– de rattrapage** make-up exam
expérience *f* experiment
expliquer to explain
exploitation *f* project
exploser to explode
exposer to exhibit, show
exprimér to express
expulser: se faire – de to be displaced from
extra-terrestres *m pl* aliens from space

F

fabricant(e) manufacturer
fabrication *f* manufacturing
Fac *f* short for **Faculté**
face à facing; **en face de** in front of
fâché(e) angry
fâcheux(se) unfortunate
facile easy; **c'est –** it's easy
façon *f* way, manner; **d'une – ou d'une autre** one way or the other; **de – que** so that
facteur (factrice) mail carrier
faction *f* station
facture *f* bill, invoice
facturier(ère) billing clerk
fade bland
faible weak, low; **– revenu** low income
faiblesse *f* weakness
faillite *f* bankruptcy; **être en –** to be bankrupt
faim *f* hunger; **avoir –** to be hungry
faire *(pp* **fait)** to do, to make; **– attention** to be carefully; **– bien de** would do well; **– connaissance** to meet; **– de son mieux** to do one's best; **– des études à l'étranger** to study abroad; **– la grasse matinée** to stay late in bed; **– pipi** to pee *(used with children)*; **– sienne** to take as its own; **s'y –** to get used to it; **– une partie de** to play a game of; **fait avec du (de)** made of; **il fait (beau, mauvais...)** it's nice, bad (weather)
falaise *f* cliff
falloir *(pp* **fallu)** to be necessary; have to; **il faut** it's necessary; **il me faut** I need
falsifier to forge; **document** *m* **falsifié** forgery
familial(e) family
famille *f* family; **– nombreuse** big family
faner: se – to be fading
fanfare *f* brass band
fantôme *m* ghost
farce *f* joke
fatigué(e) tired
fauteuil *m* armchair
faux (fausse) false
faveur *f* **en – de**
fécond(e) fruitful, fertile
féculent *m* starchy food
féérie *f* enchantment

femme *f* woman; wife
fenêtre *f* window
fer *m* iron; **main de –** iron hand; **– à repasser** iron
ferme *f* farm house
fermer to close
fermeté *f* firmness, confidence
fermier(ère) farmer
fête *f* feast, holiday; **– foraine** country fair
feu *m* fire; **–x d'artifice** fireworks
feuille *f* leaf; sheet; **– de papier** sheet of paper
feuilleton *m* soap opera
février *m* February
ficeler to tie up
fiche *f* card
fichier *m* filing cabinet
fichu *(fam)* gone; **c'est –** it's over; **mal –** *(fam)* terrible
fidèle faithful
fidélité *f* faithfulness
fier: se – à to trust, rely on
fier(ère) proud
file *f* line, queue
filer to go off
filet *m* net; string bag
filiale *f* subsidiary
fille *f* girl, daughter
film *m* movie; **– doublé** dubbed; **– en version originale (v.o.)** with subtitles; **– d'épouvante** horror film; **– policier** detective film
fils *m (pl)* son(s)
fin *f* end; conclusion
fin(e) thin
finalité *f* aim
financement *m* financing
finir to end, finish; **– par** to end up with
fissure *f* tear
fixe permanent
fixer to set
flacon *m* small bottle, flask
flagrant: pris(e) en – délit be caught in the act
flambée *f* quick blaze
flâner to go for a stroll
fléau *m* plague, epidemic
flèche *f* arrow; steeple
fleuve *m* river
floraison *f* flowering
florissant(e) flourishing
foi *f* faith
foin *m* hay
fois *f* time; **à la –** at the same time; **une – (par jour)** once (a day)
folie *f* craziness
fonctionnaire *m f* civil servant
fonderie *f* foundery, smelting works
fondre *(pp* **fondu)** to melt
fond *m* bottom; **fonds** *m pl:* fund(s); **détournement de –** embezzlement, misappropriation of funds
fonder to set up
football *m* soccer
forain(e) fair, of a fairground
force *f* strength
forcément by necessity
forcené(e) maniac researcher
forme *f* shape; **sous –** in form of, as
fort loudly; **–(e)** strong
fossé *m* rift
fouiller to search, rummage; **– dans** to go through
fou (folle) mad, crazy
foule *f* crowd
four *m* oven; **– à micro-ondes** microwave oven; **– grille-pain** toaster oven
fourchette *f* fork
fourneau *m* stove
fournir to supply, provide
fournisseur *m* supplier
fourrure *f* fur
foutre *(pp* **foutu)**: **– tout par terre** *(fam)* to destroy all the plans
foyer *m* entrance way; home; shelter
fraîcheur *f* freshness
frais (fraîche) fresh
frais *m pl* **de scolarité** tuition
fraise *f* strawberry
fraiseur *m* worker who mills wood
framboise *f* raspberry
franchir to cross over
frapper to hit; **frappé(e)** cooled
freiner to curb
fréquentation *f* popularity
fréquenter to come regularly to
frère *m* brother
friand(e) fond of
fric *(slang)* money
frigidaire *m* **(frigo** *[fam])* refrigerator
frisé(e) curly
frites *f pl* (French) fries
frivole shallow
froid(e) cold; **il fait froid** it's cold
front *m* forehead
fructueux(se) lucrative
fuir to avoid, run away
fuite *f* escape
fumer to smoke
funèbre funereal
fût *m* container

G

gadget *m (fam)* thingamajig
gage *m* guarantee
gagner to win; to earn (money)
gant *m* glove
garçon *m* boy
garde: être de – to be on call; **prendre –** to be careful
garder to keep, guard
gare *f* station; **– routière** bus station
garer to park; to put to bed *(fig)*
gasoil *m* diesel oil
gaspillage *m* waste
gâteau *m* cake
gâter to spoil
gauche left; **à –** to the left
gauchement awkwardly
gaver: se – to stuff oneself
gazon *m* lawn
géant(e) giant
gêne: sans – without consideration
gêner to bother, embarrass
gens *m f pl* people
gentil(le) good, nice; **je les trouve très gentils** I think they're very nice
gentillesse *f* kindness
gérant(e) manager
gérer to manage, administer
géreur *m* manager
gestion *f* management
gestionnaire administrative
gifler to slap (on the face); **– à toute volée** to slap as hard as one can
glace *f* ice cream
glisser: se – dans la peau to slip into the skin
golfe *m* gulf
gonfler to inflate
gosse *m f* child (slang)
goût *m* taste; **arrière-–** after-taste; **sans –** tasteless
goûter to taste
goutte *f* drop
grâce à thanks to
grain(s) *m (pl)* bead(s)
graisse fat
grand(e) big, tall, large; great; **grand standing** luxurious
grand-mère *f* grandmother
grandir to grow (up)
grand-père *m* grandfather
gras(se) fat; **corps gras** fats
gratiner to sprinkle with bread crumbs
gratuit(e) crime – a crime for fun
gravé(e) imprinted
greffer: se – to crop up (in connection with each other)
grève *f* strike
grignoter to nibble
grille *f* gate, railings
grille-pain *m* toaster; **four –** toaster-oven
grimace faire la – to make a face
grimper to climb up
grincer to grate
grincheux(se) grumpy
gris(e) gray
grisaille *f* grayness
gros(se) thick
grossir to fatten, get fat
grossiste *m f* wholesaler
guère: ne – hardly, scarcely
guérir to cure
guérison *f* healing, recovery
guerre *f* war; **après-–** *m* post-war years
guetter to be watching
gui *m* mistletoe
guise: en – de (used) as; by the way of

H

habillé(e) dressed (up)
habiller: s'– to get dressed
habitant(e) inhabitant
habiter to live
habitude *f* habit; **d'–** in general, usually
haine *f* hatred
harcèlement *m* harassment
haricot *m* (string) bean; **–s verts** green beans
hasard *m* **au –** by chance; **par –** by accident, without thinking
hâte *f* haste
hausse *f* rise; **en –** on the rise; **– du niveau de vie** rise of standard of living
haut(e) high, elevated; en haut up; **des hauts et des bas** ups and downs
hauteur *f* height
hériter to inherit
héritier(ère) heir
heure *f* hour, time; **à l'– actuelle** at this point [in time]; **à quelle –** (at) what time; **être à l'–** to be on time; **–s supplémentaires** overtime; **quelle – est-il** what is the time
heureusement fortunately
heureux(se) happy
heurter to hit; **se–** to bump, collide
hier yesterday; **avant-–** the day before yesterday
hisser to raise
hiver *m* winter
HLM *f (Habitation à loyer modéré)* low-income housing
homard *m* lobster
homicide *m* **involontaire/non prémédité** manslaughter
hommage rendre – à to pay homage/tribute to
homme *m* man; **honnête –** gentleman
honnête honest
horaire *m* time schedule; **contraintes –s** time constraints
hors (de) outside, apart from
hors-d'œuvre *m* appetizer
hôte *m f* host
houleux(se) turbulent, stormy
huile *f* oil
huilerie *f* mill that produces oil
humeur *f* mood; **mauvaise (bonne) –** bad (good) mood
hurler to scream

I

ici here
idée *f* idea; **– principale** main idea
ignames *f pl* yams
ignorer to be unaware of
il y a there is/are; **il y a... que** it's been . . . since
île *f* island; **– de la Beauté** Island of Beauty
illettré(e) illiterate
illicite unlawful
illisible unreadable
îlot *m* small island
immeuble *m* apartment building
immonde base, vile
impasse *f* dead-end street
impassiblement impassively
impatience: avec – eagerly
impotent(e) crippled
imprévu(e) unexpected, unpredictable
imprimante *f* printer
incendiaire *m* arsonist
incendie *m* fire; **– volontaire** arson
inconnu(e) unknown
inconvénient *m* disadvantage
incroyable unbelievable
inculpé(e) être – pour to be charged with
indemnité *f* benefit; **–s de chômage** unemployment benefits
indice *m* clue
indigence *f* extreme poverty
indigent(e) poor
inédit(e) hitherto unheard of
inéluctable inescapable
inépuisable inexhaustive
inespéré(e) unexpected
infirme invalid
infirmier(ère) nurse
infliger to inflict
informations *f pl* news
informatique *f* data processing, computer science
infraction *f* crime; **commettre une –** to commit a crime
injurier to insult
inlassablement tirelessly
inquiétude *f* worry, concern
inscrire *(pp* **incrit)**: **s'–** to sign up, enroll
insoutenable unbearable
installer: s'– to move in
instant *m* moment; **dès l'–** starting with the moment
insultant(e) abusive
insupportable unbearable
intempéries *f pl* weather
intention avoir l'– de to intend to
interdire *(pp* **interdit)** to forbid; **être interdit(e)** to make illegal
intériner to internalize
interpeller: s'– to shout at each other
interphone *m* intercom
interrogation *f* quiz; inquiry
intervenir *(pp* **intervenu)** to occur
intraveineux(se): voie –se intravenous feeding
inutile useless
invité(e) guest
irréfléchi(e) impulsive
irriguer to irrigate
isolement *m* isolation
issue *f* solution, exit
ivre drunk
ivresse *f* drunkenness
ivrogne drunken

J

jadis formerly, in times past
jaillissement *m* outpouring
jamais never; **ne... jamais** never; not ever
jambe *f* leg
janvier *m* January
jardin *m* garden
jardinage *m* gardening
jaune yellow
jeter to throw; **se –** to throw oneself
jeu *m* game, play
jeudi *m* Thursday
jeune young; **les –s** young people
jeunesse *f* youth
joindre *(pp* **joint)** to reach (by telephone)
joli(e) pretty
jouer to perform; to play; **– à** to play (sport); **– de** to play (instrument); **– un tour (à)** to play a trick (on)
jouir (de) to enjoy
jouissance *f* pleasure, delight
jour *m* day; **de nos –s** nowadays; **–s ouvrables** working days; **–s fériés** holidays (non-working days); **un de ces –s** one of these days; **tous les –s** everyday
journée *f* day
juillet *m* July
juin *m* June
jumeaux (jumelles) *m pl (f pl)* twins
juron *m* swear word
jusqu'à (au) till, until; **– présent** until now
justement precisely, exactly

kaolin *m* clay

là there; **–-bas** over there
lâcher to let go; **se –** to let each other go
lacté(e) made from milk
laid(e) ugly
laideur *f* ugliness
laine *f* wool
laisser to leave; **– tomber**
lait *m* milk; **– caillé** milk with curds
laitière *f* dairy woman
lampion *m* Chinese lantern
lancer to launch, throw
lanceur *m* **spatial** rocket launcher
langoustines *f pl* prawns
lapin *m* rabbit; **cage à –** rabbit cage
las(se) tired
lavabo *m* sink
lave-vaisselle *m* dishwasher
laver to wash; **se –** to get washed
laveur(se) washer; **– de carreaux** window washer
lecteur (lectrice) reader
lecture *f* reading
léger(ère) light; **quelque chose de –** something light
lendemain *m* the following day; **surlendemain** two days after
lentement slowly
lequel (laquelle) which; **dans –** in which

lessive *f* washing, laundry
lever to raise; **se –** to get up; **–** *m* **du jour** dawn; **– du soleil** sunrise
lèvre *f* lip
Liban *m* Lebanon
libanais(e) Lebanese
librairie *f* bookstore
libre free; available; **--service** self-service
licence *f* degree received after three years of college
licenciement *m* layoff, dismissal
lien *m* link, tie
lier to link together, **– à** to tie to
lieu *m* place; **au – de** instead of; **avoir –** to take place
linge *m* laundry; **sèche--** (laundry) dryer
lire *(pp* **lu)** to read
lit *m* bed; **– pliant** folding bed; **–s superposés** bunkbeds
littoral *m* coastal regions
livre *m* book
livrer to give; **se –** to indulge in
livreur *m* delivery person
locataire *m f* renter, tenant
location *f* rental
logement *m* housing; **–s collectifs** projects
logiciel *m* software
logis *m* dwelling; **sans--** homeless
loi *f* law
loin (de) far (from); **de –** by far; far away; **pas –** not far (from)
loisir *m* leisure; **heure/temps de –** leisure time
long(ue) long; **longuement** at length
longtemps (for) a long time
loqueteux(se) person dressed in rags
louange *f* praise
louer to rent
lourd(e) heavy
loyer *m* rent
lueur *f* glimmer
luge *f* sled
lumière *f* light
lundi *m* Monday
lune *f* moon
lunettes *f pl* glasses; **– de soleil** sunglasses
lustre *m* chandelier; light
lustrer to polish
lutter to battle, fight
lycée *m* high school

M

machine *f* machine; **– à écrire** typewriter; **– à laver** washing machine
magasin *m* store
magasinier *m* warehouse worker
maigrir to lose weight
main *f* hand; **à – armée** with a deadly weapon; **– de fer** iron hand; **serrer la –** to shake hands
main-d'œuvre *f* workforce
maintenant now
maintenir *(pp* **maintenu)** to maintain; **– en état (le tracteur)** to keep (the tractor) running
maintien *m* maintenance
maire *m* mayor
mais but; **– non** of course not; **– si** certainly
maïs *m* corn
maison *f* house; company; **– basse** single-story house; **– d'habitation** main house; **--mère** company headquarters
maître *m (f* **maîtresse)** teacher, professor; **– assistant** assistant professeur
maîtrise *f* control
mal bad; **avoir –** to hurt; **mal** *m* difficulty; **avoir du –** to have trouble
malade sick
maladroit(e) awkward
malaise *m* feeling of sickness or faintness
malgré in spite of; **– soi** against one's will
malheureusement unfortunately
maltraiter to handle roughly
mandat *m* money order
manger to eat
mangouste *f* mangoose
manie *f* obsession, habit
manifeste obvious, evident
manifestation *f* demonstration
mannequin *m* model
manœuvres *m pl* workers
manquement *m* failure
manquer to miss (something); **– à quelqu'un** to miss somebody; **– de** to lack
maquiller: se – to put on make-up
marchand(e) shopkeeper, tradesman(woman
marche *f* walk; **mettre en –** to get running/working
marché *m* market; **bon –** cheap; **–du travail** labor market
marcher to walk; to work; **faire –** to get running/working
mardi *m* Tuesday
marge *f* margin; **vivre en – (de)** to live on the margin (of)
marginal(e) *(pl* **marginaux [marginales])** outcast
mari *m* husband
mariage *m* wedding
marin(e) sea
Maroc *m* Morocco
marocain(e) Moroccan
marque *f* brand
marquer to show, indicate
marre: en avoir marre de to be sick of
marron brown
mars *m* March
matelas *m* mattress
matériau *m* building material
matériel *m* hardware
matière *f* subject; **– libre** elective
matin *m* morning
matinée *f* morning; **faire la grasse –** to stay late in bed
maugréer to grumble
maussade sullen
mauvais(e) bad
mayenâgeux(se) of the Middle Ages
méchant(e) bad, naughty
mécontent(e) dissatisfied
médicament *m* medicine
méfiance *f* mistrust
méfier: se – to distrust, mistrust
meilleur(e) que better than
mélange *m* mixing, mixture
membre: être – de to belong to
même same; **au – titre** in the same way
menacer (de) to threaten; **être menacé(e) (de)** to be threatened with
ménage *m* household; cleaning; **à trois –s** love triangle
ménagère *f* housewife
mendicité *f* begging
mendier to beg, to ask for handouts
mener to conduct, lead; **– une vie (de)** to lead an existence
mensonge *m* lie
mentir to lie
menton *m* chin
menuisier *m* carpenter
mépris *m* disdain
mépriser to despise, scorn
mer *f* sea; **pleine –** open sea; **poisson de –** saltwater fish; **prendre la –** setting sail; **produit de –** seafood
mercredi *m* Wednesday; **– des Cendres** Ash Wednesday
mère *f* mother
mesure *f* measure; **à – que** as
métier *m* job, profession
mètre *m* meter; **– carré** square meter
mets *m (pl)* dish(es)
metteur en scène *m* director (of a play)
mettre *(pp* **mis)** to put; **– à la rue** to dump onto the street; **– en fuit** to chase away; **– l'accent (sur)** to stress, point out; **– la table** to set the table; **se – à** to begin to; **se – en condition** to get work as a servant; **s'y –** to put one's mind to it
meuble *m* (piece of) furniture; **– informatique** computer table
meublé(e) furnished
meurtre *m* (second degree) murder
miam-miam *(fam)* yum-yum
miel *m* honey
mielleux(se) sickly sweet
miette *f* crumb (of bread)
mieux better; **aimer –** to prefer, like better; **– que** better than; **faire de son –** to do one's best
mijoter to simmer
mil *m* millet
milieu *m* place; (social) class; environment; middle; **au – de** in the middle of
millier *m* thousand
mince thin

mineur(e) underage
minuit *m* midnight
ministère *m* ministry [of education]
miroir *m* mirror
mise en scène *f* staging
misère *f* poverty
mistral *m* a dry, cold northerly wind that blows across the coast of southern France
mode *m* method; *f* style fashion; **–** *m* **de vie** life-style
moelle *f* marrow
mœurs *f (pl)* custom(s)
moi-même myself
moins less; **de – en –** less and less; **du –** at least; **–... que** less . . . than
mois *m* month
moisson *f* harvest
moitié *f* half
mollesse *f* softness
monde world; **tout le –** everybody
monter to get (into); to climb, to go up; **– une pièce** to put on a play
monteur *m* assembler
montre *f* watch
moquer: se – de to make fun of
morale *f* ethics
mordre *(pp* **mordu)** to bite
mort *f* death
mot *m* word; **–s d'esprit** witty remarks
mou (molle) soft
mourir *(pp* **mort)** to die
moustiquaire *f* mosquito netting
moyen *m* mean (transportation), financial capability; way; **avoir les –s** to be able to afford to; **s'il y a –** if there is a way
moyen(ne) middle, average; **en moyenne** on the average; **niveau moyen** average
muguet *m* lily-of-the-valley
muni(e) de armed with
mur *m* wall; **– antibruit** *m* soundproof wall
musculation: faire de la – to lift weights
mutation *f* change
mutuel(le) cooperative

N

nager to swim
naguère not long ago
naissance *f* birth
naître *(pp* **né)** to be born
nappe *f* surface; tablecloth
natal(e) native
natalité *f* **(taux de) –** birthrate
navré(e): être – to be sorry
ne... que only
néanmoins nevertheless
néfaste harmful
neige *f* snow
nerf *m* nerve; **taper sur les –s** *(fam)* to get on one's nerves
net(te) clean
nettoyage *m* clean-up
neuf(ve) (brand) new
neuvième ninth
neveu *m* nephew
nez *m* nose
nièce *f* niece
niais(e) simple (silly)
nier to deny
niveau *m* level; **– de vie** standard of living; **– moyen** average
noce *f* wedding party
nocturne night; **vie –** night life
Noël *m* Christmas
noir(e) black; **voir tout en noir** to have a bleak outlook
noix *f (pl)* nut(s)
nom *m* name
nombreux(euse) numerous
nommer to name, characterize as
non compris does not include
Nord *m* North
normalement normally, in general
note *f* grade; note
nouilles *f pl* noodles
nourrir to feed
nourriture *f* food
nouveau/nouvel (nouvelle) new; **de nouveau** again
nouvelles *f pl* news
nu(e) naked
nuage *m* cloud
nuire (à) to be detrimental, harm
nuisance *f* environmental pollution
nuit *f* night; **boîte de –** nightclub
nul(le) no; zero
nullement the slightest
numérisation *f* digitizing

objet *m* thing; **être l'– de discrimination** to be discriminated against; **–s trouvés** lost and found
obligatoire required
obsédé(e) obsessed
occasion *f* chance, opportunity
œil *m (pl* **yeux)** eye
œuvre *f* work; **– d'art** work of art; **chef-d–** *m* masterpiece; **main-d'œuvre** *f* workforce
œuvrer to work
oie *f* goose
oiseau *m* bird
offre offer; **– existante** current supply
offrir *(pp* **offert)** to offer
ombre *f* shadow
onde *f* waters, seas
ondulé(e) wavy
onirique dreamlike
opprimé(e) oppressed
optique *f* point of view
or *m* gold
orage *m* thunderstorm
ordinateur *m* computer
ordures *f pl* **ménagères** household garbage
oreiller *m* pillow; **taie** *m* **d'–** pillowcase
orienter to point in the right direction
orphelin(e) orphan
oser to dare
ôter to take away
ou or; **– bien** or else
où where, when; **d'–** from where
oublier to forget
Ouest *m* West
oui yes
ours *m* bear
outil *m* tool
outillage *m* set of tools
outre: en – moreover, furthermore
outre-mer overseas
ouvert(e) open
ouverture *f* opening
ouvrier(ère) worker
ouvrir *(pp* **ouvert)** to open

P.D.G. *m (président-directeur général)* C.E.O. (Chief Executive Officer)
pagne *m* loincloth
paillasse *f (fam)* mattress
paillote *f* straw hut
pain *m* bread
paisible peaceful
paix *f* peace
palace *m* luxury hotel
palier *m* hallway
palourdes *f pl* clams
pamplemousse *m* grapefruit
panier *m* basket
panne *f* breakdown; failure
panneau *m* board
pantalon *m* trousers, pants
paperasserie *f* paperwork
par by; **par ailleurs** moreover; **– contre** on the other hand; **– rapport à** in relation to
parapluie *m* umbrella
parce que because
parcimonieux(se) stingy
parcourir *(pp* **parcouru)** to cover
parcours *m* run
pare-choc *m* bumper (of car); **–s** fenders (protection)
pare-brise *m* windshield
pareil(le) the same
parents *m pl* parents, family; **beaux-–** mother- and father-in-law
paresser to laze
paresseux(se) lazy
parfaire *(pp* **parfait)** to make perfect
parfois sometimes
pari *m* bet
parler to talk, to speak; **se –** to speak (talk) to each other
parmi among, between
paroisse *f* parish
parole *f* word
partarger to share
participer à to be party to

particulièrement particularly
partie *f* part; party; game
partir to go, to leave; **à – de/du** from
partout everywhere
pas *m* step; **pas à pas** step-by-step; **prendre le – sur** to supplant
passager(ère) passenger
passer to pass; to spend; **se – de** to do without
passerelle *f* footbridge
patience: jeu de – solitaire
patinage *m* ice skating
patinoire *m* ice skating rink
patois *m* dialect
patron(ne) boss
pauvre poor (not rich); poor (unfortunate)
pauvreté *f* poverty
pavillon *m* house in the suburbs
paye *f* salary
payer to pay
pays *m (pl)* country(ies)
Pays-Bas *m pl* Netherlands
paysan(ne) peasant
peau *f* skin; **bien dans sa –** good about oneself; **couleur de la –** skin color; **l'avoir dans la –** to have gotten under one's skin
pêche *f* fishing; **aller à la –** to go fishing; **canne à –** fishing pole
péché *m* sin
pêcheur *m* fisherman
peindre *(pp* **peint)** to paint; draw
peine *f* sorrow, problem
peiner to distress
peinture *f* drawing, painting
pelouse *f* lawn
pencher: se – to lean
pendant during; **– que** while
pendre *(pp* **pendu)** to hang
pénible hard, painful; **être –** to be a pain (a bother)
péniblement with difficulty
penser to think
pension *f* retirement benefit
pente *f* slope
percée *f* breakthrough
perdre *(pp* **perdu)** to lose
père *m* father
permettre *(pp* **permis)** to allow, permit
persil *m* parsley
persillé(e) sprinkled with parsley
personnage *m* **(principal)** (main) character
perte *f* loss
pervers(e) unfortunate
pétillant(e) bubbly
petit(e) small, little
petit déjeuner *m* breakfast
petit-beurre *f* butter cookie
petit-enfant *m* grandchild
petit-fils *m* grandson
petite-fille *f* granddaughter
peu: un – (de) a little (of, about); **encore un peu** a little more
peuple *m* people (ordinary)
peur *f* fear; **avoir –** to be afraid; **de – que** for fear that
peut-être maybe
phobie *f* phobia
phrase *f* sentence
piaillement *m* squawking
pièce *f* room; **– de théâtre** play
pied *m* foot; **aller à –** to go on foot; **casser les –s** *(fam)* to get on one's nerves
pied-noir *m f* Algerian-born French person
piédestal *m* pedestal
piège *m* trap
pierre *f* stone
piéton(ne) pedestrian
piétonnier(ère) pedestrian
pile *f* battery; on the dot; *(adv)* right, exact
pillage *m* looting
piller to plunder
piment *m* pepper
pinceau *m* brush
piqûre *f* shot; sting
pire worse **(pis)**; **le –** the worst
piste *f* lead; trail; **– cyclable** bicycle trail; **suivre une –** to follow a lead; **tenir une –** to have a lead
placard *m* closet
plafond *m* ceiling
plage *f* beach
plaindre *(pp* **plaint): se** to complain
plaire *(pp* **plu)** to like, please
plan *m* level
planche *f* board; **– à voile** windsurfing
plat *m* dish
platine laser *f* CD player
plein(e) full, closed
pleurer to cry
pleuvoir *(pp* **plu)** to rain
pliant(e) folding; **lit –** folding bed
plomb *m* lead
plongeur(se) dishwasher
plupart, la most
plus more; no longer; **–... que** more . . . than; **– rien** nothing (more); **– tard** later
pluvieux rainy (weather)
pneu *m* tire
poche *f* pocket
poids *m* weight
poignée *f* handle
point *m* spot, period; **à –** medium well (beefsteak); **être sur le – de** to reach the point to, be about to
poire *f* pear
pois *m (pl)* pea(s); **petits –** green peas
poisson *m* fish; **– de mer** saltwater fish; **– d'eau douce/de rivière** freshwater fish
poivre *m* pepper
poivron *m* vert green pepper
poli(e) polite
polir to polish
polluant *m* pollutant
polluant(e) polluting
pommadé(e) wearing a pomade
pomme *f* apple; **– de terre** potato
pompeux(se) pompous
pompier *m* firefighter
pont *m* bridge
populaire lower class
portatif(ve) portable
porte *f* door; **mi(e) à la –** thrown out, fired
porte-parole *m* spokesperson
portefeuille *m* wallet
porter to carry; **– une arme** to carry a gun
portière *f* door
portique *m* doorway; **– de détection d'armes** metal detector doorway
poser to put (down); to be (a problem); **– (des questions)** to ask (questions); **posé(e)** serious
poste *m* position, job
postier(ère) postal worker
potager *m* kitchen garden
poteau *m* post; **– indicateur** sign-post
poubelle *f* garbage can
poudre *f* powder, dust
poule *f* hen
poulet *m* chicken
pour to, for; **– que** so that
pourboire *m* tip
pourquoi why; **– faire** what for; **– ne pas** why not
pourrir to get rotten, get spoiled
poursuite *f* pursuit
pourtant nevertheless
poussière *f* dust
pouvoir *(pp* **pu)** can, be able to; *n m* power, capacity; **– d'achat** purchasing power
précipiter to push in
prédécoupé(e) precut
préjugé *m* **avoir des –s contre** to be prejudiced against
premier(ère) first
prendre *(pp* **pris)** to take, to have; to pick up; **– du poids** to put on weight; **– garde** to be careful; **– la direction de** to take charge of; **– la route** to take the road; **– le pas sur** to supplant; **– pour victime** to victimize; **s'y –** to go about it
préoccuper to worry; **se –** to be concerned
préparer: se – (pour/à) to get ready (to)
près (de) near; **à peu –** almost
présentateur(trice) host(ess)
presqu'île *f* peninsula
presque almost
pressé(e) be in a hurry
pressentir to sense
pression *f* pressure
prêt *m* loan
prêt(e) ready
prêtre *m* priest
preuve *f* evidence, proof
prévenir *(pp* **prévenu)** to give notice; **sans –** without notice
prévision *f* prediction
prévoir *(pp* **prévu)** to foresee
prière *f* prayer
princier(ère) royal

principe *m* principle; **en –** in theory
printemps *m* spring
prioritaire having priority
prise *f* **de conscience** awareness
privé(e) private
privation *f* deprivation, loss
prix *m* price; **– de vente** sale price
prochain(e) next (after this one); next (in a series)
proche close, near; **avenir –** near future
produit *m* product; **–(s) bios** organic foods; **– laitier** dairy; **–s allégés** (basses calories) light (low calorie)
profession *f* occupation
profit *m* benefit; **au – de** to the advantage
profiter (de) to take advantage (of)
promener: se – to take a walk
promettre *(pp* **promis)** to promise
promouvoir *(pp* **promu)** to upgrade
propager: se – to spread
propos *m (pl)* term(s), word(s), ideas; **à –** in fact; **à – de** about, concerning
propre clean; own
propriétaire *m f* owner
prospérer to prosper
protéger to protect
provenir to come from
provisoirement temporarily
prudent(e)
prune *f* plum
pruneau *m* prune
public *m* audience
puisque since
puissant(e) powerful
punition *f* punishment

quai *m* platform
qualité *f* quality; **vie de –** quality life
quand when
quant à moi as far as I'm concerned
quartier *m* neighborhood, district
que (qu') what, whom, that; ce que what
quel(le) which, what; **– que soit** whatever
quelconque any
quelqu'un(e) someone, somebody
quelquefois sometimes
quelque(s) some; **quelque chose** something; **quelque part** somewhere
querelle *f* quarrel
querelleur(se) quarrelsome
queue tail; **– de cheval** ponytail
qui who, that
quiconque anyone who
quitter to leave
quoi what
quotidien *m* daily newspaper
quotidien(ne) daily

R

racine *f* root
raconter to tell
radiologie *f* x-ray
raffiné(e) refined
raid *m* long-distance flight
raide straight (hair)
rail *m* track (from railroad)
raisin *m* grapes
raison *f* **avoir –** to be right
ralentir to slow down
ramasser to gather
ramener: se – à to come down to
randonnée *f* hiking
rang *m* rank
rangée *f* row
ranger to pick up; **– la vaisselle** to put dishes away
rapatrier to return back to France
raphia *m* palm frond
rapidement rapidly
rappel *m* review; calling to arms
rappeler to remind, call back
rapport *m* relationship; **par – à** in relation to
rapprocher: se – de to get closer to
rarement rarely
raser to raze, to tear down; **se –** to shave
rassasier to satisfy the appetite (of)
rassemblement *m* assembly, gathering
rassembler: se – to gather
rassurer to reassure
rate *f* spleen; **– éclatée** ruptured spleen
rater to fail, go wrong
ravi(e) delighted
ravoir to get back
rayon *m* ray; **– de soleil** ray of sunlight
réagir to react
réalisateur(trice) movie director
rébarbatif(ve) disagreeable
rebut *m* scrap
récemment recently
recensement *m* survey
recette *f* recipe
recevoir *(pp* **reçu)** to receive; to host
réchauffement *m* warming
réchaud *m* hot plate
recherche *f* research; **– appliquée** applied research
rechercher to look/search for
récidiviste *m* repeater
récit *m* story, short novel
réclamer to require
récolte *f* harvest
récompense *f* reward
reconnaître to recognize, accept
reconquête *f* recovery
reconvertir: se – to convert (oneself)
récréation *f* (lunch) break
recueil *m* book, collection
reculer to go backward; to put off
rédacteur(trice) editor
redoutable formidable, frightening
réduire *(pp* **réduit)** to reduce
refait(e) redone
réfléchi(e) reflexive
regarder to watch, look at
régi(e) governed
régime *m* diet
réglementation *f* regulations, rules
régulièrement regularly
reine *f* queen
rejeter to throw back, reject, drive back
rejoindre *(pp* **rejoint)** to join
relâché(e) released
relever to pick out, raise
reloger to relocate
remettre *(pp* **remis)** to hand over to
remord *m* remorse
remplir to fill (out)
remporter to win
remuant(e) fidgety
remue-méninges *m* brainstorming
rencontrer to meet
rendre *(pp* **rendu)** to give back, return; **– visite à** to visit; **– hommage** to pay homage/tribute; **se –** to go
renfort *m* reinforcements, supplies
renommé(e) famous, renowned
renouvelable renewable
rénover to remodel
renseignement *m* information
renseigner: se – to get information
rentabilité *f* profitability
rentable profitable
rentrée, la beginning of the school year
rentrer to get home; to put back
renvoyer to send (back), dismiss
répandre *(pp* **répandu)** to spread wide
répartition *f* division
repas *m (pl)* meal; **– principal** main course
repassage *m* ironing
repasser to iron; **fer à –** iron
repêchage *m* re-test
repère *m* (point of) reference
répéter une pièce to rehearse a play
répétition *f* rehearsal
repeuplement *m* restocking
répondeur *m* **automatique** telephone answering machine
répondre *(pp* **répondu)** to answer
reposer: se – to relax, to rest
reprendre *(pp* **repris): se** to grab on to each other
repris *m* **de justice** habitual delinquent
réseau *m* circle, network, source; **– d'amis** circle of friends
résidence *f* **universitaire** (college) dormitories
restauration *f* **collective** cafeteria (dining area) in a workplace
rester to stay, remain
résumé *m* summary
retour *m* **– en arrière** return to the past
retourner to go back; to give back; **(se) –** to turn around/back
retraite *f* retirement; **prendre sa –** to retire
retrouver: se – to meet (each other); **se – (dans)** to wind up (on)
réunir: se – to meet at

réussir to succeed; **– à (un examen)** to pass; **– à passer** to make it through
réussite *f* success
revanche *f* revenge; **en –** on the other hand
rêve *m* dream
réveiller: se – to wake up
revendication *f* demand
revendiquer to demand, lay claim to; **– ses droits** to demand one's rights
revenir *(pp* **revenu)** **à** to result in
revenu *m* income; **faible –** low income
rêveur(se) dreamer
réviser to service, to revise
révision *f* review
rez-de-chaussée *m* ground floor
rideau *m* curtain
rigoler to laugh, *(fam)* have a good laugh
rigolo *(fam)* funny
ris de veau *m* calf sweetbreads
rivage *m* river bank
riz *m* rice
RMI *m (Revenu minimum d'insertion)*
robe *f* dress
robot cuisine *m* food processor
rôder to prowl, wander
rognon *m* kidney
rôle *m* role, function; **à tour de –** taking turns
roman *m* novel
rôtie *f* toast (French Canadian)
roue *f* wheel; **– de la fortune** wheel of fortune
rouge red
rougir to blush
route *f* way, road
roux(sse) redhead
rue *f* street

S

sable *m* sand
sac *m* bag; **– de couchage** sleeping bag
saignant(e) rare (beefsteak)
saillant(e) salient, outstanding
sain(e) healthy
sale dirty
salé(e) with salt, savory
saleté *f* dirt, filth; **vivre dans la –** to live in squalor, filth
salir to dirty
salle *f* room, hall; **– d'eau** bathroom; **– de bains** bathroom; **– à manger** dining room; **– de séjour** living room
saluer to greet
samedi *m* Saturday
sang *m* blood
sanguin(e) of blood
sans without; **– égard** without regard
sans-abri *m pl* homeless
sans-logis *m pl* street people
santé *f* health
saoûler: se – to get drunk
satellite *m* **de communications** communication satellite
sauf except
saumon *m* salmon
sauter to jump; **faire –** to brown
sauvage wild; **nature –** wilderness
sauvegarde *f* protection, preservation
sauvegarder to protect
savant(e) scientist
savoir *(pp* **su)** to know
savoureux(se) tasty
SDF *(sans domicile fixe)* with no permanent home
sèche-cheveux *m* hair dryer
sécher to dry
séchoir (sèche-linge) *m* dryer
secours *m* help
secousse *f* shaking
sécurité *f* safety
séduire *(pp* **séduit)** to seduce, charm, captivate
Seigneur *m* Lord
sein *m* breast
séjour *m* stay
sel *m* salt
semaine *f* week
sembler to seem
sens *m* direction; meaning; **– unique** one way
sensibilité *f* sensitivity
sensible noticeable; sensitive
sentiment *m* feeling
sentinelle *f* guard
sentir to smell; **se –** to feel
serpent *m* snake
serré(e) tightened, crowded
serrer to tighten; **– la main** to shake hands
serviette de toilette bath towel
servir: se – de to use
seuil *m* doorway; **– de pauvreté** poverty level
seul(e) lonely; alone
seulement only
SICA *f (Société d'Intérêt Collectif Agricole)*
sida *m* Aids
siècle *m* century
simplement simply; **tout –** simply
siroter to sip
situation *f* location
ski *m* ski; **– de piste** downhill skiing; **– de fond** cross-country skiing
SMIC *m (salaire minimum interprofessionnel de croissance)* minimum wage
smoking *m* tuxedo
société *f* company, business
sœur *f* sister
soie *f* silk
soigné(e) well-groomed
soigneusement carefully
soi-même oneself
soir *m* evening
soit... soit either . . . or
sol *m* ground
soleil *m* sun; **rayon de –** ray of sunlight
sommeil *m* sleep
somnoler to doze
son *m* sound
sonner to ring
sonorisation *f* soundproofing
sorcière *f* witch
sort *m* plight
sortie *f* opening (of a film)
sortir to go out, to come out; to take out
sou *m* penny; **sans le –** penniless
souci *m* concern; **ne pas prendre le – de** do not bother to
souffrir to suffer
soufre *m* sulfur
souhaiter to wish, desire
soulager to relieve
soulever to lift, raise
souligner to underline; to stress
soupe: – populaire soup kitchen, soup line, bread line
source *f* spring [water]; source
sourd(e) deaf
sourire *m* smile
souris *f* mouse
sous under; **– vide** vacuum packed; **– -culture** *f* subculture
sous-sol *m* basement
soutien *m* support
souvenir *(pp* **souvenu): se** to remember
souvent often, a lot
speaker(ine) announcer
spécialisation *f* (academic) major
spectacle *m* show
spot *m* **publicitaire** commercial
stage *m* internship
subir: faire – to impose
subtile subtle
succulent(e) delicious
succursale *f* branch office, branch
sucre *m* sugar
Sud *m* South
sueur *f* sweat; **à la– de son front** sweat of one's brow
suffir to be enough; **ça suffit** it's enough
suivre *(pp* **suivi)** to follow; take (classes); to stalk
sujet *m* subject; **au – de** about, concerning
superflu(e) superfluous
suppléer to make up for
supplicier to torture
supprimer to suppress
surdité *f* deafness
surgelé(e) frozen; **produits –s** frozen food
surgir to arise; **– de** to rise from
surlendemain *m* two days later
surmené(e) to be exhausted
sursis: avec – with a suspended sentence
surtout above all, especially
surveiller to supervise; watch
survenue *f* occurrence
survivre *(pp* **survécu)** to survive
susceptible (de) capable (of)

T

tabasser *(fam)* to beat up
table *f* table; **– basse** coffee table; **– de nuit (de chevet)** bedside table, nightstand; **– roulante** serving table; **mettre la –** to set the table;

tableau *m* blackboard; chart; painting
tablette *f* shelf
tabouret *m* stool
tâche *f* chore; task; **–s ménagères** household chores
taille *f* height, size
tailler to cut
taire *(pp* **tû): se** to remain/to be quiet
tam-tam *m* drum
tandis (que) while
tant so much; **en – que** as; **– de** so many; **– mieux** so much the better
taper à la machine to type (on a typewriter)
tapis *m* rug, carpet
tarif *m* fare
tard late; **plus –** later
tarte *f* pie; **– Tatin** caramelized apple pie
tasse *f* cup
tâter to try
taurine of a bull
taux *m (pl)* rate(s); **– de chômage** unemployment rate
teinturerie *f pl* dry cleaner's
télécopieur *m* fax machine
télémanipulateur *m* remote-control
téléphoner: se – to call each other
téléspectateur(trice) viewer
téléviseur *m* TV set
tellement so much; **– de** so many; **pas –** not so much
témoin *m f* witness
temps *m* time; weather; **à plein –** full time; **à – partiel** part-time; **de – en –** from time to time; **emploi du –** schedule; **en même – que** at the same time as
tenace persistent
tendre *(pp* **tendu)** to stretch; **sous-tendre** to underlie
teneur *f* content; **forte –** high content
tenir *(pp* **tenu)** to take, hold; – **à** to insist on; **– compte de** to take into account; **– pour acquis** to take for granted
tension *f* pressure; **– artérielle** blood pressure
termitière *f* termite hill
terrain *m* field; **– de sports** sports field
terre *f* land; mud
tête *f* head; **tête-à-tête** *m* one-to-one conversation, in private
têtu(e) stubborn
TGV *m Train à Grande Vitesse*
tiers *m* third
timbre *m* stamp
tirade *f* speech
tirer to shoot; to draw (something); **s'en – à bon compte** to accomplish
tiroir *m* drawer
tisser to wave
tissu *m* fabric
titre *m* title; **– de transport** type of ticket
toile *f* canvas
toiletteur *m* **(de chiens)** (dog) groomer
toit *m* roof; **sous le – familial** at home
tôle *f* metal
tomber *m* **au – du jour** at nightfall; *(v)* to fall; **– de sommeil** to fall asleep
tondeuse *f* **à gazon** lawn mower
tondre *(pp* **tondu)** to mow; **– la pelouse** to mow the lawn
tôt early; **– ou tard** soon or later
toujours always; still; **comme –** as always
toupie *f* top
tournage *m* filming
tournée: en – on rounds (on a tour)
tourneur *m* worker who fashions wood
tout(e)/tous/toutes all; **tout** *(adv)*: **– à coup** all of a sudden; **– à fait** absolutely; **– d'un coup** suddenly; **– en** all the while; **– simplement** simply; **– de suite** right away, immediately
tout-à-l'égout *m* main sewer
traduire *(pp* **traduit)** to translate; to reveal
traîner to hang out
traire *(pp* **trait)** to milk (cows)
trait *m* feature
traite *f* trade; **– des esclaves** slave trade
traiter to treat
tranche group; **– d'âge** age group
travail *m (pl* **travaux)** work; **– à la chaîne** assembly-line work; **travaux dirigés** lab work
travailler (chez, avec, dans) to work (at/for, with, in)
travailleur(se) worker
treizième thirteenth
très very, a lot
trésor *m* treasure
tressé(e) woven, interlaced
tri *m* sorting out, selection
tribunal *m* court
tricher to cheat
tricoter to knit
trier to sort out
tringle *f* rail
triompher: faire – to uphold
tripes *f pl* cow or beef intestines
troisième third
trottoir *m* sidewalk
troué(e) with holes
troupeau *m* herd
trouver: se – to be, find oneself
truand *m* gangster
truite *f* trout
tuer to kill
tuyau *m* pipe, tubing

U

université *f* college, university
urbanisme *m* **moderne** modern urbanization
usine *f* factory
utile useful

V

vache *f* cow
vagabond *m* tramp, vagrant, wanderer
vaillance *f* bravery
vaisselle *f* dishes; **lave-–** *m* dishwasher; **ranger la –** to put the dishes away
valeur *f* value
valoriser to enhance; validate
vaniteux(se) vain, conceited (person)
vapeur *f* steam
vautour *m* vulture
veau *m* veal; **ris de veau** calf sweetbreads
vedette *m f* movie star
veille *f* night before; **– au soir** the night before
veillée *f* late evening
veiller to be awake
veine *f* luck; **avec de la –** with luck, be lucky
vendre *(pp* **vendu)** to sell
vendredi *m* Friday
venir *(pp* **venu)** to come; **– de** have just; to come from
vent *m* wind
vente *f* sale; **prix de –** sale price
ventre *m* stomach; **avoir le – vide** to have an empty stomach
verdoyer to be green
verger *m* orchard
véritable genuine, real
vérité *f* truth
verre *m* glass
vers toward(s); around, about
verser to pay; to pour
vert(e) green
vertigineux(se) breathtaking
vêtement(s) *m (pl)* clothing
vêtu(e) dressed
veuf (veuve) widower (widow)
viande *f* meat
victime: prendre pour – to victimize
vide empty; **sous –** vacuum packed
vider to empty
vie *f* life; **conduite de –** lifestyle; **mode de –** lifestyle; **niveau de –** standard of living; **– de qualité** quality life; **– dure** hard life; **– nocturne** night life
vieillir to get old, to age
vieux/vieil (vieille) old
vif(ve) alive; **au vif** on edge
ville *f* city, town; **en –** downtown
vin *m* wine
vingtaine *f* twenty or so
viol *m* rape
violer to rape
violeur *m* rapist
viser to aim at/for
vite quickly, fast
vitesse speed; **société à deux –s** two-tier society
viticulteur(se) wine producer
vitré(e) with a window (glass); **baie –** bay window
vivant(e) lively
vivre *(pp* **vécu)** to live; **– d'expédients** to live from hand to mouth
vœu *m* wish
voici here is/are
voilà here (is/are); there (is/are)
voile *f* sailing; **planche à –** windsurfing
voilier *m* boat

voir *(pp* **vu)** to see; **se –** to see each other
voisinage *m* neighborhood
voiture *f* car
voix *f (pl)* voice(s)
vol *m* theft; **– à l'étalage** shoplifting
vol-au-vent *m* filled puff pastry shell
volaille *f* poultry
voler to steal; to fly
voleur(se) thief; **– à la tire** pickpocket
vouloir *(pp* **voulu)** to want; **en – à** to bear a grudge against
volonté *f* will, willingness
voyage *m* travel, journey
voyelle *f* vowel
vrai(e) true; **c'est vrai** it's true
vraiment really
vu given
vue *f* sight

INDICES

Structures grammaticales

Pour mieux vous exprimer

Fiches lexicales

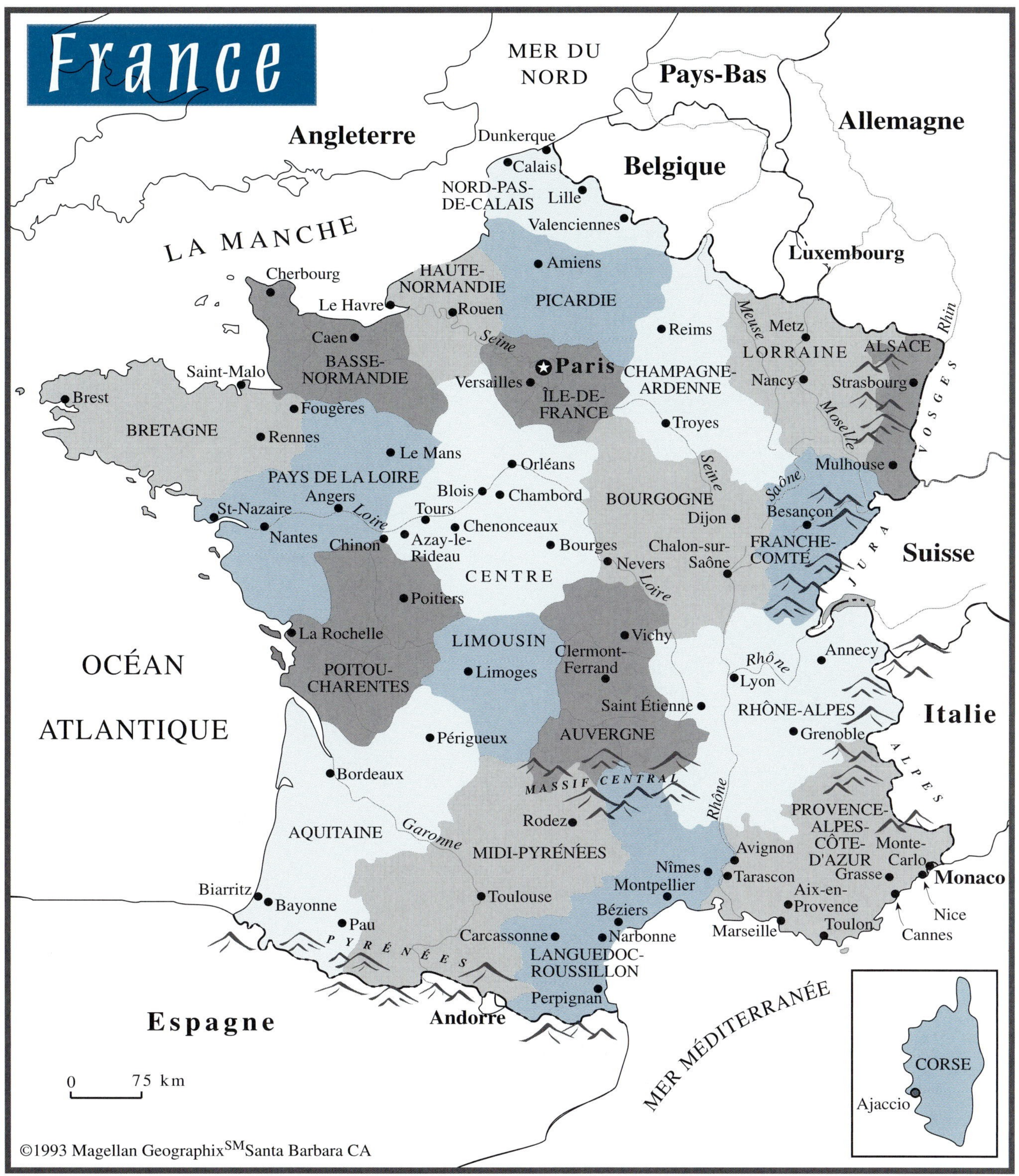
France
MER DU NORD
Pays-Bas
Angleterre
Allemagne
Belgique
Luxembourg
LA MANCHE
Dunkerque
Calais
NORD-PAS-DE-CALAIS
Lille
Valenciennes
Amiens
PICARDIE
HAUTE-NORMANDIE
Cherbourg
Le Havre
Rouen
Caen
BASSE-NORMANDIE
Seine
Paris
Versailles
ÎLE-DE-FRANCE
Reims
CHAMPAGNE-ARDENNE
Troyes
Meuse
Metz
LORRAINE
Nancy
ALSACE
Strasbourg
Rhin
VOSGES
Moselle
Mulhouse
Saint-Malo
Brest
BRETAGNE
Fougères
Rennes
Le Mans
PAYS DE LA LOIRE
Angers
St-Nazaire
Nantes
Loire
Orléans
Blois
Chambord
Tours
Chenonceaux
Chinon
Azay-le-Rideau
Bourges
CENTRE
BOURGOGNE
Dijon
Chalon-sur-Saône
Nevers
Saône
Besançon
FRANCHE-COMTÉ
JURA
Suisse
Poitiers
La Rochelle
POITOU-CHARENTES
LIMOUSIN
Limoges
Vichy
Clermont-Ferrand
Rhône
Lyon
Annecy
Saint Étienne
RHÔNE-ALPES
Grenoble
Italie
AUVERGNE
Périgueux
OCÉAN ATLANTIQUE
Bordeaux
MASSIF CENTRAL
ALPES
Rodez
PROVENCE-ALPES-CÔTE-D'AZUR
AQUITAINE
Garonne
MIDI-PYRÉNÉES
Avignon
Monte-Carlo
Nîmes
Tarascon
Grasse
Monaco
Montpellier
Aix-en-Provence
Biarritz
Bayonne
Toulouse
Béziers
Nice
Pau
Carcassonne
Narbonne
Marseille
Toulon
Cannes
PYRÉNÉES
LANGUEDOC-ROUSSILLON
Perpignan
Andorre
Espagne
MER MÉDITERRANÉE
CORSE
Ajaccio
0 75 km

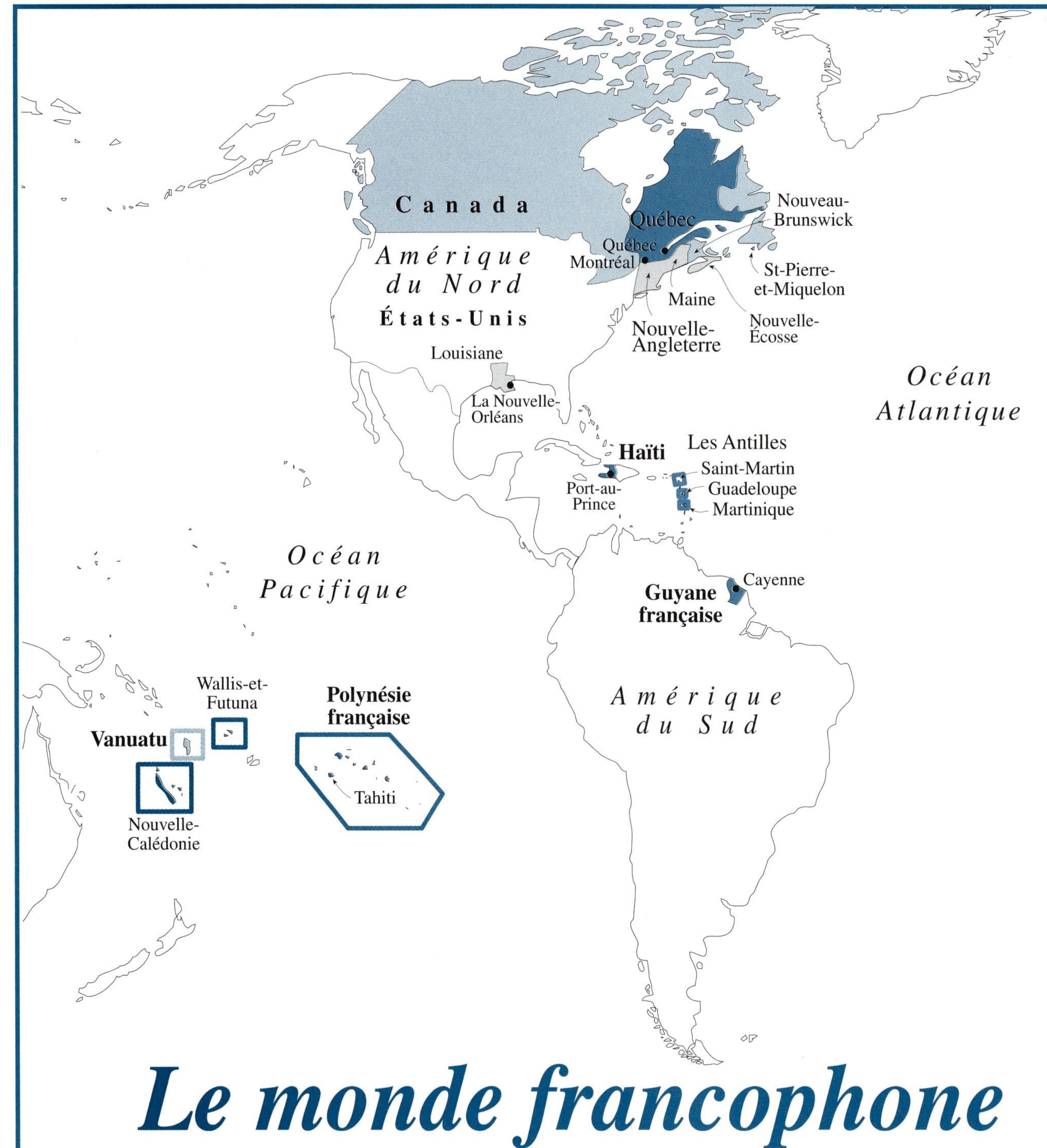

Le monde francophone

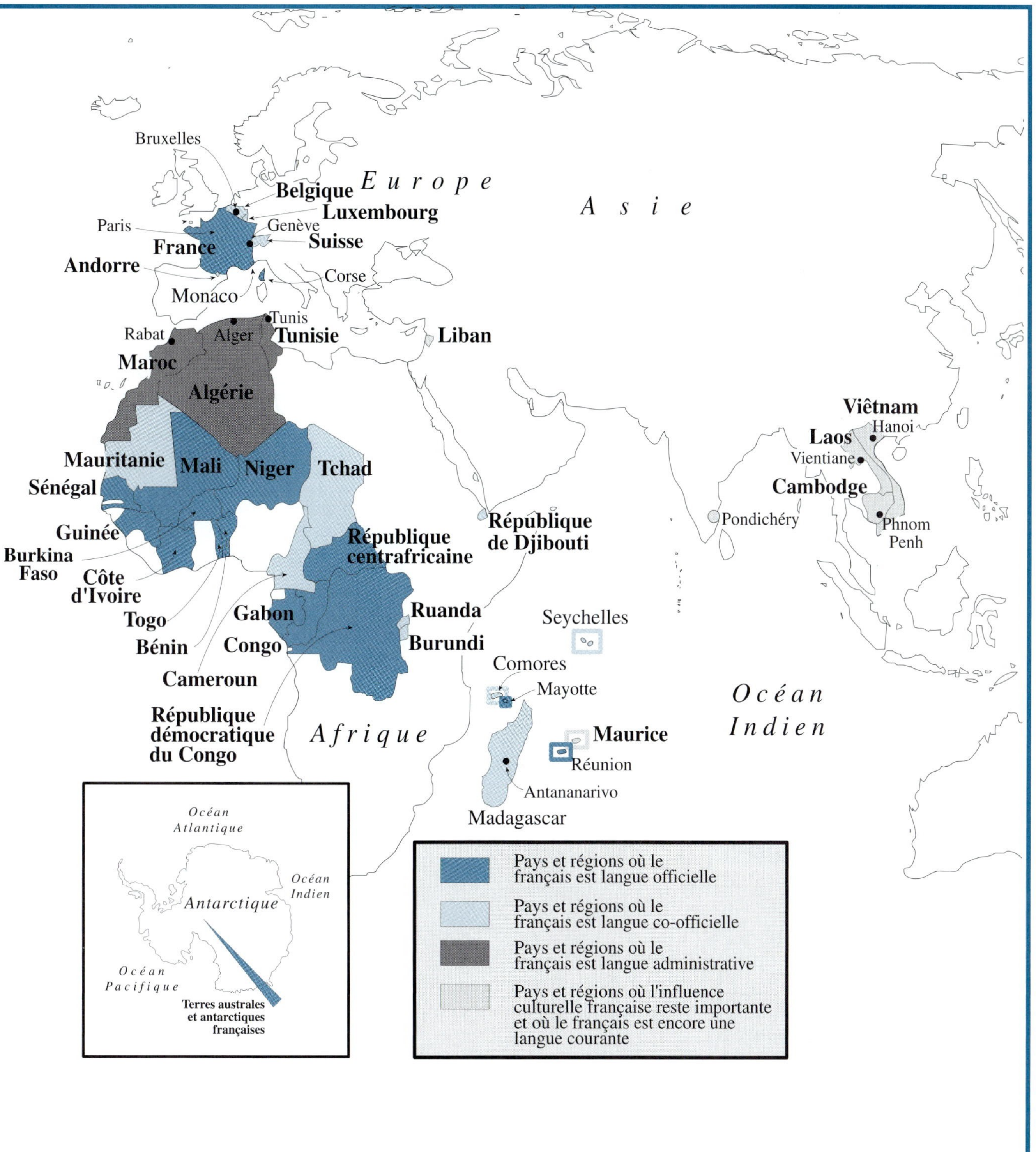
Europe
Asie
Bruxelles
Belgique
Luxembourg
Paris
Genève
Suisse
France
Andorre
Corse
Monaco
Rabat
Alger
Tunis
Tunisie
Liban
Maroc
Algérie
Mauritanie
Mali
Niger
Tchad
Sénégal
Guinée
Burkina Faso
Côte d'Ivoire
Togo
Bénin
Cameroun
Gabon
Congo
République centrafricaine
République démocratique du Congo
Ruanda
Burundi
République de Djibouti
Seychelles
Comores
Mayotte
Maurice
Réunion
Antananarivo
Madagascar
Afrique
Océan Indien
Pondichéry
Viêtnam
Hanoi
Laos
Vientiane
Cambodge
Phnom Penh
Océan Atlantique
Océan Indien
Antarctique
Océan Pacifique
Terres australes et antarctiques françaises
Pays et régions où le français est langue officielle
Pays et régions où le français est langue co-officielle
Pays et régions où le français est langue administrative
Pays et régions où l'influence culturelle française reste importante et où le français est encore une langue courante

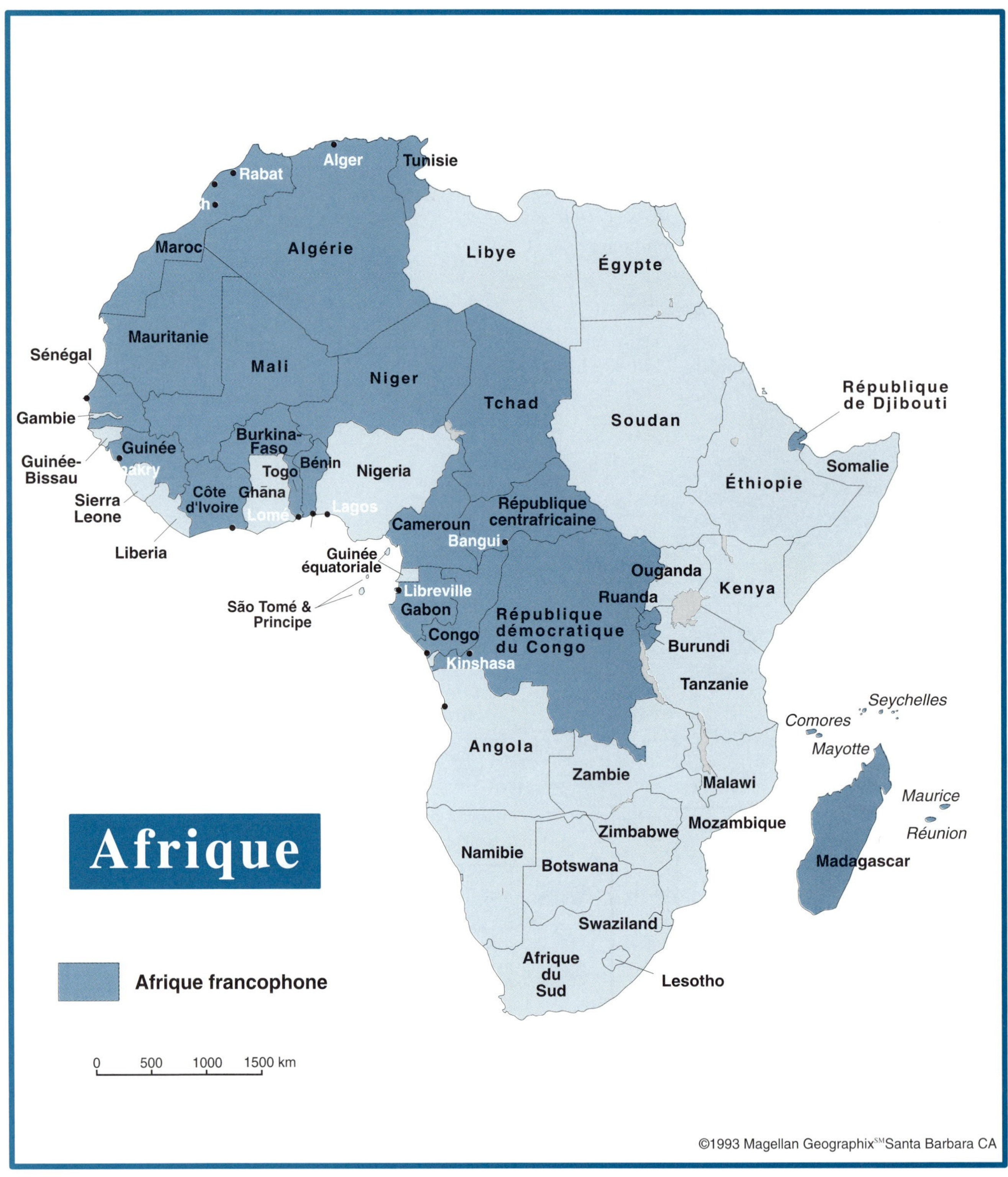

Afrique
Afrique francophone
0 500 1000 1500 km
Rabat
Alger
Tunisie
Maroc
Algérie
Libye
Égypte
Mauritanie
Sénégal
Mali
Niger
Tchad
Soudan
République de Djibouti
Gambie
Guinée
Burkina-Faso
Bénin
Nigeria
Guinée-Bissau
Togo
Somalie
Éthiopie
Sierra Leone
Côte d'Ivoire
Ghāna
Lomé
Lagos
République centrafricaine
Liberia
Cameroun
Bangui
Guinée équatoriale
Ouganda
Kenya
Libreville
Ruanda
São Tomé & Principe
Gabon
République démocratique du Congo
Congo
Burundi
Kinshasa
Tanzanie
Seychelles
Comores
Mayotte
Angola
Zambie
Malawi
Maurice
Zimbabwe
Mozambique
Réunion
Namibie
Botswana
Madagascar
Swaziland
Afrique du Sud
Lesotho
©1993 Magellan Geographix℠ Santa Barbara CA

CREDITS

Photo Credits

All photos, with the exception of the following, were taken by Jonathan Stark for the Heinle & Heinle Image Resource Bank.

p. 2 (BML) © Mat Jacob/The Image Works, (BMR) © Ulrike Welsch, (BR) © R. Lucas/The Image Works
p. 3 (TR) © Stuart Cohen, (RM) SuperStock, (BL) © Ulrike Welsch
p. 6 © Stuart Cohen
p. 4 (L) © R. Lucas/The Image Works, (R) © Mat Jacob/The Image Works
p. 12 © Stuart Cohen
p. 18 (TL) © Scott Daniel Peterson/The Gamma Liaison Network, (TR) Owen Franken
p. 19 Ben Mathes/Photo Mathes
p. 24 (T) © Stuart Cohen
p. 28 (T) © Jean-Claude Lejeune, (2) SuperStock, (4) © Stuart Cohen
p. 33 (T) © Ulrike Welsch
p. 39 (BL) © Jean-Claude Lejeune
p. 43 © Mat Jacob/The Image Works
p. 48 (TL) © Stuart Cohen
p. 54 (T) © Ulrike Welsch
p. 56 (TL) © DeRichemond/The Image Works, (TR) Owen Franken, (B) © M. Antman/The Image Works
p. 57 © Ulrike Welsch
p. 61 (T) © Pierre Perrin/Sygma
p. 65 © Stuart Cohen
p. 70 (M) © Stuart Cohen, (B) © Ulrike Welsch
p. 78 (T) © R. Lucas/The Image Works
p. 79 (M) © Ulrike Welsch
p. 90 (T) © Mat Jacob/The Image Works, (B) SuperStock
p. 94 (TL) SuperStock, (TR) SuperStock
p. 96 (L) © Stuart Cohen
p. 97 (B) © Mat Jacob/The Image Works
p. 104 © Sipa Press
p. 105 (L) Pierre Courtinard/Courtesy of West Indies Tourist Board, (R) Courtesy: Clement-Petrocik Co.
p. 110 © SuperStock
p. 111 (T) © R. Lucas/The Image Works
p. 113 (L) © Delahaye/Sipa Press, (R) © Vitt/Villard/Sipa Press
p. 119 (B) © R. Lucas/The Image Works
p. 120 (B) © Ulrike Welsch
p. 132 (T) © Mat Jacob/The Image Works
p. 136 (TL) © John Brooks, (TR) Owen Franken
p. 137 (B) © S. Chester/Comstock
p. 161 (TR) © Mat Jacob/The Image Works
p. 180 (TL) UPI Bettman, (TM) Reuters/Bettmann Newsphotos, (BL) © Noel Quidu/Gamma-Liaison, (BM) AFP Photo, (BR) The Bettman Archive
p. 181 Owen Franken
p. 182 Pathé Télévision
p. 183 Pathé Télévision
p. 186 Virginia Museum of Fine Arts. Collection of Mr. & Mrs. Paul Mellon.
p. 187 “Droits réservés — Document Archives Durand-Ruel”
p. 189 (T) The Bettman Archive, (M) Giraudon/Art Resource, NY, (B) The Bettman Archive

p. 202 (TL) UPI Bettman, (M) The Bettman Archive, (TR) Reuters/Bettmann Newsphotos, (BR) AFP Photo
p. 203 (TL) UPI Bettman, (TM) Historical Pictures/Stock Montage, Inc., (TR) © Noel Quidu/Gamma-Liaison, (MR) Sichov/Sipa Press, (BL) UPI Bettman, (BM) UPI Bettman Newsphotos, (BR) Courtesy of the Consulat Général de France
p. 209 UPI Bettman
p. 210 Reuters/Bettmann Newsphotos
p. 212 © Gamma-Liaison
p. 220 (T) Salmon/Sipa Press, (BL) Chamussy/Sipa Press
p. 221 Owen Franken
p. 225 (B) © Ulrike Welsch
p. 226 Owen Franken
p. 236 (T) © SuperStock
p. 237 (T) © Stuart Cohen
p. 245 Owen Franken
p. 256 Sichov/Sipa Press
p. 261 © Jean-Claude Lejeune
p. 263 (TL) © SuperStock
p. 271 (M) © R. Lucas/The Image Works
p. 272 © Ulrike Welsch
p. 277 Snork/Art Resource, NY
p. 278 Snork/Art Resource, NY
p. 281 (B) © R. Lucas/The Image Works
p. 282 © Mat Jacob/The Image Works

Text/Realia Credits

p. 11	Courtesy of Université de Toulouse, Toulouse, France
p. 14	Illustrations: J.C. Beacco, S. Lieutaud, *Tours de France,* © Hachette
p. 24	INSEE, in Gérard Mermet, *Francoscopie 1991,* © Larousse, Paris 1990, p. 177
p. 25	(TR) Mega France, © Éditions Nathan, Paris, 1996, p. 123, (M) Gérard Mermet, *Francoscopie 1999,* © Larousse, Paris 1998, pp. 171, 175, 177, (B) INSEE
p. 39	Christiane Rochefort, *Les Petits enfants du siècle,* © Éditions Bernard Grasset, Paris, 1961; pp. 41–43
pp. 45–47	Ferdinand Oyono, *Une vie de boy,* © Éditions Julliard, Paris, 1956, pp. 57–64
p. 55	*Le Journal Français,* Vol. 21 N° 2, Février 1999
p. 61	*Les Français ont l'assiette légèrè,* d'Éric Fottorino, in *Le Monde,* 18 octobre 1988
p. 62	*Les habitudes changent,* Philippe Vandel, Le Dico Français/Français, Éditions Jean-Claude Lattés, 1992
pp. 74–75	*Mythologies,* Roland Barthes, coll. Pierres vives, © Éditions du Seuil, Paris, 1957, pp. 74–79
pp. 81–83	*Bonjour Docteur,* Éditions Atlas, vol. 1, no. 4
pp. 91–92	Marguerite Duras, *Moderato cantabile,* Éditions de Minuit, Paris, 1958
p. 99	Gérard Mermet, *Francoscopie 1999,* © Larousse, Paris 1998, p. 116
p. 102	*La France... j'aime!,* © Hatier International, Paris 1985, p. 111
pp. 116–117	Joseph Zobel, *La Rue Case-nègres,* © Présence Africaine, Paris 1948, pp. 221–223
pp. 124–125	Gérard Mermet, *Francoscopie 1999,* © Larousse 1998, pp. 353–355
pp. 133–134	Albert Camus, «L'Ironie», in *L'Envers et l'endroit,* © Éditions GALLIMARD, Paris 1958
pp. 142–143	Gérard Mermet, *Francoscopie 1999,* © Larousse, Paris 1998, pp. 248–249
pp. 157–159	Georges Perec, *La Vie, mode d'emploi,* © Hachette, Paris 1978, pp. 101, 131, 132
pp. 164–165	*24 heures en France,* © Gallimard 1998/Le Point, pp. 44–46
pp. 171–172	Michel Tournier, *La Goutte d'or,* © Éditions Gallimard, Paris, 1986, pp. 135–139
pp. 183–184	*Pariscope* (www.pariscope.fr/cin)
pp. 186–187	Célia Bertin, *Jean Renoir, cinéaste,* © Éditions GALLIMARD, Paris 1994, pp. 14–21, excerpts

pp. 204–205	OK PODIUM, no. 48, mars 1995, p. 10, quotes reprinted from "La reine des abeilles. À la vie, à l'amour", Éditions Manitoba
p. 209	From *Chez nous,* Vol. 38, No. 1, sept.–oct. 1994, p. 11
p. 210	From *Chez nous,* Vol. 38, No. 5, avril 1995, p. 11
p. 212	From *Chez nous,* Vol. 33, No. 6, avril–mai 1990, p. 4
p. 213	From OK PODIUM, No. 217, février 1990, p. 20
p. 223	(T) TMO, 1994, in Gérard Mermet, *Francoscopie 1999,* © Larousse 1998, p. 23, (B) TMO, juin 1998 in Gérard Mermet, *Francoscopie 1999,* © Larousse 1998, p. 25
p. 226	(BL) Gérard Mermet, *Francoscopie 1999,* © Larousse 1998, p. 231, (BR) CREDOC, (Factoid) Gérard Mermet, *Francoscopie 1999,* © Larousse 1998, pp. 233
p. 227	(TL) Groupe Siquier Courcelle, (TR) CREDOC, (BL) Gérard Mermet, *Francoscopie 1993,* © Larousse 1993, p. 252, (BR) Concurrence, (Factoid) Gérard Mermet, *Francoscopie 1999,* © Larousse 1998, p. 233
p. 228	(TL) Gérard Mermet, *Francoscopie 1999,* © Larousse 1998, p. 272, (TR) Richard Peyrat & Associés, (M) Grenade, (BL) Euro RSCG BETC
p. 229	*Okapi,* N° 557, 25 février 1995, Bayard Presse
p. 230	(TLTR) *Okapi,* N° 635, 26 septembre 1998, p. 39, Bayard Presse, (TR) *Okapi,* N° 557, 25 février 1995, Bayard Presse, (M) 15e Avenue
p. 232	*Okapi,* Hors Série 1998, septembre 1997, Bayard Presse
p. 233	*Okapi,* N° 519, du 1er au 15 juillet 1993, Bayard Presse
p. 238	(TL) Eurostat, OCDE, (TR) Gérard Mermet, *Francoscopie 1999,* © Larousse 1998, p. 259, (BR) CREDOC, (Factoids) Gérard Mermet, *Francoscopie 1999,* © Larousse 1998, pp. 261, 262
p. 239	(TL) Gérard Mermet, *Francoscopie 1999,* © Larousse 1998, p. 262, (TR) INSEE, (Factoid) Gérard Mermet, *Francoscopie 1999,* © Larousse, p. 262
p. 240	«Partage du travail?», de Dominique Louise Pélegrin, paru dans *Télérama* n° 2255, p. 62
pp. 240–241	«Modes d'emplois partiels», de Valérie Péronnet, paru dans *Télérama* n° 2255, pp. 65–66
p. 242	(TL) INSEE, (TR) L'Expansion/Sofres, mars 1997
p. 243	*Marie Claire,* avril 1991, pp. 82, 87
p. 245	(M) Gérard Mermet, *Francoscopie 1999,* © Larousse 1998, p. 211, (B) Ministère de l'Intérieur
p. 246	Ministère de l'Intérieur, (Factoids) Gérard Mermet, *Francoscopie 1999,* © Larousse 1998, pp. 214–217
p. 247	*Le Journal Français,* mars 1999
p. 248	*Okapi,* N° 626, 15 avril 1998, p. 6, Bayard Presse
p. 249	*Okapi,* N° 634, 15 septembre 1998, p. 40, Bayard Presse
p. 252	Sofres, (Factoids) Gérard Mermet, *Francoscopie 1995,* © Larousse 1994, p. 219
pp. 253–254	Extraits de Tahar Ben Jelloun, *Le racisme expliqué à ma fille.* Paris: Éditions Seuil, 1998.
p. 263	(BR) From *Explora: Guide des expositions permanentes,* la Villette
pp. 268–269	Program from La Villette
pp. 273–274	Jacqueline et Raoul Dubois, *Les aventuriers de l'an 2000,* (La Farandole / Messiaor), pp. 24, 30, 34, 41, 46, 50, 54, 58, 62, 66, 74, 86, 90, 94, 100, 105
pp. 283–284	Claude Jasmin, *Le cosmonaute romantique,* Châtelaine 1965, pp. 57–64